Wirtschafts-privatrecht

Wirtschaftsrelevante Grundzüge des Privatrechts

Von
Universitätsprofessor
Hans-Peter Fries

2., völlig überarbeitete und erweiterte Auflage

R. Oldenbourg Verlag München Wien

Meinen Eltern
aus Dankbarkeit

Die Deutsche Bibliothek - CIP-Einheitsaufnahme

Fries, Hand-Peter:
Wirtschaftsprivatrecht : wirtschaftsrelevante Grundzüge des Privatrechts / von Hans-Peter Fries. – 2., völlig überarb. und erw. Aufl. – München ; Wien : Oldenbourg, 1998
ISBN 3-486-24837-5

Rosenheimer Straße 145, D-81671 München
Telefon: (089) 45051-0, Internet: http://www.oldenbourg.de

Gedruckt auf säure- und chlorfreiem Papier
Gesamtherstellung: R. Oldenbourg Graphische Betriebe GmbH, München

ISBN 3-486-24837-5

Vorwort

Zum Wesen und Inhalt

Das Wirtschaftsprivatrecht ist kein Rechtsgebiet im klassischen bzw. traditionellen Sinne, sondern die *Auswahl privatrechtlicher Rechtsinstitute und Teilgebiete unter dem Kriterium der wirtschaftlichen Relevanz* - geboren aus der Erkenntnis, daß nur wenige wissenschaftliche Disziplinen eine so große Affinität und Interdependenz aufweisen wie Rechts- und Wirtschaftswissenschaft. Bei der Betrachtung der mannigfaltigen Publikationen mit diesem Titel stellt man fest, daß diese Auswahl sowie der Umfang in der Erörterung der ausgewählten Gebiete sehr verschieden ausfällt. Bisweilen werden die Möglichkeiten der Kreditsicherung und das Wertpapierrecht nur sehr knapp oder gar nicht behandelt, in anderen Fällen das Arbeitsrecht und/oder das Immaterialgüterrecht in den Themenkatalog aufgenommen. Dies beweist: Was jeweils der Autor unter den Titel Wirtschaftsprivatrecht subsumiert, ist - trotz desselben Auswahlkriteriums - letztendlich Ausfluß der persönlichen Wertung und des eigenen Ermessens.
Darüber hinaus stellt auch die bewußte Begrenzung des Umfangs eines einführenden Lehrbuchs eine gewisse Restriktion für die Themenwahl und die Ausführlichkeit der Erörterungen in ähnlicher Weise dar, wie auch das Lehrangebot des Privatrechts für Studenten der Wirtschaftswissenschaften und andere "Nebenfach-Juristen" zwangsläufig mit dem "Mut zur Lücke" gestaltet werden muß. Denn es ist nicht sinnvoll, solche Studenten an den zahl- und umfangreichen allgemeinen und speziellen juristischen Vorlesungen teilnehmen zu lassen. Dies mag der kritische Leser bei der Beurteilung der vorliegenden Publikation berücksichtigen. Sie stützt sich auf die wirtschaftlich wesentlichen Teile des bürgerlichen Rechts (Familien- und Erbrecht bleiben deshalb unberücksichtigt.) und macht "Ausflüge" in das Recht der Kaufleute (Handels- und Gesellschaftsrecht) und der Wertpapiere.

Zur Zielgruppe

Das eingangs erwähnte Auswahlkriterium ist selbst wieder bestimmt von der Zielsetzung und Zielgruppe des Buches. Das Buch richtet sich zunächst an alle Studenten der Wirtschafts-, Sozial- und Ingenieurwissenschaften usw., die sich mit der vorgenannten Rechtsmaterie beschäftigen und darüber eine Prüfung ablegen oder einen Leistungsnachweis erbringen müssen, die aber ihrerseits auch nur einen begrenzten Arbeits- und Zeitaufwand darauf verwenden können. Es mag auch eine Hilfe für diejenigen sein, die sich in ihrem Berufsleben mit den rechtlichen Rahmenbedingungen ökonomischer Fragen und Problemstellungen vertraut machen wollen.

Zur Darstellungsmethode

Der Aufbau folgt nicht streng der Systematik der Gesetzeswerke, sondern orientiert sich an der vorgegebenen Thematik (vgl. insbes. Kap. C). Das Satzbild ist nach modernen didaktischen Erfordernissen gestaltet. Wichtige (Fach-)Begriffe sind durch Fett- und/oder Kursivdruck, Definitionen durch Randbalken hervorgehoben, Auflistungen durch Punkt- und Strichmarkierungen abgesetzt. Ungewöhnlich für ein juristisches Lehrbuch mag die Vielzahl der Abbildungen sein. Sie sollen helfen, komplexe Sachverhalte und Zusammenhänge besser überblicken und verstehen sowie sich leichter einprägen zu können, und stellen häufig eine übersichtliche Zusammenfassung des zugehörigen Kapitels dar. Die zahlreichen internen Verweise sollen den Leser aufmerksam machen auf die Zusammenhänge der behandelten Themenkreise, die in einem Lehrbuch zwangsläufig kapitelweise getrennt behandelt werden müssen und deshalb die inneren Verflechtungen nicht immer erkennen lassen. Der didaktischen Intention folgend sind dagegen die Hinweise auf Schrifttum und Rechtsprechung auf ein Mindestmaß beschränkt. Ein Nachschlagen ist für das Verständnis der Darlegungen nicht erforderlich. Das Buch bezweckt nicht, eine Anleitung zum Umgang mit der juristischen Literatur oder gar zur Auseinandersetzung mit ihren Streitfragen zu sein. Auf die Diskussion unterschiedlicher Rechts- und Lehrmeinungen wurde deshalb verzichtet. Die Literaturempfehlungen erheben keinen Anspruch auf Vollständigkeit; sie sind lediglich eine "willkürliche" Auswahl aus der kaum überschaubaren Fülle des juristischen Schrifttums, können ergänzende Informationen bieten und zu einem weiterführenden Studium anregen.

Zum Gebrauch

Das Buch ist mehr ein Arbeits- als ein Lesebuch. Damit sich der Leser den Inhalt wirklich erschließt, zugleich aber auch Verständnis für die Rechtssystematik und ein Gefühl für die juristische Sprache gewinnt, ist weiteres "Arbeitsgerät" erforderlich und zu benutzen: BGB und HGB mit Nebengesetzen. Alle daraus zitierten Rechtsnormen (Paragraphen) sind unbedingt nachzuschlagen und nachzulesen!! (Eine Ausnahme mag gelten für "entferntere" Gesetzestexte wie BetrVerfG, EStG, ZPO u.a..) Nur so wird der Leser mit der wichtigsten Rechtsquelle, den Gesetzen, vertraut.

Herrn cand. rer. pol Achim Stockert danke ich für die Anfertigung von Abbildungen und für die umfangreichen Arbeiten bei der Erstellung und Formatierung des Manuskriptes.

Hans-Peter Fries

Vorwort zur 2. Auflage

Da seit Erscheinen der ersten Auflage einige für das Wirtschaftsprivatrecht relevanten Gesetzesänderungen vollzogen wurden bzw. unmittelbar bevorstehen, verbot sich eine unveränderte Neuauflage.

Dies gab zunächst Gelegenheit zu den erforderlichen Korrekturen der Errata und zu sinnvoll erachteten Ergänzungen auf verschiedenen Gebieten. Erweiterungsbedürftig erschienen darüber hinaus das Handels- und Gesellschaftsrecht, insbes. die handelsgesellschaftlichen Grundtypen OHG und AG sowie die Einzelunternehmung. Eingeflossen sind dabei die bereits seit März 1994 in Kraft gesetzten Neuerungen zur Nachhaftung von Gesellschaftern. Einschneidende Reformen zum Kaufmanns- und Firmenrecht sind im Entwurf von der Bundesregierung bereits im Mai 1997 verabschiedet und folgerichtig in diese zweite Auflage aufgenommen und den noch geltenden Altvorschriften gegenübergestellt worden. Kurz nach Fertigstellung des Manuskripts und Druck der Neuauflage hat das Parlament beschlossen, daß der Entwurf ab 1. Juli 1998 Gesetzeskraft haben soll.

Im Sinne der didaktischen Konzeption des Lehrbuchs, die konsequent beibehalten wurde, sind die Zahl der Abbildungen vergrößert, die Literaturempfehlungen aktualisiert und jedem Hauptabschnitt Kontrollfragen angefügt worden. Die Antworten ergeben sich grundsätzlich aus dem Inhalt des zugehörigen Abschnitts. Didaktischen Zweck erfüllt letztlich auch das neu aufgenommene Kapitel „F. Die Lösung privatrechtlicher Fälle". Nach den darin gegebenen Lösungshinweisen können die in den Kontrollfragen enthaltenen Fallbeispiele bearbeitet werden.

Hans-Peter Fries

INHALTSVERZEICHNIS

Abkürzungsverzeichnis:

(Allgemein gebräuchliche Abkürzungen sind hier nicht erläutert und erforderlichenfalls im Duden nachzuschlagen)

a.a.O.	am angegebenen Ort
Abb.	Abbildung
Abs.	Absatz
AbzG	Abzahlungsgesetz
AG	Aktiengesellschaft
AGB(G)	(Gesetz zur Regelung des Rechts der) Allgemeinen Geschäftsbedingungen
AktG	Aktiengesetz
AtomG	Atomgesetz
Bd.	Band
BergG	(Preußisches Allgemeines-, ab 1980 Bundes-) Berggesetz
BetrVerfG	Betriebsverfassungsgesetz
BGB	Bürgerliches Gesetzbuch
BGH(Z)	Bundesgerichtshof (Entscheidungen in Zivilsachen)
BJagdG	Bundesjagdgesetz
c.i.c.	culpa in contrahendo
e.V.	eingetragener Verein
DAR	Deutsches Autorecht
DepG	Depotgesetz
EG	Europäische Gemeinschaft
EheG	Ehegesetz
ErbbauVO	Erbbaurechtsverordnung
EStDV	Einkommensteuer-Durchführungsverordnung
ESt(G)	Einkommensteuer(gesetz)
EStR	Einkommensteuer-Richtlinien
EVO	Eisenbahn-Verkehrsordnung
f. oder ff.	folgender / folgende
FGG	Gesetz über Angelegenheiten der freiwilligen Gerichtsbarkeit
GBO	Grundbuchordnung
GbR	Gesellschaft bürgerlichen Rechts; BGB-Gesellschaft
GenG	Genossenschaftsgesetz
GesSt	Gesellschaftsteuer
GewO	Gewerbeordnung
GG	Grundgesetz
GmbH	Gesellschaft mit beschränkter Haftung
GmbHG	Gesetz betreffend die Gesellschaften mit beschränkter Haftung
GoA	Geschäftsführung ohne Auftrag
griech.	griechisch
h.L./h.M.	herrschende Lehre / herrschende Meinung
HGB	Handelsgesetzbuch
HrefG	Handelsrechtsreformgesetz
i.V.	in Verbindung (mit)
Jg.	Jahrgang
KAG(G)	(Gesetz über) Kapitalanlagegesellschaften
KapVerkSt	Kapitalverkehrsteuer
KG	Kommanditgesellschaft
KGaA	Kommanditgesellschaft auf Aktien

KO	Konkursordnung
KSt(G)	Körperschaftsteuer(gesetz)
lat.	lateinisch
LuftVG	Luftverkehrsgesetz
NachhBG	Nachhaftungsbegrenzungsgesetz
N.B.	notabene (lat.) = merke wohl! - Vermerk, An- oder Nebenbemerkung
NJW	Neue Juristische Wochenzeitschrift
NRW	Nordrhein-Westfalen
OHG	Offene Handelsgesellschaft
PublG	Publizitätsgesetz
RG(Z)	Reichsgericht (Entscheidungen in Zivilsachen)
RHaftpflG	Reichshaftpflichtgesetz
SchG	Scheckgesetz
SHaftpflG	Gesetz über die Haftpflicht der Eisenbahnen und Straßenbahnen für Sachschäden
StGB	Strafgesetzbuch
StPO	Strafprozeßordnung
str.	strittig
StVG	Straßenverkehrsgesetz
StVO	Straßenverkehrsordnung
SZ	Siegener Zeitung
UmwG	Umwandlungsgesetz
UWG	Gesetz gegen den unlauteren Wettbewerb
VermSt	Vermögensteuer
VO	Verordnung
VOB	Verdingungsordnung für Bauleistungen
VVaG	Versicherungsverein auf Gegenseitigkeit
WEG	Wohnungseigentumsgesetz
WG	Wechselgesetz
WZG	Warenzeichengesetz
ZAP	Zeitschrift für Anwaltspraxis
ZPO	Zivilprozeßordnung
ZVG	Gesetz über Zwangsversteigerung und Zwangsverwaltung

Empfohlene Literatur zum Wirtschaftsprivatrecht:

Baumann, J. : Einführung in die Rechtswissenschaft, 8. Auflage, München1989

Eisenmann, H./Gnauk, H./ Käß, H.: Rechtsfälle aus dem Wirtschaftsprivatrecht, 4. Auflage, Heidelberg 1995

Gross, W.: Arbeitsrecht, Wiesbaden, Bd I: 3. Auflage 1994, Bd II: 2. Auflage 1992

Hanau, P./Adomeit, K.: Arbeitsrecht, 10. Auflage, Frankfurt/M. 1992

Hofmann, P.: Handelsrecht, 9. Auflage, Frankfurt/M.1996

Hueck, G.: Gesellschaftsrecht, 20. Auflage, München 1998

Kallwass, W.: Privatrecht, 15. Auflage, Porz 1996

Klunzinger, E.: Grundzüge des Handelsrechts, 9. Auflage, München 1996

Koch, D.: Produkthaftung, Berlin 1995

Kraft, A./Kreutz, P.: Gesellschaftsrecht, 10. Auflage, Frankfurt/M. 1997

Larenz, K.: Lehrbuch des Schuldrechts,
Bd. I, 14. Auflage, München 1987,
Bd. II, 13. Auflage, München 1986

Medicus, D.: Bürgerliches Recht, 17. Auflage, Köln u.a. 1996

Nagel, B.: Wirtschaftsrecht, München/Wien
Teil I: Grundrechte und Einführung in das Bürgerliche Recht, 3. Auflage 1993
Teil II: Eigentum, Delikt, Vertrag ..., 3. Auflage 1997
Teil II: Unternehmensrecht, 1994

Pottschmidt/Rohr: Privatrecht für den Kaufmann, 10. Auflage, München 1994

Schmelzeisen, G.K.: Bürgerliches Recht (BGB I - III), 7. Auflage, München 1994

Schwab, D.: Einführung in das Zivilrecht, 13. Auflage, Heidelberg 1997

Steckler, B.: Wirtschaftsrecht, 4. Auflage, Ludwigshafen 1997

Timm, W.: Handels- und Wirtschaftsrecht, Bd. I, München 1994

Weimar,R./Schimikowski, P.: Bürgerliches Recht, 4. Auflage, Düsseldorf 1991

Zöllner, W.: Wertpapierrecht, 15. Auflage, München (Neuauflage in Vorbereitung)

Kommentare:

Palandt: Bürgerliches Gesetzbuch (BGB), 57. Auflage, München 1998

Baumbach/Duden: Handelsgesetzbuch (HGB), 29. Auflage, München 1995

Abbildungsverzeichnis

Anhang

A. Einführung

I. Entwicklung des Privatrechts

Unser heutiges ***bürgerliches Recht*** (= ***Zivilrecht***[1]) beruht auf einer Verschmelzung von römischem und deutschem Recht. Nach einer etwa tausendjährigen Entwicklung ließ im Jahre 534 n. Chr. der oströmische Kaiser Justitian ein großes Gesetzeswerk, das "corpus juris civilis", kodifizieren, das in der Folgezeit aber nur in gekürzten Fassungen Verwendung fand. Die Blütezeit des germanisch-deutschen Stammes- und Städterechts war das Mittelalter (z.B. "Sachsenspiegel" um 1220). Seine starke Zersplitterung, eine fehlende Zentralgewalt und der Zerfall der Stämme verhinderten eine Zusammenfassung und Vereinheitlichung für den deutschen Lebensraum. Im 11. Jahrhundert wurde in Oberitalien das römische Recht "wiederentdeckt", von dortigen Rechtsgelehrten systematisiert und für den praktischen Gebrauch überarbeitet. Die Durchsichtigkeit und Systematik des antiken Rechts sowie die einleuchtende Kraft seiner Begriffe überzeugte auch die dort studierenden deutschen Juristen. "Es kam, sah und siegte" über das naiv-schwerfällige Recht der Deutschen. Historische Geschehnisse wie die Begeisterung der Gebildeten für die Antike und die Idee des Heiligen Römischen Reiches Deutscher Nation begünstigten diese Entwicklung[2]. Die Übernahme des römischen Rechts war also mehr eine Notlösung. Im 15. und 16. Jahrhundert breitete sich das römische Recht über ganz Westeuropa aus, aber auch deutsche Einflüsse machten sich vor allem im Ehe- und Erbrecht bemerkbar. Der Partikularismus brachte in den folgenden Jahrhunderten erneut eine starke Rechtszersplitterung, deren Folge landesrechtliche Kodifikationen waren wie z.B.

- das Allgemeine Landrecht für die preußischen Staaten (mit 17000 Paragraphen!), verkündet 1794, gültig bis 1900 in 7 Ostprovinzen Preußens, in Westfalen und anderen kleinen Teilgebieten,
- der Code civil, auch Code Napoleon genannt, von 1804, gültig in allen linksrheinischen Gebieten und im rechtsrheinischen Herzogtum Berg,
- das Badische Landrecht von 1809 (weitgehend eine Übersetzung des Code civil),
- das Allgemeine Bürgerliche Gesetzbuch für die Erbländer der österreichischen Monarchie von 1811,
- das Bürgerliche Gesetzbuch von Sachsen (1863).

Die Bestrebungen nach einer staatlichen deutschen Einheit fanden im Deutschen Bund (1815 - 1866) auch in zwei Gesetzen ihren Niederschlag,

---

1 lat. civis = Bürger
2 Vgl. Kallwass, W.: Privatrecht, 15. Aufl., Köln 1996, S. 20

nämlich in einer deutschen ***Wechselordnung*** (1848) und im Allgemeinen Deutschen ***Handelsgesetzbuch*** (1861). Ein einheitliches bürgerliches Recht erhielt Deutschland aber erst nach der Reichsgründung. Seit 1874 arbeitete eine Kommission von Rechtsgelehrten 13 Jahre an einem ersten Entwurf, der jedoch keine Zustimmung fand. Zur Überarbeitung dieses Entwurfs wurde am 4. Dezember 1890 eine zweite Kommission gebildet, die am 12. Juni 1896 einen neuen Entwurf vorlegte. Dieser wurde am 1. Juli vom Reichstag angenommen, am 18. August vom Kaiser unterzeichnet und danach verkündet. Das ***Bürgerliche Gesetzbuch*** (BGB), das man als sichtbaren Ausdruck einer neuen Zeit empfand, trat am 1. Januar 1900 in Kraft. Es ist geprägt von den beiden Grundgedanken der **Vertragsfreiheit** in den Ausformungen Abschluß- und Gestaltungsfreiheit und der **Eigentumsfreiheit**. Da es aber noch kaum von den gesellschaftlich-sozialen Veränderungen dieser Zeit beeinflußt wurde, ist es weniger der mutige Einstieg in ein neues Zeitalter als die Zusammenfassung historischer Gegebenheiten. Notwendigerweise hat es bis heute etliche Änderungen und Erweiterungen (z.B. im Recht der nichtehelichen Kinder, im Kauf- und Mietrecht) erfahren. Infolge der Schaffung des BGB war auch eine Überarbeitung des (noch gültigen) Handelsgesetzbuches notwendig geworden. Denn viele Rechtssätze dieses alten HGB wie die Formfreiheit von Rechtsgeschäften, der Grundsatz von Treu und Glauben und der Schutz des gutgläubigen Erwerbs waren ins BGB übernommen worden und konnten deshalb im HGB gestrichen werden. Andererseits wurden manche Bestimmungen hinzugefügt, die sich im Handelsverkehr gewohnheitsrechtlich herausgebildet hatten oder das Ergebnis der Rechtsprechung waren.

II. Rechtsbegriffe und Rechtsquellen

Bei der Deutung des Rechtsbegriffes ist zunächst zwischen objektivem und subjektivem Recht zu unterscheiden.

Unter ***Recht im objektiven Sinn*** (Rechtsordnung) versteht man die Gesamtheit aller Rechtsnormen, die für bestimmte Rechtsgebiete (z.B. bürgerliches Recht, Handelsrecht, Arbeitsrecht) erlassen worden sind und das Zusammenleben der Menschen regeln.

Das Recht als Ordnungsfaktor wird ergänzt durch Normen der *Sittlichkeit* (Ethik, Moral), die der Gesinnung und inneren Einstellung des Menschen entspringen und nicht erzwingbar sind, sofern sie nicht in objektiven Rechtsvorschriften Eingang gefunden haben. Sittlichkeit ist nicht zu verwechseln mit *Sitte*, die das äußerliche Verhalten der Menschen betrifft ("Man" tut dieses, aber jenes nicht, z.B.: Der Herr geht links von der Dame;

man bohrt nicht in der Nase.) In manchen Rechtssätzen ist von "Sitte" die Rede, obwohl Sittlichkeit gemeint ist (vgl. § 138 BGB).

Recht im subjektiven Sinn sind Befugnisse und Ansprüche, die der Einzelne aus objektiven Rechtsnormen ableiten kann. Das objektive Recht ist folglich die Grundlage für ein subjektives Recht.

Beispiele:

1. Die Befugnis, eine Sache zu verkaufen (subjektives Recht), ergibt sich aus dem Sachenrecht (Eigentumsrecht) im BGB (objektives Recht).
2. Den Anspruch auf Zahlung des Kaufpreises (subjektives Recht) leitet der Verkäufer aus dem Kaufvertragsrecht des BGB (objektives Recht) ab.

Das objektive Recht teilt man in zwei Gebiete ein:

- Das ***öffentliche Recht*** regelt die Rechtsverhältnisse *hoheitlicher Rechtsgemeinschaften* (Staat, Länder, Gemeinden, Kirchen etc.) als solcher, untereinander und zu ihren Mitgliedern.
  Sein Kennzeichen ist die *Über- und Unterordnung (Subordination)*.
  Zum öffentlichen Recht gehörende Gebiete enthält die Abb. A1.
- Das ***Privatrecht*** regelt die Rechtsbeziehungen der einzelnen Personen zueinander und die Rechtsverhältnisse der *nicht hoheitlichen Gemeinschaften* (Ehe, Familie, Gesellschaften) als solcher, untereinander und zu ihren Gliedern auf der Grundlage ihrer *Gleichberechtigung (Koordination)* und *Selbstbestimmung ("Privatautonomie")*. Privatrechtliche Gebiete zeigt Abb. A1.

Hinsichtlich der Ausschließlichkeit der Rechtsnormen besteht folgende Abgrenzung:

- ***Zwingendes Recht*** liegt vor, wenn Rechtsvorschriften nicht durch Parteienvereinbarung abänderbar sind (z.B. Haftungsregelung bei Handelsgesellschaften, Formvorschrift beim Grundstückskauf). Eine Vereinbarung, die einer zwingenden Rechtsnorm zuwiderläuft, ist nichtig.
- ***Nachgiebiges oder dispositives Recht*** beinhaltet Rechtssätze, die durch vertragliche Vereinbarungen abgewandelt werden können (z.B. Gewinnverteilungsregelung bei der OHG, Kündigungfrist für Angestellte sowie die meisten Vorschriften des Schuldrechts im BGB). Die *gesetzliche Regelung* gilt nur solange, wie keine abweichende Vereinbarung getroffen wurde.

Die **Rechtsquellen** werden nach der Form der Rechtsnormen zunächst klassifiziert in geschriebenes bzw. gesetztes Recht und ungeschriebenes Recht.

Recht

- **Privatrecht**
  - **Zivilrecht**
    - **BGB** und ***Nebengesetze*** wie
      - Abzahlungsges.
      - Ehegesetz
      - Erbbauverordnung
  - **Sondergebiete**
    - **Handelsrecht:** HGB und ***Nebengebiete*** wie
      - Aktiengesetz
      - GmbH-Gesetz
      - Konzernrecht
      - Wertpapierrecht
      - Bank- und Börsenrecht
      - Versicherungsrecht
    - **Wirtschaftsrecht** inbesondere
      - Gewerberecht
      - Wettbewerbsrecht
    - **Immaterialgüterrecht**, insbes.
      - Urheberrecht
      - Gewerbl. Rechtsschutz (Patent-, Gebrauchsmuster-, Verlagsrecht)
    - **Arbeitsrecht**
    - **Verkehrsrecht**
- **Öffentliches Recht**
  - **Materielles öffentliches Recht**
    - **Staats- und Verwaltungsrecht**
    - **Steuerrecht**
    - **Strafrecht**
    - **Kirchenrecht**
    - **Völkerrecht**
  - **Verfahrensrecht**
    - **Prozeßrecht** wie
      - ZPO
      - StPO
      - KO
      - FGG

Abb. A 1: Rechtsgebiete des öffentlichen und privaten Rechts

- ***Geschriebenes Recht***
  - **Gesetze**
  Sie sind die wichtigste Rechtsquelle und werden von Gesetzgebungsorganen, sog. *Legislative* (Bundestag, Landtage) erlassen. Hierzu gehören auch Gesetze, durch die völkerrechtliche Staatsverträge vom innerdeutschen Gesetzgeber ratifiziert wurden (Art. 59 GG). Die bedeutsamsten Gesetze des Privatrechts sind das BGB und das HGB.
  - **Rechtsverordnungen**
  Sie stehen im Rang unter den Gesetzen und werden aufgrund und im Rahmen einer gesetzlichen Ermächtigung von Regierungsorganen (sog. *Exekutive*, ausführende Gewalt) zur Ergänzung bzw. Konkretisierung der Gesetze erlassen (vgl. Art. 80 GG, Art. 70 NRW-Verfassung).

  Beispiele:
  EStG - EStDV (Keine Rechtsverordnung sind die EStR; sie binden intern nur die Steuerbehörden, haben aber keine Wirkung nach außen gegenüber den Bürgern.); StVG - StVO.

  - **Autonome Satzungen**
  Sie enthalten Rechtsvorschriften mit allgemeinverbindlicher Wirkung, die von einer mit Rechtssetzungsbefugnis ausgestatteten Körperschaft oder Anstalt des öffentlichen Rechts (z.B. Religionsgemeinschaft, Gebietskörperschaft, Universität) zur Regelung ihrer Selbstverwaltungsangelegenheiten erlassen werden.

  Beispiele:
  Gemeindesatzung, Schulordnung

- ***Ungeschriebenes Recht***
  - **Gewohnheitsrecht**
  Auch das Gewohnheitsrecht ist anerkanntes geltendes Recht (Beachte die Bestimmung in Art. 20 III GG: "...vollziehende Gewalt und Rechtsprechung sind an Gesetz *und Recht* gebunden). Es ist die älteste und nach dem Gesetzesrecht wichtigste Rechtsquelle und entsteht durch ständige, über einen längeren Zeitraum fortdauernde Übung (longa consuetudo) und allgemeine Rechtsüberzeugung (opinio iuris) der Beteiligten.
  Das Gewohnheitsrecht spielt heute nur bei der Rechtsfortbildung durch die Rechtsprechung eine Rolle (vgl. die gewohnheitsrechtlichen Normen der Positiven Forderungsverletzung, culpa in contrahendo, Geschäftsgrundlage, Scheinvollmacht, Sicherungsübereignung u.a.).

  Keine Rechtsquelle sind ***Verkehrssitte*** und ***Handelsbrauch***. Vielmehr handelt es sich hierbei um Usancen, die den Rechtsverkehr bestimmen und bei der Rechtsauslegung aufgrund der Anordnung des Gesetzes zu beachten sind (*abgeleitete* Rechtskraft; vgl. § 151, 157, 242 BGB, § 346 HGB).

III. Überblick über BGB und HGB

Das **BGB** als Kernstück des Privatrechts besteht aus 5 Büchern:

1. Allgemeiner Teil (§§ 1 - 240)
2. Recht der Schuldverhältnisse (Schuldrecht; §§ 241 - 853)
3. Sachenrecht (§§ 854 - 1296)
4. Familienrecht (§§ 1297 - 1921)
5. Erbrecht (§§ 1922 - 2385)

Der ***Allgemeine Teil*** enthält Begriffe, Rechtsvorschriften und Rechtsinstitute, die für die übrigen vier Bücher Allgemeingültigkeit haben. Bei der Einteilung dieses Buches in Personen, Sachen und Rechtsgeschäfte ließ sich der Gesetzgeber zunächst von der römischen Dreiteilung *personae - res - actiones* leiten. Im 4. bis 7. Abschnitt werden Fristen, Termine, Verjährung, Rechtsausübung, Selbsthilfe und Sicherheitsleistung behandelt.
Auch die beiden folgenden Bücher *Schuld- und Sachenrech* haben ihr Vorbild in der römisch-rechtlichen Abgrenzung zwischen *jura in personam* und *jura in rem*. Das Schuldrecht regelt die Rechtsbeziehungen von Personen zueinander (Schuldverhältnisse), das Sachenrecht primär die unmittelbare Herrschaftsbeziehung einer Person zu einer Sache, aus der sich nur mittelbar, z.B. im Falle der Verletzung eines einzelnen Sachenrechts, eine Beziehung zu einer anderen Person ergeben kann. Schuld- und Sachenrecht sind eng miteinander verzahnt, weil viele schuldrechtliche Vorgänge in sachenrechtliche münden, z.B. Eigentumsübertragung von Kaufsache und Geld (sachenrechtlicher Vorgang) als Folge eines geschlossenen Kaufvertrages (schuldrechtlicher Vorgang).
Das ***Schuldrecht*** gliedert sich in einen allgemeinen und einen besonderen Teil, wenngleich der Gesetzgeber diese Unterteilung nicht ausdrücklich vornimmt.
Im *allgemeinen Teil* (1. - 6. Abschnitt) werden insbes. Inhalt, Entstehen und Erlöschen von Schuldverhältnissen behandelt. Seine Rechtsvorschriften gelten für alle Schuldverhältnisse des 2. Buches, sofern nicht im besonderen Teil abweichendes geregelt ist.
Was ein Schuldverhältnis ist, definiert § 241 BGB in allgemeiner Weise.
Ein **Schuldverhältnis** ist demnach ein Rechtsverhältnis, aufgrund dessen der Berechtigte (**Gläubiger**) von dem Verpflichteten (**Schuldner**) eine bestimmte Leistung fordern kann.
Schuldrechtliche **Forderungen** bzw. **Ansprüche** sind ***relative Rechte***, da sie nur in der Beziehung (Relation) zu einer Person (Vertragspartner) bestehen.

Im *besonderen Teil* (7. Abschnitt) sind einzelne Schuldverhältnisse wie z.B. Kauf, Miete, Darlehen geregelt. Nach dem privatrechtlichen Grundsatz der **Vertragsfreiheit** (hier i.S. von Gestaltungsfreiheit) können die hier zur Wahl gestellten Typen entweder abgewandelt oder durch selbstgeschaffene (pacta sui generis) erweitert werden (z.B. Leasing-Vertrag).
Das ***Sachenrecht*** enthält Regeln über den **Besitz** und Rechte an Sachen (*dingliche Rechte*[3]), von denen das **Eigentum** das umfassendste ist. Es macht z.B. Aussagen darüber, welche Bedeutung der Besitz an einer Sache hat und wie jemand Eigentümer einer Sache wird. Sachenrechte sind ***absolute Rechte***, d.h., sie entfalten ihre Wirkung gegen jedermann. Im Sachenrecht herrscht im Unterschied zum Schuldrecht **Typenzwang** (numerus clausus), d.h., die 7 dinglichen Rechte können weder abgeändert noch ergänzt werden.
Das ***Familienrecht*** hat die Rechtsverhältnisse, die sich aus Ehe, Verwandtschaft und Vormundschaft ergeben, zum Gegenstand.
Das ***Erbrecht*** regelt das Schicksal des Vermögens eines Menschen ("Erblasser") im Todesfall[4].

Das **HGB** umfaßt ebenfalls 5 Bücher:
1. Handelsstand (§§ 1 - 104)
2. Handelsgesellschaften und stille Gesellschaft (§§ 105 - 237)
3. Handelsbücher (§§ 238 - 342)
4. Handelsgeschäfte (§§ 343 - 473)
5. Seehandel (§§ 474 - 483)

Der Begriff Handelsgesetzbuch bzw. Handelsrecht ist historisch bedingt und verleitet heute den Nichtjuristen zu falschen Schlüssen über den Inhalt dieses Gesetzeswerkes. Es ist nämlich nicht ein Gesetzbuch für einen bestimmten Wirtschaftszweig, den Handel, sondern versteht den Begriff "Handel" in einem weit über die Distribution von Gütern hinausreichenden Sinn. Handelsrecht ist Sonderrecht für Kaufleute bzw. die gewerbliche Wirtschaft schlechthin; nur für reine Land- und Forstwirtschaft gilt es nicht.

Das erste Buch ***"Handelsstand"*** enthält Rechtsvorschriften bezüglich der Kaufmannseigenschaft, des Handelsregisters, der Firma, der kaufmännischen Stellvertretung (Handlungsvollmacht und Prokura) sowie der unselbständigen und selbständigen Hilfspersonen des Kaufmanns (Handlungsgehilfe und -lehrling bzw. Handelsvertreter und -makler).
Das Buch ***"Handelsgesellschaften und stille Gesellschaft"*** regelt nur die Rechtsverhältnisse der Personenhandelsgesellschaften (OHG, KG) und der

[3] S. hierzu Kap. B II 2.
[4] Familien- und Erbrecht sind wegen der thematischen Beschränkung dieses Buches nicht Gegenstand der folgenden Ausführungen.

stillen Gesellschaft. Die Kapitalgesellschaften (AG, GmbH, KGaA) und die Genossenschaft haben eigene Gesetze erhalten.
Das Buch ***"Handelsbücher"*** enthält ein geschlossenes Buchführungs- und Bilanzierungsrecht für Kaufleute.
Das Buch ***"Handelsgeschäfte"*** steht in enger Beziehung zum Schuld- und Sachenrecht des BGB, da es im wesentlichen aus Sonderregeln zu den bürgerlich-rechtlichen Rechtsgeschäften besteht. Ferner bringt es Vorschriften über die kaufmännischen Hilfsgewerbe (Kommissionär, Spediteur, Frachtführer und Eisenbahn).
Das Buch ***"Seehandel"*** spricht für sich und ist in den Kurzfassungen des HGB (für "Landratten") nicht abgedruckt.

IV. Kontrollfragen zum Abschnitt A

1. Welches ist die historische Basis des deutschen Zivilrechts? Führen Sie dafür Belegbeispiele an.
2. Grenzen Sie voneinander ab
   a) öffentliches und privates Recht,
   b) zwingendes und nachgiebiges Recht,
   c) objektives und subjektives Recht,
   d) Schuld- und Sachenrecht,
   e) absolute und relative Rechte.
3. Nennen Sie Beispiele für zwingende und dispositive Rechtsnormen.
4. Begründen Sie, daß auch das Gewohnheitsrecht als ungeschriebenes Recht geltende Rechtsquelle ist.
5. Welche Beziehung besteht zwischen Schuld- und Sachenrecht?
6. In welche Bücher sind BGB und HGB gegliedert?
7. Welchen Wirtschaftszweig betrifft das HGB?
8. Was sind Handelsbücher?

B. Grundbegriffe und allgemeine Vorschriften des Privatrechts

I. Rechtssubjekte - Träger des Rechts

Rechtssubjekte sind mit Rechtsfähigkeit ausgestattete Personen. Neben den Menschen (natürlichen Personen) kennt das Privatrecht noch die juristischen Personen.

1. Natürliche Personen

a) Rechtsfähigkeit

Die **Rechtsfähigkeit** ist die Befähigung einer Person, Träger von *Rechten und Pflichten* zu sein.

Die Rechtsfähigkeit des Menschen beginnt gem. § 1 BGB[1] mit *Vollendung* der Geburt (Ausnahmefiktion: der "nasciturus" in § 1923 II) und endet mit dem Tod.
Aufgrund der verfassungsmäßigen *Gleichheit* aller Menschen kennt das Gesetz keine weiteren Voraussetzungen (z.B. Geschlecht, Rasse oder Hautfarbe) für die Rechtsfähigkeit.

b) Handlungsfähigkeit

Der Begriff Handlungsfähigkeit findet sich im Gesetz nicht. Er beinhaltet die Fähigkeit, verantwortlich und rechtswirksam handeln zu können, wozu Willens- und Einsichtsfähigkeit (geistige Reife) erforderlich sind, und ist Oberbegriff für die Geschäfts- und die Deliktsfähigkeit.

aa) Geschäftsfähigkeit

Die **Geschäftsfähigkeit** ist die Befähigung, durch *eigene* Willenserklärungen **Rechtsgeschäfte** wirksam abschließen und damit Rechte und Pflichten erwerben zu können.

Der Gesetzgeber hat die Geschäftsfähigkeit entsprechend der geistigen Entwicklung des Menschen generalisierend in die drei Stufen bzw. Phasen Geschäftsunfähigkeit, beschränkte und unbeschränkte Geschäftsfähigkeit unterteilt[2].

1 In den folgenden Ausführungen sind alle §§ ohne Gesetzesbezeichnung solche des BGB.
2 Früher konnten Volljährige in bestimmten Fällen durch das Amtsgericht entmündigt werden, was bei Geisteskrankheit zur Geschäftsunfähigkeit und bei Geistesschwäche oder Suchtkrankheit zur be-

Geschäftsunfähigkeit

Geschäftsunfähig sind Kinder bis zur Vollendung des 7. Lebensjahres (§ 104). Ihre Willenserklärungen sind gem. (§ 105) ***nichtig***, d.h. von Anfang an unwirksam *(Ex-tunc-Wirkung)*.

Beschränkte Geschäftsfähigkeit

Beschränkt geschäftsfähig sind **Minderjährige** vom vollendeten 7. bis zum vollendeten 18. Lebensjahr (§ 106). Rechtsgeschäfte bzw. Willenserklärungen von Minderjährigen sind *schwebend unwirksam*, d.h., sie bedürfen nach §§ 107 f. zu ihrer Wirksamkeit der Einwilligung oder Genehmigung des gesetzlichen Vertreters (Eltern). **Einwilligung** ist die *vorherige* und somit bis zur Vornahme des Rechtsgeschäfts widerrufbare, **Genehmigung** dagegen die *nachträgliche*, endgültige **Zustimmung** (§§ 182 ff.). Eine Zustimmungsverweigerung hat die Nichtigkeit der Willenserklärung des Minderjährigen zur Folge.

Zustimmung

Einwilligung (vorher)	Genehmigung (nachher)

Zwei **Ausnahmen** von diesem Erfordernis nennt das BGB; eine Zustimmung ist *nicht* notwendig,

- wenn die Willenserklärung dem Minderjährigen ausschließlich einen ***rechtlichen*** (nicht wirtschaftlichen!) ***Vorteil*** bringt (§ 107).
  Ein rechtlicher Nachteil ist die Übernahme jeder auch noch so geringwertigen Verpflichtung sowie die Aufgabe, Belastung oder Verminderung eines Rechtes.

Beispiel:

Ein Minderjähriger verpflichtet sich, in einem Tauschgeschäft eine geringwertige Briefmarke aus seiner Sammlung gegen eine wertvolle Marke seines Freundes herzugeben. Das Geschäft bringt ihm zwar einen wirtschaftlichen Vorteil, aber auch einen rechtlichen Nachteil und ist daher schwebend unwirksam. (Die Eigentumsübertragung allein würde ihm nur einen rechtlichen Vorteil bringen; vgl. Abstraktionsprinzip und Bereicherungsrecht.)

schränkten Geschäftsfähigkeit führte (§§ 6, 104 Nr. 3, 114 BGB a.F.). Die entmündigte Person wurde unter Vormundschaft gestellt. Durch das *Betreuungsgesetz* (BtG), welches am 1.1.1992 in Kraft getreten ist, wurde die Entmündigung abgeschafft; die Vormundschaft ist (wie auch die Pflegschaft des § 1910 BGB a.F.) durch das Rechtsinstitut der "Betreuung" ersetzt worden, das die Teilnahme des Betreuten am Rechtsverkehr nicht automatisch und generell ausschließt. Erforderlichenfalls kann vom Gericht ein *Einwilligungsvorbehalt* nach § 1903 BGB n.F. angeordnet werden. Dies hat zur Folge, daß die Bestimmungen für beschränkt Geschäftsfähige analoge Anwendung finden. Der Betreuer soll den Wünschen des Betreuten möglichst entsprechen.

- wenn der Minderjährige die vertragsmäßige Leistung mit Mitteln bewirkt, die ihm zu diesem Zweck oder zur freien Verfügung von dem gesetzlichen Verteter oder mit dessen Zustimmung von einem Dritten überlassen worden sind (§ 110, sog. *Taschengeldparagraph*).
  Der "Taschengeldparagraph" ist genau genommen weniger eine Ausnahmeregel als eine Art Pauschalgenehmigung, die allerdings nicht für Kredit- und Ratengeschäfte gilt (Beachte die Zeitform 'bewirkt' - Präsens - und nicht 'bewirken wird' - Futur -).

Unbeschränkte Geschäftsfähigkeit
Voll geschäftsfähig ist eine natürliche Person nach Vollendung des 18. Lebensjahres (**Volljährigkeit**).

bb) Deliktsfähigkeit

Die **Deliktsfähigkeit** ist die Fähigkeit, für Schäden aus einer unerlaubten Handlung (Delikt, § 823) ersatzpflichtig zu sein (§§ 827 ff.).

Entsprechend der Systematik des BGB-Aufbaus ist die Regelung der Deliktsfähigkeit nicht im 1. Buch bei den natürlichen Personen zu finden, sondern unter den Schuldverhältnissen des 2. Buches im Zusammenhang mit der unerlaubten Handlung! Hierbei ist der Gesetzgeber von derselben Altersstufung ausgegangen.
Deliktsunfähig sind Kinder bis zur Vollendung des 7. Lebensjahres sowie Bewußtlose und Geisteskranke (ausgenommen: schuldhaft Betrunkene).
Beschränkt (besser: *bedingt)* ***deliktsfähig*** sind Minderjährige vom vollendeten 7. bis zum vollendeten 18. Lebensjahr. Anders als bei der beschränkten Geschäftsfähigkeit ist hier die Verantwortlichkeit von der *Bedingung* abhängig, ob der Minderjährige bei dem Delikt die *zur Erkenntnis der Verantwortlichkeit erforderliche Einsicht* hatte, was in jedem konkreten Fall *individuell* zu prüfen ist.
Unbeschränkt deliktsfähig sind alle Volljährigen.

Ein Anflug sozialer Gesinnung hat im BGB seinen Niederschlag gefunden in Form der **Billigkeitshaftung**: Unter den Voraussetzungen des § 829 kann ausnahmsweise auch ein Deliktsunfähiger schadensersatzpflichtig sein.

Rechtsfähigkeit
= Fähigkeit, Träger von Rechten und Pflichten zu sein
- bei natürlichen Personen ab Vollendung der Geburt (§ 1)
- bei juristischen Personen kraft Eintragung oder Verleihung

Handlungsfähigkeit
= Fähigkeit, durch eigenes Handeln eigenverantwortlich Rechtswirkungen auszulösen

Geschäftsfähigkeit
= Fähigkeit, Rechtsgeschäfte wirksam abschließen zu können

Deliktsfähigkeit
= zivilrechtliche Verantwortlichkeit für unerlaubte Handlungen (Delikte) gem. § 823 ff.

Geschäftsunfähigkeit	**beschränkte *) Geschäftsfähigkeit**	**unbeschränkte Geschäftsfähigkeit**	**Deliktsunfähigkeit**	**beschränkte Deliktsfähigkeit**	**unbeschränkte Deliktsfähigkeit**
ab Geburt bis zur Vollendung des 7. Lebensjahres (§ 104 Nr. 1)	vom vollendeten 7. Lebensjahr bis zum vollendeten 18. Lebensjahr (§ 106)	vom vollendeten 18. Lebensjahr an	bis zur Vollendung des 7. Lebensjahres (§ 828 I) und in den Fällen des § 828 II	vom vollendeten 7. Lebensjahr bis zum vollendeten 18. Lebensjahr (§ 828 II)	vom vollendeten 18. Lebensjahr an
Minderjährigkeit		*Volljährigkeit*	aber ggf. Billigkeitshaftung gem. § 829		
und bei krankhafter Störung der Geistestätigkeit (§ 104 Nr. 2)					
Rechtsfolgen: Willenserklärung (WE) unwirksam (§ 105 I)	WE schwebend unwirksam (§§ 107 ff.)				

*) Sonderfälle der **"partiellen Geschäftsfähigkeit"**:
- "Handelsmündigkeit" (§ 112)
- "Arbeitsmündigkeit" (§ 113)

Abb. B 1: Rechts- und Handlungsfähigkeit nach BGB

2. Juristische Personen

Juristische Personen sind Personenvereinigungen oder Vermögensmassen, die eigene ***Rechtsfähigkeit*** besitzen.

Sie erlangen ihre Rechtsfähigkeit durch
- *Eintragung in ein amtliches Register* (Vereins-, Handels-, Genossenschaftsregister) oder
- *staatliche Verleihung*.

Es gibt juristische Personen des Privatrechts und des öffentlichen Rechts (s. Abb. B2). Juristische Personen des Privatrechts sind der (eingetragene) **Verein** des BGB (e.V.; §§ 21 ff.) und die handelsrechtlichen Sonderformen (AG, GmbH, KGaA, eG)[3] sowie die **Stiftung** (§§ 80 ff.).
Zu den juristischen Personen des öffentlichen Rechts gehören **Körperschaften**, **Anstalten** und **Stiftungen**.
Die juristische Person ist selbst nicht handlungsfähig; sie handelt durch ihre Organe (sog. *Fremdorganschaft*).
Die besondere Bedeutung der juristischen Person liegt in der völligen Loslösung von ihren Mitgliedern. Als selbständiges Rechtssubjekt ist sie, z.B. der Verein, Träger von Rechten und Pflichten, d.h., sie ist Eigentümer des Vereinsvermögens, sie tritt als Vetragspartner auf und sie (und nicht die Vereinsmitglieder) haftet mit ihrem eigenen Vermögen für die Vereinsschulden.

Beispiel:
Der Verein "1. FC Fortuna e.V." kauft, vertreten durch den Vorstand, für das nächste Meisterschaftsspiel 3 neue Fußbälle. Berechtigt und verpflichtet aus dem Kaufvertrag ist allein der Verein. Er wird Eigentümer der Bälle und schuldet den Kaufpreis. Auch wenn das Vereinsvermögen zur Schuldenbegleichung nicht ausreicht, haften nicht die Mitglieder.

Abgrenzung
Völlig anders ist die Rechtslage bei den nicht rechtsfähigen Personenvereinigungen. Ihr Grundtyp ist die bürgerlich-rechtliche **Gesellschaft** (§§ 705 ff.)[4].

Beispiel:
Die Studenten A, B, C und D haben sich zu einer Arbeitsgemeinschaft zusammengeschlossen. A kauft im Auftrage aller für die Arbeitsgemeinschaft ein Lehrbuch des Privatrechts. - Die Studenten haben eine BGB-Gesellschaft gegründet (mündliche Form genügt!) zur Erreichung des gemeinsamen Zwecks "Examensvorbereitung". Sie alle (und nicht die Gesellschaft!) sind Träger von Rechten und Pflichten, d.h.,

[3] Einzelheiten s. Kap. D III.
[4] S. auch Kap. C II 3. und D III.

Juristische Personen

= mit *Rechtsfähigkeit* ausgestattete Personenvereinigungen und Sacheinrichtungen

des ***Privatrechts***

Verein
(auch Körperschaft genannt)

Personenvereinigung mit Selbstverwaltung (Autonomie); Rechtspersönlichkeit durch Registereintragung (Normativprinzip) oder Verleihung (Konzessionsprinzip, z.B. in § 22 oder bei VVaG)

- im BGB:
  Idealverein (§ 21),
  Wirtschaftsverein (§ 22)
- im Handelsrecht:
  AG, KGaA, GmbH, eG sowie bergrechtiche Gewerkschaft und VVaG

Stiftung

Sachzusammenfassung, zweckgewidmete Vermögensmasse;
Zweck durch den Willen des Stifters (heteronom) bestimmt, keine Selbstverwaltung;
Entstehung durch Stiftungsgeschäft (Zweckwidmung eines Vermögens) und staatliche Genehmigung

des ***öffentlichen Rechts***

Körperschaft

vgl. links Verein

- Gebietskörperschaft
  z.B. BRD, Bundesländer, Kreise, Gemeinden
- Personalkörperschaft
  z.B. Kammern, Innungen
- Realkörperschaft
  z.B. Wasserverband, Betriebskörperschaft

Anstalt / **Stiftung**

von außen gelenkte Vermögensmasse, vgl. links Stiftung

Die Anstalt hat keine Mitglieder, sondern nur Benutzer.

Beispiele:
ARD, ZDF, BfA, Bundesbank, Kommunale Sparkassen

Abb. B 2: Juristische Personen

- sie müssen grundsätzlich gemeinsam handeln,
- ihnen gehört das Vermögen (hier: das Buch) gemeinsam "zur gesamten Hand",
- sie alle haften gemeinsam (gesamtschuldnerisch) und unbeschränkt, d.h. auch mit dem Privatvermögen für die Schulden. Der Buchhändler kann sich irgendeinen der 4 Studenten herausgreifen und von ihm den Kaufpreis verlangen. Dieser kann im Innenverhältnis Ausgleich (je 1/4) von den drei anderen Studenten fordern.

Auch der **nicht eingetragene Verein** ist nicht rechtsfähig, obwohl er eine körperschaftliche Struktur besitzt, die ihn vom Wechsel der Mitglieder unabhängig macht und eine weniger enge personelle Verbundenheit im Vergleich zur BGB-Gesellschaft zur Folge hat. Nach § 54 sind auf ihn die Regeln über die Gesellschaft anzuwenden, jedoch mit der Einschränkung, daß die Haftung der Mitglieder auf das Vereinsvermögen beschränkt ist. Gem. § 50 ZPO ist er (im Gläubigerinteresse) passiv partei- bzw. prozeßfähig, d.h., er kann verklagt werden.

3. Der Kaufmann - "Subjekt" des Handelsrechts

Der Kaufmann ist nicht eine dritte mögliche Rechtsperson des Privatrechts, sondern eine natürliche oder juristische Person oder eine Personenvereinigung, welche die besonderen "Charakterzüge" der Kaufmannseigenschaft nach Maßgabe des HGB besitzt. Der Kaufmannsbegriff hat zentrale Bedeutung für das gesamte Handelsrecht mit der Konsequenz, daß den Kaufmann und seine Geschäfte, sog. Handelsgeschäfte, im Vergleich zur Privatperson besondere Rechte und Pflichten treffen[5].

Kaufmann ist gem. § 1 I HGB, wer ein **Handelsgewerbe** betreibt.

Voraussetzung der Kaufmannseigenschaft ist demnach zunächst, daß überhaupt ein Gewerbe betrieben wird (Ausnahme: Formkaufmann nach § 6 HGB, s. unten). Ein **Gewerbe** verlangt eine
- erlaubte,
- selbständige,
- auf Dauer angelegte,
- auf Gewinnerzielung gerichtete

wirtschaftliche Tätigkeit.
Freie Berufe wie Rechtsanwälte, Wirtschaftsprüfer, Steuerberater, Architekten, Ärzte sowie Wissenschaftler und Künstler zählen wegen der angeblich fehlenden Gewinnerzielungsabsicht nicht zu den Gewerben.

---

[5] Näheres s. Kap. D II

Die **Kaufmannseigenschaft *entsteht***
- kraft *Betätigung* in Form eines Grundhandelsgewerbes bzw. kraft *Gesetzes* (§ 1 II HGB),
- kraft *Eintragung* in das Handelsregister[6] (§§ 2, 3 und 5 HGB) oder
- kraft *Rechtsform* (§ 6 II HGB).

a) Muß- bzw. Istkaufmann

Zu den Handelsgewerben gehören die im Katalog des § 1 II HGB aufgeführten **Grundhandelsgewerbe**. Wer ein solches Gewerbe betreibt *ist* unabhängig von einer Eintragung im Handelsregister mit Beginn der handelsgewerblichen Betätigung Kaufmann, sofern es sich nicht um einen Handwerksbetrieb handelt ***(Kaufmann kraft Betätigung bzw. kraft Gesetzes)***. Er ist zwar verpflichtet, seine Firma[7] zur Eintragung ins Handelsregister anzumelden (§ 29 HGB), die Eintragung hat jedoch nur *deklaratorische*, d.h. rechtsverkündende Wirkung[8].

Wer zwar ein Grundhandelsgewerbe betreibt, dafür jedoch nach Art und Umfang einen in kaufmännischer Weise eingerichteten Geschäftsbetrieb *nicht* benötigt[9], ist zwar Kaufmann, aber gem. § 4 HGB **Minderkaufmann**. Das hat zur Folge, daß für ihn einige wichtige Regeln (Rechte und Pflichten) des HGB nicht gelten:
- er hat *keine Firma*, sondern nur eine Geschäftsbezeichnung, die nicht ins Handelsregister eingetragen werden darf (§ 17 HGB),
- er braucht *keine Handelsbücher* zu führen, kein Inventar und keine Bilanz aufzustellen und keinen Schriftverkehr aufzubewahren (§§ 238 ff. HGB),
- er kann *keine Prokura* erteilen (§§ 48 ff. HGB),
- er kann *keine OHG oder KG* gründen, da diese immer auf ein vollkaufmännisches Handelsgewerbe gerichtet sind (§§ 6 I, 105, 161 HGB),
- er genießt gem. § 351 HGB wie Privatpersonen den *Schutz des BGB* vor überhöhten Konventionalstrafen und vor der Gefahr einer (unbedachten) mündlichen Bürgschaft.

Auch das Abzahlungsgesetz gilt für ihn nicht.

Aus der Umkehrung des § 4 HGB ergibt sich der Schluß, daß jeder andere Kaufmann **Vollkaufmann ist**.

---

[6] Das **Handelsregister** ist ein im Interesse der Rechtsklarheit und -sicherheit errichtetes Verzeichnis der wichtigsten Daten eines vollkaufmännischen Handelsgewerbes bzw. einer Handelsgesellschaft, das gem. § 9 I HGB von *jedem* eingesehen werden kann (im Unterschied zum Grundbuch, dessen Einsichtnahme die Darlegung eines "berechtigten Interesses" voraussetzt; § 12 I S.1 GBO).

[7] Die Firma ist der handelsrechtliche *Name* eines vollkaufmännischen Betriebes.

[8] Vgl. Abb. B 4.

[9] Maßgeblich hierfür ist das Gesamtbild des Betriebes und nicht ein einzelnes, isoliertes Kriterium wie die Beschäftigtenzahl, der Umsatz oder der Gewinn.

b) Sollkaufmann

Ein Handwerker oder sonstiger Gewerbetreibender (z.B. Lohnhandwerker, Druckerei, Urproduktionsbetrieb, Bauunternehmen, Werbeagentur, Pfandleiher, Grundstücksmakler), dessen Betrieb zwar kein Grundhandelsgewerbe gem. § 1 II HGB ist, aber nach Art und Umfang einen kaufmännisch eingerichteten Geschäftsbetrieb erfordert, ist zur Handelsregisteranmeldung *verpflichtet* und *wird erst durch* die Eintragung Vollkaufmann (***Kaufmann kraft pflichtgemäßer Eintragung***, § 2 HGB). Die Eintragung wirkt hier *konstitutiv*, d.h. rechtsbegründend.
Wird das Erfordernis (= Abgrenzungskriterium) eines kaufmännisch eingerichteten Geschäftsbetriebes nicht erfüllt, dann ist der *Kleingewerbetreibende* nicht etwa Minderkaufmann (wie nach § 1 II i.V. mit § 4 HGB), sondern gar *kein Kaufmann*. Merkmale für dieses Abgrenzungskriterium sind Umsatz, Betriebsvermögen, Beschäftigtenzahl, Betriebsorganisation, die Teilnahme am Wechsel- und Kreditverkehr und ähnliche signifikante Kennzeichen.

c) Kannkaufmann

Eine Sondervorschrift besteht für land- und forstwirtschaftliche Betriebe (§ 3 HGB). Ein Land- bzw. Forstwirt (nicht Fischereibetrieb!) ist zur Registereintragung nicht verpflichtet, aber berechtigt und zwar sowohl bezüglich eines Hauptgewerbes (Obst-, Getreide-, Gemüse-, Wein-Anbau, Viehzucht etc.) als auch hinsichtlich eines Nebengewerbes (Brennerei, Sägewerk, Molkerei, Ziegelei, Mühle u.a.), sofern das Kriterium eines kaufmännisch eingerichteten Geschäftsbetriebes nach § 2 HGB erfüllt ist. Er *wird durch* die freiwillige Eintragung Kaufmann ***(Kaufmann kraft berechtigter, freiwilliger Eintragung)***. Auch hier hat also die Eintragung *konstitutive* Wirkung.

d) Formkaufmann

Kaufleute kraft ihrer Rechtsform sind gem. § 6 II HGB alle Kapitalgesellschaften (AG, GmbH, KGaA, eG, VVaG), und zwar ohne Rücksicht auf den Gegenstand der Gesellschaft. Sie sind immer Vollkaufleute. Die Eintragung hat für die Kaufmannseigenschaft *konstitutive* Wirkung.

Beispiel:
Ein Altersheim in der Rechtsform einer GmbH ist "zwangsläufig" Vollkaufmann.

e) Scheinkaufmann

Nicht immer ist für Geschäftspartner erkennbar, ob ein Gerwerbetreibender die (Voll-)Kaufmannseigenschaft nach den Voraussetzungen der §§ 1, 2, 3 und 6 HGB besitzt. Der Gesetzgeber knüpft deshalb an die Eintragung einer

Firma im Handelsregister, d.h. an den **Rechtsschein**[10], den die Eintragung erzeugt, im Interesse der Rechtssicherheit bestimmte Rechtsfolgen.

Ist eine Firma unberechtigt ins Handelsregister eingetragen, dann wird der Unternehmer gem. § 5 HGB *wie ein Vollkaufmann* behandelt, selbst wenn er entweder nur Minderkaufmann ist (z.B., weil ein ehemals vollkaufmännisches Unternehmen ohne Löschung der Eintragung auf den Geschäftsumfang eines Kleinbetriebes abgesunken ist) oder aber gar kein Kaufmann ist (z.B. wenn er die Eintragung eines Nicht-Handelsgewerbes mit falschen Angaben erschlichen hat). *Voraussetzung* dafür ist allerdings, daß überhaupt *ein Gewerbe* betrieben wird. - Der **Schein- oder Fiktivkaufmann *("Kaufmann" kraft unberechtigter Eintragung bzw. gesetzlicher Fiktion)*** kann sich wie auch jeder Dritte ohne Rücksicht auf Gut- oder Bösgläubigkeit, d.h., auch wenn er von der Unzulässigkeit der Eintragung weiß, auf § 5 HGB berufen. Diese Rechtsnorm schützt nicht nur Gutgläubige, sondern wirkt sogar *für und gegen* den Eingetragenen. Sie geht insofern über die Regelung des § 15 HGB hinaus, der ganz allgemein kaufmännische "Tatsachen" betrifft, die ins Handelsregister einzutragen *und bekannt* zu machen sind und dadurch einen vertrauensbegründenden Rechtsschein erzeugen (z.B. Firma, Inhaber, Prokura).
§ 15 HGB kommt in Betracht, wenn gar kein Gewerbe betrieben wird. - Ist eine ehemals existierende Firma erloschen, aber noch eingetragen, dann kommt § 15 I HGB zur Anwendung. Er dient dem Schutz (nur) *gutgläubiger* Dritter gegen die Folgen nicht eingetragener Tatsachen. Das Erlöschen der Firma ist eine "einzutragende Tatsache" (§ 31 II S.1 HGB); der frühere Unternehmer kann einem Dritten nicht das Erlöschen der Firma entgegenhalten, um sich z.B. von den Pflichten eines Kaufmanns zu entlasten, er muß sich im Geschäftsverkehr bis zur Eintragung *und* Bekanntmachung der Löschung wie ein Kaufmann behandeln lassen. Geschützt ist also das (abstrakte) Vertrauen auf das Schweigen des Registers hinsichtlich der veränderten Rechtslage. Auf § 15 I HGB kann sich selbst derjenige berufen, der nicht in das Handelsregister eingesehen hat. Abweichendes gilt nur, wenn der Dritte positive Kenntnis von der veränderten Rechtslage, d.h. hier von der Einstellung des Gewerbebetriebes hat; selbst (grob-) fahrlässige Unkenntnis schadet ihm nicht (Beweispflicht beim Eintragungspflichtigen). *Merke:* § 15 I HGB schützt nicht das Vertrauen in die Richtigkeit einer bestehenden Eintragung, sondern nur das Vertrauen in das Nichtvorhandensein nicht eingetragener und nicht bekannt gemachter Tatsachen (**negative Publizität**). Die negative Publizität ist ein geeignetes Druckmittel des Gesetzgebers, Eintragungen und Bekanntmachungen von eintragungspflichtigen Vorgängen unverzüglich zu betreiben. - Hat ein Gewerbe (Firma) nie bestanden, ist aber dennoch eingetragen und bekannt gemacht worden, dann greift § 15 III HGB. Ein Dritter kann sich gegenüber dem Eintra-

[10] Zum Rechtsscheinprinzip siehe auch Kap. B III 6 a) und Kap. C III 2 b).

gungspflichtigen auf die *unrichtig* bekanntgemachte Tatsache berufen, es sei denn, er kannte die Unrichtigkeit; § 15 III HGB schützt den Dritten in seinem Vertrauen auf eine unrichtig bekanntgemachte Tatsache (**positive Publizität**). *Beachte:* § 15 III HGB stellt ausschließlich auf die *Bekanntmachung* ab und steigert damit noch die Vertrauenswürdigkeit amtlicher Bekanntmachungen. Das bedeutet: Ist die Eintragung richtig, die Bekanntmachung aber falsch, dann ist § 15 III HGB anzuwenden; er findet jedoch nach h.M. keine Anwendung, wenn allein die Eintragung unrichtig ist.

Erweckt jemand in anderer Weise als durch Eintragung und Bekanntmachung einer Firma den Anschein einer Kaufmannseigenschaft, z.B. durch Anzeigen, Visitenkarten oder Geschäftspapiere mit Firmenbriefkopf, so muß er sich zu seinen Ungunsten (!) von gutgläubigen (!) Geschäftspartnern wie ein Vollkaufmann behandeln lassen. Dieser erweiterte Begriff des **Scheinkaufmanns** ist in Analogie zu § 5 HGB gebildet worden.

f) Reform des Kaufmannsrechts

Am 12. Mai 1997 hat die Bundesregierung mit dem Handelsrechtsreformgesetz (HrefG) einen Gesetzesentwurf beschlossen, zu dessen Kernbereichen die Neuregelung des Kaufmannsbegriffs gehört. Diese soll hier in ihren wesentlichen Inhalten dargestellt werden.

- ***Neue Definition der Begriffe Handelsgewerbe und Istkaufmann***

Der Gesetzesentwurf faßt die Tatbestände der §§ 1 HGB (Grundhandelsgewerbe) und 2 HGB (sonstige Gewerbe) im neuen § 1 HGB n.F. zu einem einheitlichen Kaufmannsbegriff zusammen. Infolgedessen wird der „Sollkaufmann" des § 2 HGB abgeschafft und damit die Ist-Kaufmannseigenschaft auf alle Gewerbetreibenden ohne Rücksicht auf die Branche ausgedehnt. Grundvoraussetzung für die Kaufmannseigenschaft bleibt der Gewerbebetrieb. Der Begriff Handelsgewerbe wird zwar im unveränderten § 1 I HGB (**Mußkaufmann**) beibehalten, erfährt aber (mit Streichung des Katalogs der Grundhandelsgewerbe in § 1 II HGB) eine *neue Deutung*: **Handelsgewerbe *ist*** nach § 1 II HGB n.F. *jedes gewerbliche Unternehmen*, das *einen in kaufmännischer Weise eingerichteten Geschäftsbetrieb erfordert*, und zwar ohne Rücksicht auf die Eintragung. Es besteht dann selbstverständlich die Pflicht zur - deklaratorischen - Eintragung. Eine kaufmännische Einrichtung (z.B. Buchführung und Bilanzierung, Firma, kaufmännische Organisation und Administration) muß nicht tatsächlich vorhanden, sondern grundsätzlich *erforderlich* sein. Diese Neudefinition ist als gesetzliche Beweislastregel ausgestaltet: Im Interesse des Rechts- und Geschäftsverkehrs wird die ausdrückliche Vermutung eingeführt, daß bei Vorliegen eines Gewerbes von einem Handelsgewerbe und damit vom Kaufmannsstatus auszugehen ist. Der Gewerbetreibende trägt die Beweislast, daß sein betriebenes Gewerbe nicht kaufmännisch ist. Dies bedeutet, daß

Formkaufmann gem. § 6 II HGB

= Kaufmann ohne Rücksicht auf den Gegenstand des Unternehmens (AG, KGaA, GmbH, Genossenschaft)

Gewerbe

= offen erkennbare, auf Dauer angelegte, selbständige, wirtschaftliche Tätigkeit mit Gewinnerzielungsabsicht

freier Beruf

= wissenschaftliche und künstlerische Tätigkeit (eintragungsunfähig), ***kein*** Kaufmann

i. S. von § 1 HGB/Handelsgewerbe

Großbetrieb

Kaufmann kraft Betätigung (**Muß- oder Istkaufmann**) gem. § 1 HGB ohne Rücksicht auf Eintragung

Kleinbetrieb

- **Minderkaufmann** gem. § 4 HGB;
- im Falle einer Eintragung *Kaufmann kraft unberechtigter Eintragung* (**Schein- oder Fiktivkaufmann**) gem. § 5 HGB.
- Bei Vortäuschung eines Großbetriebes ohne Eintragung **Scheinkaufmann** analog § 5 HGB, da Verkehr Vollkaufmannseigenschaft annimmt (Rechtsscheinprinzip).

sonstiges Gewerbe

Großbetrieb

- Im Falle der Eintragung *Kaufmann kraft pflichtgemäßer Eintragung* (**Sollkaufmann**) gem. § 2 HGB.
- Im Falle der Nichteintragung meist **Scheinkaufmann** analog § 5 HGB, da Verkehr mit Eintragung rechnen darf, andernfalls **kein Kaufmann.**

Kleinbetrieb

- **Kein Kaufmann**, da eintragungsunfähig.
- Im Falle der Eintragung *Kaufmann kraft unberechtigter Eintragung* (**Schein- oder Fiktivkaufmann**) gem. § 5 HGB.
- Bei Vortäuschung eines Großbetriebes ohne Eintragung **Scheinkaufmann** analog § 5 HGB, da Verkehr dann mit Eintragung rechnen darf.

Land- und Forstwirtschaft

- Im Regelfall **kein Kaufmann** (§ 3 I HGB).
- Im Falle der freiwilligen Eintragung *Kaufmann kraft berechtigter Eintragung* (**Kannkaufmann**) gem. 3 II HGB unter den Voraussetzungen des § 2 HGB.
- Für die freiwillige Eintragung eines Nebengewerbes gilt gem. § 3 III HGB dasselbe wie oben (**Kannkaufmann**).

Abb. B 3: Kaufmannseigenschaft

Formkaufmann gem. § 6 II HGB	**Gewerbe**	**freier Beruf**
= Kaufmann ohne Rücksicht auf den Gegenstand des Unternehmens (AG, KGaA, GmbH, Genossenschaft)	= offen erkennbare, auf Dauer angelegte, selbständige, wirtschaftliche Tätigkeit mit Gewinnerzielungsabsicht	= wissenschaftliche und künstlerische Tätigkeit (eintragungsunfähig), ***kein*** Kaufmann

Großbetrieb[1] = **Handelsgewerbe** i. S. von § 1 II HGB n.F.	**Kleinbetrieb** („sonstiges" Gewerbe)	**Land- und Forstwirtschaft**
Kaufmann kraft Betätigung (**Muß- oder Istkaufmann**) gem. § 1 I HGB ohne Rücksicht auf die Eintragung (pflichtgemäße Eintragung: nur deklaratorisch)	• **Kein Kaufmann** • Im Falle einer freiwilligen Eintragung *Kaufmann kraft berechtigter Eintragung* (**Sollkaufmann**; richtiger: **Kannkaufmann**) gem. § 2 HGB n.F. (Eintragung: konstitutiv)	• Im Regelfall **kein Kaufmann** (§ 3 I HGB) • Im Falle der freiwilligen Eintragung *Kaufmann kraft berechtigter Eintragung* (**Kannkaufmann**) gem. 3 II HGB n.F., sofern **Großbetrieb**[1] (Eintragung: konstitutiv) • Für die freiwillige Eintragung eines Nebengewerbes gilt gem. § 3 III HGB dasselbe wie oben (**Kannkaufmann**).

Kein Gewerbe: Im Falle einer Eintragung *Kaufmann kraft unberechtigter Eintragung* (**Scheinkaufmann**) gem. § 5 HGB.

Abb. B 3 (n.F.): Kaufmannseigenschaft (nach HrefG v. 12.5.1997)

[1] Kriterium für einen Großbetrieb: *Erfordernis* eines in kaufmännischer Weise eingerichteten Geschäftsbetriebes

Wirkung von Handelsregistereintragungen

- Grundsätzlich **deklaratorisch** (z.B. Prokura, § 53 HGB)

- **Konstitutiv** (rechtsbegründend) in folgenden Fällen:

  - ***Kaufmannseigenschaft*** erlangt durch Eintragung ein Gewerbe gem. den Bedingungen der §§ 2, 3 HGB sowie der „Formkaufmann" des § 6 II HGB

  - Handelsgesellschaften (Außenverhältnis):

    a) Handelsrechtliche Vereine (AG, KGaA, GmbH, eG) erlangen ***Rechtspersönlichkeit*** (Rechtsfähigkeit) bzw. werden juristische Personen durch die Eintragung ins Handelsregister (ebenso der Grundtyp eV, § 21 BGB).

    b) Handelsgesellschaften i.e.S. (Personenhandelsgesellschaften) ***entstehen*** mit dem Zeitpunkt der Eintragung (§ 123 I HGB).

    Aber: Bei Aufnahme der Geschäftstätigkeit vor der Eintragung kommen die verschiedenen Möglichkeiten der §§ 1 - 5 HGB in Anwendung; ist der Gesellschaftszweck auf den Betrieb eines Handelsgewerbes i.S. von § 1 HGB gerichtet, hat die (spätere) Eintragung nur deklaratorische Wirkung (§ 123 II HGB).

  - ***Haftungsbeschränkungen*** z.B. des Kommanditisten nach den §§ 174, 176 HGB oder des Geschäftsübernehmers nach den §§ 27 I, 25 II HGB erlangen Wirksamkeit durch die Eintragung.

Abb. B 4: Wirkung von Handelsregistereintragungen

ein nicht ins Handelsregister eingetragener Kleingewerbetreibender z.B. auch bezüglich der verschärften Untersuchungs- und Rügepflichten der §§ 377 f. HGB beweisen muß, daß er kein Kaufmann ist, auf den diese Vorschriften anzuwenden wären. Das Tatbestandsmerkmal „Erfordernis eines kaufmännisch eingerichteten Geschäftsbetriebes" des § 1 II HGB n.F. wird zum alleinigen und einheitlichen ***Abgrenzungskriterium zwischen (Ist-)Kaufmann und Nichtkaufmann***. Es entspricht wörtlich der bisher im Gesetz verwendeten Abgrenzung zwischen Voll- und Minderkaufleuten (bei Grundhandelsgewerben) in § 4 I HGB und zwischen Voll- und Nichtkaufleuten (bei sonstigen Gewerben) in § 2 HGB. Der bisherige, wegen seiner zahlreichen Differenzierungen komplizierte Kaufmannsbegriff wird vereinfacht und übersichtlicher gestaltet.
Da Außenstehende das Vorliegen dieses Abgrenzungskriteriums wohl selten erkennen und beurteilen können, besteht künftig durchaus die Gefahr, daß sich ein Gewerbetreibender nachträglich darauf beruft, Nicht-Kaufmann zu sein, um nicht von den verschärften Untersuchungs- und Rügepflichten beim Handelskauf (s.o.), von der formlosen kaufmännischen Bürgschaft (§ 350 HGB), von auf den kaufmännischen Geschäftsverkehr zugeschnittenen Allgemeinen Geschäftsbedingungen (vgl. § 24 AGBG[11]) oder von Gerichtsstandsvereinbarungen (vgl. § 38 ZPO) betroffen zu werden. Dieses Risiko hält der Gesetzgeber aber offensichtlich für zumutbar, zumal schon § 5 HGB die notwendige Rechtssicherheit schafft, wonach sich ein Gewerbetreibender, der seiner gesetzlichen Pflicht zur Eintragung nachgekommen ist, nicht mehr darauf berufen kann, „daß das unter der Firma betriebene Gewerbe kein Handelsgewerbe sei".

- ***Wegfall der Rechtsfigur des „Minderkaufmanns"***

Die Neudefinition des Handelsgewerbes und des Kaufmannsstatus setzt rechtstechnisch auch die Absicht um, die Rechtsfigur des Minderkaufmanns abzuschaffen und alle Kleinbetriebe ohne Rücksicht auf die Branche, der sie angehören, prinzipiell vom Handelsrecht auszunehmen. Als Konsequenz dieser Intention wird § 4 HGB gestrichen. Es soll verhindert werden, daß mit der Zusammenlegung der §§ 1 und 2 HGB zu einem neuen Kaufmannstatbestand künftig alle ***Kleinbetriebe*** (auch die „sonstigen Gewerbe" i.S. von § 2 HGB) den ihnen ungewohnten, strengen Vorschriften des HGB, insbes. über den Handelskauf (§§ 373 HGB), unterworfen werden, von denen sie als „Minderkaufleute" seit Inkrafttreten des HGB zu Beginn des Jahrhunderts ohnehin weitgehend nicht betroffen waren. Jedoch sollen die besonderen Vorschriften über Handelsvertreter und -makler (1. Buch des HGB) sowie über Kommissions-, Speditions-, Lager- und Frachtgeschäfte (4. Buch des HGB), die bislang auch und gerade für „Minderkaufleute" gelten, auch weiter ohne Rücksicht auf die Größe des Geschäftsbetriebes auf *alle* Gewerbetreibenden anzuwenden sein. Die Zuordnung der

[11] Siehe hierzu Kap. C III. 1. d).

bisherigen „Minderkaufleute" zur Gruppe der ***Nicht-Kaufleute*** dient dem Schutz der unzähligen kleinen Selbständigen. Sofern jedoch den bisherigen „Minderkaufleuten" für sie günstige Regelungen des Handelsrechtes vorenthalten werden, wie z.B. der im Vergleich zu § 288 BGB um 1% höhere Verzugszinssatz des § 352 HGB (ganz abgesehen von meist anderen, d.h. i.d.R. höheren Bankzinsen, die in der Praxis als Verzugszinsen geltend gemacht werden), wird den Kleingewerbetreibenden die Möglichkeit eingeräumt, freiwillig die Kaufmannseigenschaft zu erwerben.

- ***Eintragungsoption für Kleingewerbetreibende***

In § 2 HGB n.F. soll künftig für alle kleingewerblichen Einzelunternehmer die Option geschaffen werden, den ***Kaufmannsstatus freiwillig durch Eintragung ins Handelsregister*** zu erwerben. Folglich ist die Wirkung der Eintragung in diesem Fall ***konstitutiv***. Rechtssystematisch handelt es sich bei dieser fakultativen Möglichkeit um eine neue Variante des **Kannkaufmanns**; der Kleingewerbetreibende ist zur Eintragung nicht verpflichtet. In § 105 II HGB n.F. findet sich zur Einzelunternehmung eine gesellschaftsrechtliche Parallelregelung für die *fakultative Begründung einer Personenhandelsgesellschaft* (OHG, KG), deren Gewerbebetrieb nicht den Anforderungen des § 1 II HGB n.F. an ein Handelsgewerbe entspricht. Damit wird die bisherige Regelung des § 4 II HGB aufgegeben, wonach durch einen „minderkaufmännischen" Betrieb eine OHG oder KG nicht begründet werden kann, und der Zugang zu den Personenhandelsgesellschaften auch für Kleinbetriebe geöffnet. Erfaßt werden davon entsprechend der bisherigen Rechtssystematik die „Minderkaufleute" i.S. des § 4 HGB und die kleineren „sonstigen" Gewerbe i.S. des § 2 HGB, welche nicht unter den neuen „Ist"-Kaufmannsbegriff des § 1 HGB n.F. zu subsumieren sind. Die bisherige Absicht des Gesetzgebers, diese Kleinbetriebe vor den oft nachteiligen Folgen der Vorschriften für Vollkaufleute zu schützen, rechtfertigt nicht die Verwehrung eines freiwilligen Kaufmannsstatus, da das Ziel der Kaufmanneigenschaft seit der Zulässigkeit von Ein-Mann-Kapitalgesellschaften auch auf diesem Weg erreichbar ist. Insofern erhöht die vorgesehene Option nicht die Risiken der Kleingewerbetreibenden.
Jedoch soll die getroffene Entscheidung für den Kaufmannsstatus nicht unumkehrbar bzw. endgültig sein; der Rückzug aus diesem Stand ist ebenso freiwillig wie der Eintritt. Auf Antrag des Kleingewerbetreibenden wird die Eintragung wieder gelöscht mit der Konsequenz, daß seine Kaufmannseigenschaft *ex nunc* erlischt, sofern er nicht inzwischen kraft Gesetzes zur Eintragung verpflichtet ist, weil sein Betrieb die „Größen-Kriterien" des § 1 II HGB n.F. erfüllt. Dies bestimmt ausdrücklich § 2 III HGB n.F. Nach bisherigem Recht ist dem eingetragenen Kaufmann der Rückzug aus dem (Voll-) Kaufmannsstatus nur über die Einstellung seines Gewerbes möglich.

• ***Land- und forstwirtschaftlicher Kannkaufmann***
Inhaltlich bleibt es bei der bisherigen Regelung, d.h. nach wie vor sind die oben beschriebenen Abgrenzungskriterien für die Eintragungsmöglichkeit bzw. -berechtigung land- und forstwirtschaftlicher Betriebe maßgeblich. Formal bedurfte es jedoch einer Neufassung des § 3 II HGB n.F. durch Einbeziehung der Abgrenzungskriterien, weil infolge der Streichung des (bisherigen) § 2 HGB auf diesen nicht mehr verwiesen werden kann.

4. Kontrollfragen zu Kapitel B I

1. Unterscheiden Sie
   a) Rechts- und Handlungsfähigkeit,
   b) Geschäfts- und Deliktsfähigkeit,
   c) Geschäftsunfähigkeit und beschränkte Geschäftsfähigkeit,
   d) natürliche und juristische Personen,
   e) Verein und Gesellschaft,
   f) konstitutive und deklaratorische (Handels-)Registereintragungen,
   g) Einwilligung und Genehmigung.
2. Wie erlangen Personen Rechtsfähigkeit?
3. Unter welchen Voraussetzungen ist ein beschränkt deliktsfähiger Mensch für Schäden aus unerlaubter Handlung verantwortlich?
4. Haften die Eltern für den entstandenen Schaden, wenn ihr 5-jähriges Kind beim Fußballspielen die Fensterscheibe des Nachbarhauses zertrümmert?
5. In welchen (Ausnahme-)Fällen benötigt ein beschränkt geschäftsfähiger Minderjähriger zur Wirksamkeit seiner Willenserklärungen bzw. Vertragsschlüsse nicht die Zustimmung seines gesetzlichen Vertreters?
6. *Fallbeispiel:* Der 6-jährige K kauft von seinem Taschengeld eine Luftpumpe für sein Fahrrad, die er auch erhält. Beurteilen Sie die Wirksamkeit des Kaufvertrages und der Übereignung der Luftpumpe. - Würde sich die Rechtslage anders darstellen, wenn K 16 Jahre alt ist?
7. *Fallbeispiel:* Der 15-jährige Schüler S bekommt jeden Monat 50 DM Taschengeld. Ohne Zustimmung seiner Eltern kauft er beim Fachhändler F eine HiFi-Anlage zum Preis von 400 DM. Er vereinbart mit F, daß er 100 DM anzahlt und den Restkaufpreis in sechs Raten á 50 DM bezahlt. Als die Eltern von dem Kauf erfahren, verlangen sie die Rückgewähr der jeweils erbrachten Leistungen. F seinerseits besteht auf der Einhaltung des seiner Meinung nach wirksamen Vertrages mit S. Wie ist die Rechtslage?
8. Wer ist Kaufmann im Sinne des Gesetzes?
9. Welche Kaufmannsarten sind nach HGB zu unterscheiden?
10. Welcher Art ist die Publizität des Handelsregisters nach § 15 HGB?
11. Schützt § 15 HGB den guten Glauben an die Richtigkeit der Handelsregistereintragung?
    (Weitere Fragen zum Kaufmannsrecht finden sich im Kapitel D II 3.)

II. Rechtsobjekte - Gegenstände des Rechts

1. Begriff und Einteilung

Rechtssubjekte sind die Träger von Herrschaftsmacht, **Rechtsobjekte** im Unterschied dazu die Gegenstände dieser Herrschaftsmacht.

Die Unterteilung der Rechtsobjekte geht aus der Abb. B 5 hervor.

a) Sachen

Sachen sind nach dem Gesetz nur körperliche Gegenstände (§ 90).

Unbewegliche Sachen sind Grundstücke und die mit ihnen fest verbundenen Sachen (z.B. Gebäude, Pflanzen), alle übrigen Sachen sind ***bewegliche Sachen***. Letztere werden wie folgt untergliedert:

- ***vertretbare Sachen***
  Sie können nach Zahl, Maß oder Gewicht bestimmt werden (§ 91), z.B. Schrauben, Nieten, 100 gleiche Stühle, 100 Videorecorder eines bestimmten Typs.
- ***nicht vertretbare Sachen***
  Hierbei handelt es sich um Einzelstücke (Unikate), z.B. ein Originalgemälde, ein bestimmtes Pferd.

Nur vertretbare Sachen können in einem Schuldverhältnis (z.B. Kaufvertrag) Gegenstand einer **Gattungsschuld** (§ 279) sein, z.B. Bestellung von 10 Ztr. Koks oder 50 Fl. Wein, ein Unikat bzw. eine Einzelanfertigung (z.B. der maßgeschneiderte Anzug) kann als Leistungsgegenstand immer nur **Spezies- bzw. Stückschuld** sein. Wird jedoch vom Verkäufer aus einer Gattung eine bestimmte Sache zwecks Lieferung ausgesondert, so verwandelt sich durch die **Aussonderung (Konkretisierung)** gem. § 243 II die Gattungsschuld in eine Stückschuld. Dieser Vorgang ist von großer Bedeutung für die Rechtsfolgen bei Leistungsstörungen, insbes. bei der Unmöglichkeit der Leistung (s. dort).

Beispiel:

K bittet den Herrenausstatter V um Lieferung eines blauen Anzugs mit Nadelstreifen in Größe 54. V wählt aus zehn gleichen Anzügen "von der Stange" einen bestimmten aus, der zum Leistungsgegenstand (Stückschuld) wird.

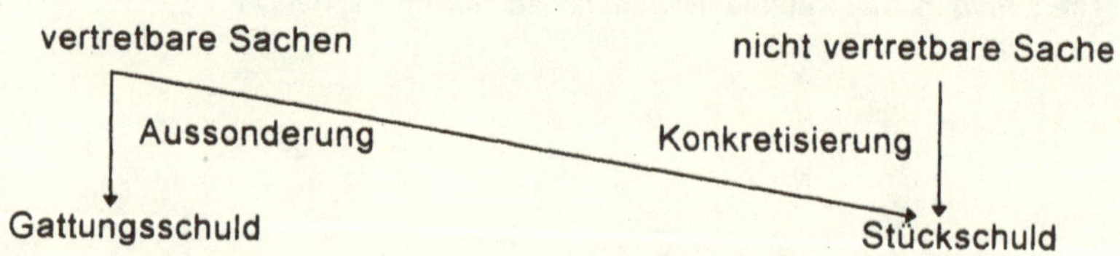

Merke:
Die Unterscheidung zwischen vertretbaren und nicht vertretbaren Sachen richtet sich nach der allgemeinen Verkehrsanschauung, die Bestimmung über Gattungs- und Stückschuld trifft der Parteiwille (z.B. im Vertrag).

Im Zusammenhang mit den Rechtsobjekten sind die Begriffe (wesentlicher) Bestandteil, Zubehör und Früchte relevant (s. Abb. B 6).
Bestandteile gibt es nur bei *zusammengesetzten Sachen*, z.B. Gangschaltung eines Fahrrades, Zahnräder eines Getriebes.
Wesentliche Bestandteile einer Sache sind solche Bestandteile, die voneinander nicht getrennt werden können, ohne daß ein Teil *zerstört* oder in seinem *Wesen verändert* wird (§ 93), z.B. die Bretter eines verleimten Möbelstückes, bei Grundstücken die mit dem Grund und Boden fest verbundenen Sachen (Gebäude, Pflanzen) und bei Gebäuden die zu ihrer Herstellung eingefügten Sachen (Dachbalken, Fenster u.a.; Ausnahmetatbestand in § 95).
Der Begriff "wesentlicher Bestandteil" ist irreführend; denn er macht die "Wesentlichkeit" nicht davon abhängig, ob der Bestandteil für die Verwendbarkeit der Gesamtsache wichtig ist, sondern ob durch die Trennung wirtschaftliche Werte zerstört werden bzw. die Teile auch nach der Trennung wie zuvor wirtschaftlich verwertbar sind (ggf. nach Wiederverbindung) oder nicht. In diesem Sinne hat die Rechtsprechung serienmäßig hergestellte Maschinenteile, so auch den Motor eines Serienautos[12], als nicht wesentliche Bestandteile eingestuft.
In § 93 ist bestimmt, daß es an wesentlichen Bestandteilen *keine dinglichen Sonderrechte* geben kann, d.h., daß die Sache und ihre wesentlichen Bestandteile - aus wirtschaftlichen Gründen - ein rechtlich *einheitliches Schicksal* teilen sollen.
Die *rechtliche Bedeutung* dieses Grundsatzes kann am besten an folgendem ***Beispiel*** aufgezeigt werden:
Der Baustoffhändler B liefert Ziegel an den Grundstückseigentümer G, der auf seinem Grundstück ein Haus errichtet, mit der Maßgabe, daß die gelieferte Ware bis zur vollständigen Zahlung des Kaufpreises Eigentum des B bleiben soll *(Eigentumsvorbehalt)*. Mit Einfügen der Ziegel in das Mauerwerk werden diese "automatisch" zu wesentlichen Bestandteilen des (werdenden) Gebäudes, welches selbst wieder wesentlicher Bestandteil des Grundstücks ist. Nun kann B nicht mehr Eigentümer der Ziegel sein und G zugleich Eigentümer an Gebäude und Grundstück. G wird auch Eigentümer der Ziegel. In diesem Fall ist der (einfache) Eigentumsvorbehalt, der als Kreditsicherungsinstrument gedacht ist, eine "stumpfe Waffe".

Auch für Bauwillige erweist sich die Bestimmung, daß ein Gebäude wesentlicher Bestandteil des Grundstücks ist, dann als wirtschaftlicher Nachteil,

12 BGHZ 18, 226

wenn die Finanzierung zwar für das Haus ausreicht, aber keinen Grundstückserwerb mehr zuläßt. Hier schafft das **Erbbaurecht** Abhilfe, das z.B. von einer Gemeinde auf ihrem Grundstück bestellt wird und dem Berechtigten das veräußerliche und vererbbare (absolute) Recht einräumt, auf dem (fremden) Grundstück ein eigenes Bauwerk zu errichten. Der Gesetzgeber benutzt hierzu in § 95 I S. 2 die Fiktion, daß das Gebäude "in Ausübung des Rechts" nicht wesentlicher Bestandteil des Grundstücks wird. Erst nach Ablauf des Erbbaurechts (sog. Heimfall, meist nach 99 Jahren) "fällt" das Haus auf das Grundstück und wird dessen wesentlicher Bestandteil.
Auch das **Wohnungseigentum** durchbricht den Grundsatz des § 93 nicht, da hierbei alle Wohnungseigentümer *Miteigentümer* am Grundstück und an den gemeinschaftlichen Gebäudeteilen (z.B. Treppenhaus, Speicher) werden und Sondereigentum an ihrer Wohnung haben.

Zubehör sind bewegliche Sachen, die nicht Bestandteile sind, aber dem wirtschaftlichen Zweck der Hauptsache dienen.

Nutzungen (§ 100) einer Sache (oder eines Rechts) bedeuten die Inanspruchnahme von deren Früchten und sonstigen Vorteilen.
Früchte sind die Erzeugnisse (Obst, Milch, Eier) und die Ausbeute (Erz aus der Grube, Traubenlese aus dem Weinberg, Mietzins aus der Hausvermietung) einer Sache oder eines Rechts.

Beispiel:
Miet- und Pachtvertrag gewähren beide die Gebrauchsüberlassung einer Sache. Der Unterschied besteht darin, daß der Pachtvertrag darüber hinaus den Pächter auch zum Fruchtgenuß berechtigt

b) Rechte

Rechte sind *unkörperliche* Gegenstände.

Die (subjektiven) Rechte des Privatrechts werden unterteilt in absolute und relative Rechte (s. Abb. B 5).
Die ***absoluten Rechte*** wirken gegen jedermann; zu ihnen gehören im BGB die 7 dinglichen Rechte (s. folg. Kap.) sowie im Handels- und Immaterialgüterrecht die Firma, der eingerichtete und ausgeübte Gewerbebetrieb, das Warenzeichen, die Patent-, Gebrauchsmuster-, Geschmacksmuster- und Urheberrechte. Ihre Verletzung begründet einen Schadensersatzanspruch (relatives Recht) gem. § 823.
Relative Rechte bestehen nur zwischen bestimmten Personen, z.B. den Partnern eines Vertrages. Alle schuldrechtlichen **Ansprüche** bzw. **Forderungen** und auch Mitgliedschaftsrechte sind relative Rechte.

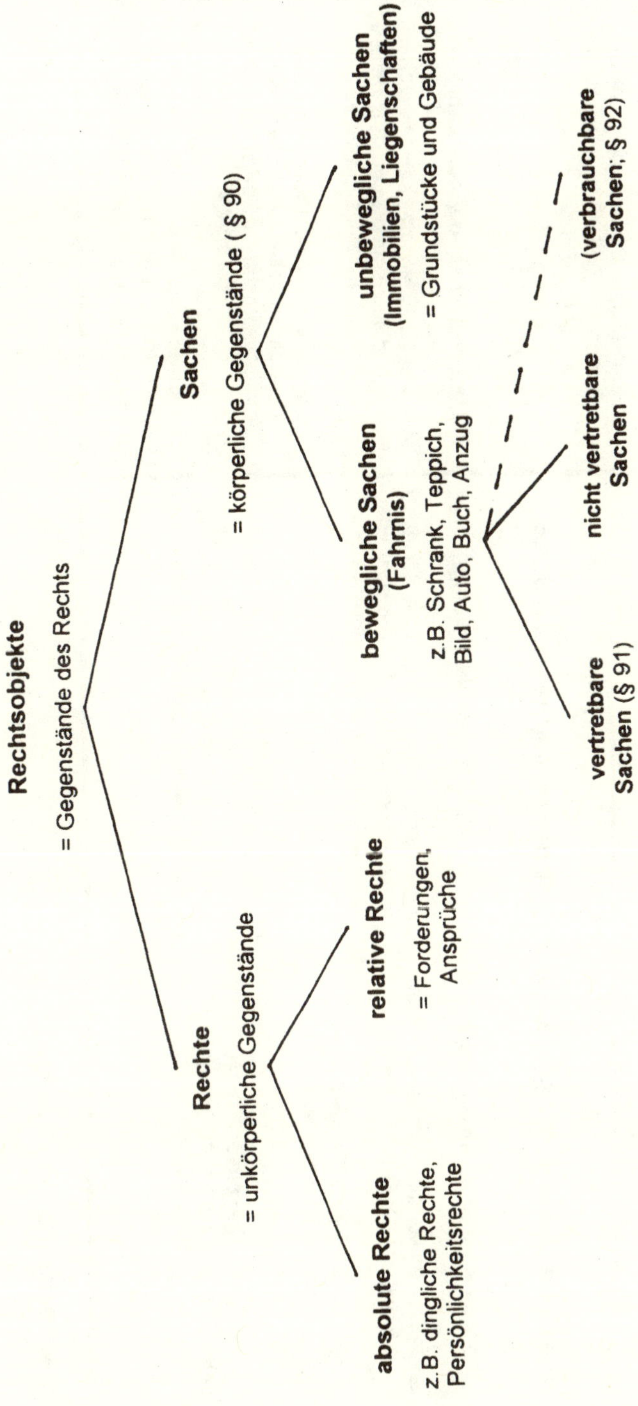

Abb. B 5: Rechtsobjekte

Bestandteile		**Zubehör**
wesentliche Bestandteile (§§ 93, 94)	**nicht wesentliche Bestandteile**	= eigenständige Sachen, die dem wirtschaftlichen Zweck der Hauptsache dienen, aber nicht deren Bestandteil sind (§ 97)
Sie sind ***sonderrechtsunfähig,***	Sie sind ***sonderrechtsfähig,***	Zubehör ist ***sonderrechtsfähig,***
teilen also *immer* das sachenrechtliche Schicksal der Gesamtsache. Jede abweichende Parteienvereinbarung ist unwirksam.	teilen aber das sachenrechtliche Schicksal der Gesamtsache, falls die Vertragsparteien nichts abweichendes vereinbaren.	teilt aber im Zweifel das schuldrechtliche (§ 314) und sachenrechtliche (§ 926 I S. 2) Schicksal der Hauptsache. Zubehör von Grundstücken, das dem Grundeigentümer gehört, wird von Grundpfandrechten miterfaßt (§ 1120).
Beispiele: Parkett, Tapete, Linoleum, eingekachelte Badewanne	***Beispiele:*** Bestuhlung eines Kinos, Spiegel oder (serienmäßig) hergestellter Motor eines Autos	***Beispiele:*** Fototasche einer Kamera, Ersatzrad oder Handwerkszeug eines Autos, Inventar eines Hotels, Maschinen einer Fabrik (sofern sie nicht Bestandteile sind)

Abb. B 6: Bestandteile und Zubehör

Die Abgrenzung von absoluten und relativen Rechten ist bedeutsam für die Verjährung, da absolute Rechte nicht verjähren können.

Verjährung ist die Entkräftung von (relativen) Rechten durch Zeitablauf, d.h., ein Gläubiger kann einen verjährten Anspruch nicht mehr (mit gerichtlicher Hilfe) durchsetzen.

Nach Eintritt der Verjährung ist der Schuldner berechtigt, die geschuldete Leistung zu verweigern (***Einrede der Verjährung;*** § 222). Unzulässig ist die Einrede, wenn sie gegen den Grundsatz von Treu und Glauben (§ 242) verstößt.

***Beispiel*:**
Ein Schuldner vereitelt durch sein Verhalten, z.B. durch einen häufigen Wohn- oder Firmensitzwechsel, gezielt eine rechtzeitige Klageerhebung durch den Gläubiger. Eine Leistungsverweigerung nach Eintritt der Verjährung würde in diesem Fall gem. § 242 eine unzulässige Rechtsübung darstellen.

Verjährung bedeutet *nicht*, daß das Recht *untergegangen* ist. Dies hat Auswirkung für den Fall, daß ein Schuldner noch nach Eintritt der Verjährung leistet. Er kann das Geleistete nicht nach § 812 (ungerechtfertigte Bereicherung) zurückfordern, da der Rechtsgrund für die "Bereicherung" des Gläubigers ja nicht weggefallen ist, und zwar auch dann nicht, wenn er sein Leistungsverweigerungsrecht nicht gekannt hat.
Die Verjährung dient primär dem Rechtsfrieden und der Rechtssicherheit, die gefährdet wären, wenn Rechte aus "längst vergangener Zeit" unbefristet geltend gemacht werden könnten. Sekundär übt sie auch einen erwünschten Druck zur raschen Geschäftsabwicklung oder Klärung strittiger Sachverhalte aus.

Einige relevante gesetzliche ***Verjährungsfristen*** seien aufgelistet:

30 Jahre: *regelmäßige* Verjährungsfrist (§ 195). Sie gilt für alle Fälle, für die das Gesetz keine kürzere Frist vorgesehen hat, z.B. für Darlehensforderungen, für Lieferungs- und Leistungsansprüche, für erbrechtliche Ansprüche.

5 Jahre: Mängelhaftung bei Bauwerken (§ 638), jedoch nur 2 Jahre nach VOB, Ansprüche von Gläubigern gegen den früheren Inhaber bei Unternehmensübertragung (§ 26 HGB)

4 Jahre: Entgeltsansprüche von Geschäftsleuten untereinander, wenn die Lieferung für den Gewerbebetrieb des Schuldners erfolgt (§ 196 I Ziff. 1, II), Ansprüche auf Zinsen, Mieten und sonstigen regelmäßig wiederkehrenden Leistungen (§ 197).

3 Jahre: Ansprüche aus unerlaubter Handlung (§ 852; die Frist läuft ab Kenntnis des Schadens und des Ersatzpflichtigen), Ansprüche des Wechselinhabers gegen den Akzeptanten (Art. 70 WG)

2 Jahre: Die meisten Forderungen des täglichen Lebens, insbes. die Entgeltsansprüche der Geschäftsleute gegenüber Privatleuten sowie Lohnforderungen (§ 196 I)

1 Jahr: Mängelhaftung bei Arbeiten an einem Grundstück (§ 638), Ansprüche des Wechselinhabers gegen Indossanten und gegen den Aussteller (Art. 70 WG)

1/2 Jahr: Mängelhaftung bei beweglichen Sachen (Kaufvertrag § 477, Werkvertrag § 638), Ansprüche eines Wechselindossanten gegen andere Indossanten und gegen den Aussteller (Art. 70 WG)

Generell beginnt die Verjährungsfrist mit dem Entstehen des Anspruchs, bei der vier- und zweijährigen Verjährungsfrist jedoch erst nach Ablauf des Jahres, in welchem der Anspruch entstanden ist.

Beispiel:

Der Weinhändler W schließt mit dem Privatmann P am 5.12.1992 einen Kaufvertrag über 24 Flaschen "Spätlese" ab. Die Kaufpreisforderung des W verjährt am 31.12.1994 (24 Uhr), der Anspruch des P auf Lieferung jedoch erst am 6.12.2022.

Eine rechtsgeschäftlich vereinbarte Verkürzung der Verjährungsfristen ist zulässig (allerdings nicht in AGB; § 1 Nr. 10 f. AGBG), nicht jedoch eine Verlängerung (§ 225).

Der Ablauf der Verjährungsfrist kann gestört werden durch Hemmung oder Unterbrechung.

- Die **Hemmung** bewirkt, daß die Zeit der Hemmung in die Verjährungsfrist nicht eingerechnet wird (§ 205).
  Das BGB nennt u.a. folgende *Hemmungsgründe*: Leistungsstundung oder berechtigte vorübergehende Leistungsverweigerung (§ 202), Verhinderung der Rechtsverfolgung durch Stillstand der Rechtspflege in den letzten sechs Monaten der Verjährungsfrist oder durch höhere Gewalt (z.B. Krieg, Naturkatastrophen; § 203).
- Eine **Unterbrechung** hat zur Folge, daß unmittelbar nach Beendigung der Unterbrechung (auch bei vier- und zweijähriger Verjährung) die Verjährungsfrist neu beginnt.
  Unterbrechungsgründe sind u.a. die Anerkennung eines Anspruchs durch den Schuldner in irgendeiner Weise (z.B. durch Abschlags- oder Zinszahlung, Sicherheitsleistung; § 208), gerichtliche Schritte des Gläubigers (z.B. Klageerhebung, Zustellung eines Mahnbescheids, Anmeldung des Anspruchs im Konkurs, Maßnahmen der Zwangsvollstreckung; § 209).
  Eine schriftliche Mahnung des Gläubigers unterbricht jedoch die Verjährung nicht!

2. Überblick über die dinglichen Rechte

Die dinglichen Rechte (Sachenrechte) werden im 3. Buch des BGB in den Abschnitten 3 - 9 geregelt[13]. Im Sachenrecht herrscht **Typenzwang**, d.h., die vom Gesetzgeber zur Wahl gestellten 7 dinglichen Rechte können weder abgeändert noch ergänzt werden. Weitere Merkmale bzw. Prinzipien des Sachenrechts sind in Abb. B 7 zusammengestellt. Man unterteilt die Sachenrechte in das Eigentum und die 6 beschränkten dinglichen Rechte (s. Abb. B 8 a).
Das **Eigentum** ist das umfassendste Recht, das jemand an einer Sache haben kann; es wird jedoch ggf. dadurch eingeschränkt, daß ein anderer an derselben Sache ein beschränktes dingliches Recht hat.
Als Eigentumsformen kommen Allein-, Mit-, Gesamthands- und Treuhandeigentum in Betracht (s. Abb. B 9).
Die **beschränkten dinglichen Rechte** sind "Teilinhalte" des Eigentumsrechts, die aus diesem Vollrecht abgespalten sind und einer anderen Person als dem Eigentümer zugewiesen wurden. Sie haben jedoch rechtlich Vorrang vor dem Eigentum. Untereinander hat jeweils das ältere Recht Vorrang vor dem jüngeren.

Beispiel:
E ist Eigentümer eines Grundstücks. Dieses Grundstück ist zugunsten der Stadt mit einem Vorkaufsrecht und zugunsten einer Bausparkasse mit einer Hypothek (Grundpfandrecht) belastet. Eigentum wie auch Vorkaufsrecht und Hypothek sind im Grundbuch eingetragen.

Zu Beginn des Sachenrechts (1. Abschnitt) ist der Besitz geregelt. Besitz und Eigentum sind vom Rechtsinhalt her grundverschieden und folglich auch nicht - wie häufig in der Umgangssprache - synonym zu verwenden.

Merke:

Eigentum ist die *volle rechtliche Herrschaft* über eine Sache.
Besitz ist die *tatsächliche Gewalt* über eine Sache (§ 854).

Beispiel:
E verleiht sein Fahrrad an einen Freund. E ist Eigentümer, F ist Besitzer.

Besitz ist *kein dingliches Recht*, wohl aber eine *besonders geschützte Lage*; Besitz ist ein "etwas" i. S. von § 812 (ungerechtfertigte Bereicherung) und ein "sonstiges Recht" i. S. von § 823 (unerlaubte Handlung).

---

13 Das Erbbaurecht ist im BGB aufgehoben und 1919 durch die Erbbauverordnung ersetzt worden.

Prinzipien des Sachenrechts

- **Absolutheit**

  Alle Sachenrechte sind absolute Rechte, d.h., sie gelten und gewähren Schutz gegen jedermann, der die Sachherrschaft des Berechtigten beeinträchtigt.

  (Relative Rechte, d.h. Ansprüche gegen eine bestimmte Person, entstehen nur bei Verletzung dinglicher Rechte oder als Folge von Leistungsverhältnissen im Rahmen beschränkter dinglicher Rechte.)

- **Publizität** (= Offenkundigkeit)

  Der Publizitätsgrundsatz bedeutet, daß jedes dingliche Recht durch ein äußeres Merkmal erkennbar sein muß und zwar
  - bei Fahrnis durch Besitz,
  - bei Immobilien durch die Grundbucheintragung.

  Die konsequente Anwendung des Publizitätsprinzips führt im Fahrnisrecht zum **Traditionsprinzip** (lat. traditio = Übergabe): Zur Übereignung beweglicher Sachen ist neben der Einigung die Übergabe der Sache erforderlich.

- **Spezialität** (= Bestimmtheit)

  Sachenrechte können nur an einzelnen und bestimmten (nicht an bestimmbaren!) Sachen, nicht aber an Sachmehrheiten, Sachinbegriffen oder ganzen Vermögen bestehen bzw. begründet werden.

- **Zwingendes Recht**

  Die Rechtsnormen des Sachenrechts sind nicht nachgiebiger Natur, d.h., es besteht keine Vertragsfreiheit im Sinne der Gestaltungsfreiheit.

- **Numerus clausus** (= Typenzwang)

  Nur die im Gesetz festgelegten 7 Rechtstypen (das Eigentum und sechs beschränkte dingliche Rechte) stehen zur Wahl. Darüber hinaus kann nicht - wie im Schuldrecht - durch vertragliche Vereinbarung ein weiteres dingliches Recht geschaffen werden.

- **Abstraktheit**

  Die Wirksamkeit dinglicher Rechte wird nicht durch das Fehlen eines rechtlichen Grundes (lat. causa) aufgehoben.

Abb. B 7: Prinzipien des Sachenrechts

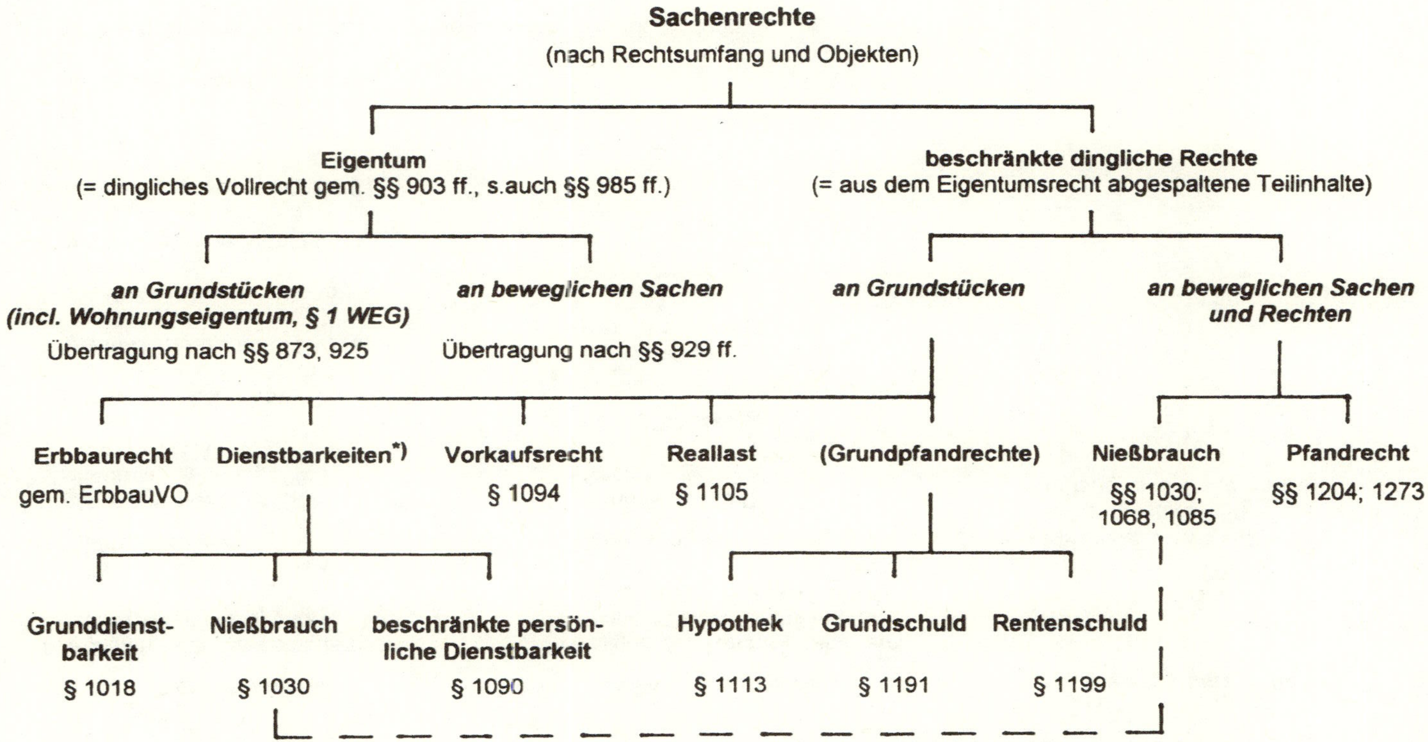

*) Sonderfall: Dauerwohnrecht und -nutzungsrecht gem. § 31 WEG

Abb. B 8 a: Einteilung der Sachenrechte nach Rechtsumfang und Objekten

Sachenrechte

(nach ihrer Zweckerfüllung)

Nutzungsrechte

(machen für den Berechtigten den Gebrauchswert einer Sache zugänglich)

- **Nießbrauch** an
  - Grundstücken (§ 1030)
  - Fahrnis (§§ 1030, 1085)
  - Rechten (§ 1068)
- **Erbbaurecht** (ErbbauVO v. 1919)
- **Grunddienstbarkeit** (§ 1018)
- **beschränkte persönliche Dienstbarkeit** an Grundstücken (§ 1090)
- **Wohnungsrecht** (§ 1093 BGB, § 31 WEG)
- **Reallast** an Grundstücken (§ 1105)

Verwertungsrechte

(beteiligen den Rechtsinhaber am Kapitalwert einer Sache und erfüllen eine Sicherungsfunktion)

- **Pfandrecht** an
  - Fahrnis (§ 1204)
  - Rechten (§ 1273)
- **Grundpfandrechte**
  - **Hypothek** (§ 1113)
  - **Grundschuld** (§ 1191)
  - **Rentenschuld** (§ 1199)

Verfügungsrecht

- **dingliches Vorkaufsrecht** an Grundstücken (§§ 1094, 504) (= dingliches Erwerbsrecht)

Abb. B 8 b: Einteilung der Sachenrechte nach ihrer Zweckerfüllung

Eigentumsformen

Alleineigentum	**Miteigentum**	**Gesamthandseigentum**	**Treuhandseigentum**
(§§ 903 ff.)	(§§ 1008 ff.)		
Das Eigentum steht nur einer einzigen Person zu.	Das Eigentum steht mehreren Personen *nach Bruchteilen* zu. Jeder Miteigentümer kann über diesen "ideellen" Anteil frei verfügen. Über die Sache *insgesamt* können nur die Miteigentümer gemeinsam verfügen.	Das Eigentum steht mehreren Personen "zur gesamten Hand" zu, d.h., sie können nur gemeinschaftlich darüber verfügen; keiner Person steht ein genau bestimmbarer Anteil zu.	Treuhandeigentum ist zwar Vollrecht, der Treuhänder (Treunehmer) darf aber davon nur Gebrauch machen im Rahmen der Zweckbindung des Treuhandeigentums bzw. der Vereinbarung mit dem Treugeber.
	Beispiel: Wohnungseigentümer haben Miteigentum am Grundstück und an den gemeinsam genutzten Gebäudeteilen wie Treppenhaus und Dachboden. (Alleineigentum besteht an der "eigenen" Wohnung.)	Dies ist z.B. der Fall bei der ehelichen Gütergemeinschaft, bei der Erbengemeinschaft und bei Personengesellschaften	Beispiel: Eintragung eines Treuhänders im Grundbuch für einen nicht eingetragenen Verein, da sonst beim Grundstückserwerb wegen des Gesamthandsvermögens (s. neben) alle Mitglieder ins Grundbuch eingetragen werden müßten. Vgl. auch Sicherungseigentum und Sicherungszession.

Abb. B 9: Eigentumsformen

Kriterien des Besitzes sind:
- *Bereitschaftslage* der Sache für eine bestimmte Person,
- *Bewußtsein* und *Interesse* der Person für diese Bereitschaftslage,
- *Wille zur Erhaltung* der Bereitschaftslage.

Beispiele:
Gespräch in einer Telefonzelle oder Sitzen auf einer Parkbank (= Kurzbesitz), aber: Besteck, mit dem der Gast im Restaurant ißt, oder eine vom Mitreisenden kurz überlassene Sache (Zeitung, Feuerzeug) oder eine Sache, die jemandem von einem anderen ohne sein Wissen (und Willen) in die Tasche gesteckt wird (= *kein* Besitz).

Beachte auch § 856 II: Eine vorübergehende Behinderung in der Ausübung der Gewalt beendet nicht den Besitz, d.h. die Bereitschaftslage.

Beispiele:
Geparkter PKW, frei laufende Hauskatze, Eigenheim während des Urlaubs

Miete, Leihe, Pacht, Verwahrung u.a. Rechtsinstitute sind sog. **Besitzkonstitute (Besitzmittlungsverhältnisse)** i.S. von § 868, bei denen das Gesetz zwischen unmittelbarem und mittelbarem Besitz unterscheidet.

Beispiel:	Mieter	-------	Vermieter
	I		I
	unmittelbarer Besitzer "gefestigte" tatsächliche Gewalt		mittelbarer Besitzer Eigentümer

Die Eigentumsübertragung nach § 930 beruht auf der Vereinbarung eines Besitzkonstituts[14].

3. Kontrollfragen zu Kapitel B II

1. Unterscheiden Sie
   a) vertretbare und nicht vertretbare Sachen,
   b) bewegliche und unbewegliche Sachen,
   c) Gattungsschuld und Stückschuld,
   d) Zubehör und Bestandteil,
   e) Sachen und Rechte.
2. Was sind Sachen im Sinne des Gesetzes?
3. Welche Rechtsfolge (Bedeutung) hat die Konkretisierung?
4. Welche rechtliche Auswirkung ergibt sich, wenn ein Bestandteil einer zusammengesetzten Sache als wesentlicher Bestandteil einzustufen ist?

---

[14] S. hierzu Kap. C III 2 a,b).

5. *Fallbeispiel:* In der Werkstatt des Autohauses A ist - unter Eigentumsvorbehalt - in den PKW des Kunden K ein neuer Motor eingebaut worden. Als sich K als zahlungsunfähig erweist, will A „seinen" Motor wieder ausbauen lassen. K verweigert die Herausgabe des Motors. Wie ist die Rechtslage? - Würde es einen Unterschied machen, wenn eine neue Hinterachse eingebaut worden wäre?
6. Welche Rechte können verjähren?
7. Was bedeutet Verjährung und welche rechtliche Konsequenz ergibt sich daraus?
8. *Fallbeispiel:* Der Weinhändler W hat mit dem Privatmann P am 5.12.1995 einen Kaufvertrag über 24 Flaschen "Spätlese" abgeschlossen. Nach der 2. Mahnung am 1.12.1997 bezahlt W am 5.1.1998 den Rechnungsbetrag. Nachdem P von seinem fachkundigen Freund aufgeklärt wurde, daß die Kaufpreisforderung des W bereits verjährt war, verlangt P von W unter Berufung auf die „Einrede der Verjährung" den gezahlten Betrag zurück. Wie ist die Rechtslage? - Würde es einen Unterschied machen, wenn P unmittelbar nach der 2. Mahnung zusammen mit einer Abschlagszahlung um weiteren Zahlungsaufschub ersucht hätte?
9. Nennen Sie einige wesentliche gesetzliche Verjährungsfristen und deren Beginn.
10. Welche Bedeutung haben Hemmung und Unterbrechung für die Verjährung?
11. Nennen und erläutern Sie a) die dinglichen Rechte, b) die Prinzipien des Sachenrechts.
12. Zeigen Sie an einigen Vertragsbeispielen den Unterschied zwischen Eigentum und Besitz.
13. Auf welche Weise entsteht mittelbarer Besitz?

III. Rechtsgeschäfte

1. Privatautonomie, Vertragsfreiheit und Rechtsgeschäft

Die deutsche Rechtsordnung im allgemeinen und das Zivilrecht im besonderen ist - historisch bedingt - vom Gedankengut des Liberalismus (Laissez faire-Prinzip) geprägt. Ausfluß dieser Einwirkung ist der ***Grundsatz der Privatautonomie***, d.h. das allgemeine Recht auf freie Entfaltung der Persönlichkeit (Art. 2 I GG), welches in der Glaubens-, Gewissens-, Religions-, Meinungs-, Presse-, Vereinigungsfreiheit etc. spezifiziert ist. Auch das verfassungsmäßig geschützte Eigentums- und Erbrecht (Art. 14 GG) ist auf der Freiheit des Menschen gegründet. Im wirtschaftlichen Bereich äußert sich die liberale Idee in der ***Freiheit der wirtschaftlichen Betätigung***, nämlich der Handels-, Gewerbe-, Niederlassungs-, Koalitions-, Berufsfreiheit usw.. Die individuelle Freiheit des einzelnen findet ihre Grenze an der Freiheit der anderen Rechtssubjekte.

Das Privatrecht gesteht dem einzelnen Rechtssubjekt die Befugnis zu, seine Rechtsverhältnisse weitgehend selbständig zu gestalten und zwar durch sog. Rechtsgeschäfte.

Ein **Rechtsgeschäft** ist das Instrument, durch das jemand einen bestimmten Rechtserfolg nach seinem *Willen* herbeiführen kann.

Die Regelform des Rechtsgeschäfts ist der Vertrag (zweiseitiges Rechtsgeschäft). Privatrechtlichen Ausdruck hat die allgemeine Handlungsfreiheit (Privatautonomie) in der **Vertragsfreiheit** gefunden und zwar in zwei Formen:

- **Abschlußfreiheit:** Sie bedeutet die freie Entscheidung, *ob und mit wem* man rechtsgeschäftliche Beziehungen eingehen will. Nur in Ausnahmefällen wird die Abschlußfreiheit durch den gesetzlichen **Kontrahierungszwang** aufgehoben, z.B. bei öffentlichen Verkehrs- und Versorgungsbetrieben mit monopolistischer Marktstellung (vgl. § 453 HGB) und Apotheken (aufgrund Landesgesetze), auch ggf. bei Ärzten nach § 826 BGB.
- **Gestaltungsfreiheit**: Hierbei handelt es sich um die Freiheit hinsichtlich des *Inhalts und der Ausgestaltung* der Rechtsgeschäfte (Gegensatz: Typenzwang im Sachenrecht, s.o.). Sie findet ihre Grenze in Rechtsgeschäften, die gegen ein gesetzliches Ge- oder Verbot (§ 134) und gegen die guten Sitten (§ 138) verstoßen. Ein solcher Verstoß führt zur Nichtigkeit des Rechtsgeschäftes. Auch aus dem Grundsatz von Treu und Glauben (§ 242) können sich Einschränkungen der Vertragsfreiheit ergeben.

2. Die Willenserklärung als Kernstück des Rechtsgeschäfts

a) Wesen und Bestandteile der Willenserklärung

Grundlage eines jeden Rechtsgeschäftes ist die Willenserklärung.

Unter **Willenserklärung** versteht man jegliche *rechtsverbindliche Willensäußerung*, die auf eine Änderung der bisherigen Rechtslage abzielt.

Die Willenserklärung besteht aus einem objektiven und einem subjektiven Teil (s. Abb. B 10).

aa) Objektiver Teil: Die Erklärung (Kundgabe und Auslegung)

Die **Erklärung** ist die erkennbare Kundgabe eines rechtsgeschäftlichen Willens.

Diese Erklärung kann *ausdrücklich* (mündlich oder schriftlich) abgegeben werden oder sich aus einer schlüssigen Handlung *(konkludentes Verhalten)* ergeben. Auch für das *Schweigen* gilt, daß es nur dann als (positive) Erklärung gewertet werden kann, wenn es schlüssig ist.
Bezüglich der Regel "Schweigen = Nein" nennen BGB (§§ 416 I S. 2, 516 II) und HGB[15] einige Ausnahmen.

[15] S. Kap. D II 2.

Beispiele:

1. Ein Gast trinkt in einem Restaurant das Bier, das ihm der Ober unaufgefordert gebracht hat. - Konkludentes Verhalten i. S. der Annahme der Verkaufsofferte des Obers.
2. Ein Student fährt jeden morgen mit derselben Buslinie und demselben Fahrer zur Uni. Nach einiger Zeit legt er beim Betreten des Busses ohne Nennung des Fahrziels nur noch das abgezählte Fahrgeld hin. - Konkludentes Verhalten i. S. eines Antrages zum Abschluß eines Beförderungsvertrages.
3. Ein Händler bezahlte jedes Mal die ihm jährlich unverlangt zugesandten Schokoladen-Ostereier ohne weitere Erklärung per Banküberweisung (konkludentes Verhalten = Annahme des Verkaufsangebotes). Die zuletzt eingegangene Lieferung bezahlt er nicht, weil er sie nicht annehmen will, erklärt aber auch keine Ablehnung. - Sein Schweigen ist aufgrund der langjährigen Geschäftsbeziehungen gleicher Art nach Treu und Glauben und unter Berücksichtigung von Verkehrssitte und Handelsbrauch (s. unten) als Annahme auszulegen.

Geht aus der Erklärung der (Geschäfts-)Wille nicht eindeutig hervor, so ist sie vom objektiven Standpunkt eines neutralen Beobachters her auszulegen; dafür nennt das Gesetz folgende **Auslegungsgrundsätze**:

- Bei der Auslegung einer Willenserklärung soll der zum Ausdruck gelangte, *wirkliche Wille* erforscht und nicht am buchstäblichen Wortlaut festgehalten werden (§ 133).

  Beispiel:

  Jemand erklärt bei einer Autovermietung, daß er einen PKW "leihen" möchte. - Sein tatsächlicher Wille ist nach den gegebenen Umständen als "mieten" zu deuten.
- Verträge sind so auszulegen, wie *Treu und Glauben* mit Rücksicht auf die *Verkehrssitte* es erfordern (§ 157). Der Grundsatz von Treu und Glauben besagt, daß jeder in "Treue" zu seiner gegebenen Erklärung stehen und das darauf gegründete Vertrauen ("Glauben") des Vertragspartners nicht enttäuschen soll. § 157 gilt, obwohl von Verträgen die Rede ist, entsprechend für jede rechtsgeschäftliche Erklärung und wird für Kaufleute ergänzt durch § 346 HGB (Berücksichtigung des *Handelsbrauchs*).

bb) Subjektiver Teil: Wille und Motiv

Selbst wenn objektiv betrachtet eine Erklärung vorliegt, sind die subjektiven Elemente zu prüfen, wenn der Sachverhalt dazu Anlaß gibt. Hierzu gehören:

- ***Handlungswille***: Hat jemand überhaupt nicht gehandelt oder nicht *handeln (sprechen, schreiben, nicken) wollen*, so hat er keine Willenserklärung abgegeben.

  Beispiel:

  Jemand hebt bei einer Auktion die Hand eines Schlafenden. Der Schlafende hat keine Erklärung (Gebot) abgegeben.

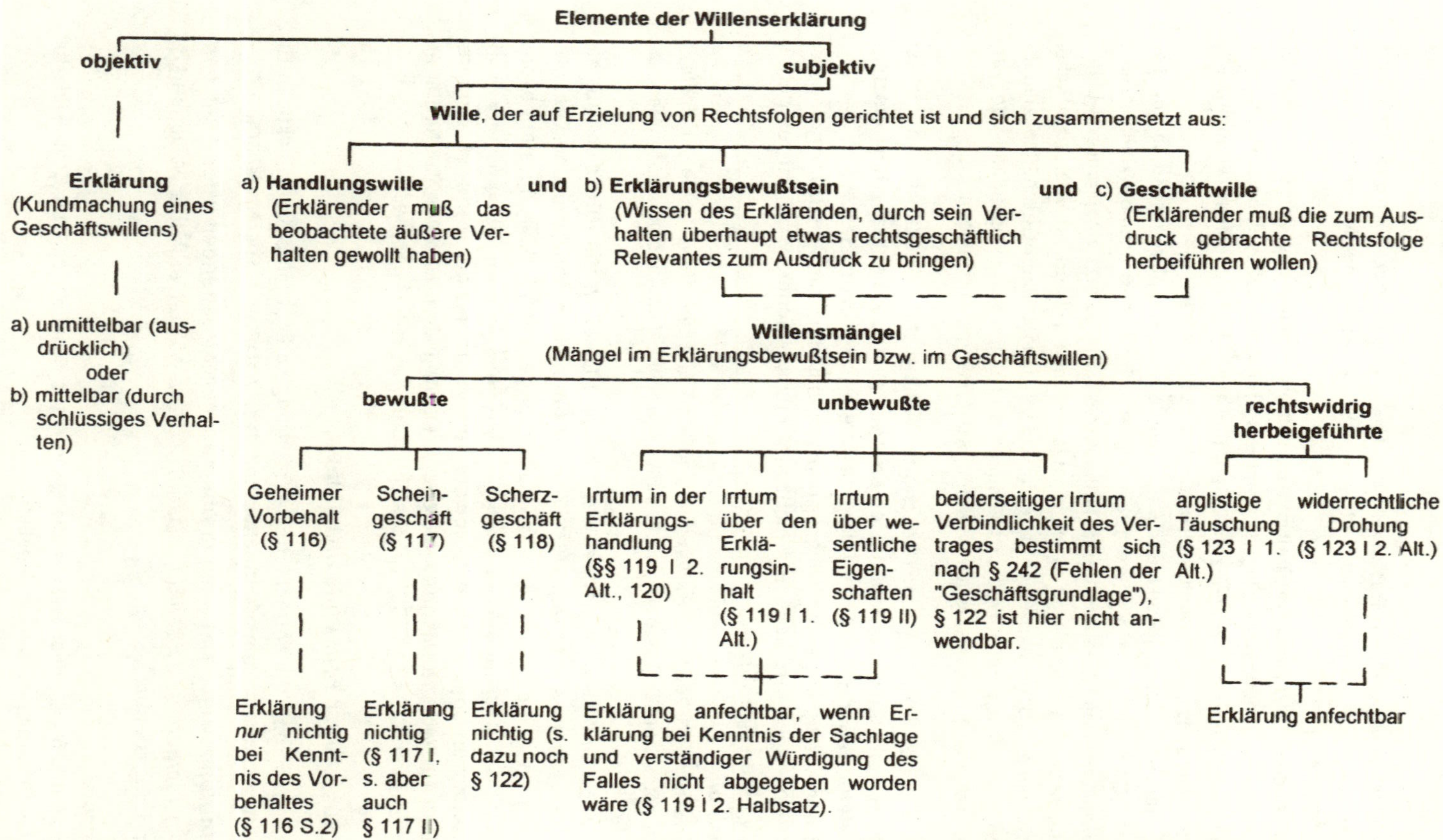

Zur Erklärung der Anfechtung siehe § 143, zu ihrer Wirkung § 142 und auch § 122.

Abb. B 10: Die Willenserklärung und ihre Mängel

- ***Erklärungsbewußtsein:*** Es ist das Wissen des Handelnden, daß er *irgend etwas rechtlich Bedeutsames* erklärt hat oder daß sein Handeln als solches aufgefaßt wird. Fehlt das Erklärungsbewußtsein, so liegt nach h.L. ebenfalls keine Willenserklärung vor.

  Beispiel:
  Ein unbeteiligter, ahnungsloser Auktionsbesucher winkt in einer Auktion fröhlich einem Freund zu, ohne zu wissen, daß sein Handzeichen als Gebot ausgelegt werden könnte.

- ***Geschäftswille:*** Er zielt auf einen ganz *bestimmten rechtsgeschäftlichen Erfolg* ab ("Ich will *dieses*"). Stimmen Erklärung und Geschäftswille nicht überein, so hängen die Rechtsfolgen davon ab, ob es sich um einen bewußten oder unbewußten Willensmangel handelt (s. folgendes Kapitel).

  Beispiel:
  Ein Auktionsteilnehmer stellt überrascht fest, daß er mit seinem Handzeichen eine alte Pistole ersteigert hat, obwohl er einen Dolch erstehen wollte. - Ihm fehlt zwar nicht das Erklärungsbewußtsein, aber seine Erklärung weicht *irrtümlich* von seinem Geschäftswillen ab.

- ***Motiv:*** Es ist der Beweggrund für die Abgabe der Willenserklärung. Das Motiv ist rechtsgeschäftlich irrelevant.

  Beispiel:
  Ein Brautvater, der für seine Tochter ein Hochzeitskleid gekauft hat, kann nicht den Kaufvertrag rückgängig machen, *weil* die Trauung nicht stattfindet.

Sofern eine Willenserklärung aufgrund des Auseinanderfallens von Geschäftswille und Erklärung nichtig ist oder angefochten wird, hat der Erklärende dem Erklärungsgegner Schadensersatz (Vertrauensschaden, negatives Interesse) zu leisten[16].

b) Divergenz von Wille und Erklärung

Im vorhergehenden Abschnitt wurde aufgezeigt, daß für das Entstehen einer Willenserklärung und das Zustandekommen eines Rechtsgeschäfts die Übereinstimmung von Geschäftswille und Erklärung von ausschlaggebender Bedeutung ist.
Der **Vertrag** erfordert als zweiseitiges Rechtsgeschäft mindestens zwei kongruierende Willenserklärungen (**Konsens**). Liegt eine solche Deckungsgleichheit nicht vor, dann besteht **Dissens** zwischen den Partnern.

- Beim ***offenen Dissens***, d.h. bei dem *bewußten* Einigungsmangel über irgendeinen Punkt, der nach der Erklärung auch nur einer Partei vertraglich

[16] Vgl. Kap. B III 4.

geregelt werden soll, ist im Zweifel der ganze Vertrag selbst bei schriftlicher Abfassung nicht zustande gekommen (§ 154 I).

- Beim ***versteckten Dissens*** besteht ein *unbewußter* Einigungsmangel über einen Vertragspunkt, obwohl die Parteien überzeugt waren, sich in allen Punkten geeinigt und damit den Vertrag geschlossen zu haben. Hier sollen die übrigen Punkte, über die Einigung besteht, Gültigkeit haben, sofern bei Würdigung aller Umstände (Auslegung!) anzunehmen ist, daß der Vertrag auch ohne eine Bestimmung über diesen Punkt geschlossen sein würde (§ 155).

Auch mehrdeutige oder gar widersprüchliche Äußerungen werden gelegentlich als Dissens bezeichnet. Ob sie als Willenserklärung in Betracht kommen oder nicht, muß eine Auslegung erweisen.

Fallen bei einem Vertragspartner oder auch bei beiden Parteien Geschäftswille und Erklärungsinhalt auseinander, spricht man von einem **Willensmangel**, der wiederum bewußt oder unbewußt vorliegen kann. Strenggenommen handelt es sich beim geschäftlichen Eigenschaftsirrtum des § 119 II nicht um einen Willensmangel, da hier nicht Wille und Erklärung divergieren, sondern die gewollte und vertraglich vereinbarte (erklärte) Eigenschaft einer Sache oder Person. Per Fiktion wird jedoch diese Divergenz dem Willensmangel (hier: Erklärungsirrtum) gleichgestellt. Willensmängel können die Nichtigkeit oder die Anfechtbarkeit der Willenserklärung zur Folge haben. Die im Gesetz geregelten Fälle von Willensmängeln (Irrtum, Schein- und Scherzgeschäft, geheimer Vorbehalt) werden an anderer Stelle behandelt[17].

Nicht gesetzlich geregelt ist die **falsa demonstratio**, bei der trotz unklarer oder mehrdeutiger Erklärung der Erklärungsempfänger den Erklärenden richtig verstanden hat bzw. beide Parteien sich trotz falschen Ausdrucks "richtig verstanden" haben und einig sind. Hier gilt bei entsprechender Anwendung von § 117 II mangels eines andersartigen Schutzinteresses das Gewollte und nicht das Erklärte.

Die Fälle von Einigungs- und Willensmängeln sind in einer Übersicht (Abb. B 11) zusammengefaßt.

c) Das Wirksamwerden der Willenserklärung

Damit eine Willenserklärung wirksam werden kann, muß sie abgegeben werden und bei empfangsbedürftigen Willenserklärungen auch zugegangen sein (§ 130).

Abgabe von Willenserklärungen:

Abgabe und Wirksamwerden der Erklärung sind also zu unterscheiden. Abgegeben ist die Willenserklärung, wenn der Erklärende bewußt alles getan

---

[17] Kap. B III 4.

Erklärender		Erklärungs-gegner	*bewußter* **Einigungs- bzw. Willensmangel**	*unbewußter*
$\frac{A}{A}$	—	$\frac{B}{B}$	**offener Dissens** (§ 154)	**versteckter Dissenz** (§ 155)
$\frac{A}{B}$	—	$\frac{A}{A}$	• **Geheimer Vorbehalt** (Mentalreservation, § 116) • **Scherzgeschäft** (§ 118)	**Erklärungsirrtum** (§ 119 I)
$\frac{A}{B}$	—	$\frac{A}{B}$	**Scheingeschäft** (§ 117)	**Falsa demonstratio***) (in Analogie zu § 117 S. 2)
$\frac{A}{A}$	(B)	$\frac{A}{A}$	**Geschäftlicher Eigenschaftsirrtum** (§ 119 II)	
a	und/oder	b	Eine *mehrdeutige oder widersprüchliche Äußerung* ist überhaupt ***keine Erklärung***, falls durch Auslegung keine Eindeutigkeit zu erzielen ist.	

*) [gemeinsam] falsche, aber vom Erklärungsgegner richtig (als B) verstandene Erklärung

Erläuterung:

$\frac{A}{B} = \frac{\text{Erklärungsinhalt}}{\text{Willensinhalt}}$ ⇨ lies: Der Erklärende erklärt A, will aber B.

Abb. B 11: Einigungs- und Willensmängel mit ihren Rechtsfolgen

hat, damit sie wirksam werden kann, insbesondere wenn er ihren Zugang sichergestellt hat. Zur Abgabe ist außer der *Willensäußerung* (z.B. Niederschrift) auch erforderlich, daß die Erklärung mit Willen des Erklärenden aus seinem Machtbereich gelangt ist (*Entäußerung*).

Beispiel:

Der Verkaufsleiter läßt ein fertiggestelltes Angebot wegen des darin enthaltenen Kalkulationsfehlers auf seinem Schreibtisch liegen. Seine Sekretärin gibt das Schreiben unwissentlich zur Post. Die Erklärung ist nicht abgegeben (entäußert) worden, sondern dem Verkaufsleiter "abhandengekommen" und somit nicht wirksam. Er ist aber zum Ersatz des Vertrauensschadens (in Analogie zu § 122) verpflichtet, wenn die Erklärung dem Erklärungsgegner zugeht[18].

Eine Willenserklärung ist abgegeben

- unter *Anwesenden* und bei telefonischer Übermittlung mit ihrer Verlautbarung,
- unter *Abwesenden* mit ihrer Absendung (auch Übergabe an einen Boten).

Sie wird mit der Abgabe für den Erklärenden bindend. Sie bleibt auch dann wirksam, wenn der Erklärende nach deren Abgabe geschäftsunfähig wird oder stirbt (§ 130 II).

Zugang bei empfangsbedürftigen Willenserklärungen

- Bei Willenserklärungen unter *Anwesenden* (als solche gilt auch die Erklärung per Telefon (§ 147)) fallen der Zeitpunkt von Abgabe und Wirksamwerden zusammen. Die *mündliche* Erklärung wird wirksam, wenn ihr Empfänger sie vernimmt, die *schriftliche* im Zeitpunkt des Aushändigens, dabei ist Kenntnis nicht erforderlich.
- Unter *Abwesenden* wird die Willenserklärung mit dem Zugang (§ 130 I) wirksam. Zugegangen ist die Willenserklärung schon dann, wenn sie derart in den Machtbereich[19] des Empfängers gelangt ist, daß normalerweise mit seiner Kenntnisnahme zu rechnen ist. Auf die tatsächliche Kenntnisnahme durch den Empfänger kommt es nicht an.

Beispiel:

K muß ein Vertragsangebot des V bis zu einem bestimmten Datum annehmen, da es sonst verfällt. Er wirft die Annahmeerklärung nach Geschäftsschluß des entsprechenden Datums in den Hausbriefkasten des V. Der Briefkasten wird erst am nächsten Morgen entleert, und somit gilt die Annahme als verspätet zugegangen.

Die Willenserklärung wird nicht wirksam, wenn dem Empfänger gleichzeitig oder vorher ein Widerruf zugeht. Entscheidend ist auch hier nicht die

---

[18] anderer Meinung: Schmelzeisen, G. K., Bürgerliches Recht (BGB I-III), 4. Aufl., München 1975, S. 46

[19] z.B. im Briefkasten (zur normalen Postzustellungszeit), auf dem Fernschreiber, Fax oder in der „e-mail - Box".

Wirksamwerden von Willenserklärungen (WE)

Voraussetzungen:

- **Abgabe** = Entäußerung mit Willen
- **Zugang** (für alle *empfangsbedürftigen* Willenserklärungen!)
  = Willenserklärung muß derart in den Machtbereich des Empfängers gelangen, daß nach allgemeiner Verkehrsanschauung unter normalen Umständen die *Kenntnisnahme* erwartet werden darf.

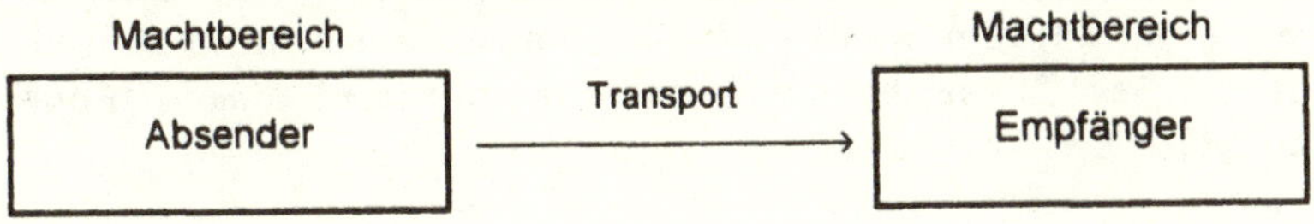

	WE verkörpert	WE nicht verkörpert
unter Abwesenden	§ 130	X (Telefon ↓)
unter Anwesenden	analog § 130 (nicht gesetzlich geregelt)	Vernehmung (nicht gesetzlich geregelt)

Beachte:
Bei Zugangsverzögerungen kann sich der Empfänger auf eine von ihm selbst verursachte (nicht unbedingt verschuldete) Verspätung nicht berufen!

Beispiele:
1. E liest den Brief, den er seinem Briefkasten entnommen hat nicht:
   ----> *Zugang !*
2. E verweigert die Annahme eines unzureichend frankierten Briefes:
   -----> *kein Zugang !* (Anders liegt der Fall bei grundloser Verweigerung.)
3. Ein Einschreibebrief ist wegen Abwesenheit des E nicht zustellbar (aber Postbenachrichtigung):
   -----> *noch kein Zugang*; aber aufgrund § 242 ggf. Abholpflicht des E.
4. Ein Arbeitgeber kündigt seinem Arbeitnehmer in dessen Urlaub:
   -----> nach § 242 muß der Arbeitgeber mit der Kündigung bis nach dem Urlaub warten.

Abb. B 12: Wirksamwerden von Willenserklärungen

tatsächliche Kenntnisnahme vom Widerruf, sondern der Zeitpunkt seines Zugangs. Die Beweislast für den Zugang hat der Absender. Hat der Empfänger durch eigenes, zurechenbares Verhalten den Zugang einer Willenserklärung verhindert, so kann sein Berufen auf den fehlgeschlagenen Zugang gegen Treu und Glauben verstoßen: Wer durch Krankheit, Urlaub etc. ein Zugangshindernis schafft, muß alle erforderlichen und zumutbaren Schritte unternehmen, daß Erklärungen ihn erreichen können.

Eine amtliche Zustellung hat Zugangswirkung (§ 132). Ist der Empfänger einer Willenserklärung geschäftsunfähig, so muß sie seinem gesetzlichen Vertreter zugehen (§ 131 I). Bei beschränkter Geschäftsfähigkeit ist die Erklärung nur wirksam, wenn sie für ihn lediglich einen rechtlichen Vorteil bringt. Ein Bewußtloser kann eine Erklärung nur in schriftlicher Form erhalten (§ 105 II).

3. Arten und Form der Rechtsgeschäfte

Arten von Rechtsgeschäften sind in der Abbildung B 13 typisiert.
Erläuterungen zur Abbildung:
- zweiseitige Rechtsgeschäfte:
  Das Rechtsgeschäft entsteht durch zwei kongruierende, d.h. völlig übereinstimmende Willenserklärungen (Antrag - Annahme); vgl. das Verpflichtungsgeschäft (Kap. C III 1).
- empfangsbedürftige Willenserklärung:
  Die Willenserklärung muß abgegeben und vom Erklärungsgegner empfangen werden, vgl. auch Wirksamwerden der Willenserklärung.
- nicht empfangsbedürftige Willenserklärung:
  Die Rechtswirkung ist allein durch die Abgabe einer Willenserklärung begründet.
- unvollkommene Verpflichtung:
  Es besteht nur eine Verpflichtung. Eine (Gegen-) Verpflichtung kann, muß aber nicht entstehen, da eine Leistung nicht der anderen wegen erbracht wird.
- vollkommene Verpflichtung:
  Bei den sog. **synallagmatischen Verträgen** entsprechen sich Leistung und Gegenleistung (Äquivalenzverhältnis).

Form der Rechtsgeschäfte:
Die Wirksamkeit einer Willenserklärung und ebenso des Rechtsgeschäfts ist grundsätzlich nicht davon abhängig, in welcher Form (z.B. schriftlich, mündlich) sie abgegeben wurde. Es besteht der *Grundsatz der Formfreiheit*. Das Gesetz sieht aber zahlreiche Ausnahmen vor, indem es die Wirksamkeit bestimmter Rechtsgeschäfte davon abhängig macht, daß die ihm zu-

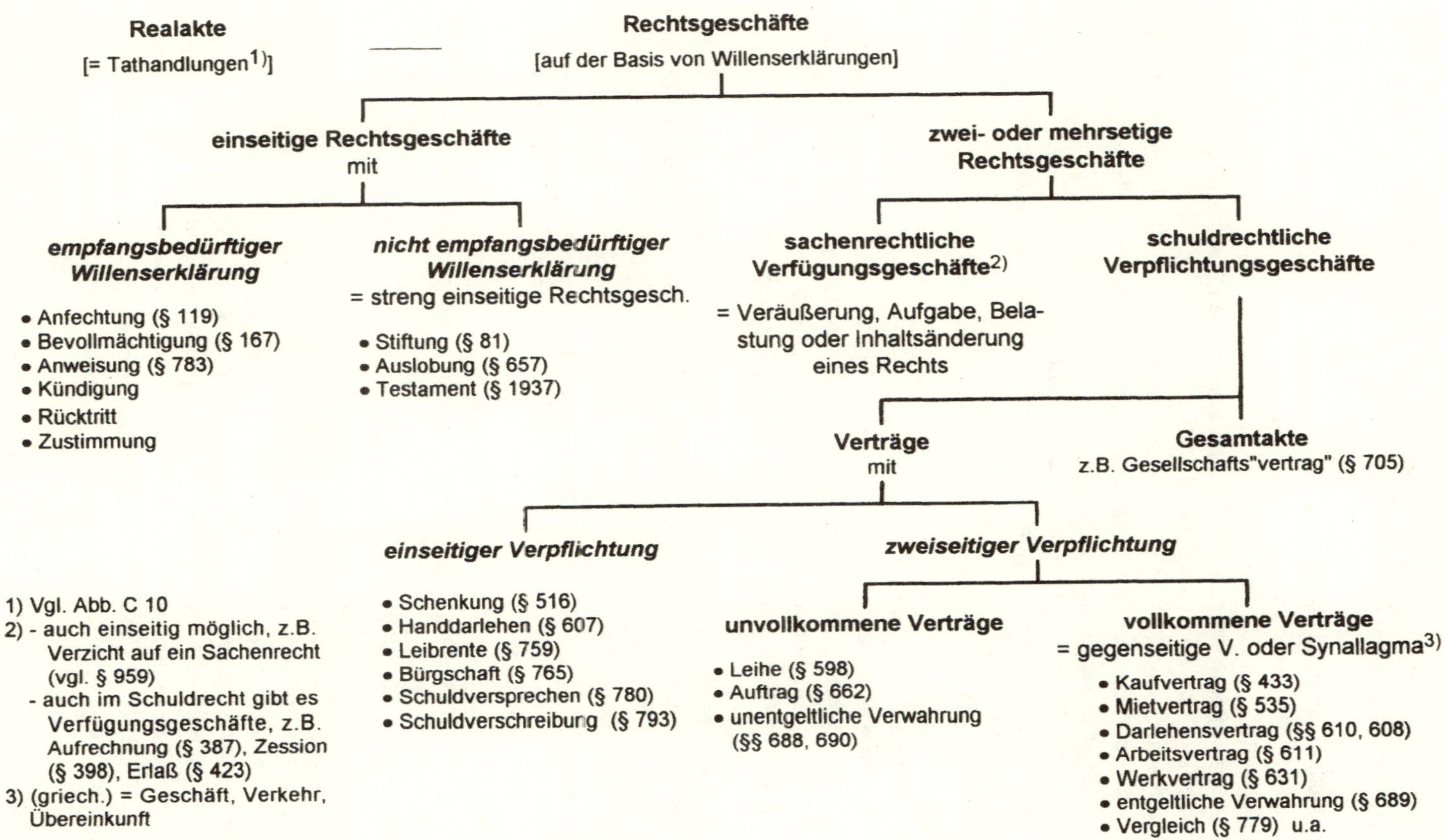

1) Vgl. Abb. C 10

2) - auch einseitig möglich, z.B. Verzicht auf ein Sachenrecht (vgl. § 959)
- auch im Schuldrecht gibt es Verfügungsgeschäfte, z.B. Aufrechnung (§ 387), Zession (§ 398), Erlaß (§ 423)

3) (griech.) = Geschäft, Verkehr, Übereinkunft

Abb. B 13: Rechtsgeschäfte

grunde liegenden Erklärungen aller oder zumindest diejenige eines Vertragspartners eine bestimmte Form besitzen müssen.

Die wichtigsten *gesetzlichen Formtypen* sind:

- Die ***Schriftform*** (§ 126)
  Erfordernis: schriftliche Erklärung (Telegramm genügt nicht!) und eigenhändige Unterschrift des Erklärenden bzw. seines Stellvertreters.
- Die ***öffentliche Beglaubigung*** (§ 129)
  Erfordernis: schriftliche Erklärung und Beglaubigung der *Unterschrift* des Erklärenden durch einen Notar oder eine siegelführende Person (Bürgermeister, Pfarrer, Gericht, Verwaltung).
- Die ***notarielle oder gerichtliche Beurkundung***
  Erfordernis: Beurkundung des *Gesamttextes der Urkunde* durch Notar oder Gericht.

Beispiele für

- gesetzliche Schriftform:
  Entstehung einer Stiftung (§ 81), Miet- und Pachtverträge für länger als ein Jahr (§§ 566, 581), Bürgschaft (§ 766; einseitige Schriftlichkeit genügt!)[20], Schuldversprechen und -anerkenntnis (§§ 780, 781).
  N.B.: Bei Privattestamenten ist Eigenhändigkeit erforderlich (§ 2247).
- öffentliche Beglaubigung:
  Registeranmeldungen (§§ 77, § 12 HGB), Abtretungsurkunden (§ 403), Gehaltsabtretungen von Beamten (§ 411), Erbschaftsausschlagungen (§ 1945).
- öffentliche Beurkundung:
  Vertrag über die Vermögensübertragung (§ 311), über das gesetzliche Erbteil (§ 312) oder über die Verpflichtung zur Grundstücksübertragung (§ 313), Schenkungsversprechen (§ 518 I).

Außerdem können Vertragsparteien eine bestimmte Form des Rechtsgeschäfts vereinbaren, z.B. in einem Arbeitsvertrag: "Die Kündigung des Arbeitsverhältnisses muß schriftlich erfolgen."(sog. *gewillkürte Schriftform*).

Folgen der Formverletzung

Bei Nichteinhaltung der gesetzlich vorgeschriebenen Form ist das ***Rechtsgeschäft nichtig***. Wird die gewillkürte Form nicht eingehalten, ist das Rechtsgeschäft nur "im Zweifel" nichtig (§ 125). Im übrigen gelten auch hierfür im Zweifel dieselben Regeln wie für die gesetzlichen Formvorschriften (§ 126 S. 1). In gesetzlich ausdrücklich bestimmten Fällen (§§ 313, 518, 766) kann der Formmangel durch Erfüllung geheilt werden.

[20] unter Vollkaufleuten formfrei (§§ 350 ff.)

4. Fehlerhafte Rechtsgeschäfte

a) Nichtigkeit von Willenserklärungen

Nichtigkeit heißt Ungültigkeit von Anfang an (ex tunc-Wirkung).

Ein nichtiges Rechtsgeschäft ist rechtlich überhaupt nicht zustande gekommen, auch wenn sich kein Partner auf die Nichtigkeit beruft. Evtl. bereits erfolgte Leistungen können zurückgefordert werden (gem. § 812, ausgenommen bei sog. faktischen Verhältnissen).

Ein Rechtsgeschäft kann nichtig sein aufgrund von Willensmängeln (s. Abb. B 10) oder aufgrund von Rechtsmängeln (z.B. Verstoß gegen gesetzliche Ge- oder Verbote).

aa) Nichtigkeit aufgrund von Willensmängeln

- ***Scheingeschäft*** (§ 117)
  Das Rechtsgeschäft ist tatsächlich von beiden Vertragspartnern nicht gewollt. Die Willenserklärung ist nur zum Schein abgegeben. Es mangelt beiden am Geschäftswillen (Das Interesse der Erklärungen liegt häufig nur in der Täuschung eines Dritten.). Wird durch ein Scheingeschäft ein anderes Rechtsgeschäft verdeckt, so gilt das letztere (§ 117 II).

  Beispiele:

  1) A "verkauft" an B einen wertvollen Gegenstand, damit dieser nicht vom Gerichtsvollzieher gepfändet wird. Das Rechtsgeschäft ist nichtig, als verdecktes Geschäft kommt ggf. Leihe oder Verwahrung in Betracht.

  2) A und B vereinbaren für einen Grundstückskauf mündlich einen Preis von 80000 DM. Um Kosten und Grunderwerbsteuer zu sparen, geben sie in dem notariell beurkundeten Kaufvertrag nur einen Kaufpreis von 50000 DM an. Da das beurkundete Geschäft nur ein Scheingeschäft war, ist es nach § 117 nichtig. Aber auch die mündliche Vereinbarung ist hier nichtig, weil sie gegen eine gesetzliche Formvorschrift verstößt (§ 313, s. unten: Nichtigkeit wegen Formmangels).

  Beachte den Unterschied zum **geheimen Vorbehalt**: Bei diesem erklärt nur einer etwas anderes als er tatsächlich will zwecks Täuschung des Erklärungsempfängers. Der Erklärende (keine Schutzwürdigkeit!) wird an seiner Erklärung festgehalten, das Rechtsgeschäft ist wirksam (§ 116).
  Ausnahme: Nichtigkeit des Rechtsgeschäfts, wenn der Erklärungsgegner den geheimen Vorbehalt kennt.

- ***Scherzgeschäft*** (§ 118)
  Auch hierbei weichen beim Erklärenden Wille und Erklärung bewußt voneinander ab. Anders jedoch als beim geheimen Vorbehalt wird hier die

nicht ernstlich gemeinte Erklärung in der Erwartung abgegeben, daß der Erklärungsempfänger den Mangel der Ernsthaftigkeit erkennen wird. Der "ungeschickte Spaßvogel", dessen Scherz nicht ohne weiteres aus seiner Erklärung erkannt werden konnte, hat gem. § 122 I Schadensersatz (Vertrauensschaden) zu leisten, wenngleich er von der Erklärung frei wird. (Der "böswillige Spaßvogel" beabsichtigt, daß sein "Scherz" nicht erkannt wird; Rechtswirkung gleich geheimem Vorbehalt, s. oben.)

- ***Geschäftsunfähigkeit*** (§ 105)
  Eine besondere Art von Willensmangel liegt bei Geschäftsunfähigkeit sowie bei Bewußtlosigkeit oder vorübergehender Störung der Geistestätigkeit vor. Der Geschäftsunfähige hat nach h.L. weder einen rechtsgeschäftlichen noch einen "natürlichen" Willen. (Beschränkt Geschäftsfähige haben den "natürlichen" Willen). Ohne Willen sind auch Bewußtlose.
  N.B.: Dieser Tatbestand ist auch für den "gutgläubigen Erwerb" (siehe dort) von großer Bedeutung. Sachen, die Geschäftsunfähige und Bewußtlose (***nicht*** aber beschränkt Geschäftsfähige!) weggeben, sind demnach abhanden gekommen.

bb) Nichtigkeit aufgrund von Rechtsmängeln

- ***Formmangel, Formverstoß*** (§ 125)·
  Zur Rechtsfolge s. voriges Kap. B III 3.

- ***Verstoß gegen ein gesetzliches Verbot*** (§ 134)
  Beispiele:
  Verstoß gegen zwingende Normen des Arbeitsrechts, gegen Wettbewerbsvorschriften, gegen Strafrechtsnormen, gegen Vertragsklauselverbote des AGB-Gesetzes

- ***Verstoß gegen die guten Sitten*** (§ 138)
  Gegen die guten Sitten verstößt ein Rechtsgeschäft, wenn es dem "Anstandsgefühl aller billig und gerecht Denkenden" (durchschnittliche Moralauffassung, die Wandlungen im Zeitablauf unterworfen sein kann) widerspricht (***Beispiele***: Verlobung eines Verheirateten, Vereinbarung eines Entgelts für die Nichtanzeige einer Straftat oder für eine wahrheitswidrige Zeugenaussage). - Sonderfall des sittenwidrigen Rechtsgeschäftes ist der Wucher (= auffälliges Mißverhältnis von Leistung und Gegenleistung durch Ausbeutung der Zwangslage, Willensschwäche oder Unerfahrenheit eines anderen). In diesem Fall ist sogar nicht nur das Grundgeschäft ("Versprechen"), sondern auch das abstrakte Verfügungsgeschäft ("Gewähren") nichtig (§ 138 II).

- ***Vereinbarung einer unmöglichen Leistung*** (§ 305)
  Siehe dazu "ursprüngliche (objektive) Unmöglichkeit" (Kap. C IV 2).

b) Anfechtung von Willenserklärungen

Anfechtbare Willenserklärungen bzw. Rechtsgeschäfte sind im Gegensatz zu den nichtigen zunächst voll wirksam. Die Nichtigkeit tritt erst durch die Ausübung des Anfechtungsrechtes (Gestaltungsrecht) ein. Dazu müssen folglich ein Anfechtungsgrund und eine Anfechtungserklärung vorliegen.

Anfechtungsgründe sind
- Irrtum und falsche Übermittlung (§ 119 f.),
- arglistige Täuschung (§ 123) und
- widerrechtliche Drohung (§ 123).

aa) Anfechtung wegen Irrtums

Ein **Irrtum** liegt vor, wenn Wille und Erklärung *unbewußt* auseinanderfallen.

Der Irrtum ist der häufigste und wichtigste Fall eines *Willensmangels*.
Zur Anfechtung berechtigen nur die im Gesetz normierten Fälle des Irrtums:

- ***Inhaltsirrtum*** (§ 119 I, 1. Alt.)
  Der Erklärende gibt zwar eine Erklärung ab, so wie er sie abgeben wollte, hat aber eine falsche Vorstellung von ihrem Inhalt, d.h. von ihrer Bedeutung und Tragweite.
  Beispiel:
  E kauft Proxodent in der Annahme, es handele sich dabei um ein Haftmittel für seinen Zahnersatz.

- ***Erklärungsirrtum*** (§ 119 I, 2. Alt.)
  Hierunter fallen alle Fälle des Verschreibens, Versprechens und Vergreifens.
  Beispiel:
  E will seinen PKW für 8900 DM verkaufen, schreibt aber versehentlich 8300 DM.

  Ein Sonderfall des Erklärungsirrtums ist die unbewußt falsche Übermittlung einer Erklärung (z.B. durch einen Boten, § 120). Bei vorsätzlich falscher Übermittlung ist eine Anfechtung unnötig, da keine Bindung des Erklärungsabsenders besteht.

- ***Eigenschaftsirrtum*** (§ 119 II)
  Ein geschäftlicher Eigenschaftsirrtum ist gegeben, wenn die vereinbarten und die tatsächlichen Eigenschaften einer Person oder Sache nicht übereinstimmen. Der Irrtum über im Geschäftsverkehr als wesentlich angesehene Eigenschaften einer Person (z.B. Geschlecht, Alter, Vertrauens- und Kreditwürdigkeit, Qualifikation, Zuverlässigkeit) oder einer Sache (z.B. Material, Qualität, Echtheit) wird im Gesetz dem Inhaltsirrtum gleichgestellt.

Rechtlich unbeachtlich ist der **Motivirrtum** (Irrtum im Beweggrund), er berechtigt nicht zur Anfechtung.

Beispiel:
E kauft ein Hochzeitskleid, weil ihm seine Freundin F die Ehe versprochen hat. Er kann den Kaufvertrag nicht anfechten, weil F ihr Versprechen nicht mehr einhalten will.

Die Anfechtung wegen Irrtums oder falscher Übermittlung führt zur *Schadensersatzpflicht* des Anfechtenden (Vertrauensschaden, negatives Interesse; Obergrenze: Erfüllungsinteresse, positives Interesse nach § 122 I, s. Abb. B 14).

bb) Anfechtung wegen arglistiger Täuschung

Die **arglistige Täuschung** durch eine Person besteht in der vorsätzlichen Herbeiführung eines Irrtums bei einer anderen Person durch Vorspiegelung falscher Tatsachen oder durch Verschweigen wahrer, für den Abschluß des Rechtsgeschäfts wesentlicher Tatsachen.

Sie muß ursächlich für die Willenserklärung des Getäuschten sein.

Beispiel:
Der wegen Unterschlagung vorbestrafte A bewirbt sich bei einer Bank als Kassierer, ohne seine Vorstrafen zu erwähnen. Die Willenserklärung (Arbeitsvertrag) der Bank ist anfechtbar.

cc) Anfechtung wegen widerrechtlicher Drohung

Eine **Drohung** ist erfüllt, wenn jemand eine andere Person durch Ankündigung eines Nachteils in eine psychische Zwangslage versetzt.

Auch hier muß zwischen der Drohung und der abgegebenen Willenserklärung Kausalität bestehen, damit die Willenserklärung angefochten werden kann. Ferner muß die Drohung widerrechtlich sein.

Beispiel:
A veranlaßt den B zur Abgabe einer (anfechtbaren) Willenserklärung, z.B. Vertragsabschluß, durch die Androhung, der Ehefrau des B im Falle des Nichtabschlusses von dem Verhältnis des B zu seiner Sekretärin zu erzählen. - Eine Mahnung oder Androhung von Zwangsvollstreckungsmaßnahmen gegenüber einem Schuldner ist nicht widerrechtlich.

Anfechtungsfrist (§ 124)
Eine Anfechtung wegen Irrtums muß unverzüglich nach Erkennen des Irrtums oder der falschen Übermittlung erfolgen. Bei arglistiger Täuschung und widerrechtlicher Drohung beträgt die Anfechtungsfrist ein Jahr ab Entdeckung der Täuschung bzw. Wegfall der Zwangslage. Nach Ablauf von 30 Jahren ist eine Anfechtung generell ausgeschlossen.

Bei Anfechtung von Willenserklärungen, Mangel an Vertretungsmacht und bei den Leistungsstörungen usw. ist hinsichtlich des (ggf.) zu leistenden Schadensersatzes zu unterscheiden zwischen

- dem Schaden, den jemand dadurch erleidet, daß er auf die Gültigkeit der Erklärung bzw. des Vertrages *vertraut* hat und
- dem Schaden, der dem "Interesse" entspricht, das der Geschädigte an der Gültigkeit der Erklärung bzw. des Vertrages hat, bzw. der durch *Nichterfüllung* entstanden ist.

Materieller Schadensersatz
oder
Ersatz des Vermögensschadens

Negatives Interesse oder **Vertrauensschaden**	**Positives Interesse** oder **Erfüllungsinteresse**
Der Geschädigte ist so zu stellen, als wenn *vom Vertrag nie die Rede* gewesen wäre, d.h., er hat Anspruch auf Ersatz des Schadens, den er durch sein Vertrauen auf die Gültigkeit des Vertrages erlitten hat. Der Anspruch auf Ersatz des Vertrauensschadens wird begrenzt durch die Höhe des Erfüllungsinteresses.	(= ***Schadensersatz wegen Nichterfüllung)*** ***Vorrausetzung***: Gültiger Vertrag! Der Geschädigte ist so zu stellen, als wenn *der Vertrag ordnungsgemäß erfüllt* worden wäre, d.h., er hat Anspruch auf Ersatz des "Erfüllungsinteresses".
Rechtsnormen: §§ 122 (für die Fälle der §§ 118, 119 und 120), 179 II und 307 I S.1; § 795 II	***Rechtsnormen:*** §§ 179 I; 280 I; 463, 480 II
Beispiele: Ersatz von Transportkosten; Ersatz des Schadens, den jemand dadurch erlitten hat, daß er im Vertrauen auf die Gültigkeit einer später angefochtenen Erklärung ein anderes Angebot ausgeschlagen hat.	***Beispiel:*** Ersatz des entgangenen Gewinns

Abb. B 14: Negatives und positives Interesse beim materiellen Schadensersatz

5. Rechtsgeschäfte unter Bedingung oder Zeitbestimmung

a) Bedingung

Die **Bedingung** ist eine rechtsgeschäftliche Erklärung, die das Wirksamwerden eines Rechtsgeschäftes von einem künftigen, aber noch ungewissen Ereignis abhängig macht.

Das Gesetz unterscheidet zwei Arten der Bedingung (§ 158):
- ***aufschiebende Bedingung***: Die Wirkung tritt mit der Bedingung ein.
- ***auflösende Bedingung***: Die Wirkung endet mit Eintritt der Bedingung.

Beispiele:
- *aufschiebende Bedingung*:
  1. Abschluß eines Kaufvertrages unter Eigentumsvorbehalt; Bedingung für den Eigentumsübergang der Kaufsache ist die vollständige Zahlung des Kaufpreises (§ 455).
  2. Kauf auf Probe (§ 495).
- *auflösende Bedingung*:
  Der Student S wird gegen Ende seines Studiums eingestellt (Arbeitsvertrag) unter der Bedingung, daß er nicht im noch bevorstehenden Examen durchfällt.

Nicht alle Rechtsgeschäfte dürfen Bedingungen enthalten. Solche *bedingungsfeindlichen Rechtsgeschäfte* sind z. B.
- die Eheschließung (EheG § 13 II),
- die Erklärung der Aufrechnung (§ 388 S. 2),
- die Auflassung (§ 925 II),
- die Annahme oder Ausschlagung einer Erbschaft (§ 1947).

Sie sind, wenn sie eine Bedingung enthalten, nichtig (§ 139). - Ein Rechtsgeschäft ist auch dann nichtig, wenn eine Bedingung dieses Rechtsgeschäftes gegen ein gesetzliches Verbot oder gegen die guten Sitten verstößt.

Beispiel:
Eine Klinik stellt einen Arzt unter der Bedingung ein, daß er nicht heiratet. Der Vertrag ist nichtig, weil diese Bedingung sittenwidrig ist.

Die Zeit zwischen Abgabe der Erklärung und Eintritt der Bedingung wird als Schwebezeit bezeichnet. Während dieser Schwebezeit hat der unter einer aufschiebenden Bedingung Berechtigte ein *Anwartschaftsrecht*, das bei Eintritt der Bedingung zum Vollrecht erstarkt. Eine Anwartschaft ist wie das Vollrecht übertragbar, (ver)pfändbar, vererblich und geschützt. (Ausnahme: Eine Anwartschaft auf ein Nießbrauchsrecht ist weder übertragbar noch vererblich, §§ 1059, 1061.) Im Falle einer auflösenden Bedingung kann der

Rechtsinhaber sein bedingtes Recht schon in vollem Umfang ausüben; er verliert es jedoch bei Eintritt der Bedingung.

b) Zeitbestimmung

Die **Zeitbestimmung** ist im Gegensatz zur Bedingung von einem künftigen und *gewissen* Ereignis abhängig. Mit diesem Ereignis kann wie bei der Bedingung ein Rechtsgeschäft wirksam oder unwirksam werden. Es finden die Regeln über die Bedingung entsprechende Anwendung (§§ 158, 160, 161).

6. Das Recht der Stellvertretung

a) Wesen und allgemeine Regeln der Vertretungsmacht

Als **Stellvertretung** (§§ 164 ff.) bezeichnet man jedes Handeln, das *im Namen* (oder im Interesse[21]) *eines anderen* erfolgt.

Der Stellvertreter bildet und erklärt einen rechtsgeschäftlichen Willen. Seine Willenserklärung wirkt unmittelbar für oder gegen den Vertretenen (§ 164 I), als ob dieser selbst seinen Willen erklärt habe. **Voraussetzung**: Der Vertreter handelt
- im fremden Namen und
- im Rahmen der ihm zustehenden Vertretungsmacht.

Die ***Vertretungsmacht*** oder Vertretungsbefugnis kann auf gesetzlicher wie auch auf rechtsgeschäftlicher Basis entstehen.
Zu der *gesetzlichen* Vertretungsmacht gehören z.B. die Vertretungsmacht,
- der Eltern für ihr minderjähriges Kind (§§ 1626, 1629, 1627, 104, 107, 113),
- des Vormundes für sein Mündel (§ 1793),
- des einen Ehegatten für den anderen (§ 1357),
- des Vorstandes eines eingetragenen Vereins (§ 26),
- des Vorstandes einer Aktiengesellschaft (§ 78 AktG),
- des Vorstandes einer eingetragenen Genossenschaft (§ 24 GenG),
- des vertretungsberechtigten Gesellschafters einer OHG und KG (§§ 125, 161 II HGB).

Wird die Vertretungsmacht *durch ein Rechtsgeschäft erteilt*, so spricht man von einer **Vollmacht** (§ 166 II), hier ist der Umfang der Vertretung durch das Rechtsgeschäft beschränkt. Die Vollmacht kann schriftlich, mündlich oder stillschweigend gegeben werden (§ 167 II). Wird die Erklärung an denjenigen gerichtet, der die Vollmacht erhalten soll, so liegt Innenvollmacht vor, ist sie an den Dritten gerichtet, gegenüber dem die Vertretung erfolgen

---

[21] Sog. mittelbare Stellvertreter., z. B. der Kommissionär: er handelt im *eigenen* Namen, aber für fremde Rechnung. Die §§ 164ff finden keine Anwendung.

soll, so handelt es sich um eine Außenvollmacht, als solche gilt auch eine Vollmacht, die öffentlich bekanntgegeben wurde. Eine Vollmachtserklärung ist nur in einigen Fällen an eine Form gebunden, z.B. wenn sie gesetzlich vorgeschrieben ist[22].

Von Bedeutung ist die Abgrenzung zwischen einem Vertreter des Willens und einem Vertreter der Erklärung. Der Vertreter des Willens (Stellvertreter) kann durchaus beschränkt geschäftsfähig sein (§ 165), da die Wirkung der Stellvertretung den Vertreter nicht belastet, sondern sofort auf den Vertretenen übergeht. Der Vertreter der Erklärung (Bote) ist kein Stellvertreter, da er keinen eigenen rechtsgeschäftlichen Willen für den "Vertretenen" bildet, sondern nur die Erklärung einer Person überbringt. Er kann aus diesem Grund geschäftsunfähig sein. Wird ein Bote zur Übermittlung einer Erklärung benutzt, so kann der Auftraggeber die Erklärung bei (versehentlich) unrichtiger Übermittlung anfechten (§ 120). Dies trifft nicht zu für den Empfangsboten, der zur Entgegennahme einer Erklärung beauftragt ist. Hierbei gilt die Erklärung als zugegangen, wenn der Bote sie seinem Auftraggeber mitteilt. Wird die Erklärung vom Empfangsboten falsch übermittelt, so trägt derjenige das Risiko, der ihn bestellt hat. Der Unterschied zwischen Boten und Vertretern ist in manchen Fällen schwer zu ziehen, zumal dann, wenn der Vertreter sehr enge Weisungen erhalten hat. Häufig kann man dann nur aus dem Verhalten der Personen auf ihre Stellung schließen (z.B. Formulierung des Vertreters: "Ich nehme ihr Angebot im Namen von F an", aber Formulierung des Boten: "F läßt ihnen sagen, daß er ihr Angebot annimmt.")
Der Vertretene kann die Willenserklärung seines Vertreters nur anfechten, wenn der Anfechtungsgrund beim Vertreter liegt (§ 166).
Bei persönlichen Angelegenheiten wie z.B.
- Verlöbnis und Eheschließung (EheG § 13 II)
- Anfechtung der Ehelichkeit (§ 1595 I)
- Errichtung eines Testamentes (§ 2064)

ist eine Vertretung nicht möglich, man spricht hier von vertretungsfeindlichen Rechtsgeschäften.

Vertreter ohne Vertretungsmacht
Schließt jemand ohne Vertretungsmacht im Namen eines anderen einen Vertrag ab, so hängt die Wirksamkeit von der eventuellen nachträglichen Genehmigung des Vertretenen ab (§ 177). Das Rechtsgeschäft ist solange schwebend unwirksam.

---

22 Bevollmächtigung zur Stimmrechtsausübung (§§ 134 III AktG, 47 III GmbHG), bei öffentlicher Beglaubigung für die Vollmacht zur Registeranmeldung (§ 12 II HGB), ferner wenn der Zweck eine Formvorschrift erfordert wie beim Grundgeschäft (§ 313 BGB); bei einseitigem Rechtsgeschäft ist eine Vollmachtsurkunde beizubringen (§ 174 BGB).

Wirkungen:
- bei Nichtgenehmigung: § 179 BGB;
- bei Genehmigung: §§ 177f., 184 BGB; 75 h, 91 a HGB.

Ein einseitiges Rechtsgeschäft, das durch einen "Vertreter" ohne Vertretungsmacht abgeschlossen wurde, ist grundsätzlich nichtig (§ 180).

Selbstkontrahieren (Insichgeschäft)

§ 181 untersagt, daß ein Vertreter im Namen des Vertretenen einen Vertrag mit sich selbst schließen kann. Dies gilt auch bei einseitigen Rechtsgeschäften (z.B. bei der Kündigung). Das unzulässige Insichgeschäft hat wie die Vertretung ohne Vertretungsmacht nur schwebende Unwirksamkeit zur Folge, d.h., durch Genehmigung des Vertretenen wird der Vertrag voll wirksam. § 181 nennt zwei Ausnahmen vom Verbot des Selbstkontrahierens:
- *Gestattung durch den Vertetenen*, z.B. Vollmachterteilung "unter Befreiung von § 181",
- *Erfüllung einer Verbindlichkeit*, z.B. kann V ein Darlehen, das K ihm gewährt hat, und dessen Vertreter er ist, zurückzahlen und selbst in Vertretung des K annehmen.

Nach der Rechtsprechung des BGH ist Selbstkontrahieren auch zulässig,
- wenn es dem Vertretenen (z.B. einem geschäftsunfähigen Kind) ausschließlich einen rechtlichen Vorteil bringt,
- wenn der alleinige Gesellschafter einer GmbH zugleich Geschäftsführer (= Vertreter der juristischen Person) ist.

Vertrauensschutz und Rechtsscheinprinzip

Um den Geschäftsgegner zu schützen, ist der Vertrauensschutz in der Rechtsprechung so weit ausgelegt, daß eine *erteilte und bekanntgemachte Vollmacht* solange gültig gegenüber einem Dritten ist, wie dieser im guten Glauben an den Bestand der Vollmacht sein darf (§ 170 III). Solange der **Rechtsschein** der Vollmacht besteht, kann sich der Vollmachtgeber nicht auf das Erlöschen der Vollmacht berufen. Der Rechtsschein einer Vollmacht wird in diesem Sinne auch ggf. erzeugt durch die Übernahme betrieblicher Funktionen, die i.d.R. mit Vollmacht verknüpft sind (z.B. Filialleiter, Ladenangestellte; § 56 HGB). Durch Rechtsfortbildung ist der Rechtsscheingedanke für den Fall der *fehlenden Vollmacht* in Analogie zu §§ 170 ff. BGB, 56 HGB zur **Scheinvollmacht** in zwei Formen weiter entwickelt worden:
- Eine ***Anscheinsvollmacht*** liegt vor, wenn jemand den Anschein der Bevollmächtigung einer anderen Person erweckt oder wenn der Vertretene das Handeln des anderen in seinem Namen zwar nicht kennt, es aber bei pflichtgemäßer Sorgfalt hätte kennen und verhindern können.
- Um ***Duldungsvollmacht*** handelt es sich nach h.L., wenn der Vertretene weiß, daß ein anderer eigenmächtig für ihn handelt, er aber nicht dagegen einschreitet. (Abweichend hiervon wird bisweilen dieser Fall als eine Vollmachtserteilung durch konkludentes Verhalten ausgelegt.)

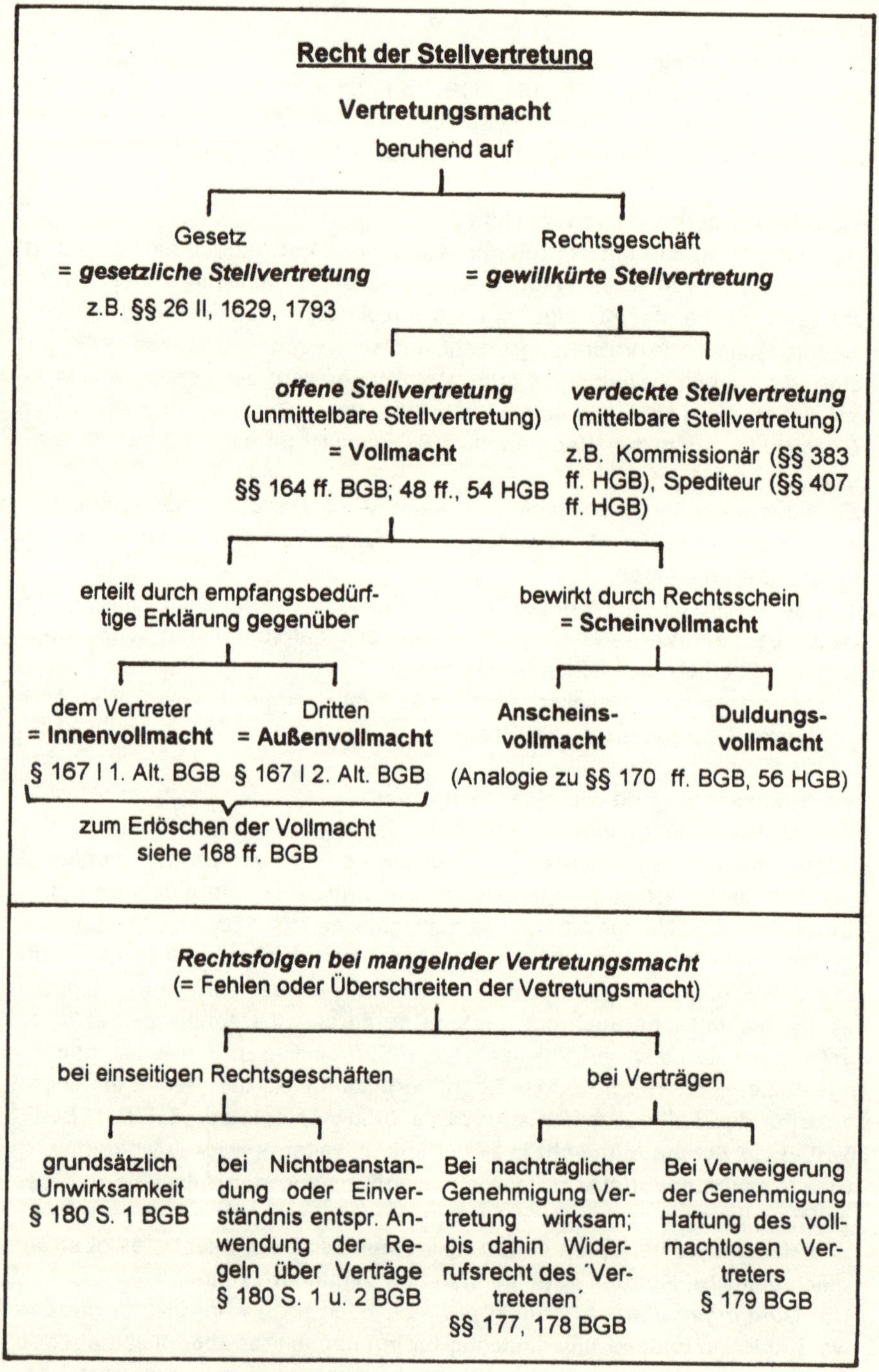

Abb. B 15: Recht der Stellvertretung

b) Handlungsvollmacht und Prokura

Das Handelsrecht als Sonderrecht für Kaufleute kennt zwei besondere Arten der Vollmacht: die Handlungsvollmacht (§§ 54ff. HGB) und die Prokura (§§ 48ff. HGB).

aa) Prokura

Ihr Umfang wird durch § 49 HGB bestimmt: Die Prokura ermächtigt zu allen Arten von gerichtlichen und außergerichtlichen Geschäften und Rechtshandlungen, die der Betrieb eines beliebigen Handelsgewerbes mit sich bringt.

Aus der Formulierung, daß die Handlung zum Betrieb des Handelsgewerbes gehören muß, ergibt sich folgende Einschränkung des Vollmachtsumfangs; der Prokurist darf nicht

- den Betrieb einstellen,
- das Geschäft veräußern,
- die Konkurseröffnung beantragen,
- einen Gesellschafter aufnehmen.

Er kann aber Zweigstellen des Betriebes eröffnen oder schließen, Handlungsbevollmächtigte ernennen sowie Entlassungen und Einstellungen vornehmen, er kann sogar den Geschäftszweig ändern (Beachte die Formulierung "Betrieb *eines* Handelsgewerbes"). Außerhalb seiner Befugnis liegen auch die *vollmachtsfeindlichen Geschäfte*, wie z.B.

- die Erteilung der Prokura durch den Prokuristen (§ 48 HGB),
- die Übertragung der eigenen Prokura auf andere (§ 52 HGB),
- das Veräußern oder Belasten eines Grundstückes, es sei denn, er hat dazu eine gesonderte Vollmacht (§ 49 II HGB),
- das Unterzeichnen der Bilanz,
- die Veranlassung von Eintragungen im Handelsregister.

Eine darüber hinausgehende Beschränkung der Vertretungsmacht ist nach außen unwirksam (§§ 50, 49 HGB). Der Prokurist kann *nur von einem Vollkaufmann* oder dessen gesetzlichem Vertreter, und nur *durch ausdrückliche Erklärung ernannt* werden (§ 48 HGB). Die Eintragung der Erteilung der Prokura ins Handelsregister ist vom Inhaber des Handelsgeschäftes anzumelden (deklaratorische Wirkung). Das gleiche gilt für die Erteilung einer Gesamtprokura oder einer Immobilienvollmacht (§ 53 HGB). Der Prokurist muß nicht Handlungsgehilfe (Angestellter) des Betriebes sein. Der Prokurist hat so zu zeichnen, daß er seinen Stand kenntlich macht, z.B. durch die Abkürzungen p.p. oder ppa. (per prokura) vor seiner Unterschrift (§ 51 HGB).

bb) Handlungsvollmacht

Unter den Begriff der **Handlungsvollmacht** fällt jede Erteilung einer Vollmacht außer der Prokura. Ihr Umfang wird in § 54 HGB geregelt[23]. Im Gegensatz zur Prokura kann der Vollmachtgeber die Handlungsvollmacht nach Belieben einschränken.

Es werden hinsichtlich des Vollmachtsumfangs drei Arten der Handlungsvollmacht unterschieden:

1. **Einzelvollmacht** (Sondervollmacht)
   Sie gilt nur für ein einziges Rechtsgeschäft.
2. **Artvollmacht**
   Sie gilt ständig für eine bestimmte Art von Geschäften.
3. **Generalvollmacht**
   Sie ist eine ständige Vollmacht für alle gewöhnlich vorkommenden Rechtsgeschäfte des Handelsgewerbes, in dem der Handlungsbevollmächtigte angestellt ist. (Beachte die Formulierung "eines *derartigen* Handelsgewerbes")

Der Handlungsbevollmächtigte darf nicht
- Grundstücke verkaufen oder belasten,
- Wechselverbindlichkeiten eingehen,
- Darlehen aufnehmen,
- Prozesse führen,

es sei denn, er hat dazu eine besondere Vollmacht (§ 54 II HGB). Eine besondere Zustimmung ist auch notwendig bei der Übertragung der Handlungsvollmacht vom Bevollmächtigten auf eine andere Person (§ 58 HGB), nicht hingegen für die Gewährung eines Darlehens[24] oder für die Abgabe eines Bürgschaftsversprechens. Die Ermächtigung von Angestellten im Laden oder Lager zu Verkäufen bzw. Empfangsannahmen von Waren (§ 56) wurde bereits im vorigen Kapitel a) erwähnt.

Der Handlungsbevollmächtigte muß wie der Prokurist bei der Unterzeichnung einer Willenserklärung seinen Stand kenntlich machen (§ 57 HGB), so z.B. durch die Abkürzungen i.V. (in Vertretung), i.A. (im Auftrag) oder mit "für....". Er darf hierbei nichts benutzen, was auf eine Prokura schließen lassen könnte.

---

[23] "... alle Geschäfte u. Rechtshandlungen, die der ***Betrieb*** eines ***derartigen*** Handelsgewerbes ... mit sich bringt" (§ 54 HGB).

[24] Bedenken können jedoch selbst für einen Generalbevollmächtigten bei der Gewährung von Darlehen größeren Umfangs bestehen, da diese grundsätzlich nicht zu den "gewöhnlichen" Rechtsgeschäften eines Handels- oder Industriebetriebes (sondern einer Bank) gehört.

7. Trennungs- bzw. Abstraktionsprinzip

Ein "vollständiges" Rechtsgeschäft besteht aus einem Verpflichtungs- und einem Verfügungsgeschäft. Das (schuldrechtliche) Verpflichtungsgeschäft liefert den Rechtsgrund für ein Tun oder Unterlassen des Geschäftspartners. Durch das (dingliche) Verfügungsgeschäft wird das Verpflichtungsgeschäft erfüllt. Ein wichtiger Grundsatz des BGB ist die strikte Trennung von Verpflichtungs- und Verfügungsgeschäft.

Unter dem **Trennungs- oder Abstraktionsprinzip** versteht man die Loslösung des Verfügungsgeschäftes vom Verpflichtungsgeschäft.

Beispiel: "Kauf"
- Kaufvertrag = schuldrechtliches, kausales Verpflichtungsgeschäft (lat. causa = Rechtsgrund), Grundgeschäft.
- Übereignung (Ware/Geld) = sachenrechtliches, abstraktes Verfügungs- bzw. Erfüllungsgeschäft.

Verfügungen (z.B. Kündigung, Übereignung, Zession) sind Rechtsgeschäfte, durch die ein (bestehendes) Recht unmittelbar geändert, übertragen oder aufgehoben wird.
Das Abstraktionsprinzip hat den **Vorteil**, daß eine einmal erfolgte Verfügung nicht deswegen unwirksam ist, weil sich nachträglich herausstellt, daß der Verpflichtungsvertrag aus irgendwelchen Gründen nichtig ist. Es dient somit der Rechtssicherheit bzw. dem Rechtsschutz Dritter.

Wirkung des Abstraktionsprinzips
Es bedeutet, daß die Voraussetzung und Wirkung von Grund- und Erfüllungsgeschäft völlig verschieden sein können. Insbesondere wirken sich Mängel des einen Geschäfts nicht unbedingt auf das andere aus. Ist z.B. der Kaufvertrag aus irgendeinem Grund nichtig, dann fehlt der Übereignung zwar der Rechtsgrund; dies nimmt ihr aber nicht die rechtliche Wirkung, weil sich die Parteien in dem abstrakten Übereignungsvertrag über den Eigentumswechsel einig geworden sind: der Käufer ist Eigentümer geworden. Solche rechtsgrundlosen Vermögensverschiebungen sollen allerdings keinen dauernden Bestand haben. Einen Ausgleich ermöglicht das Bereicherungsrecht (Rechtsinstitut der **ungerechtfertigten Bereicherung**, §§ 812 ff.). Vertragliche Rücktrittsrechte (§§ 346 ff.) stellen Sonderregelungen dar, die das Bereicherungsrecht ausschließen.

Beispiel:
Der zwischen V und K geschlossene Kaufvertrag wird von V wegen Erklärungsirrtums angefochten; damit wird das Verpflichtungsgeschäft unwirksam. Das abstrakte Verfügungsgeschäft, d.h. die bereits erfolgte Übereignung der Ware bleibt

davon unberührt. V kann jedoch von K die Herausgabe (Rückübereignung) gem. § 812 verlangen, da der Rechtsgrund für die Übereignung weggefallen ist.

N.B.: In manchen Fällen kommt für das kausale und das abstrakte Rechtsgeschäft der gleiche Anfechtungsgrund in Betracht, z.B. wenn V dem M eine Sache vermieten will, aber irrtümlich Schenkung (und Eigentumsübertragung) erklärt. Dies gilt ebenso immer bei Anfechtung wegen arglistiger Täuschung[25], da diese ursächlich für Verpflichtungs- und Verfügungsgeschäft ist.
Alle Verfügungsgeschäfte, z.B. Forderungsabtretungen gem. § 398 und Übereignungen gem. §§ 873 I und 929, sind im deutschen Recht abstrakt. Daneben gibt es auch einige abstrakte Verpflichtungsgeschäfte (die neben der Verpflichtung des Schuldners aus dem Grundgeschäft quasi noch eine zweite Verpflichtung begründen): im BGB das abstrakte Schuldversprechen und Schuldanerkenntnis (§§ 780 ff.) und im Wertpapierrecht alle Wechsel- und Scheckverbindlichkeiten.

8. Kontrollfragen zu Kapitel B III

1. Was beinhaltet der Grundsatz der Vertragsfreiheit?
2. Ist Schweigen als zustimmende Willenserklärung oder als Ablehnung zu deuten?
3. Was ist ein „konkludentes Verhalten"?
4. Wann wird eine Willenserklärung wirksam?
5. *Fallbeispiel:* B hat von A per Briefpost um 10 Uhr (Zustellung) ein Angebot erhalten, das er umgehend ebenfalls per Brief annimmt. Gegen Mittag findet er an seinem Faxgerät einen Widerruf des A; das Fax trägt die Uhrzeit 9 Uhr. Ist zwischen A und B ein Vertrag zustande gekommen?
6. Welche Formvorschriften enthält das BGB? Nennen Sie jeweils Beispiele dazu!
7. Welche Folge hat die Nichteinhaltung einer gesetzlich vorgeschriebenen Form?
8. Worin unterscheiden sich öffentliche Beglaubigung und notarielle bzw. gerichtliche Beurkundung?
9. Ein Vertrag (Willenserklärung) kann wegen Irrtums angefochten werden. Unter welchen Umständen und in welchem Umfang hat der Anfechtende Schadensersatz zu leisten?
10. Welche Gründe berechtigen zur Anfechtung einer Willenserklärung?
11. Worin besteht der Unterschied zwischen
    a) Scherzgeschäft und geheimem Vorbehalt,
    b) Scherzgeschäft und Erklärungsirrtum,
    c) Scherzgeschäft und Scheingeschäft,
    d) Erklärungsirrtum und Eigenschaftsirrtum
    e) Irrtum und Dissens?
12. In welchen Fällen sind Rechtsgeschäfte nichtig?
13. Wann ist eine Drohung widerrechtlich?
14. Nennen Sie bedingungsfeindliche Rechtsgeschäfte!

---

[25] Beim Kauf ist der Käufer dann nur Besitzer gemäß BGB § 985. Er ist um diesen Besitz ungerechtfertigt bereichert.

15. Wer kann Einsicht nehmen a) in das Handelsregister, b) in das Grundbuch?
16. Was versteht man (Unterschied?) unter
    a) positivem Interesse?
    b) negativem Interesse?
17. *Fallbeispiel:* Durch Mitteilung eines Vollmachtgebers an einen Dritten D hat Brause Vollmacht erhalten (Außenvollmacht). Diese Vollmacht ist inzwischen durch Widerruf gegenüber B wieder erloschen. Wird der gute Glaube des D an den Fortbestand der Vollmacht geschützt?
18. Unterscheiden Sie
    a) gesetzliche Stellvertretung und Vollmacht,
    b) Boten und Bevollmächtigten,
    c) Handlungsvollmacht und Prokura,
    d) Anscheins- und Duldungsvollmacht.
19. Muß a) ein Bote, b) ein Stellvertreter geschäftsfähig sein?
20. K kauft ohne Vollmacht für seinen Freund F ein Fahrrad. Wie ist die Rechtslage?
21. Zu welchem Zeitpunkt entsteht die Prokura? Welche Wirkung hat die pflichtgemäße Handelsregistereintragung?
22. *Fallbeispiel:* Brause wird von dem Unternehmer U zum Prokuristen ernannt mit der Einschränkung, daß U sich alle Personalentscheidungen selbst vorbehält. Stolz erzählt B seiner Freundin F von seiner „Beförderung zum zweitmächtigsten Mann der Firma". Auf ihre Bitte hin wird F von B als Chef-Sekretärin eingestellt. U, der vier Wochen später aus dem Urlaub zurückkommt, verweist F sofort aus dem Unternehmen und verweigert jegliche Gehaltszahlung mit der Begründung, daß der Arbeitsvertrag der F mit U wegen Kompetenzüberschreitung des B nicht wirksam zustande gekommen sei. Zu Recht?
23. Darf ein Prokurist den Geschäftszweig des Unternehmens ändern? Begründung!?
24. *Fallbeispiel:* Prokurist Brause wird von seinem Chef U beauftragt, den Direktionswagen (Wert 30.000 DM) der Firma zu verkaufen. Da er selbst an diesem noblen Fahrzeug, selbstverständlich zu einem günstigen Preis, interessiert ist, verkauft er als Vertreter des U den PKW an sich selbst zum Preis von 8.000 DM. Wie ist die Rechtslage?
25. Welche Befreiungen vom Verbot des Selbstkontrahierens gibt es?
26. *Fallbeispiel:* Der 16-jährige K kauft ohne Zustimmung der Eltern ein Fahrrad, das er auch erhält. Beurteilen Sie die Wirksamkeit des „Kaufgeschäftes". - Erläutern Sie an diesem Beispiel die Wirkungsweise und Bedeutung des Abstraktionsprinzips.

C. Schuld- und Sachenrecht

I. Wesen, Entstehen und Erlöschen von Schuldverhältnissen

Das 2. Buch des BGB (§§ 241 - 853) beinhaltet das Recht der Schuldverhältnisse. Schuldverhältnisse durchdringen und beeinflussen alle Lebensbereiche.

Schuldverhältnisse sind Rechtsbeziehungen, aus denen sich für die Beteiligten Rechte und Pflichten herleiten. Den Berechtigten nennt man Gläubiger, den Verpflichteten Schuldner. Der Leistungspflicht des Schuldners entspricht als Pendant das Forderungsrecht (Anspruch, Forderung) des Gläubigers (§ 241)[1].

Handelt es sich um gegenseitig verpflichtende Rechtsgeschäfte (Verträge), so ist jede Vertragspartei zugleich Gläubiger und Schuldner.
Bei den Forderungsrechten handelt es sich um relative Rechte[2], die nur gegenüber dem jeweiligen Schuldner bestehen. Sie sind vermögenswerte Rechte (im Unterschied zu den auf sittlicher Grundlage beruhenden Familienrechten).

Schuldverhältnisse können ***entstehen***
- durch Rechtsgeschäfte (insbes. Verträge; § 305) nach dem Willen der Vertragspartner, sog. *rechtsgeschäftliche Schuldverhältnisse*, oder
- aufgrund gesetzlicher Bestimmung, sog. *gesetzliche Schuldverhältnisse* (Geschäftsführung ohne Auftrag, §§ 677 ff.; ungerechtfertigte Bereicherung, §§ 812 ff.; unerlaubte Handlung, §§ 823 ff.).

Das Vertragsrecht wird vom **Grundsatz der Vertragsfreiheit** bestimmt[3].
Er kennt zwei Interpretationen:
- **Kontrahierungs- bzw. Abschlußfreiheit**: Es bleibt der Privatautonomie jedes Rechtssubjekts überlassen, ob und mit wem es Verträge schließen will. Der Kontrahierungszwang bei öffentlichen Versorgungs- und Verkehrsbetrieben (z.B. § 453 HGB) stellt die Ausnahme dar. Ggf. kann sich, abgeleitet aus der Rechtsnorm des § 826, bei sittenwidriger Verweigerung ein Kontrahierungszwang ergeben.
- **Gestaltungsfreiheit**: Im "speziellen Teil" des Schuldrechts stellt der Gesetzgeber einige Vertragstypen zur Wahl und gibt in den einzelnen

---

[1] Vgl. Kap. A III.

[2] Schuldrechtliche Ansprüche gelten nur "***relativ***", d.h. für den Inhaber des schuldrechtlichen Anspruchs (Gläubiger) gegen den Schuldner.

[3] Siehe auch Kap. B III 1.

Rechtsnormen hinsichtlich ihrer inhaltlichen Ausgestaltung quasi Hilfestellung. Diese *gesetzlichen Regelungen* sind jedoch grundsätzlich dispositiver Natur, d.h. abänderbar. Sie gelten nur, soweit im Vertrag nichts anderes vereinbart ist. Auch die Vertragstypen können frei gewählt werden und zwar über die im Gesetz genannten Typen hinaus (Pacta sui generis = Verträge eigener Art): Es findet sich im Schuldrecht z.B. kein Stundungsvertrag oder Leasingvertrag.
Die Gestaltungsfreiheit gilt, da sie sich auf § 305 gründet, nur im Schuldrecht (vgl. Typenzwang im Sachenrecht[4]; eine Mittelstellung nehmen das Gesellschaftsrecht und das Recht der ehelichen Güterstände ein, da hier innerhalb des unabdingbaren Typenkatalogs für abweichende Regelungen ein gewisser Spielraum verbleibt).

Die Wirtschaftspraxis macht von der Gestaltungsfreiheit weitreichend Gebrauch in Form der **Allgemeinen Geschäftsbedingungen (AGB)**, die oft stark von der gesetzlichen Regelung differieren. Solche Geschäftsbedingungen haben aber nur dann Gültigkeit, wenn sie von beiden Vertragspartnern zum Vertragsbestandteil gemacht wurden[5].

Zwingende Rechtsnormen sind Ausnahmen (z.B. §§ 537, 547 a, 549, 550 a, 554 a, b, 622), die zum Schutze des wirtschaftlich schwächeren Partners erlassen wurden.

Hinsichtlich der *Leistungspflicht* ergeben sich aus dem Grundsatz von Treu und Glauben (§ 242)[6] gewisse Beschränkungen der Vertragsfreiheit. Ihre Grenze findet die Vertragsfreiheit, wenn Verträge gegen die guten Sitten (§ 138) oder gegen ein gesetzliches Verbot (§ 134) verstoßen[7].
Der *Leistungsgegenstand* kann entsprechend dem Willen der Vertragsparteien eine **Gattungsschuld**, d.h. nur der Gattung nach definiert, oder eine **Stück- bzw. Speziesschuld**, d.h. eine genau bestimmte Sache, sein (§ 243)[8]. Im ersteren Fall ist eine Sache von mittlerer Art und Güte zu leisten.

Beispiel:
Eine Bestellung lautet auf "50 Flaschen Wein". Weder Tafelweine noch Trockenbeerenauslesen können geliefert werden, sondern z.B. 25 Fl. Kabinett-Weine und 25 Fl. Spätlesen.

---

[4] Siehe Abb. B 7.

[5] Näheres zu den AGB in Kap. C III 1 d.

[6] Ein Partner muß darauf vertrauen ("glauben") können, daß der andere treu seinem Wort den Vertrag einhält. Dieser Grundsatz vermag u.U. die Leistungspflicht einzuengen oder zu erweitern; Beispiel: Ein Künstler, dessen Frau verstorben ist, braucht am Sterbetag nicht aufzutreten (vgl. S. 41).

[7] Vgl. S. 52.

[8] Siehe S. 26 f.

In der Regel *erlöschen* Schuldverhältnisse durch **Erfüllung** (§ 362 I). Erfüllung ist das Bewirken der geschuldeten Leistung, und zwar

- am rechten Ort,
- zur rechten Zeit und
- in der rechten Art und Weise (d.h. vollständig und an den Gläubiger).

Eine andere als die geschuldete Leistung hat keine Erfüllungswirkung (Ausnahme: eine Annahme **an Erfüllungs Statt**, § 364 I), ebensowenig eine Teilleistung (§ 266)[9]. Eine Leistung an einen Nichtgläubiger ist grundsätzlich keine Erfüllung und führt deshalb auch nicht zum Erlöschen der Forderung. Dies gilt auch, wenn der Schuldner den Empfänger für den Gläubiger hält. In besonderen Fällen schützt jedoch das Gesetz den Schuldner, der gutgläubig an einen Nichtgläubiger geleistet hat: Leistung an den bisherigen Gläubiger (§ 407), gutgläubige Ersatzleistung an den Besitzer (§ 851). Nimmt ein Bevollmächtigter oder der gesetzliche Vertreter des Gläubigers in dessen Namen die Leistung des Schuldners an, so steht das der direkten Leistung an den Gläubiger gleich. Leistet der Schuldner nicht zum Fälligkeitstermin und nicht am Leistungsort, so kann der Gläubiger die Leistungsannahme verweigern, ohne in Annahmeverzug zu geraten.

Ein Schuldverhältnis kann ferner erlöschen durch **Erfüllungssurrogate** wie

- Leistung erfüllungshalber[10] und an Erfüllungs Statt (§ 364),
- Hinterlegung (§§ 372 ff.),
- Aufrechnung (§ 389),
- Erlaß (§ 397; häufigste Anwendung beim Vergleich, § 779).

Einwendungen gegen Leistungsansprüche des Gläubigers ergeben sich für den Schuldner aus einem *Rücktritt* (von Anfang an) oder einer *Kündigung* (für die Zukunft).

Schuld- und Sachenrecht sind miteinander eng verzahnt. Das zeigt sich darin, daß viele Schuldverhältnisse in sachenrechtliche Vorgänge münden.

Beispiel:

Ein Kaufvertrag (Schuldverhältnis gem. § 433) verpflichtet den Verkäufer, dem Käufer Besitz und Eigentum an dem Kaufobjekt zu übertragen. Die Eigentumsübertragung (sachenrechtliches Rechtsgeschäft gem. § 929) schließt den Kauf ab[11].

Im folgenden sollen deshalb einige schuld- und sachenrechtliche Regelungen und Rechtsinstitute (z.B. Erfüllungsort, Eigentumsübertragung) am

---

[9] Siehe dazu C IV 4.

[10] Erfolgt die Leistung **erfüllungshalber**, z.B. Kaufpreiszahlung mittels Scheck oder Wechselakzept (§ 364 II), dann tritt neben die ursprüngliche Forderung (z.B. Kaufpreisforderung) eine neue Forderung (z.B. Scheckforderung an die Bank), aus der sich der Gläubiger zunächst zu befriedigen sucht und nur ggf. (z.B. bei Nichteinlösung des Schecks mangels Deckung) auf die erstere zurückgreift.

[11] Vgl. S. 63 f. und S. 76.

wohl bekanntesten und wirtschaftsrelevantesten Beispiel des Vertrages, dem Kaufvertrag, erläutert werden.
Zuvor werden die wesentlichen Merkmale der im 2. Buch (7. Abschn.) des BGB typisierten Verträge kurz beschrieben.

II. Vertragstypen des BGB im Überblick

Einzelne Schuldverhältnisse, insbesondere aus Verträgen, werden in dem siebenten Abschnitt des zweiten Buches des BGB geregelt.

1. Verträge mit einseitiger Verpflichtung

a) Schenkung (§§ 516 ff.)

Als Schenkung bezeichnet man eine unentgeltliche Zuwendung des Schenkers zum Beschenkten.
Die Einigung über die Unentgeltlichkeit ist hier der Rechtsgrund der Zuwendung.

- ***Handschenkung*** (§ 516)
  Sie wird sofort vollzogen. Eine Einigung über die unentgeltliche Zuwendung muß bestehen. (Aus dem Schenkungsvertrag entstehen keine weiteren Verpflichtungen.)
- ***Schenkungsversprechen*** (§ 518)
  Ein Vertrag wird abgeschlossen, der aber nicht sofort erfüllt wird.
  Voraussetzung: Das Schenkungsversprechen, d.h. das Angebot muß gerichtlich beurkundet werden[12].

Der Schenker haftet, außer bei arglistigem Verschweigen, nicht für Rechts- und Sachmängel.

b) Zinsloses Darlehen (§§ 607 ff.)

Der Darlehensvertrag beinhaltet die Übereignung von Geld und anderen vertretbaren Sachen, z.B. Lebensmittel, mit der Verpflichtung, Sachen gleicher Art, Güte und Menge nach Ablauf der vereinbarten Zeit oder nach Kündigung zurückzuerstatten (Unterscheide: Leihe!). Der Darlehensnehmer ist berechtigt, diese Sachen zu *verbrauchen* (im Gegensatz zur Miete: gebrauchen).

Beispiel:
Die Hausfrau "leiht" der Nachbarin ein Pfund Tomaten.

---

12 Siehe S. 50.

c) **Bürgschaft** (§§ 765 ff.)

Der Bürge übernimmt durch den **Bürgschaftsvertrag** gegenüber dem Gläubiger die Haftung dafür, daß der Hauptschuldner seine Verbindlichkeiten erfüllt (§ 765 I).

Bei der Bürgschaft handelt es sich folglich um eine ***Eventualverbindlichkeit***, da der Bürge nur leisten muß, wenn der Hauptschuldner ausfällt. Dadurch gewinnt der Gläubiger eine zusätzliche Sicherheit[13]. Die Haftung (Verpflichtung) des Bürgen ist an die Hauptverbindlichkeit des Schuldners gebunden (***Grundsatz der Akzessorietät***), d.h., die Haftung besteht nur insoweit, wie diese Hauptverbindlichkeit wirksam entstanden ist und noch besteht. Deshalb ist eine formularmäßige Erweiterung auf alle künftigen Forderungen des Gläubigers, wie sie von Kreditinstituten gehandhabt wurde, nach neuerer Rechtsprechung[14] unzulässig und verstößt i.d.R. gegen die §§ 3, 9 AGBG.

Die Erklärung des Bürgen muß *schriftlich* erfolgen (§ 766), mit Ausnahme der vollkaufmännischen, handelsgeschäftlichen Bürgschaft (§ 350 HGB). Eine Bürgschaft nur mit Blanko-Unterschrift des Bürgen (Blanketturkunde) und mit mündlicher Ermächtigung zur Ergänzung der Bürgschaftsurkunde - wie sie früher gebräuchlich war - ist ebenfalls unwirksam; vielmehr ist (seit 1996) auch für die Ermächtigung Schriftform erforderlich[15].

Der Bürge kann die Befriedigung des Gläubigers verweigern,
- solange der Hauptschuldner gegenüber dem Gläubiger ein Recht zur Anfechtung des Kausalgeschäfts hat (***Einrede der Anfechtung***, § 770 I),
- solange der Gläubiger seinen Anspruch gegen eine fällige Forderung des Hauptschuldners aufrechnen kann (***Einrede der Aufrechnung***, § 770 II),
- solange nicht der Gläubiger eine Zwangsvollstreckung gegen den Hauptschuldner erfolglos versucht hat (***Einrede der Vorausklage***, § 771).

Befriedigt der Bürge den Gläubiger, so geht die Forderung gegen den Hauptschuldner vom Gläubiger auf ihn über (cessio legis = gesetzlicher Forderungsübergang, § 774), sofern er nicht auf die Einrede der Vorausklage im voraus verzichtet (sog. **selbstschuldnerische Bürgschaft**, § 773 I Ziff. 1; abweichend vom bürgerlichen Recht ist die vollkaufmännische Bürgschaft gem. § 349 HGB stets eine selbstschuldnerische). Ggf. steht ihm auch ein Rückgriffsrecht gegen den Hauptschuldner aus Bereicherung (§ 812) oder aus dem Innenverhältnis (z.B. Auftrag, § 670) zu.

---

[13] Vgl. auch Kap. C VI 1.

[14] BGH 126, 174; 132, 6; 133, 93 v. 1.6.94

[15] BGH 132, 114 (in Abweichung von seiner früheren Rechtsprechung)

Die Bürgschaft erlischt:
- mit dem Untergang der Hauptschuld,
- mit der Aufgabe von Sicherungen oder Vorzugsrechten durch den Gläubiger.

Eine Bürgschaft, die auf eine bestimmte Zeit befristet ist, erlischt nach Ablauf der Frist (§ 777).

2. Verträge mit gegenseitiger Verpflichtung

a) Verträge mit unvollkommen zweiseitiger Verpflichtung

aa) Leihvertrag (§§ 598 ff.) - unentgeltliche Gebrauchsüberlassung

Durch den Leihvertrag wird der Verleiher dazu verpflichtet, eine Sache dem Entleiher unentgeltlich zu überlassen. Der Entleiher muß den geliehenen Gegenstand nach Ablauf der Leihfrist zurückgeben.
Dieser Vertrag gehört zu den Schuldverhältnissen, die eine Gebrauchsüberlassung zum Inhalt haben. Der Entleiher darf ohne die Erlaubnis des Leihers die Sache keinem Dritten zum Gebrauch überlassen. Mögliche Verpflichtungen des Entleihers: § 601 (Instandhaltung).

bb) Auftrag (§§ 662 ff.)[16] - unentgeltliche Geschäftsbesorgung

Durch einen Auftragsvertrag verpflichtet sich der Beauftragte, ein ihm vom Auftraggeber übertragenes Geschäft unentgeltlich zu besorgen.
Das Ende des Auftrages tritt ein:
- mit seiner Ausführung,
- durch den Widerruf des Auftraggebers, der jederzeit zulässig ist (§ 671 I),
- durch Kündigung des Beauftragten (§ 671 II, III).

Aufwendungen, die dem Beauftragten bei der Ausführung des Auftrages entstehen und die er den Umständen entsprechend für erforderlich ansieht, muß der Auftraggeber ersetzen (§ 670).

Beachte:
Die ***Geschäftsführung ohne Auftrag*** (§§ 677 ff.) ist im Gegensatz zum Auftrag *kein* Vertrag[17].

---

[16] Das Rechtsinstitut Auftrag ist nicht identisch mit dem Auftrag (= Bestellung) im kaufmännischen Sprachgebrauch.

[17] Siehe Kap. C VII 1.

cc) (Unentgeltliche) Verwahrung (§§ 688 ff.) - Aufbewahrung beweglicher Sachen

Der Verwahrer wird durch den Verwahrungsvertrag verpflichtet, eine bewegliche Sache, die ihm der Hinterleger übergibt, aufzubewahren (§ 688).
Ist keine Vergütung vereinbart, gilt die Verwahrung als unentgeltlich, sofern nicht den Umständen nach eine Vergütung üblich ist (§ 689). Der Verwahrer hat die verwahrte Sache bei Beendigung des Verwahrungsverhältnisses dem Hinterleger am Verwahrungsort zurückzugeben (§ 695). Der Hinterleger hat dem Verwahrer, die aus der Verwahrung entstandenen Aufwendungen zu ersetzen (§ 693).

b) Verträge mit vollkommen gegenseitiger Verpflichtung (synallagmatische Verträge)

Bei diesen Verträgen stehen die Pflichten der Vertragspartner im äquivalenten Austauschverhätnis.

aa) Kaufvertrag (§§ 433 ff.)[18] - Veräußerung von Sachen und Rechten gegen einen vereinbarten Kaufpreis

(Siehe hierzu Kapitel C III, IV.)

bb) Tauschvertrag (§ 515)

Im Unterschied zum Kauf besteht beim Tausch die Gegenleistung nicht in Geld, sondern in Sachen oder Rechten.

cc) Mietvertrag (§§ 535 ff.) - entgeltliche Gebrauchsüberlassung der Mietsache

Der Mietvertrag regelt die zeitlich begrenzte Überlassung einer Sache zum Gebrauch gegen ein Entgelt (Mietzins).
Gegenstand der Miete können bewegliche Sachen sein, wie z.B. Bücher (fälschliche Bezeichnung: "Leihbücherei"), Autos, Plakatflächen, oder unbewegliche Sachen, wie z.B. Häuser, Wohnungen, Garagen. Hierzu gehören nicht die Rechte, die nur Gegenstand einer Pacht sein können. Für die Vermietung von Immobilien (auch Wohnungen) gilt im deutschen Mietrecht der Grundsatz „Kauf bricht nicht Miete": Wird eine vermietete, vom Mieter in Besitz genommene Immobilie an einen Dritten veräußert, dann tritt der Erwerber anstelle des Vermieters in die aus dem Mietverhältnis begründeten Rechte und Pflichten ein (§§ 571 I, 580). Damit sich der Erwerber von den auf ihn zukommenden Verpflichtungen ein Bild machen kann, ist für langfristige Grundstücksmietverträge (länger als 1 Jahr) Schriftform vorge-

[18] Beachte: Der Kaufvertrag begründet nur die Verpflichtung von Käufer und Verkäufer (Verpflichtungsgeschäft), beinhaltet jedoch nicht den sachenrechtlichen Übereignungsvertrag.

schrieben; wird sie nicht eingehalten, so gilt der Mietvertrag - abweichend von § 125 - als auf unbestimmte Zeit geschlossen (§ 566).

Leistungsverpflichtungen: Der Vermieter ist verpflichtet, dem Mieter die Sache zum Gebrauch zu überlassen. Der Mieter ist zur Zahlung des vereinbarten Mietzinses (§ 535) und zur Rückgabe der gemieteten Sache nach Beendigung des Mietvertrags (§ 556) verpflichtet. Zur Sicherung seiner Forderungen hat der Vermieter eines Grundstücks oder einer Wohnung ein gesetzliches Pfandrecht an den eingebrachten Sachen, z.B. Möbeln, des Mieters (**Vermieterpfandrecht** gem. §§ 559, 580).

dd) Pachtvertrag (§ 581 ff.) - entgeltliche Gebrauchsüberlassung von Sachen oder Rechten einschließlich Fruchtgenuß (Ertrag).

Leistungsverpflichtungen: Der Pachtvertrag verpflichtet den Verpächter, dem Pächter den Gebrauch des verpachteten Gegenstandes sowie den daraus entstehenden Ertrag während der Pachtzeit zu gewähren. Die Gegenleistung des Pächters ist der Pachtzins. Daneben besteht für ihn die Rückgabeverpflichtung des gepachteten Gegenstandes.

Beispiele für Fruchtgenuß:
Ackererträge, Ernte der Obstplantage, Milch des Viehs, Erträge von Gastwirtschaften.

Verpachtete Rechte ermöglichen nur einen Fruchtgenuß (z.B. Urheber-, Patentrecht).

ee) Verzinsliches Darlehn (§§ 610, 608) - Nutzungsüberlassung von Kapital auf Zeit gegen Zinszahlung

Das verzinsliches Darlehn gehört zu den gegenseitigen Verträgen, weil sich hierbei die Kapitalüberlassung und die Zinszahlung als Leistung und Gegenleistung äquivalent gegenüber stehen.

ff) Dienstvertrag (§§ 611 ff.) - Leistung von Diensten gegen Entgelt auf Zeit

Der Dienstvertrag verpflichtet den Dienstverpflichteten zur Leistung eines Dienstes gegen ein Entgelt.
Der Dienstverpflichtete schuldet die versprochenen Arbeitsleistungen. Er erhält dafür vom Dienstberechtigten eine Vergütung, die in den meisten Fällen in Geld besteht. Gewerbliche Arbeiter dürfen grundsätzlich nur in Geld entlohnt werden (§ 115 GewO).

Exkurs:
Ein Arbeitsvertrag ist immer ein Dienstvertrag, d.h., der Dienstverpflichtete muß Arbeitnehmer sein; der Arbeitsvertrag ist durch die soziale Abhängig-

keit des Arbeitnehmers begründet. Es kommen zusätzlich zahlreiche Sondergesetze des "Arbeitsrechts" zur Anwendung.

gg) Werkvertrag (§§ 631 ff.) - entgeltliche Herstellung eines Werkes, d.h. eines bestimmten Arbeits- oder Dienstleistungserfolges

Durch den Werkvertrag verpflichtet sich der Unternehmer zur Herstellung des versprochenen Werkes. Der Besteller hingegen verpflichtet sich zur Entrichtung der vereinbarten Vergütung.
Der Unternehmer hat die Aufgabe, das Werk rechtzeitig herzustellen (wozu er sich verpflichtet hat). Bei nicht rechtzeitiger Herstellung kann der Besteller
- nachträgliche Erfüllung beanspruchen,
- nach Fristsetzung vom Vertrag zurücktreten (§ 636 I),
- Schadensersatz nach den §§ 286, 326 beanspruchen.

Der Besteller ist verpflichtet, das vertragsmäßig hergestellte Werk abzunehmen (§ 640)[19].

Exkurs:
Abgrenzung zwischen Dienst- und Werkvertrag

Dienstvertrag: Der Dienstverpflichtete schuldet eine *Tätigkeit* (Dienstleistung), nicht dagegen einen bestimmten (evtl. erwünschten) Erfolg.

Beispiele:
Ärztliche Behandlung (dagegen ist eine Schönheitsoperation ein Werkvertag); Mandantenvertretung eines Rechtsanwalts; Steuerberatung; jede weisungsgebundene Tätigkeit aufgrund eines Anstellungsvertrages, z.B. des Schneiders in einem Bekleidungshaus.

Werkvertrag: Der Unternehmer schuldet einen *Erfolg*, z.B. Anfertigung eines Anzugs durch den (selbständigen) Schneidermeister aus dem vom Besteller bereitgestellten Stoff; ferner Reparaturen. Der Unterschied ist von Bedeutung für die Regelung der Gewährleistung (§§ 633 ff.) und des Verzugs (§ 636); hier enthält der Dienstvertrag keine Sonderregeln.

hh) Werklieferungsvertrag (§ 651)

Im Gegensatz zum Werkvertrag hat hier der Unternehmer auch den Werkstoff zu stellen und nicht nur die Zutaten.
Aus diesem Grund ist der Unternehmer zunächst Eigentümer des Werkes. Er muß dem Besteller das Werk nicht nur abliefern, sondern auch übereignen. Handelt es sich bei dem Werk um eine vertretbare Sache (z.B. Serienherstellung), so finden die Vorschriften über den Kauf Anwendung (§ 651 I). Bei einer nicht vertretbaren Sache gelten die Vorschriften über den Werkvertrag, mit Ausnahme der Rechtsmängelhaftung.

[19] Zur Sachmängelhaftung s. Kap. C IV 4 b).

ii) Mäklervertrag (§§ 652 ff.)

Durch einen Mäklervertrag verpflichtet sich der Auftraggeber, dem Makler für eine Vertragsvermittlung oder den Nachweis einer Abschlußgelegenheit eine Vergütung (Courtage) zu zahlen, wenn das Geschäft mit dem Dritten zustande gekommen ist.
Der Auftraggeber kann den Mäklervertrag jederzeit widerrufen.

Der Vertragsabschluß mit einem Makler verpflichtet nicht zum Entgelt. Erst bei Zustandekommen des vermittelten Vertrags ist der Auftraggeber zur Zahlung der Vergütung verpflichtet. Für den Ehemaklerlohn gilt § 656.

jj) Entgeltlicher Auftrag (§ 675) - entgeltliche Geschäftsbesorgung

Bei der entgeltlichen Geschäftsbesorgung (Vertretung fremder Vermögensinteressen = "höhere Dienste") handelt es sich um einen *Dienst- oder Werkvertrag*.

Beispiele:
Rechtsanwalt als Prozeßbevollmächtigter; Erstellung der Einkommensteuererklärung durch den Steuerberater für seinen Klienten.

Es finden die in § 675 genannten Vorschriften des Auftragsrechts zusätzlich Anwendung.

kk) Entgeltliche Verwahrung (§§ 688; 689)

Leistung: Verwahrer verpflichtet sich zur Verwahrung,
Gegenleistung: Hinterleger verpflichtet sich zur Vergütung.
Ferner Rückgabeverpflichtung des Verwahrers gem. § 695.

3. Der Gesellschaftsvertrag

Von den zuvor aufgeführten Verpflichtungsverträgen mit *zweiseitiger Struktur* unterscheidet sich der Gesellschaftsvertrag wesentlich.
Durch den **Gesellschaftsvertrag** (§ 705) verpflichten sich die Gesellschafter zwar gegenseitig, die Erreichung eines *gemeinsamen Zweckes zu fördern* (u.a. durch Beitragsleistungen), es entsteht aber kein Schuldner-Gläubiger-Verhältnis zwischen ihnen. Der Gesellschaftsvertrag ist seinem Wesen nach ein ***mitgliedschaftsrechtlicher Gesamt- bzw. Konstitutivakt***, mit dessen Vollzug die Gesellschafter zu Mitgliedern (Teilhabern) einer (nicht rechtsfähigen) Personenvereinigung werden. Die BGB-Gesellschaft ist der Grundtypus für verschiedene Rechtsformen (Personengesellschaften)[20].

---

[20] Siehe dazu Kap. D III.

4. Kontrollfragen zu Kapitel C I und II

1. Was sind Schuldverhältnisse und wie entstehen sie?
2. Ist ein Gastwirt verpflichtet, einen Gast mit Speisen und Getränken zu „bedienen"?
3. Worin besteht der Unterschied zwischen
   a) Leihe und Darlehen,
   b) Leihe und Miete,
   c) Miete und Pacht,
   d) Dienstvertrag und Werkvertrag,
   e) Werkvertrag und Werklieferungsvertrag?
4. Für welchen Mietvertrag hat der Gesetzgeber eine (welche?) Formvorschrift erlassen?
5. Was bedeutet der Grundsatz „Kauf bricht nicht Miete"?
6. Besteht das Vermieterpfandrecht auch an einer Sache, z.B. einer Vitrine, die der Mieter in Raten unter Eigentumsvorbehalt gekauft hat?
7. Wann spricht man von einem gegenseitigen Vertrag? Beispiele?
8. Kennzeichnen Sie das Wesen der Bürgschaft.
9. Was ist die Besonderheit der selbstschuldnerischen Bürgschaft?
10. Worin besteht der Unterschied zwischen privater und (voll-)kaufmännischer Bürgschaft?
11. Was wird aus der Hauptforderung, wenn der Bürge den Gläubiger befriedigt?

III. Vertragsrecht am Beispiel des "Kaufes"

Der Kaufvertrag ist wohl die bedeutendste und häufigste Vertragsart im Wirtschaftsleben.

Wird bei einem Rechtsgeschäft als Gegenleistung für die Eigentumsübertragung einer Ware (Sache) oder einer Forderung (Recht) Geld übereignet, so spricht man von einem **Kauf**.

Der "Kauf" besteht - juristisch betrachtet - aus 3 Verträgen (mit 6 Willenserklärungen)[21], nämlich aus

- dem eigentlichen Kaufvertrag (= Verpflichtungsgeschäft, schuldrechtlicher Vertrag, §§ 433 ff.)
- den Übereignungsverträgen:
- bez. des Kaufobjekts
- bez. des Geldes } Erfüllungs- bzw. Verfügungsgeschäfte, sachenrechtliche Verträge, gem. §§ 929 ff. bzw. § 873

[21] Wegen der fundamentalen Bedeutung für das Verständnis vertragsrechtlicher Konstruktionen sei hier nochmal an das Abstraktionsprinzip erinnert (Kap. B III 7.).

1. Das Verpflichtungsgeschäft

a) Abschluß und Ausgestaltung des Vertrages

Der Kaufvertrag (Verpflichtungsvertrag) kommt - wie jeder Vertrag - durch zwei (völlig) übereinstimmende Willenserklärungen (Konsens) zustande, im juristischen Sprachgebrauch **Antrag** (auch Angebot) und **Annahme** genannt.
Der Vertrag ist im Zweifelsfalle nicht geschlossen, wenn sich die Parteien nicht über alle Punkte geeinigt haben (Dissens)[22], über die auch nur eine Person eine Vereinbarung treffen wollte (§ 154).
Übersetzt in die kaufmännische Umgangssprache ergeben sich folgende Alternativen, je nach dem, ob der Verkäufer oder der Käufer den ersten Schritt zum Abschluß des Vertrages (= Antrag) macht:

Antrag	- **Annahme**	
Angebot	- Bestellung	→ 1. Schritt durch den Verkäufer
Bestellung	- Bestellungsannahme bzw. Auftragsbestätigung	→ 1. Schritt durch den Käufer

Antrag (oder Angebot)
Ein Antrag im Sinne des Gesetzes (§ 145) liegt vor, wenn aus der Erklärung der ***Bindungswille*** des Anbietenden klar erkennbar wird. Dabei ist das Angebot dem Empfänger so vollständig in allen wesentlichen Punkten darzubieten, daß ein Vertragsabschluß durch bloße Bejahung (= Annahme) möglich ist.

Zur ***Verbindlichkeit*** des Angebots:
Grundsatz:
Gem. § 145 ist der Antragsteller an seinen Antrag gebunden.
Ausnahmen von der Verbindlichkeit des Angebots:
- An die Allgemeinheit gerichtete "Angebote" in Zeitungsanzeigen, Prospekten, Katalogen, Speisekarten, Schaufenstern etc. sind rechtlich nicht verbindlich[23], auch wenn sie entsprechend den Vorschriften der PreisauszeichnungsVO mit einer verbindlichen Preisangabe versehen sind[24]. Im Unterschied zu den (an bestimmte Personen gerichteten) Anträgen mangelt es hier am Willen zu einer rechtlichen Bindung.

---

22 Vgl. Abb. B 11

23 Bewußt falsche Auszeichnungen sind jedoch als Angebote mit (unbeachtlichem) geheimen Vorbehalt anzusehen, da dem Verkäufer die Inkongruenz von Erklärung und Geschäftswille bewußt ist (§ 116 I). Sie stellen ferner einen unzulässigen, strafbaren Verstoß gegen das UWG (§ 4) dar. - Auch das Ausstellen von Waren mit niedrigen Preisen, die aber im Laden nicht vorrätig sind (sog. Lockvögel), ist unlauterer Wettbewerb (§ 3 UWG).

24 BGH NJW 80, 1388, Palandt-Heinrichs, Komm. zum BGB, 1984, Anm.1 zu § 145

Sie sind deshalb nicht als Angebote anzusehen und sollen hier als unverbindliche *Anpreisungen* bezeichnet werden, die zur Abgabe von Bestellungen (= Anträgen) auffordern bzw. einladen sollen (invitatio ad offerendum). Abweichend hierzu gelten Automaten (z.B. Zigarettenautomaten) als Antrag bzw. Angebot. - Aus dem gleichen Grund sind auch *Anfragen* ohne rechtliche Verbindlichkeit.

- (Inhaltliche) Freizeichnung von der Verbindlichkeit (§ 145, 2. Halbsatz): Das Angebot kann eine **Freizeichnungsklausel** enthalten, z.B. "solange der Vorrat reicht" oder "Angebot freibleibend"; sie ist ein vertraglicher Haftungsausschluß, der nur bei nicht zwingenden Rechten und im Rahmen der guten Sitten rechtswirksam ist.
- Zeitliche Beendigung der Verbindlichkeit:
  a) Befristete Angebote sind bis zum Ablauf der angegebenen Frist bindend (§ 148).
  b) Ein nicht befristetes Angebot ist solange verbindlich, bis der Empfänger es unter verkehrsüblichen Umständen in der gleichen Übermittlungsweise anzunehmen in der Lage ist (§ 147):
    - mündliche und fernmündliche Angebote ("unter Anwesenden") müssen sofort angenommen (bzw. abgelehnt) werden
    - schriftliche Angebote ("unter Abwesenden") sind solange bindend, wie man unter regelmäßigen Umständen mit einer schriftlichen Antwort rechnen muß.
- Unter Abwesenden erlischt ein Angebot ebenfalls, wenn es rechtzeitig widerrufen wird, d.h. wenn der ***Widerruf*** wenigstens gleichzeitig empfangen wird (§ 130).

Bestellungen bzw. Aufträge, die auf Anpreisungen, auf freigezeichnete, erloschene oder rechtzeitig widerrufene Angebote eingehen oder mit Erweiterungen, Einschränkungen oder sonstigen Änderungen erfolgen, gelten als neue Anträge. In diesen Fällen ist eine Auftragsbestätigung (Annahme) zum Abschluß eines Kaufvertrages ebenso erforderlich, wie wenn die Bestellung als erster Schritt von seiten des Käufers erfolgt ist (§ 150).

Annahme

Bei einem Vertrag sind Antrag und Annahme empfangsbedürftige Willenserklärungen; folglich kommt der Vertrag grundsätzlich dadurch zustande, daß der Antragsempfänger seinen Annahmewillen dem Antragenden gegenüber objektiv erklärt[25]. Dies gilt nach § 153 selbst dann, wenn der Antragende vor der Annahme stirbt (Beispiel: K stirbt nach der Bestellung einer Heizöllieferung), es sei denn, daß ein anderer Wille des Antragenden anzunehmen ist (Beispiel: K stirbt, nachdem er bei seinem Schneider einen Maßanzug in Auftrag gegeben hat).

---

[25] Zu Inhalt und Auslegung einer Willenserklärung s. Kap. B III 2 a).

Ausnahmsweise können nach § 151 Verträge auch ohne Annahmeerklärungen zustande kommen, wenn eine Annahmeerklärung nicht erwartet wird oder der Antragende sogar auf sie verzichtet hat, z.B. bei

1. Eilbestellungen und Bestellungen auf Katalog (Absendung der Ware genügt zur Annahme),
2. Zusendung unbestellter Waren (Alle Aneignungshandlungen genügen, s. unten.),
3. Hotelzimmerbestellung (Eintragung in die Gästeliste genügt).

Die ***Zusendung unbestellter Waren*** ist als ein unverlangtes **Angebot** anzusehen. Für die Beantwortung der Frage, ob ein Kaufvertrag zustande kommt, d.h. eine Annahme dieses Angebots vorliegt, sind die Regeln und Auslegungsgrundsätze über Willenserklärungen heranzuziehen:

- Ein Nichtantworten, d.h. ***Schweigen*** des Empfängers stellt ***keine*** **Annahme** des Verkaufsantrages dar, auch dann nicht, wenn das Angebot Formulierungen enthält wie: "Wenn Sie die Ware nicht innerhalb von 14 Tagen zurückgeschickt haben, betrachten wir den Vertrag als geschlossen und bitten Sie um Zahlung des Kaufpreises ...". In Analogie zu § 690 hat der Empfänger die Ware aufzubewahren mit der in eigenen Angelegenheiten angewendeten Sorgfalt. Die Dauer der Aufbewahrung richtet sich nach dem Wert der zugesandten Ware. Eine Rücksendungspflicht besteht nicht. Kosten für Aufbewahrung, Schriftverkehr oder Rücksendung gehen zu Lasten des Zusenders. Die Zusendung unbestellter Waren an Letztverbraucher (Private) gilt als unlauterer Wettbewerb.
- Eine ***Ingebrauchnahme*** der Ware stellt i.d.R. eine **Annahme** i.S. eines schlüssigen (konkludenten) Verhaltens dar.

Exkurs: **Handelskauf** (§§ 373 - 382 HGB)
Wenn bei einem Kaufvertrag einer der beiden Partner Kaufmann ist, handelt es sich um einen einseitigen Handelskauf; wenn beide Partner Kaufleute sind, ist es ein zweiseitiger Handelskauf. Es gelten dann außer den Bestimmungen des BGB auch die des HGB. (Einzelheiten s. Kap. D II 2.)

b) Pflichten von Verkäufer und Käufer

Pflichten des Verkäufers

Die ***Hauptpflichten*** des Verkäufers bestehen gem. § 433 I darin, dem Käufer zunächst durch die **Übergabe** der Kaufsache den **unmittelbaren Besitz**, d.h. die tatsächliche Gewalt (§ 854) und letztlich das **Eigentum** zu verschaffen. Übergabe und Eigentumsübertragung können zeitlich auseinanderfallen, so vor allem beim Verkauf unter Eigentumsvorbehalt.

Daneben ergeben sich - i.V. mit dem Grundsatz von Treu und Glauben und der Berücksichtigung der Verkehrssitte - gewisse ***Nebenpflichten***, z.B. Auskunftspflicht (§ 444), Kostenübernahme (§ 448 f.), Unterweisung des Käufers in der Verwendung der Kaufsache, Schutz- und Rücksichtspflicht. Die Verletzung von Nebenpflichten (sog. positive Forderungsverletzung, s. dort) begründet nicht Ansprüche nach den Sonderregeln für gegenseitige Verträge (§§ 320 ff.); der Vertragsgegner kann nur auf Erfüllung oder ggf. (z.B. bei Annahmeverzug) auf Schadensersatz klagen. Die Haftung wegen Verletzung der "Nebenpflicht" zur Lieferung einer mangelfreien Sache ist in den Sonderregeln der §§ 459 ff. erfaßt. - Nach § 434 ist der Verkäufer weiterhin verpflichtet, dem Käufer die ungestörte Herrschaft über den Kaufgegenstand zu verschaffen, d.h. das Eigentum frei von Rechten Dritter zu übertragen[26].

Auf Gewohnheitsrecht und § 823 I gründet sich die **Allgemeine Verkehrssicherungspflicht**: Jeder, der auf einem eigenen oder ihm zur Verfügung stehenden Grundstück eine Gefahrenquelle für den allgemeinen Verkehr schafft oder unterhält, hat für geeignete und ausreichende Maßnahmen zur Abwendung der Gefahr zu sorgen. Dies trifft sowohl für den öffentlichen Verkehr (Straßen, Plätze, öffentliche Gebäude) wie für den privaten Verkehr (Geschäfte, Restaurants, Miethäuser etc.) zu. Ein Kaufmann muß z.B. den Bürgersteig vor seinen Geschäftsräumen von Schnee und Eis befreien, im Laden dafür sorgen, daß Käufer nicht durch irgendwelche Gegenstände verletzt werden oder auf glatt gebohnerten Fußböden oder losen Teppichen zu Fall kommen. Eine Haftung für Schäden aus der Verletzung dieser Pflicht kommt - anders als bei der reinen Gefährdungshaftung - jedoch nur in Betracht, wenn die *Voraussetzungen der unerlaubten Handlung* (§ 823 I; s. dort) gegeben sind, insbes. ein Verschulden vorliegt.

Pflichten des Käufers

Hauptpflicht des Käufers ist die Pflicht, den vereinbarten Kaufpreis zu zahlen. Zahlungen mittels Scheck oder Wechsel, die der Zustimmung des Verkäufers bedürfen, erfolgen i.d.R. nur *erfüllungshalber* und führen erst mit der Einlösung zum Erlöschen der Kaufpreisforderung.

Ebenso ist der Käufer dazu verpflichtet, die gekaufte Ware abzunehmen. Der Verkäufer kann ihn auf Abnahme der Ware verklagen. Obwohl die Abnahmepflicht des Käufers im Gesetz ausdrücklich erwähnt ist, handelt es sich hier i.d.R. nur um eine ***Nebenpflicht*** (siehe oben: Die Verletzung von Nebenpflichten...), d.h., der Käufer kommt bei Verzögerung der Abnahme nur in Annahmeverzug und nicht in Schuldnerverzug[27], der Verkäufer kann also bei Nichtabnahme nicht gemäß § 326 BGB vom gesamten Kaufvertrag zurücktreten.

---

26 Auf die Haftung für Rechtsmängel wird in Kap. C IV 4 eingegangen.

27 Anders, wenn die Abnahmepflicht als Hauptpflicht vereinbart ist.

Weitere Nebenpflichten sind durch den Gesetzgeber vorgeschrieben. Der Käufer hat

- die Kosten der Versendung und Abnahme der Waren zu tragen (§ 448),
- die Grundbuch- und Schiffsregisterkosten zu tragen (§ 449),
- dem Verkäufer bestimmte Aufwendungen zu ersetzen (§ 450),
- den Kaufpreis von dem Zeitpunkt der Übergabe an zu verzinsen (§§ 452, 446).

Aus § 242 - Grundsatz von Treu und Glauben - können sich evtl. weitere Nebenpflichten des Käufers (Verkehrssitte) ergeben, z.B. Abruf der Ware, Zahlung der Lagerkosten, Bereitstellung oder Rückgabe von Beförderungsbehältnissen.

c) Besondere Arten des Kaufvertrages

Bei *vertretbaren Sachen* sind drei besondere Arten des Kaufvertrages möglich.

- **Kauf nach Probe** (§ 494)

  Der Kauf nach Probe erfolgt aufgrund der Eigenschaften einer Probe (oder eines Musters). Die *Eigenschaften* des Musters oder der Probe gelten für den zu kaufenden Gegenstand als *zugesichert*. Die Probe ist selbst kein Kaufgegenstand.

  Beispiele für solche Proben sind z.B. ein Tapeten-, ein Stoffmusterkatalog, Kaffee- und Tee-Ausfallmuster oder eine Werkstoffprobe.

  Hat der nach Probe gekaufte Gegenstand die Eigenschaften der Probe nicht, so können die Sachmängelrechte (insbes. § 494) gegen den Verkäufer geltend gemacht werden (§ 463).

- **Kauf auf Probe** (§§ 495, 496)

  Der Kauf auf Probe erfolgt unter der *aufschiebenden Bedingung* der Billigung des Kaufgegenstandes durch den Käufer. Dabei ist der Kaufgegenstand selbst die "Probe". Die Billigung steht im Belieben des Käufers, ohne daß er seine Gründe anzugeben braucht. Er kann z.B. den Kauf von einer bestimmten Eigenschaft des Kaufgegenstandes wie Saugfähigkeit des Staubsaugers, Farbqualität des Farbfernsehers abhängig machen. Die Billigung oder Ablehnung ist innerhalb der vereinbarten oder einer angemessenen Frist zu erklären. Das Schweigen des Käufers gilt als Billigung! (§ 496)

  Der Kauf auf Probe ist abzugrenzen von dem Prüfungskauf und dem Kauf mit Umtausch- bzw. Rückgaberecht.
  Beim **Prüfungskauf** muß der Käufer die Billigung erklären, wenn die Kaufsache mangel- bzw. fehlerfrei ist. Eine Ablehnung ist nur möglich, wenn

die Kaufsache während der Erprobung, z.B. Probefahrt mit dem Gebrauchtwagen, objektiv nachprüfbare Mängel aufweist. Rechtlich wird der Prüfungskauf wie der Kauf auf Probe behandelt.

Das **Umtauschrecht** ist ein freiwilliges, unbedingtes Zugeständnis des Verkäufers an den Käufer, die Kaufsache (meist innerhalb einer bestimmten Frist) gegen eine andere gleichwertige umzutauschen. Der Verkäufer ist im Zweifel nicht zur Erstattung des Kaufpreises verpflichtet. Im (Versand-) Handel ist der Kauf mit Umtauschrecht heute nahezu üblich.

- **Kauf zur Probe**
  Ein Kauf zur Probe ist ein fester, gewöhnlicher Kauf einer kleinen Menge ("Probe"). Bei Gefallen wird vom Käufer die Abnahme einer größeren Menge in Aussicht gestellt. Es handelt sich hier um zwei separate Kaufverträge: der Kauf der Probe und der Anschlußkauf. Ggf. ist der Anschlußkauf den Umständen entsprechend ein Kauf nach Probe.

d) Allgemeine Geschäftsbedingungen

Im heutigen Wirtschaftsverkehr finden häufig sog. Allgemeine Geschäftsbedingungen zur vereinfachten Abwicklung von Rechtsgeschäften Anwendung (seit dem 1. April 1977 im AGBG geregelt). Der Verwender von Allgemeinen Geschäftsbedingungen nimmt regelmäßig die **Vertragsfreiheit** i.S. der Gestaltungsfreiheit für sich allein in Anspruch und beschränkt den Vertragspartner auf die Abschlußfreiheit. Er will damit seine Konditionen allgemeinverbindlich festlegen, bisweilen sich aber über die gesetzlichen Normen hinaus, insbes. durch das "Kleingedruckte", Sonderrechte sichern. Das AGBG soll hierbei vor mißbräuchlicher Verwendung schützen. Allgemeine Geschäftsbedingungen verdrängen, soweit sie wirksam sind, dispositive gesetzliche Regelungen; **Indiviualabreden** haben jedoch immer Vorrang (§ 4 AGBG).

Allgemeine Geschäftsbedingungen sind nach der Legaldefinition alle für eine Vielzahl von Verträgen *vorformulierten Vertragsbedingungen*, die eine Vertragspartei (Verwender) der anderen Vertragspartei bei Abschluß eines Vertrages stellt (§ 1 I S. 1 AGBG).

Sie liegen nicht vor, wenn Vertragsbedingungen im einzelnen ausgehandelt werden (§ 1 II AGBG).

Anwendungsvoraussetzungen

Allgemeine Geschäftsbedingungen sind nur ***wirksam***, wenn

- sie ***Vertragsbestandteil*** geworden sind gem. § 2 I AGBG durch
  - ausdrücklichen *Hinweis* des Verwenders ***vor oder bei*** *Vertragsschluß* oder durch *deutlich sichtbaren Aushang* am Ort des Vertragsschlusses, wenn ein ausdrücklicher Hinweis nur unter unverhältnismäßigen Schwierigkeiten möglich ist, wie z.B. bei Massengeschäften, beim Verkauf über Automaten oder bei der Parkhausbenutzung,
  - die *Möglichkeit der Kenntnisnahme* in zumutbarer Weise,
  - das *Einverständnis* des anderen Vertragspartners,
- ihre ***inhaltliche Zulässigkeit*** zu bejahen ist (**Inhaltskontrolle**)
  - i.S. der *Generalklausel* des § 9 AGBG,
  - i.S. der speziellen *Unwirksamkeitsklauseln* der §§ 10 und 11 AGBG.

Die Einbeziehung der AGB in den Vertrag kann bei ständiger Geschäftsbeziehung durch die Einigung beider Vertragspartner geschehen, daß künftig alle Abschlüsse diesen Konditionen unterworfen sein sollen. Fehlt eine solche "**Rahmenvereinbarung**" gem. § 2 II AGBG, dann muß der Kaufmann, der sich auf seine Bedingungen beruft, beweisen, daß er vor bzw. bei dem Vertragsabschluß auf diese hingewiesen hat und der Geschäftspartner damit einverstanden war. Ein diesbezüglicher Hinweis auf Rechnungen oder Lieferscheinen kommt lt. BGH zu spät. *Überraschende Klauseln* in AGB, mit denen der Vertragspartner nach den Umständen des Vertrages nicht zu rechnen braucht, ermangeln i.d.R. der zumutbaren Kenntnisnahmemöglichkeit und werden deshalb nicht Vertragsbestandteil, auch wenn ansonsten die Anwendungsvoraussetzungen erfüllt sind (§ 3 AGBG). Zweifel bei der Auslegung der AGB gehen zu Lasten des Verwenders (§ 5 AGBG).

§ 9 AGBG stellt für die Inhaltskontrolle zunächst ein sehr allgemein gehaltenes Postulat der **Vertragsgerechtigkeit** auf. Danach sind AGB-Bestimmungen unwirksam, soweit sie den Vertragspartner entgegen **Treu und Glauben** unangemessen benachteiligen. Die (Un-)Angemessenheit ist an den Umständen des Einzelfalles und am Gerechtigkeitsgehalt der Gesetzesnormen abzuwägen, die durch die AGB verdrängt werden sollen.

Beispiele aus der Rechtsprechung des BGH zu § 9 AGBG:

- Die Bestimmung "... gekauft wie besichtigt und unter Ausschluß jeder Gewährleistung" ist im *Gebrauchtwagenhandel* wie auch im sonstigen Gebrauchtwarenhandel zulässig.
- Die Bestimmung "Kostenvoranschläge, die nicht zu einem Reparaturauftrag führen, werden mit einer Gebühr berechnet" ist in den Reparaturbedingungen der *Elektrobranche* unwirksam.

Über die nur schwer konkretisierbare Generalklausel von § 9 AGBG hinaus enthält das AGBG *zwei Kataloge mit **unwirksamen AGB-Klauseln***, die vor der Anwendung von § 9 AGBG für die Inhaltskontrolle heranzuziehen sind:

- Die **Klauseln mit Wertungsspielraum** (§ 10 AGBG) belassen dem Verwender die Möglichkeit der gerichtlichen Überprüfung auf ihre Angemessenheit und damit auf ihre Wirksamkeit. Der (meist schwierige) Nachweis obliegt dem Verwender.
- Die **Klauseln ohne Wertungsspielraum** (§ 11 AGBG) sind dagegen stets unwirksam.

Zum ***Beispiel*** ist unwirksam

- eine *Preiserhöhung* innerhalb einer vereinbarten Lieferzeit von 4 Monaten; ausgenommen sind Dauerschuldverhältnisse (§ 11 Ziff. 1 AGBG)[28],
- ein *Haftungsausschluß oder eine Haftungsbegrenzung für vorsätzlich oder grob fahrlässig verursachte Schäden* des Verwenders oder seines gesetzlichen Vertreters und Erfüllungsgehilfen (§ 11 Ziff. 7 AGBG),
- *ein Haftungsausschluß oder eine Haftungsbeschränkung für zugesicherte Eigenschaften* bei Kauf-, Werk- und Werklieferungsverträgen (§ 11 Ziff. 11 AGBG),
- ein *Abwälzen der Beweislast* vom Verwender auf den Vertragspartner für Umstände, die im Verantwortungsbereich des Verwenders liegen (§ 11 Ziff. 15 AGBG),
- die Bestimmung einer *strengeren Form* als der Schriftform oder die Bestimmung von Zugangserfordernissen für Anzeigen oder Erklärungen des Vertragspartners (§ 11 Ziff. 16 AGBG).

Im Rahmen der **Sachmängelhaftung** ist für Verträge über die Lieferung ***neu** hergestellter Sachen und Leistungen* z.B. unwirksam

- ein *Ausschluß der Gewährleistungsansprüche* gegen den Verwender oder ihre *Beschränkung auf Ansprüche gegen Dritte* (z.B. den Hersteller) oder ihre *Beschränkung auf einen Nachbesserungs- oder Ersatzlieferungsanspruch*, wenn nicht dem Vertragspartner für den Fall fehlgeschlagener Nachbesserung oder Ersatzlieferung ausdrücklich ein Minderungs- oder Rücktrittsanspruch zugestanden wird (§ 11 Ziff. 10 a, b AGBG),
- eine Bestimmung, in der Sachmängelansprüche von der vollständigen Zahlung oder einer bezogen auf den Mangel unangemessen hohen Teilzahlung des Entgelts abhängig gemacht wird (§ 11 Ziff. 10 d AGBG),
- die Bestimmung einer *Ausschlußfrist für die Anzeige verdeckter Mängel*, welche kürzer ist, als die Verjährungsfrist für den gesetzlichen Gewährleistungsanspruch (§ 11 Ziff. 10 e AGBG),

---

[28] Auch die sog. **Tagespreisklausel in Neuwagenverkaufsbedingungen**, nach der ein am Liefertag bestehender Preis des Verkäufers gelten soll, wenn zwischen Vertragsabschluß und Lieferung *mehr* als 4 Monate liegen, ist nach BGH-Urteil v. 7.10.81 (VIII ZR 229/80, NJW 1982 S.331) unwirksam, weil danach der Verkäufer ohne sachliche Begründung den Preis erhöhen könnte. Solche Klauseln müssen deshalb die Einschränkung enthalten, daß die Preiserhöhung nicht im Belieben des Verkäufers steht.

- die *Verkürzung der gesetzlichen Gewährleistungsfrist* (§ 11 Ziff. 10 f. AGBG).

Sind AGB nicht Bestandteil eines Vertrages geworden oder einzelne Klauseln nichtig, so ist es nicht im Interesse des Vertragspartners, daß dadurch der ganze Vertrag in Frage gestellt wird. § 6 AGBG durchbricht deshalb die Norm der *Totalnichtigkeit* nach § 139 BGB und läßt den Vertrag, ggf. unter Berücksichtigung entsprechender gesetzlicher Vorschriften, ohne die unwirksame Klausel fortbestehen, sofern nicht das Festhalten am Vertrag für irgendeine Vertragspartei eine unzumutbare Härte bedeutet (selten!). Diese **Teilnichtigkeit** kann sich nachteilig für den Verwender auswirken, was der Gesetzgeber billigend in Kauf genommen hat.

Beispiel:
Der Händler V verkauft dem K ein hochwertiges Fahrrad zu einem sehr günstigen Preis. Dem Vertrag liegen seine AGB zugrunde, in denen er die Gewährleistungsansprüche des K auf die Einräumung von Ansprüchen gegen den Hersteller beschränkt, worauf seine niedrige Preiskalkulation beruht. - Der Vertrag ist auch ohne die nach § 11 Ziff. 10 a AGBG unwirksame Einschränkung der Gewährleistungsansprüche gültig. Die Sachmängelhaftung des V richtet sich nach den §§ 459 ff. BGB, die seine AGB verdrängen sollten.

Anwendungsbereich
In *sachlicher Hinsicht* findet das AGBG generell keine Anwendung auf Verträge des Arbeits-, Erb-, Familien- und Gesellschaftsrechts (§ 23 I AGBG). Ferner sind einzelne Schutzvorschriften des AGBG bei bestimmten staatlich genehmigten oder kontrollierten Vertragstypen nicht anzuwenden (§ 23 II, III AGBG). So gilt z.B. § 2 AGBG nicht für Tarife und Ausführungsbestimmungen der Eisenbahnen und für Beförderungsbedingungen der Straßenbahnen, Omnibusse und Kraftfahrzeuge im Linienverkehr.
In *persönlicher Hinsicht* finden sowohl die verschärften Anwendungsvoraussetzungen des § 2 AGBG als auch die Klauselverbote der §§ 10 und 11 AGBG für **Kaufleute**[29] *keine Anwendung* (§ 24 AGBG). Dem Kaufmann verbleibt jedoch im Einzelfall die Möglichkeit der Inhaltskontrolle nach der Generalklausel des § 9 AGBG, auch wenn diese Überprüfung im Ergebnis zur Unwirksamkeit einzelner in den §§ 10, 11 AGBG genannten AGB-Bestimmungen führt. Dabei dürfte zu berücksichtigen sein, daß das Schutzbedürfnis von Minderkaufleuten größer ist als das der Vollkaufleute.

[29] § 24 AGBG wird aufgrund des HrefG geändert, und zwar wird das Wort „Kaufleute" ersetzt durch „Unternehmer", das bedeutet Gewerbetreibende und selbständige Berufe.

2. Das Erfüllungsgeschäft

a) Die rechtsgeschäftliche Eigentumsübertragung als sachenrechtliche Auswirkung des schuldrechtlichen Verpflichtungsgeschäfts

Verkäufer und Käufer erfüllen die Hauptpflichten des Kaufvertrages (Verpflichtungsvertrag), indem sie - in zwei sachenrechtlichen Verträgen (Übereignungsverträge) - einander das Eigentum am Kaufobjekt bzw. Geld übertragen.

Beachte:

Die Übertragung des Eigentums am Kaufobjekt ist nicht abhängig von der Zahlung des Kaufpreises (Eigentumsübertragung des Geldes).

aa) Übereignung beweglicher Sachen (Fahrnis)

- Grundsätzlich erfolgt die Übereignung beweglicher Sachen gem. § 929 durch **Einigung** über den Eigentumsübergang und **Übergabe** der Sache an den Erwerber.
  Die *Übergabe* ist eine tatsächliche Handlung (Realakt), durch die der Vertragspartner nur die tatsächliche Verfügungsgewalt über die Sache, d.h. den unmittelbaren Besitz erlangt.
  Die *Einigung* (sachenrechtliches Rechtsgeschäft; Vertrag) zielt auf den Eigentumsübergang. Sie geschieht häufig stillschweigend.
  Erst wenn *beide* Tatbestandsmerkmale erfüllt sind, tritt der Eigentumsübergang ein.
- Ist der Erwerber bereits im Besitz der Sache, so ist natürlich eine besondere Übergabe nicht mehr erforderlich; hier genügt die Einigung (§ 929 S. 2).
- Statt der Übergabe kann zwischen Verkäufer und Käufer auch ein **Besitzkonstitut** vereinbart werden. Es besteht dann zwischen ihnen ein Rechtsverhältnis (Besitzmittlungsverhältnis) i.S. des § 868 (z.B. Leihe, Miete), aufgrund dessen der Veräußerer im unmittelbaren Besitz der Sache verbleibt und "vermöge dessen der Erwerber den mittelbaren Besitz erlangt" (§ 930).
  Im Wirtschaftsleben hat diese Regelung in Form der Sicherungsübereignung (s. dort) als Kreditsicherungsinstrument Bedeutung erlangt: Kaufleute können Betriebsmittel und Waren(lager) zur Sicherheit übereignen, ohne diese sofort übergeben zu müssen.
- Die Übergabe der Kaufsache kann auch dadurch ersetzt werden, daß der Verkäufer dem Käufer den *Herausgabeanspruch* gegenüber einem Dritten (z.B. aus § 985 i.V. mit § 604 I), der im Besitz der Sache ist, *abtritt* (§ 931 i.V. mit § 398, **Vindikationszession**).

bb) Übereignung unbeweglicher Sachen (Immobilien)

Bei Immobilien ist für die Übereignung nach § 873 I ebenfalls eine **Einigung** über den Eigentumsübergang erforderlich, die - ebenso wie schon der Grundstückskaufvertrag selbst - wegen der großen wirtschaftlichen Tragweite der Verfügung über Grundvermögen vor einem Notar oder dem Grundbuchamt (Amtsgericht) erklärt werden muß und **Auflassung** genannt wird (§ 925 BGB).

Soll das Eigentum an einer unbeweglichen Sache übertragen werden, z.B. ein Grundstück, so ist eine Übergabe im obigen Sinne nicht möglich. Aus diesem Grund hat der Gesetzgeber einen Ersatz für die Übergabe geschaffen. Dieser Ersatz ist die **Eintragung im Grundbuch**. § 873 bestimmt, daß ein Grundstück erst dann Eigentum des Käufers wird, wenn er im Grundbuch als solcher eingetragen ist. Vor dieser Eintragung sind die Parteien nur dann an die Einigung gebunden, wenn sie notariell beglaubigt wurde (§ 873 II). Der Eigentumsübergang erfolgt somit durch Auflassung und Eintragung.

b) Der gutgläubige Eigentumserwerb

Grundsätzlich kann nur der Eigentümer einer Sache (oder ein Verfügungsberechtigter) das Eigentum übertragen. Die Gutglaubenstatbestände der §§ 892, 932 ff. lassen jedoch unter strengen Bedingungen Ausnahmen zu.

Beim **gutgläubigen Erwerb** wird der **Erwerber** auch dann Eigentümer, wenn der Veräußerer nicht der Eigentümer (= Nichtberechtigter) war.

Der gutgläubige Erwerb *von beweglichen Sachen* ist eine rechtsgeschäftliche Übereignung entsprechend den §§ 929 - 931, unterscheidet sich von diesen aber dadurch, daß der Käufer vom Nichtberechtigten erwirbt.

Es besteht folgende Entsprechung:

Übereignung gem.		Gutgläubiger Erwerb gem.
§ 929 S. 1	-	§ 932 I S. 1
§ 929 S. 2	-	§ 932 I S. 2
§ 930	-	§ 933
§ 931	-	§ 934

Daraus geht eindeutig hervor, daß sich der Schutz des **Gutglaubens an das *fremde* Eigentum** des Nichtberechtigten auf die *Legitimationswirkung des Besitzes* stützt. Der unmittelbare Besitz des nichtberechtigt Verfügenden begründet eine **Eigentumsvermutung** (§ 1006) und erzeugt damit einen **Rechtsschein**, der zugunsten des Erwerbers einen *Vertrauensschutz* verlangt. Aus demselben Grund greift dieser Vertrauensschutz aber nur bzw. erst dann, wenn der Erwerber den unmittelbaren Besitz erlangt hat (§§ 933, 934).

In Verbindung mit § 935 (kein gutgläubiger Erwerb von abhanden gekommenen Sachen) ergeben sich für den gutgläubigen Erwerb von beweglichen Sachen also folgende **Voraussetzungen**:

1. Der Veräußerer muß unmittelbarer Besitzer gewesen sein.
2. Der Erwerber wird unmittelbarer Besitzer.
3. Im Zeitpunkt der (ggf. bedingten) Einigung und Übergabe ist der Erwerber gutgläubig. Der Erwerber ist nicht in gutem Glauben, wenn ihm bekannt oder infolge grober Fahrlässigkeit unbekannt ist, daß die Sache nicht dem Veräußerer gehört.
4. Die Sache darf nicht abhanden gekommen sein.

Beispiel für eine bedingte Einigung (vgl. Punkt 3) ist der Eigentumsvorbehalt, bei dem die Eigentumsübertragung unter der aufschiebenden Bedingung der vollständigen Zahlung erfolgt. Entscheidend für den (späteren) Erwerb ist, ob der Käufer im Zeitpunkt der Einigung, nicht aber (noch) zum Zeitpunkt der vollständigen Zahlung gutgläubig war!

Fallbeispiel:
V ist in Geldnöten. Deshalb verkauft und übereignet er sein Radio an K1. Dieser bezahlt, bittet aber V, das Radio noch eine Zeit für ihn zu verwahren. In dieser Zeit verkauft und übergibt V das Radio weiter an K2 unter Eigentumsvorbehalt bis zur vollständigen Zahlung. Vor Zahlung der letzten Rate erfährt K2 von dem Verkauf an K1. Rechtslage: K2 ist Eigentümer geworden, da er im Zeitpunkt der bedingten Einigung gutgläubig war und V ihm das Radio übergeben hat.

Der Schutz des guten Glaubens wirkt in der Regel zugunsten des Käufers (Erwerbers). Durch § 935 I wird er durchbrochen, denn bei abhanden gekommenen Sachen wird der Eigentümer geschützt, d.h. er kann nach § 985 Herausgabe der Sachen verlangen. Eine Ausnahme hierzu besteht wegen des (höher eingestuften) Schutzbedürfnisses der Öffentlichkeit bei Geld (Zahlungsmitteln), Inhaberpapieren und öffentlich versteigerten Sachen, bei denen der gute Glaube immer geschützt wird (§ 935 II).
Abhanden gekommen (vgl. Punkt 4) bedeutet, daß eine Sache *ohne (oder gegen) den Willen* des Eigentümers *aus seinem (unmittelbaren) Besitz* gelangt ist. Ohne Willen: z.B. bei Bewußtlosigkeit; aber: eine Übergabe unter Drohung oder Täuschung ist nicht ohne (gegen) Willen erfolgt, die Sache also nicht abhanden gekommen. Da die Besitzaufgabe kein Rechtsgeschäft ist, ist demnach auch nicht der rechtsgeschäftliche, sondern der *natürliche* Wille maßgebend. Letzteren haben auch beschränkt Geschäftsfähige, nicht aber Geschäftsunfähige (d.h. Weggabe durch einen Geschäftsunfähigen =

abhanden gekommen). Beachte auch die besonderen Besitzlagen in §§ 935 I S. 2 (Besitzmittler) und 855 (Besitzdiener):

- Bei einem vereinbarten Besitzkonstitut wie im Falle des § 933 ist die Frage des Abhandenkommens beim **Besitzmittler**, d.h. dem unmittelbaren Besitzer zu prüfen.
- Der **Besitzdiener** i. S. des § 855 steht in einem weisungsgebundenen, sozialen Abhängigkeitsverhältnis zu einer anderen Person (Besitzherr, Dienstherr). Er übt zwar in deren Haushalt oder Erwerbsgeschäft die tatsächliche Gewalt über deren Sachen aus (z.B. Mitarbeiter eines Betriebes wie der Baggerfahrer bezüglich des Baggers oder der Reisende bezüglich der mitgeführten Vorführgeräte), ist aber *kein Besitzer*. Gibt er eine Sache des Dienstherrn ohne dessen Einwilligung weg, so ist diese abhanden gekommen.

Hat jemand, z.B. aufgrund des § 935, Eigentum nicht erwerben können, so besteht für ihn noch die Möglichkeit der **Ersitzung** (§ 937). Wenn er die Sache 10 Jahre lang im Eigenbesitz hatte und während dieser Zeit im guten Glauben war, Eigentümer zu sein, so geht das Eigentum auf ihn über (Schutz des **guten Glaubens an das *eigene* Eigentum**). Dabei werden die Ersitzungszeiten gutgläubiger Vorbesitzer angerechnet (§ 943).

Der Gutglaubensschutz der §§ 932 ff. wird für Kaufleute durch § 366 HGB wie folgt erweitert:

- Schutz des **guten Glaubens an die Ermächtigung (Verfügungsmacht)** (§ 366 HGB i.V. mit § 185 BGB): - Im Warenverkehr ist es heute nahezu üblich, daß einem Händler Waren vom (Vor-) Lieferanten unter Eigentumsvorbehalt geliefert werden. Selbstverständlich veräußert der Händler die Waren zweckgemäß weiter. Die Kunden des Händlers können deshalb aber nicht mehr generell darauf vertrauen, daß er Eigentümer der Ware ist, wohl aber darauf, daß er zur Verfügung gem. § 185 I ermächtigt ist. Unter Beibehaltung aller Voraussetzungen für den Gutglaubensschutz gem. §§ 932 ff. greift hier § 366 HGB Platz und setzt an die Stelle des guten Glaubens an das fremde Eigentum den guten Glauben an die Verfügungsmacht.
- Schutz des **guten Glaubens an die Vertretungsmacht** (§ 366 HGB i.V. mit § 164 BGB): - Nach verbreiteter Lehre schließt § 366 HGB auch die Anwendung auf § 164 ein, d.h. den guten Glauben an die Vertretungsmacht.

Beachte:

§ 366 HGB erfaßt nur das Handeln eines *Kaufmanns* (auch eines Minderkaufmanns); der gute Glaube an die (nicht vorhandene) Verfügungsmacht einer Privatperson wird im BGB nicht geschützt. Bezüglich der Verfügungen eines nicht bevollmächtigten Handlungsgehilfen siehe die Ausführungen über die Scheinvollmacht[30].

Auch ein **gutgläubiger Erwerb von Grundstücken** ist möglich (§ 892). Der Gutglaubensschutz stützt sich hier auf die *Legitimationswirkung der Grundbucheintragung* (§ 891).

Ein **gutgläubiger Erwerb von Forderungen** ist dagegen nicht möglich, da es an einer dem Besitz oder der Grundbucheintragung entsprechenden Legitimationsgrundlage mangelt. Folglich fehlt im Nachgang zu § 398 eine Rechtsvorschrift, wie sie der § 932 als Ergänzung zu § 929 darstellt. Es gilt hier der **Grundsatz der Priorität**.

Beispiel:

V tritt eine Forderung zweimal ab (zuerst an K1, dann an K2); K1 hat die Forderung erworben.

Der **gute Glaube an die Geschäftsfähigkeit** wird im Gegensatz zu den §§ 932 ff., 892 BGB und 366 HGB ***nicht geschützt***. Darin spiegelt sich der allgemeine Schutz des BGB zugunsten Minderjähriger wider.
Ausnahme: Gem. Art. 16 II WG als Sonderregel zu §§ 932, 935 BGB, § 366 HGB wird sogar der gute Glaube des Erwerbers (Inhabers) eines Wechsels an die Identität und die Geschäftsfähigkeit eines früheren Inhabers (Wechselindossanten) geschützt[31].
N.B.: Auf den guten Glauben an die Lastenfreiheit des Eigentums (§ 936) wird nicht eingegangen[32].

Der schuldrechtliche Ausgleichs- und Rückgewähranspruch (§ 816)
Im Falle des Eigentumsverlustes gibt § 816 I dem ehemaligen Eigentümer einen Ausgleichsanspruch gegen den nichtberechtigten Veräußerer auf Herausgabe des vollen Entgelts bzw. bei unentgeltlicher Verfügung (Schenkung) gegen den Erwerber auf Rückübereignung[33].

c) Erfüllungsort und Gefahrtragung

aa) Wesen und Bedeutung von Erfüllungsort und Leistungsarten

Der Schuldner hat seine Leistung dem Gläubiger am rechten Ort, zur rechten Zeit (§§ 271, 299 BGB, 358 HGB) und in gehöriger Weise (§ 266) zu erbringen. Von großer Bedeutung für den Geschäftsverkehr ist der Erfüllungsort.

---

[30] Vgl. Kap. B III 6 a).

[31] Siehe hierzu Kap. E III 3 d).

[32] Zum gutgläubigen Erwerb von Pfandrechten siehe Kap. C VI 3 a).

[33] § 816 setzt als Sondervorschrift zu § 812 nicht das Fehlen eines Rechtsgrundes voraus.

Erfüllungsort (Leistungsort) ist der Ort, an dem der Schuldner die Leistungshandlung zu bewirken hat.

Der Leistungsort ist nicht immer identisch mit dem Bestimmungsort, an dem der Leistungserfolg eintritt.
Der Erfüllungsort hat folgende Auswirkungen; er bestimmt
- Zeit und Ort, an dem die *Gefahr* (Risiko, Haftung) der *zufälligen* Vernichtung oder Verschlechterung der verkauften Sache auf den Käufer *übergeht* (§ 446)[34],
- den *Gerichtsstand*,
- die *Übernahme der* Übergabe-, Abnahme- und Versand- **Kosten** (§ 448, beachte auch § 269 III).

Anmerkungen:
Zufall bedeutet nach dem Verschuldensprinzip (§ 276), daß weder Schuldner noch Gläubiger den Schaden zu vertreten haben. - Der *Gerichtsstand* bezeichnet das zuständige Gericht, vor dem Klage erhoben werden kann.

Wo der Erfüllungsort liegt und der Schuldner die Leistungshandlungen, so auch bei Gattungsschuld die Aussonderung aus der Gattung, d.h. die Konkretisierung zu einer Stückschuld (§ 243 II "das seinerseits Erforderliche")[35], vorzunehmen hat, richtet sich nach der *Leistungsart*:

- Bei der **Holschuld** hat der Gläubiger die Leistung abzuholen; der Erfüllungsort liegt beim Schuldner. Der Schuldner hat seine Pflicht erfüllt, wenn er die Sache ausgesondert und dem Gläubiger bereitgestellt und ihn ggf. benachrichtigt hat. Bis zum Annahmeverzug (§ 293) liegt die Gefahrtragung beim Schuldner. Der Erfüllungsort ist hier zugleich Bestimmungs- bzw. Erfolgsort.
- Bei der **Bringschuld** liegt der Erfüllungsort beim Gläubiger. Hier hat der Schuldner, der die Sache dem Gläubiger bringen muß, erst seine Pflicht erfüllt, wenn er die Sache dem Gläubiger an dessen Wohnort oder in seiner Niederlassung anbietet. Der Gläubiger kann annehmen (§ 362) oder er gerät in Annahmeverzug (§§ 293, 294, 300 II), wobei die Gefahrtragung sofort auf ihn übergeht.
- Bei der **Schickschuld** (z.B. dem Versendungskauf, s. unten) liegt - wie bei der Holschuld - der Erfüllungsort beim Schuldner. [Selbst eine Transportkostenübernahme durch den Schuldner läßt allein noch nicht den Schluß zu, daß der Bestimmungsort auch Erfüllungsort sein soll (§ 269 III).] Der Schuldner muß aber die Ware an den Gläubiger senden. Am *Erfüllungsort* hat der Schuldner die *Leistungshandlungen* vorzuneh-

---

[34] Zur Gefahrtragung (Leistungs- und Vergütungsgefahr) siehe Kap. C IV 3.

[35] Mit der Konkretisierung wird aus der Gattungsschuld eine Stückschuld. Damit geht die Leistungs- oder Sachgefahr, die zuvor gem. § 279 beim Schuldner lag, auf den Gläubiger über. Es gilt nun für ihn § 276.

men: (evtl.) Konkretisierung, sorgfältige Verpackung der Ware, Auswahl eines zuverlässigen Transportunternehmers (Spediteur, Bahn, Post) und Übergabe der Ware an diesen. Mit der Übergabe gehen Gefahr und Kosten auf den Käufer über.
Leistungsort und *Bestimmungsort* sind in diesem Fall nicht identisch; der *Leistungserfolg* (Erfüllung i.S. von § 362 I) tritt erst am Bestimmungs- bzw. Erfolgsort ein. Der Verkäufer "haftet" nicht für den Leistungserfolg am Erfolgsort.

Wird der Erfüllungsort zwischen den Vertragspartnern vereinbart, so handelt es sich um den vertraglichen Erfüllungsort. Vertraglich kann jeder beliebige Ort als Erfüllungsort bestimmt werden. Wird keine Vereinbarung getroffen, gilt die gesetzliche Regelung, sofern sich nicht aus den besonderen Umständen des Schuldverhältnisses ein bestimmter Erfüllungsort ergibt (§ 269 I).

bb) Gesetzlicher Erfüllungsort

Nach der gesetzlichen Regelung (§ 269) ist der Wohnsitz bzw. der Ort der gewerblichen Niederlassung des Schuldners der Erfüllungsort.

Da aber der Kaufvertrag, wie jeder gegenseitige Vertrag, zwei Schuldner hat, gibt es somit auch zwei Erfüllungsorte, es sei denn, Wohnsitz oder Niederlassung beider Geschäftspartner liegen am selben Ort (**Platzkauf**).

Warenschulden:
Der Gesetzgeber geht davon aus, daß **Warenschulden im Grundsatz Holschulden** sind. Der Verkäufer erfüllt, indem er an seinem Wohnort bzw. Firmensitz die Kaufsache (Ware) übergibt. Die Gefahr geht mit der Übergabe (bei Grundstücken schon mit der Eintragung des Käufers im Grundbuch) auf den Käufer über (§ 446)[36]. Dies ist in der Regel beim Platzkauf der Fall.
Nach überwiegender Meinung ergibt sich aus Handelsbrauch und Verkehrssitte für die *Kleinkäufe des täglichen Lebens* (z.B. Hausrat, Lebensmittel, Hausbrand) eine andere Situation. Es ist hier üblich, daß die Waren dem Käufer gebracht werden. Ein Beispiel hierfür sind Warenhäuser oder Möbelgeschäfte, die mit eigenen Fahrzeugen und Angestellten die Waren aus Konkurrenzgründen und im Interesse des Kunden zur Wohnung des Käufers bringen. Es liegt hier durchweg eine **Bringschuld** vor. Die Kosten der Auslieferung sind meist im Warenpreis enthalten. Die Gefahrtragung geht auch hier mit der Übergabe der Ware auf den Käufer über.

---

[36] §§ 446, 447 stellen eine Sonderregelung des Kaufvertragsrechts gegenüber § 323 I (Grundregel für gegenseitige Verträge) dar.

Versendet der Verkäufer auf Verlangen des Käufers die Kaufsache nach einem anderen Ort als den Erfüllungsort, dann spricht man von einem Versendungskauf (§ 447). Der **Versendungskauf** ist eine **Schickschuld** (s. oben). - Nach h.L. und höchstrichterlicher Rechtsprechung ist § 447 auch auf den Fall anzuwenden, daß bei größeren Entfernungen der Transport durch eigenes Personal des Verkäufers durchgeführt wird.[37]

Geldschulden:
Nach § 270 I hat der Geldschuldner im Zweifel den geschuldeten Betrag auf seine Gefahr und Kosten dem Gläubiger an dessen Wohnsitz zu übermitteln. Daraus ergibt sich für die Einordnung in die Leistungsarten folgende Besonderheit: Unter Beachtung des § 270 IV sind **Geldschulden** zwar im allgemeinen **Schickschulden**; d.h., der Erfüllungsort liegt beim Schuldner. Anders aber als bei Kaufsachen geht hier die **(Verlust-)Gefahr** erst mit der Ankunft beim Gläubiger oder dann, wenn dieser in Annahmeverzug gerät, auf ihn über. - Recht*zeitig* geleistet hat der Schuldner nach der gesetzlichen Regelung, wenn er spätestens bei Fälligkeit das zur Übermittlung des Geldes seinerseits Erforderliche am Leistungsort getan hat, z.B. das Geld bei der Post seines Wohnsitzes auf Postanweisung oder Zahlkarte eingezahlt hat, bei der Bank einen Überweisungsauftrag erteilt hat (Deckung auf dem Konto vorausgesetzt) oder einen Scheck rechtzeitig abgesendet hat. Für die Rechtzeitigkeit kommt es auf die Leistungshandlung und nicht auf die Gutschrift oder Abbuchung an. Die **Verzögerungsgefahr**, d.h. das Risiko des verspäteten Eingangs trotz rechtzeitiger Leistungshandlung, geht zu Lasten des Gläubigers; es fällt nicht unter § 270 I. - Nicht alle Geldschulden sind Schickschulden, so sind abweichend vom § 270 (Zahlungsort) im allgemeinen Lohn- und Gehaltsschulden sowie Schulden aus Inhaberschuldverschreibungen, Wechseln und Schecks Holschulden, da der Schuldner hier den Gläubiger meist nicht kennen kann.

cc) Vertraglicher Erfüllungsort

Die vertragliche Vereinbarung eines Erfüllungsortes ist nur dann rechtlich bindend, wenn sie Vertragsbestandteil ist. Vermerke auf Versandpapieren oder Rechnungen "kommen zu spät". Häufig ergibt sich der Erfüllungsort aus den Allgemeinen Geschäftsbedingungen. Die in der Vergangenheit in den meisten Lieferungs- und Zahlungsbedingungen enthaltene Klausel "Erfüllungsort und Gerichtsstand *für beide Teile ist* ...(der Geschäftssitz des Verkäufers)" ist aufgrund der Neufassung des § 29 ZPO nur noch unter *Vollkaufleuten* zulässig, andernfalls nichtig.

---

[37] Kallwass, W., Privatrecht, 15. Aufl., Köln 1996, S. 154, bejaht auch eine Anwendbarkeit innerhalb desselben Ortes (bei fremder Transportperson!) mit der Begründung, daß unter Erfüllungsort nicht die Gemeinde, sondern die Wohnung oder Niederlassung des Verkäufers zu verstehen ist (vgl. dazu oben Bringschuld!).

Eine Gerichtsstandsvereinbarung für das gerichtliche Mahnverfahren kann jedoch allgemein getroffen werden. Die Vereinbarung eines Gerichtsstandes ist nicht als Vereinbarung des Erfüllungsortes anzusehen. Denn der Erfüllungsort bestimmt zwar zugleich den Gerichtsstand, nicht jedoch umgekehrt.
Den Zusammenhang zwischen Erfüllungsort, Leistungsgegenstand und Gefahrtragung verdeutlicht Abbildung C 1.

	V - Stadt XY - Stadt K - Stadt
gesetzlicher Eo	Eo -- -- -- -- W -- -- -- -- -- -- -- -- --> <------------ G -------------------------------- Eo
vertraglicher Eo	
in V - Stadt	Eo -- -- -- -- W -- -- -- -- -- -- -- -- --> Eo <------------ G --------------------------------
in K - Stadt	------------ W ------------------------------->Eo <------------ G -------------------------------- Eo
in XY - Stadt	------------ W -----> Eo -- -- -- -- --> <------------ G ------ Eo <------------------

Erläuterungen:
V = Verkäufer; K = Käufer
W = Warenschuld; G = Geldschuld; Eo = Erfüllungsort
------------ Gefahr wird vom Schuldner getragen
-- -- -- -- Gefahr wird nicht vom Schuldner getragen

Abb. C 1: Erfüllungsort und Gefahrtragung

3. Kontrollfragen zu Kapitel C III

1. Wie kommt ein Vertrag zustande?
2. Welche Formvorschriften bestehen für den Abschluß von Verträgen? Welche Rechtsfolge hat die Nichteinhaltung einer bestehenden Formvorschrift?
3. Aus wievielen Verträgen besteht juristisch betrachtet ein „Kaufgeschäft"?
4. Handelt es sich bei Schaufensterauslagen um Angebote? Ist es für die Beantwortung dieser Frage von Bedeutung, ob die Auslagen mit Preisen ausgezeichnet sind?
5. *Fallbeispiel:* Bekleidungshaus B informiert per Postwurfsendung an alle Haushalte über die Angebote im Sommerschlußverkauf. Die Prospekte enthalten den Aufdruck „Preise unverbindlich". Welche rechtliche Bedeutung hat diese Freizeichnungsklausel?
6. *Fallbeispiel:* B beauftragt seinen Angestellten A, ein Kleid (Kaufpreis 480 DM) im Schaufenster mit 390 DM auszuzeichnen. Kundin K betritt den Laden, um das Kleid zu kaufen. A erklärt ihr mit dem Ausdruck des Bedauerns, daß es sich bei dem ausgezeichneten Preis um einen Irrtum handelt und sie 480 DM bezahlen müsse. K

kauft das Kleid dennoch; später erfährt sie von den Machenschaften des B und verlangt von diesem 90 DM zurück. Zu recht? - Würde die Rechtslage anders sein, wenn K vor Kauf dieses Kleides in der Umkleidekabine das Gespräch des B mit A angehört hätte?

7. *Fallbeispiel:* Der Häuslebauer H erhält von der Firma Latsch & Trottel rechtzeitig zum Einzug in sein neues Haus ein Paket. Da ihm (und seiner Frau) der Absender und auch der Paketinhalt völlig unbekannt sind, öffnet er das Paket und findet darin eine neue Teppichbrücke mit folgendem Anschreiben: „Wir gratulieren zum Bezug ihres Hauses! Um Ihnen Mühe und Zeit zu ersparen, sind wir Ihnen bei der Ausgestaltung Ihres Heimes behilflich. Der beiliegende Teppich mit echtem Persermuster wird das absolute Glanzstück Ihres Hauses sein. Der extrem günstige Preis von nur 425 DM ist auf unser Konto zu überweisen, wenn Sie den Teppich nicht innerhalb von 14 Tagen an uns zurückschicken." Nach Schätzung eines Fachmannes liegt der tatsächliche Wert dieser Brücke (deutsche Fabrikware) unter 100 DM. Wie ist die Rechtslage, wenn H aufgrund der Einzugshektik die ihm gesetzte 14-Tage-Frist (versehentlich) verstreichen läßt, zuvor aber
   a) den Teppich - wieder in die Verpackung eingelegt - auf dem Speicher verwahrt,
   b) den Teppich zunächst für die Einzugsparty benutzt und danach sorgfältig verwahrt?
8. Wann liegt ein Handelskauf vor und welche Konsequenzen ergeben sich daraus?
9. Welche Pflichten ergeben sich aus dem Kaufvertrag für den Verkäufer und den Käufer?
10. Für welchen Umstand ist es von Bedeutung, daß es sich bei der Abnahmeverpflichtung des Käufers gem. § 433 II BGB nur um eine vertragliche Nebenpflicht handelt?
11. Unterscheiden Sie Kauf auf Probe, Kauf zur Probe und Kauf nach Probe.
12. Wodurch unterscheidet sich das Umtauschrecht vom Kauf auf Probe?
13. Was sind Allgemeine Geschäftsbedingungen (AGB)?
14. Unter welchen Voraussetzungen sind AGB wirksam?
15. Kann man in AGB die Haftung für Vertragsverletzungen summenmäßig begrenzen und für Fahrlässigkeit ausschließen?
16. *Fallbeispiel:* K kauft bei V einen Hebekran mit einer zugesicherten Hebeleistung von 3 t. Schon bei einer geringeren Belastung bricht der Kran zusammen. Kann K von dem Verkäufer V Ersatz des entstandenen Schadens von 3.000 DM verlangen, den V unter Hinweis auf eine entsprechende Ausschlußklausel in seinen AGB verweigert?
17. Wie erfolgt die Übereignung von beweglichen und unbeweglichen Sachen?
18. Für welche wirtschaftliche Zwecksetzung wird die Übereignung mittels Besitzkonstitut häufig verwendet?
19. Welcher „gute Glaube" wird beim Eigentumserwerb nach den §§ 932 - 934 BGB geschützt und zwar unter welchen Voraussetzungen?
20. Worauf stützt sich der gutgläubige Erwerb von beweglichen Sachen?
21. *Fallbeispiel:* Der Dieb D verkauft eine dem E gestohlene Uhr an den gutgläubigen K. Ist der Kaufvertrag wirksam?
22. *Fallbeispiel:* Der Dieb D stiehlt dem E einen 100 DM-Schein, mit dem er bei G eine noch offen stehende Rechnung begleicht. Hat G, der von dem Diebstahl nichts weiß, Eigentum an dem Geldschein erworben?
23. *Fallbeispiel:* Der wegen Geisteskrankheit entmündigte E (= geschäftsunfähig gem. § 104 Nr. 3 BGB a.F.; Rechtslage vor 1992) hat bereits am 20.2.1988 heimlich seinen wertvollen Brillantring an K1 verkauft, für den die Entmündigung des E aufgrund dessen selbstsicheren Auftretens nicht erkennbar war. K1 hat den Ring

später an den Juwelier J und dieser wieder an einen Kunden K2 verkauft. Anfang 1998 stellt der Vormund V (Betreuer) des E das Verschwinden des Rings fest und verlangt am 28.2. für E von K2 die Herausgabe des Rings. Wie ist die Rechtslage? Würde es einen Unterschied machen, wenn E wegen Verschwendungssucht entmündigt ist (= beschränkt geschäftsfähig gem. § 114 BGB a.F.; Rechtslage vor 1992)?

24. Was bedeutet Gefahrtragung? Welche Bedeutung hat diesbezüglich der Erfüllungsort?
25. Sind Erfüllungsort, Leistungsort und Bestimmungsort identisch?
26. Welche Bedeutung haben die Leistungsarten für die Lage des Erfüllungsortes?
27. Welche Leistungsart und welcher Erfüllungsort entsprechen der gesetzlichen Regelung?
28. Besteht hinsichtlich der Gefahrtragung für Geld- und Warenschulden ein Unterschied?

IV. Verletzung vertraglicher Pflichten bei der Erfüllung (Leistungsstörungen)

1. Leistungsstörungen und Verantwortlichkeit des Schuldners

Aus der Darlegung des Kaufvertrages sowie des Abstraktionsprinzips wurde deutlich, daß schuld- und sachenrechtliche Verträge auseinanderzuhalten sind.

Schuldverhältnisse erlöschen normalerweise durch die Erfüllung der *Primärpflichten* des Schuldners. Eine Verletzung dieser Primärpflichten kann zu *Sekundärpflichten* (insbes. Schadensersatzpflicht) führen, sofern der Schuldner dafür verantwortlich ist. Bisweilen stehen der Erfüllung auch Leistungshindernisse entgegen, die weder Schuldner noch Gläubiger zu vertreten haben, die dem Schuldverhältnis aber die Grundlage entziehen. Die folgende Abbildung zeigt mögliche Leistungsstörungen, die beim Schuldner wie beim Gläubiger eintreten können.

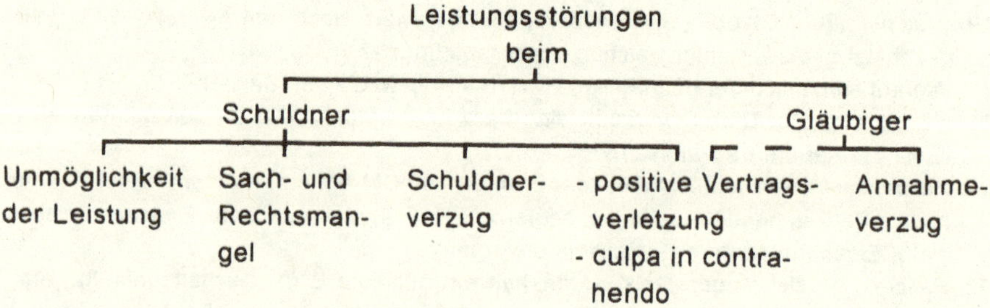

Abb. C 2: Arten von Leistungsstörungen

Es stellt sich die Frage: Wofür haftet der Schuldner; wofür ist er verantwortlich?
Das Recht der Schuldverhältnisse wird beherrscht vom **Verschuldensprinzip**. Wann ein Verschulden vorliegt bzw. was der Schuldner *vertreten muß*, bestimmt § 276 (erneut aufgegriffen in § 347 HGB): "Der Schuldner hat, sofern nicht ein anderes bestimmt ist, Vorsatz und Fahrlässigkeit zu vertreten."

a) Vorsatz

Mit **Vorsatz** handelt derjenige, der das (rechtswidrige) *Tun will* und sich seiner *Pflichtwidrigkeit bewußt* ist.

Meistens ist das Handeln auf einen Erfolg ausgerichtet; es reicht aber für einen Vorsatz schon aus, wenn der Handelnde die Möglichkeit des Erfolges kennt und sie in Kauf nimmt, d.h., er braucht den Erfolg nicht zu bezwekken. Tritt dieser Erfolg ein, so muß er für den entstandenen Schaden einstehen.

Beispiel:
S übt im Garten das Bogenschießen. Er ist sich bewußt, daß ein Pfeil, der die Scheibe verfehlt, beim Nachbarn einen Schaden anrichten könnte, er nimmt dies aber in Kauf.

Die Kenntnis des Handlungserfolges braucht die Kenntnis der Handlungsfolgen nicht einzuschließen; dennoch muß der Handelnde auch für die aus seiner Handlung entstehenden Folgekosten einstehen, z.B. ärztliche Behandlung, Einkommensverlust.
Eine Befreiung von der Haftung für Vorsatz ist weder vom Gesetzgeber noch durch vertragliche Vereinbarung möglich (zwingende Vorschrift des § 276 II).

b) Fahrlässigkeit

Eine Person handelt mit **Fahrlässigkeit**, wenn sie die im Verkehr erforderliche Sorgfalt außer acht läßt (§ 276).

Eine fahrlässige Handlung kann durch *Gedankenlosigkeit* oder durch *Leichtfertigkeit* hervorgerufen werden.
- Gedankenlosigkeit ist gegeben, wenn sich jemand die Folgen seines Handelns nicht vorstellt.
- Leichtfertigkeit liegt vor, wenn sich jemand die Folgen seines Handelns zwar vorstellt, sie aber nicht will und darauf baut, daß sie nicht eintreten.

Man unterscheidet zwei Stufen der Fahrlässigkeit.

aa) Grobe Fahrlässigkeit

Grobe Fahrlässigkeit ist dann gegeben, wenn die erforderliche Sorgfalt nach höchster Rechtsprechung[38] "in ungewöhnlich großem Maße" verletzt wird und "unbeachtet geblieben ist, was im gegebenen Falle jedem gleich einleuchten mußte".

Beispiele:
Ein Kraftfahrer fährt in angeheitertem Zustand. Jemand fährt in Urlaub und läßt die Fenster seiner Wohnung offen. Jemand läßt für Stunden sein Auto unverschlossen in der Stadt stehen.

Ein leichtfertiges Handeln ist meist als grobe Fahrlässigkeit zu werten.

bb) Leichte Fahrlässigkeit

Leichte Fahrlässigkeit liegt vor, wenn eine geringe Verletzung der Sorgfaltspflicht zu einem Schaden führt.

Gedankenlosigkeit ist in den meisten Fällen als leichte Fahrlässigkeit anzusehen.

Beispiel:
Ein Architekt deckt die Einstiegsöffnung zu einer Faulgrube mit einer leichten Riffelblechplatte anstelle einer schweren Gußeisenplatte ab. Ein Kind nimmt den leichten Deckel von der Grube und stürzt hinein. Der Architekt hatte den Spieltrieb und die Neugier der Kinder nicht bedacht.

Die Bestimmung der *üblichen Sorgfalt* i.S. von § 276 soll nach *objektiven* Maßstäben erfolgen, indem statt einer schematischen Festlegung bei der Ermittlung des "erforderlichen" Maßes die konkrete Situation und die Personengruppe berücksichtigt werden, z.B. die Sorgfalt des Arztes, des Kaufmanns, des Kraftfahrers. Dagegen haften der Gesellschafter (§ 708) sowie der Verwahrer bei unentgeltlicher Verwahrung (§ 690; analog auch der Verwahrer einer unverlangt zugesandten Ware) "nur" für die in eigenen Angelegenheiten anzuwendende Sorgfalt (*individuelle oder konkrete Sorgfalt*). Die Haftung bleibt jedoch auf die übliche Sorgfalt beschränkt, wenn die individuelle Sorgfalt vergleichsweise höher eingeschätzt wird, da der Gesetzgeber in den genannten Fällen eine Milderung beabsichtigt. Eine Befreiung von der Haftung für grobe Fahrlässigkeit scheidet jedoch aus (§ 277).
Abweichungen von der Verantwortlichkeit für Fahrlässigkeit gem. § 276 sind im Gesetz ausdrücklich genannt (z.B. Haftungsverschärfung beim Schuldnerverzug, § 287 S. 2; Haftungsabschwächung für den Schuldner beim

[38] RGZ 141, 131; so auch BGHZ 10, 16.

Gläubigerverzug, § 300 I). Da die Haftung für Fahrlässigkeit nachgiebiges Recht ist, kann eine Milderung oder Befreiung auch vertraglich vereinbart werden (nicht selten in AGB).

Verschulden ist der Gegensatz von **Zufall**. Der Zufallsbegriff der Gefahrtragung impliziert immer die zufällige, also unverschuldete Leistungsstörung und Schadensentstehung, für die niemand einzustehen hat. Der Verschuldensgrundsatz gilt nicht nur für die rechtsgeschäftlich begründeten, sondern auch für die gesetzlichen Schuldverhältnisse, die in Kapitel C VII erörtert werden. So erwächst aus der schuldhaft verursachten Verletzung absoluter Rechte (Delikt)[39] kraft Gesetzes ebenso eine Schadensersatzpflicht wie aus der verschuldeten Leistungsstörung. Unterschiede bestehen einmal darin, daß nicht jede schuldhafte Handlung, sondern nur einzelne, im Gesetz genau beschriebene schädigende Handlungen eine Schadensersatzpflicht auslösen, und zum andern in der Haftung für Gehilfen[40].

2. Unmöglichkeit der Leistung

a) Wesen und Arten

Man spricht von **Unmöglichkeit** der Leistung, wenn die geschuldete Leistung tatsächlich nicht erbracht werden kann. Als Unmöglichkeit der Leistung ist auch anzusehen, wenn die Sache nur unter einem unverhältnismäßig hohen Aufwand an Zeit, Material oder Geld wieder zu beschaffen wäre (sog. wirtschaftliche Unmöglichkeit).

Beispiel:
A und B stehen an einer Brücke. A möchte B seinen relativ wertlosen, aber hübschen Ring verkaufen. Als A den Ring vom Finger zieht, fällt der Ring in den Fluß. Die Wiederbeschaffungskosten übersteigen die nach Treu und Glauben (§ 242) zumutbare "*Opfergrenze* ".

Bei der Unmöglichkeit (i.w.S.) sind folgende **Arten** zu unterscheiden (siehe Faltblatt 1 im Anhang):

- Die Leistung kann niemand erbringen (**objektive Unmöglichkeit, Unmöglichkeit i.e.S.**).
  Objektive Unmöglichkeit liegt bei einer Stückschuld vor, wenn der Leistungsgegenstand vernichtet wurde.
- Die Leistung ist nur für den Schuldner unmöglich (**subjektive Unmöglichkeit, Unvermögen**).
  Unvermögen liegt meist bei Gattungsschuld vor; bei Stückschuld dann,

---

[39] Sofern weitere im Gesetz genannte Prämissen (z.B. Rechtswidrigkeit, Deliktsfähigkeit) vorliegen.

[40] Siehe Kap. C IV 7.

Verschulden

("Vertreten müssen", § 276 BGB)

Vorsatz	**Fahrlässigkeit**
= *Wollen einer Handlung und Kenntnis* oder zumindest billigende Inkaufnahme (der Möglichkeit) *des rechtswidrigen Handlungserfolges* (Kenntnis der Handlungsfolgen und Wollen des Handlungserfolges sind nicht Voraussetzung.)	= *Außerachtlassen der im Verkehr erfoderlichen Sorgfalt* (nach der allgemeinen Verkehrsanschauung) Entsprechend: "Kennen müssen" in § 122 II Fahrlässigkeit impliziert *Leichtfertigkeit* und *Gedankenlosigkeit*. **leichte Fahrlässigkeit** = geringe Sorgfaltsverletzung **grobe Fahrlässigkeit** = grobe Sorgfaltsverletzung
Es ist ***keine Befreiung von der Haftung*** für Vorsatz im Gesetz vorgesehen oder durch vertragliche Vereinbarung möglich (*zwingendes Recht*).	***Haftungsabweichungen:*** - im *BGB:* §§ 287 S. 2 und 300 I - *vertraglich* sind Haftungsmilderung oder Haftungsbefreiung vereinbar; nicht selten in AGB (*nachgiebiges Recht).*

Abb. C 3: Verschulden

wenn der Schuldner nicht über die Sache verfügen kann. Ist der Verbleib der Sache aber nirgendwo zu ermitteln, liegt Unmöglichkeit vor.

- Die Unmöglichkeit ist schon vor der Entstehung des Schuldverhältnisses eingetreten (**anfängliche oder ursprüngliche Unmöglichkeit**).
- Die Unmöglichkeit ist erst nach Abschluß des Schuldverhältnisses eingetreten (**nachträgliche Unmöglichkeit**).

Die folgenden ***Beispiele*** zeigen die vier möglichen Kombinationen:

1. V verkauft sein Motorboot, das aber bereits tags zuvor durch Brand vernichtet wurde, an K (ursprüngliche objektive Unmöglichkeit).
2. Das Motorboot, das V an K verkauft hat, wird erst nach Vertragsschluß vernichtet (nachträgliche objektive Unmöglichkeit).
3. Das von V an K verkaufte Boot war tags zuvor von seinem Prokuristen bereits an E verkauft und übereignet worden (ursprüngliches Unvermögen).
4. Abweichend von Beispiel 3 erfolgt der Verkauf und die Übereignung des Bootes an E nach Abschluß des Kaufvertrages mit K (nachträgliches Unvermögen).

Die Voraussetzungen und Rechtsfolgen dieser Leistungsstörungen sind für einseitige Schuldverhältnisse in den §§ 275, 280 ff. und für gegenseitige Verträge ergänzend in den §§ 320 - 327 geregelt.

b) Ursprüngliche Unmöglichkeit

aa) Ursprüngliche objektive Unmöglichkeit

Besteht die Unmöglichkeit schon vor Vertragsschluß, so ist der Vertrag nichtig (§ 306). Ansprüche der Geschäftspartner auf Leistung und Gegenleistung entfallen. - Wer die Unmöglichkeit bei Vertragsschluß kannte oder kennen mußte (Fahrlässigkeit), ist zum Ersatz des Vertrauensschadens (negatives Interesse, Obergrenze: positives Interesse) verpflichtet (§ 307 I).
Da die Unmöglichkeit der Leistung in der Praxis weit häufiger nachträglich auftritt, hat die Bestimmung des § 306 keine große Bedeutung.

bb) Ursprüngliche subjektive Unmöglichkeit

Das anfängliche Unvermögen ist im Gesetz nicht geregelt. § 306 bezieht sich nur auf die anfängliche objektive Unmöglichkeit; eine Gleichstellung, wie sie in § 275 II für die nachträgliche objektive und subjektive Unmöglichkeit zu finden ist, fehlt hier. Deshalb ist nach h.L. der Vertrag trotz des anfänglichen Unvermögens des Schuldners wirksam. Der Schuldner haftet, wenn er die Leistung nicht erbringen und sein Unvermögen nicht beseitigen kann, analog § 325 (bei einseitigem Schuldverhältnis analog § 280) auf *Schadensersatz wegen Nichterfüllung* des Vertrages (positives Interesse), und zwar auch *ohne Verschulden*. Die herrschende Lehre bejaht eine Haftungsverschärfung gegenüber § 276 in Form einer **Garantiehaftung** des

Schuldners mit Ausnahme solcher Leistungshindernisse, die außerhalb seiner Einflußsphäre liegen (str.).

Beispiel (vgl. oben Beispiel 3):
Hätte K das an ihn für 30.000 DM verkaufte Boot für 35.000 DM weiterverkaufen können, muß V ihm 5.000 DM zahlen.

c) Nachträgliche Unmöglichkeit

Objektive Unmöglichkeit und Unvermögen werden bei nachträglichem Eintritt der Leistungsstörung gleichgestellt (§ 275 II). Die *Rechtsfolge* für den Schuldner ist, daß er bei einer Stückschuld gem. § 275 I (immer)[41] von der **Primärleistungspflicht** *frei* wird. Weitere Rechtsfolgen sind davon abhängig, ob der Schuldner (betreffend die Gegenleistung ggf. der Gläubiger) die Unmöglichkeit zu vertreten hat oder nicht.

aa) Zufällige Unmöglichkeit

Wie bereits ausgeführt wurde, hat ein Schuldner nach dem Verschuldensprinzip nur für sein Verschulden einzutreten. Es stellt sich folglich die Frage, wer das Risiko (Schaden) des zufälligen Untergangs der Kaufsache, den also weder Verkäufer noch Käufer zu vertreten haben, trägt [**Gefahrtragung** (s. Abb. C 4)][42]. Dabei sind zwei Gefahrenarten voneinander abzugrenzen:

- **Leistungs- oder Sachgefahr**: Kann der Käufer (trotzdem) die Leistung verlangen? Muß der Schuldner (z.B. bei Gattungsschuld) nochmals leisten?
- **Vergütungs-, Preis- oder Gegenleistungsgefahr**: Hat der Verkäufer Anspruch auf die Gegenleistung? Diese Gefahr entsteht naturgemäß nur bei *gegenseitigen Verträgen* und ist nur zu erörtern, wenn die Leistungspflicht des Verkäufers durch einen Umstand gestört ist, den weder er noch der Käufer vertreten muß.

N.B.: Der Gesetzgeber trennt terminologisch nicht zwischen beiden Gefahren; in §§ 270 I, 300 II handelt es sich um die Leistungsgefahr, ansonsten i.d.R. um die Vergütungsgefahr.

Hat der Schuldner (Verkäufer) die Unmöglichkeit nicht zu vertreten, wird er nach § 275 von jeder Leistungspflicht frei, sofern nicht das Leistungshindernis während des Schuldnerverzugs (s. unten) eingetreten ist:
*Die **Leistungsgefahr** trägt der Gläubiger.*

---

41 Der Halbsatz "den er nicht zu vertreten hat" ist irreführend, denn der Schuldner kann die unmöglich gewordene, vertraglich geschuldete Leistung (Primärleistung) in keinem Fall mehr erbringen (beachte aber § 280 I u. § 281 I).

42 Das Problem der Gefahrtragung ergibt sich bei ursprünglicher Unmöglichkeit nicht.

Gefahrtragung

= Risiko eines *zufälligen* Leistungshindernisses, das weder Schuldner (S) noch Gläubiger (G) nach § 276 zu vertreten hat.

Leistungs- oder Sachgefahr

Erhält G die Leistung?

(1) **Warenschuld**

Stückschuld

S wird frei; G trägt die Gefahr, d.h. er bekommt nichts (§ 275 I)

Gattungsschuld

S wird nicht frei; er trägt die Gefahr (§ 279) *Merke*: Im S.-verzug trägt S stets die Gefahr (287 S. 2)

Durch ***Konkretisierung*** ("das seinerseits Erforderliche tun", § 243 II) geht die Leistungsgefahr von S auf G über, da Umwandlung der Gattungsschuld erfolgt.

Das "seinerseits Erforderliche" ist

- bei **Holschuld**
  - wenn Leistungszeit nicht bestimmt ist: *Aussonderung, Bereitstellung und ein wörtliches Angebot;*
  - wenn Leistungszeit bestimmt ist: *Aussonderung und Bereitstellung;*
- bei ***Bringschuld***
  tatsächliches *Angebot am Wohnsitz* des G; Umwandlung tritt dann nach § 243 II und auch nach § 300 II ein;
- bei ***Schickschuld***
  Aussonderung, Bereitsstellung und Übergabe an die Transportperson.

(2) ***Geldschuld***

Gefahr trägt *immer* S (§ 270 I).

Vergütungs- oder Preisgefahr

Hat S Anspruch auf die Gegenleistung?

Grundsatz:

S trägt die Vergütungsgefahr (§ 323 I)

Ausnahme:

Im Gläubigerverzug geht die Vergütungsgefahr von S auf G über (§ 324 II i.V. mit § 300 I)

Sondervorschriften beim Kauf:

- *§ 446* (zu § 323 III gehörig)
  bei **Hol- und Bringschuld**
  --> Vergütungsgefahr geht mit Übergabe der Ware auf den Käufer über.
- *§ 447* bei **Schickschuld**
  findet Anwendung, wenn die Versendung durch *fremde* Personen (auch innerhalb desselben Ortes), aber über größere Entfernung auch mittels eigenem Personal (lt. RG 96, 259) erfolgt.
  --> Vergütungsgefahr geht mit Übergabe der Ware an die Transportperson auf den Käufer über.

Beachte:

Eine fremde Transportperson ist *kein* Erfüllungsgehilfe, weil die Durchführung des Transports keine Vertragspflicht des Verkäufers ist. - Bei Transport durch eigene Leute oder ihn selbst haftet der Verkäufer gem. § 325 i.V. mit § 278 bzw. § 276.

Abb. C 4: Gefahrtragung

Der Schuldner muß nach § 281 lediglich einen für den geschuldeten Gegenstand erhaltenen Ersatz oder Ersatzanspruch (Leistungssurrogat, **stellvertretendes Commodum**), z.B. eine Versicherungsleistung, dem Gläubiger überlassen. § 281 setzt kein Verschulden des Schuldners voraus! Ansonsten trifft ihn auch keine weitere Sekundärleistungspflicht.

Handelt es sich bei dem Leistungsgegenstand aber um eine **Gattungsschuld**, dann ist der Schuldner so lange zur Leistung verpflichtet, wie ihre Deckung aus der Gattung überhaupt möglich ist, auch wenn ihn kein Verschulden trifft (§ 279)[43]. Erst mit dem völligen Untergang der Gattung oder mit der **Konkretisierung**, d.h. der Verwandlung der Gattungsschuld in eine Stückschuld gem. § 243 II, geht die Leistungsgefahr auf den Gläubiger über; es gilt wieder § 275 (objektive Unmöglichkeit). Wann die Konkretisierung eintritt, bestimmt sich nach der Leistungsart und dem Erfüllungsort. - Im Prinzip ist zwar auch die **Geldschuld** eine Gattungsschuld. Jedoch kann hier de facto eine objektive Unmöglichkeit nicht eintreten. Und hinsichtlich der Konkretisierungswirkung enthält § 270 I eine für den Geldschuldner ungünstige Ausnahme zu §§ 243 II, 275. Er trägt die Leistungsgefahr bis zur Ankunft des Geldes beim Empfänger[44]. Lediglich bei verspäteter Ankunft (nicht Verzug!) und im Sonderfall des § 270 III ist die Konkretisierung noch von Bedeutung.

Im Gegenzug verliert der frei gewordene Schuldner (Verkäufer) gem. § 323 I den Anspruch auf die Gegenleistung, sofern nicht der Gläubiger (Käufer) das stellvertretende Kommodum erlangt hat (§ 323 II):
*Der Schuldner (Verkäufer) trägt die **Vergütungsgefahr**.*
Sie geht erst dann auf den Gläubiger (Käufer) über, wenn die Kaufsache dem Käufer (§ 446) oder beim Versendungskauf dem Transporteur (§ 447) *übergeben* wird. Die Bedeutung des Erfüllungsortes und der Leistungsart für den Zeitpunkt des **Gefahrübergangs** wurde bereits dargelegt[40]. - War die Gegenleistung schon bewirkt, so kann der Gläubiger sie nach den Vorschriften der §§ 812 ff. (ungerechtfertigte Bereicherung) zurückfordern. Um diesem Herausgabeanspruch eine Grundlage zu geben, wurde § 323 III geschaffen, da die Gegenleistung ja nicht ohne rechtlichen Grund (hier: Kaufvertrag) bewirkt worden war. - Bei teilweiser Unmöglichkeit mindert sich der Kaufpreis entsprechend (§§ 323 I, 472 f.). Ist für den Gläubiger der Warenrest unbrauchbar, so kann er ihn ablehnen und ist von der Gegenleistung befreit.

---

[43] § 279 gilt für jede Schuld, deren Nichterfüllung auf finanzieller Leistungsunfähigkeit beruht, jedoch nicht bei persönlichen Verhinderungsgründen.

[44] Vgl. Kap. C III 2 c).

bb) Vom Schuldner zu vertretende Unmöglichkeit

Hat der Verkäufer die Unmöglichkeit der von ihm geschuldeten Leistung zu vertreten, dann treffen ihn anstelle der Primärleistungspflicht **sekundäre Leistungspflichten**. Der Käufer hat dabei gem. § 325 I (als Sonderregel zu § 280) wahlweise folgende Ansprüche:

- ***Schadensersatz wegen Nichterfüllung***, der meistens in Geld besteht und auch den entgangenen Gewinn einschließt; für die Schadensberechnung kommen zwei Möglichkeiten in Betracht:
  - *Konkrete Berechnung* nach dem tatsächlichen Schadensverlauf

    Beispiel:
    A kauft bei B günstig einen Posten Waren. Durch Verschulden des B geht die Ware unter. Der Kaufpreis betrug 2.000 DM. A, der die Ware braucht, muß einen Deckungskauf tätigen und bezahlt dabei 2.500 DM für die gleiche Ware. Er kann nun von B 500 DM Schadensersatz fordern.

  - *Abstrakte Berechnung* der Differenz zwischen Marktpreis und vereinbartem Preis

    Beispiel:
    Wie Beispiel (1), jedoch verzichtet A auf einen Deckungskauf. Am Tag der vorgesehenen Lieferung betrug der Marktpreis der Ware 2.700 DM, A kann aus diesem Grund die 700 DM Differenz von B verlangen.

- ***Rücktritt vom Vertrag*** und Rückforderung des ggf. bereits bezahlten Kaufpreises (§§ 327, 323 III),
- ***Herausgabe des Leistungssurrogats*** vom Schuldner (§ 323 II, 281); in diesem Fall ist er zur Gegenleistung verpflichtet, die sich aber ggf. nach Maßgabe des Surrogatwertes entsprechend mindert.

Bei einem einseitigen Schuldverhältnis hat der Gläubiger nur die Ansprüche aus §§ 280, 281. Im Falle einer Teilunmöglichkeit kann der Gläubiger die Lieferung verweigern, falls sie als Teil für ihn unbrauchbar ist, und vom Schuldner auf Grund der Nichterfüllung des Vertrages Schadensersatz verlangen (§ 280 II).

cc) Vom Gläubiger zu vertretende Unmöglichkeit

Liegt das Verschulden der Unmöglichkeit beim Gläubiger, so wird der Schuldner frei, behält aber den Anspruch auf die Gegenleistung. Hat der Schuldner durch seine Befreiung von der Leistung Geld oder Material gespart, erworben oder böswillig unterlassen zu erwerben, da er wußte, daß er die Leistung des Gläubigers erhält, so muß er sich diesen Gewinn auf seinen Schadensersatzanspruch anrechnen lassen (§ 324).

Beispiel:

K hat dem Handwerker H einen Reparaturauftrag über 2.500 DM erteilt (Werklieferungsvertrag). Während der Zeit, in der H die Installationsarbeiten durchführt, brennt das Haus durch Verschulden des K ab. H hat prinzipiell einen Anspruch auf 2.500 DM; da er aber 500 DM Material spart, bei einem anderen Auftrag, den er in dieser freigewordenen Zeit ausführt, 1.000 DM verdient und einen Auftrag ausschlägt, der ihm 800 DM gebracht hätte, um die letzte freigewordene Woche in Urlaub zu fahren, hat er gegen K nur noch einen Anspruch von 200 DM.

3. Leistungsverzögerungen

a) Verzögerung der Leistungsannahme (Gläubiger- bzw. Annahmeverzug)

Der **Gläubiger- oder Annahmeverzug** liegt vor, wenn der Gläubiger den Schuldner an einer pünktlichen Leistung hindert.

Beispiel:

K kauft von H ein Auto, das H zur vereinbarten Zeit zu der Wohnung des K bringt. Da K trotz mehrfachen Klingelns nicht öffnet, stellt H das Auto am Straßenrand vor dem Haus des K ab. Das Auto wird durch Zufall zerstört. K ist in Annahmeverzug geraten, H wird von seiner Leistungspflicht frei, behält aber seinen Anspruch auf den vollen Kaufpreis.

Voraussetzungen des Gläubigerverzugs:

- ***Leistungsfähigkeit*** des Schuldners (§ 297)
- ***Angebot*** der geschuldeten Leistung zur rechten Zeit, am rechten Ort und in gehöriger Weise (§ 293, vgl. Kap. III 2 c)
  - Grundsätzlich ist ein *tatsächliches* Angebot erforderlich (§ 294).
  - Ein *wörtliches* Angebot der Leistung genügt jedoch gem. § 295 (Sonderregel zu § 294), wenn der Gläubiger die Leistung schon im voraus verweigert hat oder wenn der Gläubiger zur Bewirkung der Leistung eine Handlung, z.B. die Spezifikation der Ware, vornehmen muß, insbes. die Ware abzuholen hat (Holschuld). Hierbei genügt schon eine Aufforderung zur Handlung.
  - Der Schuldner braucht *nicht wörtlich* anzubieten, wenn ein Kalendertermin für die Gläubigerhandlung bestimmt war und der Gläubiger nicht erscheint (§ 296 als Sonderregel zu § 295)).
- ***Nichtannahme*** des Angebots seitens des Gläubigers (§ 293, Ausnahme § 299)

  Der Nichtannahme steht das Unterlassen einer erforderlichen Mitwirkung (Handlung) des Gläubigers gleich (§ 295).

Ein Verschulden des Gläubigers ist für den Verzug *nicht* Voraussetzung. Der Gläubiger kommt selbst dann in Verzug, wenn er an der Annahme der angebotenen Leistung z.B. wegen eines unverschuldeten Unfalls gehindert wurde.

Rechtsfolgen aus dem Annahmeverzug:

- ***Haftungsminderung*** für den Schuldner (§ 300 I)
  Durch den Gläubigerverzug wird der Schuldner zwar nicht von seiner Leistung befreit. Er haftet aber nur noch für Vorsatz und grobe Fahrlässigkeit.
- ***Übergang der Leistungsgefahr*** vom Schuldner auf den Gläubiger *bei Gattungsschulden* (§ 300 II)
  Der Schuldner wird gem. § 275 von der Leistungspflicht frei, wenn die von ihm ausgesonderte (§ 243 II) und dem Gläubiger angebotene Sache nicht angenommen wird und später infolge eines von ihm nicht zu vertretenden Umstandes untergeht. (**Beachte**: Auch leichte Fahrlässigkeit hat er nicht mehr zu vertreten.) Dies ist vor allem für *Geldschulden* relevant. Das Übermittlungsrisiko (§ 270 I) endet bei Geldschulden mit dem Annahmeverzug, die Gefahrtragung geht auf den Gläubiger über.
- ***Übergang der Vergütungsgefahr*** vom Schuldner auf den Gläubiger (§ 324 II)
- Recht des Schuldners zur ***Hinterlegung*** und ggf. zur Schuldbefreiung durch *Selbsthilfeverkauf* (§§ 372 ff., 383, 385 BGB, § 373 f. HGB)
- Anspruch des Schuldners auf ***Ersatz von Mehraufwendungen*** (§ 304)
- Weitere ***Sonderrechte*** für den Schuldner nach den §§ 301 - 303, insbes. Wegfall von Zinsen während des Annahmeverzugs

Einen Anspruch auf Schadensersatz kann jedoch der Schuldner aus dem Gläubigerverzug nicht herleiten (Ausnahme § 642).
Beachte: Sofern sich aus den Vereinbarungen oder besonderen Umständen des Vertrages ergibt, daß die "Abnahme" (vgl. §§ 433 II, 640) keine Nebenpflicht, sondern eine Hauptpflicht ist, wird aus der Annahmeverzögerung ein Schuldnerverzug (s. dazu folgendes Kap.).

b) Verzögerung der Leistung (Schuldnerverzug)

Beim **Schuldnerverzug** handelt es sich um eine vom Schuldner zu vertretende, pflichtwidrige Verzögerung seiner fälligen Leistung, die ihre Ursache nicht in einer (dauernden) Unmöglichkeit hat.

Grundvoraussetzung für die Vorschriften des Schuldnerverzugs ist die *Nachholbarkeit der Leistung*.

Voraussetzungen des Schuldnerverzugs:

Bezüglich der Voraussetzungen unterscheidet das Gesetz zwischen a) nicht terminbestimmten und b) terminbestimmten Geschäften.

- ***Fälligkeit der Leistung*** (§ 284 I)
  a) Im Zweifel ist die Leistung bei Vertragsschluß, d.h. *sofort* fällig (§ 271 I).
  b) Eine terminbestimmte Leistung ist mit Eintritt des vereinbarten Termins fällig (§ 271 II).
- ***Mahnung*** (§ 284 I)
  a) Die Mahnung (im Gesetz inhaltlich nicht definiert) ist eine empfangsbedürftige, rechtsgeschäftsähnliche Erklärung, die eine *eindeutige, dringende und unbedingte Leistungsaufforderung* enthält und nach dem Eintritt der Fälligkeit erfolgt.
  Wirkung der Mahnung: Der Schuldner muß die Leistung sofort erbringen.
  Der Mahnung gleichgestellt sind die Leistungsklage und der gerichtliche Mahnbescheid (§ 284 I S. 2). Eine Mahnung ist entbehrlich (weil zwecklos) im Falle einer ernsthaften Leistungsverweigerung des Schuldners.
  b) Ist ein Kalendertermin für die Leistung bestimmt, so ist eine besondere Mahnung hinfällig.
- ***Nichtleistung des Schuldners*** (§ 284)
  Der Schuldner kommt in Verzug, wenn er
  a) auf die Mahnung,
  b) zum vereinbarten Termin
  nicht leistet.
- ***Verschulden*** (Vertretenmüssen, § 285)
  Im Unterschied zum Gläubigerverzug kommt der Schuldner ungeachtet der vorgenannten Voraussetzungen nur dann in Verzug, wenn er die Leistungsverzögerung nach § 276, 278 zu vertreten hat. Für Gattungsschulden ist (abweichend von § 285) § 279 sinngemäß anzuwenden; der Schuldner hat für seine Leistungsverzögerung stets wie für ein (finanziell bedingtes) Unvermögen einzustehen (Garantiehaftung).

Rechtsfolgen des Schuldnerverzugs:

Die Verzugsfolgen sind für einfache Schuldverhältnisse und gegenseitige Verträge z.T. verschieden.

(1) ***bei einfachen Schuldverhältnissen***

- Den Schuldner trifft eine ***Haftungsverschärfung*** (§ 287).
  Er trägt die **Leistungsgefahr**: Er haftet während des Verzugs auch für *zufällige*, d.h. unverschuldete Unmöglichkeit der Leistung, es sei denn, er weist nach, daß diese auch ohne Verzug eingetreten wäre. - Der Gläubiger hat *wahlweise* folgende Rechte:

- ***Nachlieferung und Ersatz des Verzugsschadens*** (§ 286 I)
  Da die Leistung nachholbar ist, besteht der Leistungsanspruch des Gläubigers weiter. *Zusätzlich* hat der Gläubiger Anspruch auf Ersatz des Verzugsschadens (z.B. entgangener Gewinn, Kosten der Rechtsverfolgung). Bei **Geldschulden** kann der Gläubiger (ohne Schadensnachweis) **Verzugszinsen** beanspruchen und zwar
  - 4% gem. § 288 I S. 1 BGB ***ab Verzug***,
  - 5% gem. §§ 352 f. HGB bei *beiderseitigen Handelsgeschäften* ***ab Fälligkeit***,

  mit Nachweis auch höhere vereinbarte Zinsen (z.B. aufgrund eines Bankkredites) gem. § 288 I S. 2 i.V. mit § 286 I, jedoch *keine Zinseszinsen* (§§ 289 S. 1, 248). Eine Sonderstellung genießen hier Kreditinstitute nach § 248 II. Ein Anspruch auf Verzugsschadensersatz bleibt dem Gläubiger unbenommen lt. Verweis in § 289 S. 2 auf § 286 I.
- ***Ablehnung der Leistung*** bei Interessewegfall ***und Schadensersatz wegen Nichterfüllung*** (§ 286 II) anstelle des ursprünglichen Leistungsanspruchs

(2) ***bei gegenseitigen Verträgen***

- Die ***Haftungsverschärfung*** und der Anspruch auf ***Nachlieferung und Ersatz des Verzugsschadens*** bestehen auch hier. -
  Alternativ hat der Gläubiger das Recht auf
- ***Schadensersatz wegen Nichterfüllung*** oder ***Rücktritt*** (§ 326 i.V. mit §§ 327, 346 ff.).
  Diese Ansprüche sind an zusätzliche Bedingungen geknüpft.
  - Bei *Interessefortdauer* muß der Gläubiger dem Schuldner nach Eintritt des Verzuges zunächst eine *angemessene* ***Nachfrist*** für die Leistung setzen mit der Erklärung, daß er nach Fristablauf die Leistung ablehnt (§ 326 I). Die **Ablehnungsdrohung** muß hinreichend bestimmt sein. Das Recht auf Schadensersatz oder Rücktritt besteht erst *nach Fristablauf*, der Erfüllungsanspruch ist dann ausgeschlossen. Eine Nachfristsetzung ist nicht erforderlich, wenn der Schuldner von sich aus eindeutig erklärt, daß er nicht leisten wird. Beim Kauf unter Eigentumsvorbehalt besteht das Rücktrittsrecht schon ab Verzug (§ 455; s. auch Besonderheiten beim Fixgeschäft).
  - Bei *Interessewegfall*, den der Gläubiger nachweisen muß, ist - unter sonst gleichen Bedingungen - *keine Fristsetzung* notwendig (§ 326 II). Preisschwankungen vermögen einen Interessewegfall nicht zu begründen.

Besonderheiten beim Fixgeschäft:

Ein **Fixgeschäft** liegt vor, wenn für die Leistung des Schuldners ein präziser Termin existiert und dieser *festbestimmte Termin* für das Erfüllungsinteresse des Gläubigers so bedeutsam ist, daß mit der rechtzeitigen Leistung der Vertrag "steht und fällt"[45].

Ein Fixgeschäft ist erkennbar an
- *Klauseln* wie "fest", "fix", "unbedingt", "genau" oder der präzisen Angabe von Tag und Stunde,
- der *Zweckbestimmung*, z.B. Bestellung eines Taxi zu einer bestimmten Zugankunft, von Blumen und Festessen zu einem Jubiläumsempfang oder von Saisonartikeln wie Karnevalsmasken, Schokoladenosterhasen und Nikoläuse.

Es sind zwei Kategorien von Fixgeschäften zu unterscheiden:
- das ***absolute Fixgeschäft***
  Hier ist die Leistung nach dem Fixtermin absolut unsinnig und deshalb nicht mehr nachholbar, z.B. die Lieferung des Brautkleides nach der Hochzeit oder des Christbaums nach Weihnachten. Es finden somit die **Regeln über die Unmöglichkeit** (§§ 280 ff. und 323 ff.) Anwendung.
- das ***relative (einfache, gewöhnliche) Fixgeschäft***
  Hier ist die Leistung nach dem Fixtermin noch möglich, aber für den Gläubiger relativ wertlos, z.B. Lieferung von Christbaumkugeln nach Weihnachten.

In der Praxis sind die Übergänge zwischen absoluten und relativen Fixgeschäften fließend.

[45] RG 51, 347

Rechtsfolgen für das relative Fixgeschäft enthalten das BGB und das HGB.

BGB-Fixgeschäft (§ 361)	HGB-Fixkauf (§ 376)*)
Erfüllungsanspruch besteht weiter	Vorbemerkung: HGB unterstellt Interessewegfall bei Verstreichen des Fixtermins. ***Erfüllungsanspruch*** *nur, wenn* Gläubiger sofort *anzeigt*, daß er auf Erfüllung besteht.
Rücktrittsrecht („im Zweifel"[1]); Verzug und Verschulden des Schuldners ist nicht erforderlich. 1) ergibt evtl. Auslegungsprobleme	wie nebenstehend (jedoch ohne die Einschränkung „im Zweifel")
Anspruch auf Schadensersatz wegen Nichterfüllung besteht (nur) nach den allgemeinen Regeln und Voraussetzungen des *§ 326 I, II* (s. Schuldnerverzug)	Für ***Anspruch auf Schadensersatz wegen Nichterfüllung*** ist lediglich Verzug vorausgesetzt. (siehe Vorbemerkung oben)

*) Gilt auch für den einseitigen Handelskauf, da nichts abweichendes bestimmt ist.

Abb. C 5: BGB-Fixgeschäft und HGB-Fixkauf im Vergleich

4. Sach- und Rechtsmängel

a) Vorbemerkungen

Die bisherigen Erörterungen betrafen die Fälle der verspäteten oder nicht mehr nachholbaren bzw. nicht mehr erfüllbaren Leistungen. Hat aber beim Kaufgeschäft der Warenschuldner (Verkäufer) die Leistung (Lieferung) rechtzeitig bewirkt, so kann dennoch eine Leistungsstörung vorliegen, wenn die Leistung Mängel aufweist (s. Abb. C 6).

Arten von Mängeln

- **Rechtsmängel** [= Rechtsverschaffungspflicht nach §§ 433 I, 434 bis 439 nicht (voll) erfüllt]
- **Sachmängel** [= Mängel in der Beschaffenheit der Sache]
  - Fehler (= Abweichen der Sache von der normalen oder vertraglich vorausgesetzten besonderen Beschaffenheit) § 459 I
  - Fehlen zugesicherter Eigenschaften § 459 II

Abb. C 6: Mängel beim Kauf

Im Zeitalter der industriellen Massenfertigung sind Mängel in der sachlichen Beschaffenheit gelieferter Waren leider keine Seltenheit, so daß der Sachmängelhaftung im wirtschaftlichen Warenverkehr eine große Bedeutung zukommt. In der Wirtschaftspraxis wird die gesetzliche Regelung meist stark abgewandelt oder gar ganz ausgeschlossen - i.d.R. zu Lasten des Käufers als Endverbraucher - in den **Allgemeinen Geschäftsbedingungen (AGB)**. Um sitten- oder rechtswidrigen Benachteiligungen dieses Käuferkreises entgegenzutreten, mußten häufig die Gerichte eingreifen. Eine Neufassung des Rechts der Allgemeinen Geschäftsbeziehungen erfolgte 1977[46]. Gewährleistungansprüche aufgrund von Sachmängeln ergeben sich nicht nur beim Kauf, sondern auch beim Tausch (§ 515), beim Mietvertrag (§§ 537 ff.) sowie beim Werk- und Werklieferungsvertrag (§§ 633 ff., 651)[47]. Auf letztere wird bei der Darstellung der kaufrechtlichen Gewährleistungsansprüche vergleichend eingegangen.

b) Sachmängelhaftung

aa) Begriffsbestimmung

Man spricht von **Sachmängeln**, wenn die gekaufte Sache nicht fehlerfrei oder ohne die zugesicherte Eigenschaft geliefert wird.

Die Haftung des Verkäufers ist in den §§ 459 ff. BGB[47] und 377 ff. HGB geregelt.
Dem Fehlerbegriff kommt im Gewährleistungsrecht eine zentrale Bedeutung zu.

Fehler ist jede ungünstige Eigenschaft in der Beschaffenheit der Kaufsache, die den gewöhnlichen Gebrauch (objektiver Fehlerbegriff) oder den vertraglich vorgesehenen Gebrauch (subjektiver Fehlerbegriff) aufhebt oder *erheblich*[48] mindert (§ 459).

Beispiele:
Wasserdurchlässigkeit eines Regenmantels (objektiver Fehler); Kaufvertrag über einen Kran mit 300 t Hebeleistung, gelieferter Kran hat nur 100 t Leistung (subjektiver Fehler).

Die Literatur tendiert mehr und mehr dazu, daß die Kaufvereinbarung Grundlage der (Rechts- und) Sachmängelhaftung ist (konkreter bzw. sub-

46 Siehe Kap. C III 1 d).

47 Aus der Stellung im BGB geht hervor, daß es sich um Sonderregelungen zu den allg. Vorschriften der §§ 320 ff. (insbes. Unmöglichkeit) handelt.

48 Laut BGH-Urteil (Az.: VIII ZR 52/96 v. 18.6.1997) ist bei einem Neuwagen ein Sprit-Mehrverbrauch von 10% (und mehr) über den Prospektangaben ein erheblicher Mangel.

jektiver Fehlerbegriff). Jede Abweichung der Sache von der vereinbarten Beschaffenheit stellt bezüglich der Tauglichkeit eine Wertminderung dar.
Die Abweichung der gelieferten Sache von der vertraglichen Vereinbarung kann verschiedenartig sein:

- *Qualitätsmängel* (Beschaffenheitsfehler), z.B.: Schallplatten mit Kratzer, Stoffe mit Webfehlern, zerbrochene Gläser, nicht-funktionsbereite Glühbirnen oder Elektrogeräte, verdorbene Lebensmittel;
- *Quantitätsmängel* (Mengenfehler), z.B.: der Kaufvertrag lautet auf Lieferung von 500 Kästen Bier, geliefert wurden 300;
- *Gattungs- oder Artmängel* (Falschlieferung, sog. aliud[49]), z.B. bei Stückschuld: Der Käufer kauft das Gemälde "Waldesstille", geliefert wird das Bild "Stilleben"; bei Gattungsschuld: Der Käufer bestellt ein Farbfernsehgerät, geliefert wird ein S/W-Gerät.

Fehler i.S. des § 459 ist der ***Qualitätsmangel***.

Bei der Falschlieferung ist davon auszugehen, daß noch nicht geliefert bzw. erfüllt wurde. Der Unterschied ist relevant für die Rechtsfolgen: Bei einem *echten aliud* finden die allgemeinen Vorschriften über die Unmöglichkeit (Nichterfüllung) Anwendung, da hier ja kein Sachmangel vorliegt, d.h., der Erfüllungsanspruch des Käufers bleibt weiter bestehen, der Verkäufer kann die Falschlieferung aufgrund § 812 zurückverlangen. Bei einer *fehlerhaften Lieferung* hat der Käufer nur die im folgenden beschriebenen Gewährleistungsansprüche, wobei die kürzeren Verjährungsfristen zu beachten sind.

In der Praxis bereitet die Grenzziehung oft größte Schwierigkeiten. Ist z.B. die Lieferung von 5 Ztr. Koks anstelle von 5 Ztr. Briketts eine fehlerhafte Lieferung der Gattung Hausbrennstoff oder ein echtes aliud? Meistens ergibt eine weite Auslegung des Fehlerbegriffs die Lösung des Problems[50]. Nach der Rechtsprechung des BGH ist die Lieferung von Sommerweizen statt (im Winter auszusäendem) Winterweizen eine echte Falschlieferung[51], andererseits die Lieferung von rumänischem statt serbischem Buchenholz ein Sachmangel[52].

Ähnlich liegen die Dinge bei *Mengenabweichungen*. Bei echten Mengenabweichungen (z.B. 500 Kästen Bier statt 300) kommt Sachmängelrecht nicht in Betracht. Bei Zuweniglieferung hat der Käufer bezüglich der Restmenge einen Erfüllungsanspruch nach § 433 I und, sofern bereits Schuldnerverzug vorliegt, Ansprüche nach § 326. Bei Zuviellieferung kann er die überschüssige Menge zurückweisen. Ist ihm aus schwerwiegenden Zeit- und Kosten-

---

49 aliud (lat.) = ein anderes

50 Echtes aliud: erhebliche Abweichung; unechtes aliud: geringfügige Abweichung.

51 NJW 1968, S. 640.

52 Lindenmaier-Möhring, Nachschlagewerk des BGH, Nr. 5 zu § 477.

gründen jedoch eine Aussortierung nicht zuzumuten oder ist die Mengenabweichung zugleich ein Qualitätsfehler, sog. *unechter Quantitätsmangel* (z.B. die für eine Grabenabdeckung gelieferten Baubretter sind zu kurz), so liegt ein Sachmangel vor. **Beachte** aber hinsichtlich der Rügepflicht die Gleichbehandlung von Falschlieferung bzw. Mengenfehler und Sachmangel beim Handelskauf (§ 378 HGB)!

Beim ***Fehlen einer zugesicherten Eigenschaft*** liegt ein Sachmangel schon dann vor, wenn die Beschaffenheitsabweichung der Kaufsache nur unerheblich ist.
Eine *Zusicherung* geht über eine bloße Vereinbarung hinaus, sie ist eine verbindliche Erklärung über das Vorliegen einer Eigenschaft und entspricht der Garantie[53]. Die Haftung eines Verkäufers für eine zugesicherte Eigenschaft kann auch nicht durch eine Klausel in den AGB begrenzt oder ausgeschlossen werden. *Eigenschaften* sind neben der körperlichen Beschaffenheit alle tatsächlichen und rechtlichen Verhältnisse der Sache, die ihre Wertschätzung bestimmen. Eine zugesicherte Eigenschaft kann somit auch fehlen, wenn kein Fehler i.S. des oben erläuterten Fehlerbegriffs vorliegt.
Zusicherungen von Eigenschaften entstehen
- durch die verpflichtende Erklärung eines Verkäufers,
- u.U. durch Angaben in der Werbung, bei denen der Käufer nach Treu und Glauben davon ausgehen darf, daß der Verkäufer dafür garantiert,
- bei der Beratung eines Laien durch einen Fachmann, der aufgrund der geäußerten Wünsche dem Kunden einen bestimmten Gegenstand verkauft. Hier kann unter Berücksichtigung der konkreten Umstände des Einzelfalles die Zusicherung der Eigenschaft stillschweigend erfolgt sein.

Beispiel:
Die Aussage eines Autoverkäufers, daß es sich bei dem vorgestellten Auto um ein besonders sparsames Modell handelt, dessen Kraftstoffverbrauch bei 10 l pro 100 km liegt, ist noch keine Zusicherung. Aber: Der ausdrückliche Hinweis, das Auto sei schadstoffarm und deshalb steuerbegünstigt, ist eine Zusicherung des Verkäufers[54]. Gleiches gilt für eine Erklärung (auch als Aufdruck), daß ein Stoff oder Kleidungsstück wasch- bzw. farbecht (indanthren) ist.

Beachte:
Beim Kauf nach Probe (Muster) gilt die Eigenschaft der Probe bzw. des Musters als zugesichert (§ 494). - Bei Grundstücksübertragungen bedürfen Zusicherungen der gerichtlichen oder notariellen Beurkundung gem. § 313.

---

53 Allerdings nicht dem "Garantieschein", der allgemein für eine bestimmte Zeit die Funktionsfähigkeit "garantiert"; beabsichtigt ist dabei eine zeitliche Erweiterung oder (meist) Begrenzung der gesetzlichen Sachmängelhaftung.

54 Urteil des Amtsgerichts Witten, DAR 88, 424

bb) Voraussetzungen der Sachmängelhaftung

(1) Bestehen eines wirksamen ***Kaufvertrages***

(2) Vorliegen eines ***Sachmangels*** i.S. obiger Begriffsbestimmung *zum Zeitpunkt des Gefahrübergangs* (Vergütungsgefahr[55])

Beachte: Die Sachmängelhaftung setzt als Gewährleistungshaftung[56] *kein Verschulden* des Verkäufers voraus!

Sachmängelrechte sind ausgeschlossen (*Haftungsausschluß*),

- wenn dem Käufer der Mangel beim Vertragsabschluß bekannt oder infolge grober Fahrlässigkeit unbekannt war. Aber: Trotz grobfahrlässiger Unkenntnis des Käufers haftet der Verkäufer, wenn er den Mangel dem Käufer arglistig verschwiegen hat oder ihm Fehlerlosigkeit zugesichert hat (§ 460);
- wenn der Käufer die Kaufsache ohne Vorbehalt akzeptiert (§ 464);
- wenn es sich um unerhebliche Mängel handelt (§ 459 I S. 2);
- wenn eine Pfandsache in einer öffentlichen Versteigerung erstanden wird (§ 461);
- wenn der Haftungsausschluß vertraglich vereinbart war. Eine solche Vereinbarung ist nichtig, wenn der Verkäufer den Mangel arglistig verschwiegen hat;
- wenn beim zweiseitigen Handelskauf der Käufer seine Untersuchungs- und Rügepflicht versäumt (§§ 377 ff. HGB, s. unten).

(3) ***Rechtzeitige Mängelrüge***

Für alle Ansprüche aus der Gewährleistung hat der Gesetzgeber verkürzte Verjährungsfristen vorgesehen. Sie betragen gem. § 477 ab Übergabe

• bei beweglichen Sachen	6 Monate	Eine vertragliche Verlängerung ist möglich
• bei Grundstücken	1 Jahr	

Ausnahme: bei arglistig verschwiegenen Mängeln 30 Jahre.
(Gleiches gilt für Ansprüche **aus** Wandlung; s. weiter unten.)
Um Ansprüche geltend machen zu können, muß der Käufer innerhalb dieser Fristen dem Verkäufer eine präzise Mängelanzeige erteilen bzw. evtl. Klage erheben. Die Mängelrüge ist - sofern nicht anders vereinbart - an keine Form gebunden.

Hinsichtlich der Erkennbarkeit sind die Mängel zu typisieren in
- offene Mängel: sofort erkennbar,
- versteckte Mängel: (zunächst) nicht erkennbar,
- arglistig verschwiegene Mängel: versteckte, vom Verkäufer mit Täuschungsabsicht nicht offenbarte Mängel.

---

55 Siehe Kap. C III 2 c) und C IV 2 c) aa).

56 Vgl. den Gedanken der Garantiehaftung beim ursprünglichen Unvermögen.

Für den *zweiseitigen Handelskauf* hat der Gesetzgeber folgende Verschärfungen bestimmt (§ 377 f. HGB):

- Verpflichtung zur *sofortigen Prüfung* der Ware,
- bei offenen Mängeln Verpflichtung zur *sofortigen Rüge*,
- bei versteckten Mängeln Verpflichtung zur sofortigen Rüge nach Entdeckung des Mangels, jedoch ebenfalls innerhalb 6 Monaten!

Diese Pflichten treffen den Käufer auch bei Falschlieferungen oder Quantitätsmängeln (§ 378 HGB)! Ausnahme: ein "nicht genehmigungsfähiges aliud", weil hierbei die Mengen- oder Artabweichung so erheblich ist, daß die Genehmigung als ausgeschlossen anzusehen ist, z.B. Lieferung einer Kollektion Sommerkleider an ein Herrenbekleidungshaus anstelle von dunklen Anzügen.

Einzelheiten zur Prüfungs- und Rügepflicht beim zweiseitigen Handelskauf:

Kommt der Käufer seiner strengen Untersuchungs- und Rügepflicht nicht nach, so ist die Ware als genehmigt anzusehen, der Käufer verliert daraufhin kraft Gesetzes seinen Anspruch aus dem Mängelrecht. Diese Regelung ist bei Kaufleuten so gefährlich gewählt worden, da der Gesetzgeber hier eine hinreichende Geschäftserfahrung voraussetzt.

Die Grenze der Untersuchungspflicht wird durch Rechtsprechung und geltende Handelsbräuche bestimmt. Es genügt meistens nicht, wenn die Ware nur in Augenschein genommen wird. Es müssen Stichproben, Probeläufe, Probefertigungen usw. gemacht werden, die ein genaues Bild vom Zustand der Ware ergeben. Diese Probe hat ohne schuldhaftes Verzögern dann stattzufinden, wenn die Ware derart in den Verfügungsbereich des Käufers gelangt, daß ihm eine Untersuchung der Ware normalerweise möglich wäre. Eine Maschine gilt als ***abgeliefert***, wenn sie fertig montiert beim Käufer für einen Probelauf bereit steht; eine EDV-Anlage gilt als geliefert und ***abgenommen***, wenn die Mitarbeiter des Käufers eingewiesen wurden, alle Anfangsschwierigkeiten überwunden sind und die Anlage eine gewisse Zeit mängelfrei gearbeitet hat[57]. Die strengen Untersuchungs- und Rügepflichten bleiben für den Käufer auch bezüglich (wiederholt) vorgenommener Nachbesserungen des Verkäufers bestehen[58].

Der Käufer ist verpflichtet, die beanstandete Ware eine gewisse Zeit aufzubewahren (§ 379 HGB). Falls die Ware verderblich ist kann er sie nach den Regeln der Selbsthilfe (§ 373) verkaufen. Für den Nichtkaufmann gelten nicht so strenge Vorschriften. Er kann sich das Mängelrecht vorbehalten, obwohl er den Mangel kennt und die Ware trotzdem

57 OLG Düsseldorf, Az. 17 U 27/28

58 OLG München, Az. 23 U 3798/85

als Erfüllung annimmt. Akzeptiert er die mangelhafte Sache ohne Vorbehalt, so verliert er es bei Annahme der Ware (§§ 464, 480).

cc) Rechte des Käufers

(1) Wandlung (§ 462)

Handelt es sich um eine Stückschuld, so hat der Käufer bei einem Sachmangel das Recht auf **Wandlung** (Rückgängigmachung) des Kaufvertrages[59].

Beantragt der Käufer die Wandlung, so wird der Vertrag aufgelöst, und beide Parteien müssen die schon empfangenen Leistungen zurückgeben.

Der **Verkäufer** hat den Kaufpreis einschließlich Zinsen (4% bzw. bei Handelskauf 5 %) zurückzuerstatten - denn gem. Verweisung in § 467 finden die Rücktrittsregeln (hier §§ 346, 347 S. 3) entsprechende Anwendung - und die Vertragskosten zu ersetzen (§ 467 S. 2). Ist der Kaufpreis noch nicht bezahlt und verklagt der Verkäufer den Käufer auf Zahlung, dann kann der Käufer dem Verkäufer die *Einrede der Wandlung* entgegenhalten.

Der **Käufer** hat die Kaufsache zurückzugeben. Probleme entstehen, wenn diese sich nicht mehr im ursprünglichen Zustand befindet oder gar vernichtet ist. Das Verschuldensprinzip bestimmt auch hier die Rechtsfolgen:

- Ist die Verschlechterung oder Vernichtung der Sache *vor* der Wandlung durch den Käufer, seinen Gehilfen oder einen Nacherwerber verschuldet, so verliert der Käufer sein Recht auf Wandlung. Gleiches gilt bei Verarbeitung der Sache, wenn der Mangel schon vor Verarbeitung offenkundig war (§ 467 i.V. § 352).
- Eine *nach* der Wandlung eingetretene (auch verschuldete!) Verschlechterung der Sache oder Unmöglichkeit der Rückgabe schließt dagegen ein Wandlungsbegehren des Käufers nicht aus. Er ist jedoch schadensersatzpflichtig (§ 467 i.V. mit §§ 347, 989).
- Auch bei Zufall bleiben die Ansprüche des Käufers erhalten (§§ 467, 350). Zu den Ansprüchen *aus* Wandlung siehe folgenden Abschnitt (Minderung).

(2) Minderung (§ 462)

Das Recht auf **Minderung** ist der Anspruch auf Herabsetzung des Kaufpreises, wobei der Kaufvertrag bestehen bleibt.

---

59 Die Verwendung der Begriffe "Wandlung" und "Minderung" in den AGB ist ohne Erläuterung in der deutschen Umgangssprache wie Rückgängigmachung und Kaufpreisminderung wegen Unverständlichkeit für Nichtjuristen als Verstoß gegen § 11 Nr. 10 B AGBG unzulässig (OLG Hamm, Az. 19 U 42/81).

Nach § 472 ergibt sich für die verhältnismäßige Kaufpreisminderung folgende Formel:

$$\frac{\text{Alter Kaufpreis}}{\text{Neuer Kaufpreis}} = \frac{\text{Wert der mangelfreien Sache}}{\text{Wert der mangelhaften Sache}}$$

Beispiel:

K erwirbt ein Haus "günstig" für 300.000 DM. Der Verkehrswert des Hauses beträgt 360.000 DM. Es stellt sich heraus, daß das gekaufte Haus vom Schwamm befallen ist, wodurch sein Wert auf DM 280.000 sinkt.

Neuer Preis: $X = \frac{300\,000 \times 280.000}{360.000} = 233.333$

Zeigt sich nach der Minderung ein weiterer Mangel, so hat der Käufer gemäß § 475 erneut das Recht, Wandlung oder Minderung zu verlangen.

Beispiel:

Der wanderlustige W hat einen wetterfesten Regenmantel gekauft. Aufgrund eines Webfehlers im Mantelstoff einigt er sich mit dem Verkäufer auf eine Preisreduzierung um 20 %. Beim ersten Spaziergang im Regen stellt W fest, daß der Mantel nicht wasserdicht und nicht farbecht ist. Enttäuscht beansprucht er Wandlung - zu Recht!

Eine Wandlung oder Minderung ist vom beiderseitigen Einverständnis der Parteien abhängig. Verweigert der Verkäufer das Recht auf Wandlung oder Minderung dem Käufer, so kann der Käufer den Verkäufer innerhalb der Verjährungsfristen des § 477 auf Zustimmung verklagen. Das Urteil ersetzt dann die Einverständniserklärung des Verkäufers. Wird Wandlung oder Minderung vollzogen, so verliert der Käufer das Recht, zwischen den Gewährleistungsansprüchen zu wählen (*jus variandi*). Die kurzen Verjährungsfristen des § 477 gelten nur für den Anspruch ***auf*** Wandlung oder Minderung, nicht aber für Ansprüche ***aus*** Wandlung oder Minderung. Bei den Ansprüchen aus Wandlung oder Minderung gilt die regelmäßige Verjährungsfrist von 30 Jahren.

Beispiel:

Das Wandlungsbegehren des W wurde 5 Monate nach dem Kauf gestellt. Der Verkäufer ist einverstanden. W gibt den Mantel zurück. Als er ein Jahr später (trotz mehrfacher Mahnung) das Geld noch nicht zurückerhalten hat, verklagt er den V. Mit Recht - denn der Anspruch ***aus*** Wandlung ist noch nicht verjährt.

Die Verjährungsfristen des § 477 gelten nur dann, wenn nichts anderes von den Parteien vereinbart wurde.

(3) Schadensersatz wegen Nichterfüllung

Ein Anspruch auf **Schadensersatz wegen Nichterfüllung** steht dem Käufer statt Wandlung oder Minderung nur in den vom Gesetz bestimmten Fällen zu, nämlich

- wenn der Kaufsache eine zugesicherte Eigenschaft fehlt und zwar
  - im Falle einer Stückschuld beim Vertragsabschluß (Kauf; § 463 S. 1),
  - im Falle einer Gattungsschuld beim Gefahrübergang (§ 480 II),
- wenn vom Verkäufer ein Fehler arglistig verschwiegen oder eine nicht vorhandene günstige Eigenschaft arglistig vorgespiegelt wird (§ 463 S. 2).

Die Entschädigung besteht in Geld, nicht in einer Nachbesserung; dabei bleibt es dem Käufer überlassen, ob er die Kaufsache behält oder dem Verkäufer zur Verfügung stellt.

(4) Ersatzlieferung

(Nur) beim *Gattungskauf* hat der Käufer einen (Erfüllungs-)Anspruch auf Lieferung einer mangelfreien Sache und kann deshalb vom Käufer unter Zurückweisung der mangelhaften Sache **Ersatz- bzw. Nachlieferung** verlangen (§ 480 I), bei Verzug auch nach § 326 vorgehen.

Ungeachtet dessen bleibt es dem Käufer unbenommen, stattdessen Wandlung, Minderung oder u.U. (s. oben) Schadensersatz zu beanspruchen. Wurde von den Parteien Nachlieferung bestimmt, so besteht das Gewährleistungswahlrecht nicht mehr.

Exkurs:

Der Anspruch auf Ersatzlieferung darf nicht verwechselt werden mit dem **Umtauschrecht**, das dem Käufer die Möglichkeit einräumt, eine (fehlerfreie) Kaufsache ohne Angabe von Gründen innerhalb einer bestimmten Frist (z.B. 8 Tage lt. Kassenzettel) gegen eine gleichwertige oder gegen einen Gutschein umzutauschen. Eine Erstattung des Kaufpreises steht im Belieben des Verkäufers. Das gesetzlich nicht geregelte Umtauschrecht ist *kein Gewährleistungsrecht*, sondern eine freiwillige Zusage des Verkäufers, die heute im (Versand-)Handel üblich ist (Handelsbrauch).

(5) Nachbesserung beim Kauf-, Werk- und Werklieferungsvertrag

Kaufvertrag

- Die gesetzliche Regelung der Gewährleistung sieht - im Unterschied zum Werkvertrag - *keine Nachbesserung* vor.

  Ausnahme: Der Käufer muß eine kurzfristige und problemlos durchführbare Nachbesserung u.U. aus Treu und Glauben (§ 242) gestatten.

Beispiele:

Leichte Mattstellen der Fahrzeuglackierung, die durch Nachpolieren beseitigt werden können. - Jedoch können Neuwagenkäufer im Falle (erheblicher)

Lackmängel ihr Auto sogar dann zurückgeben (Wandlung), wenn der Händler nachträglich eine Ganzlackierung anbietet[60].

- Eine vertragliche Vereinbarung (häufig in AGB) der Nachbesserung ist (anstelle von Wandlung und Minderung) möglich, ein gleichzeitiger Ausschluß von Wandlung und Minderung jedoch nur, wenn die Nachbesserung überhaupt durchführbar ist. Den Umfang der vom Verkäufer zu tragenden Aufwendungen regelt § 476 a.

Werkvertrag

- Der Werkunternehmer ist zur **Nachbesserung** eines (auch unerheblichen) Mangels i.S. obiger Begriffsbestimmung berechtigt und verpflichtet (§ 633).
  Beachte: Bei Nachbesserungs-Verzug des Unternehmers kann der Besteller auf Kosten des Unternehmers den Mangel selbst beseitigen oder durch einen anderen Unternehmer beheben lassen (§ 633 III). Der Unternehmer kann die Nachbesserung nur verweigern, wenn sie überverhältnismäßigen Aufwand erfordert (§ 633 II).
- Einen Anspruch auf Wandlung, Minderung oder - bei Verschulden des Unternehmers - Schadensersatz wegen Nichterfüllung hat der Besteller erst,
  - wenn eine vom Besteller mit gleichzeitiger Ablehnungsdrohung gesetzte angemessene Frist zur Beseitigung des Mangels verstrichen ist (§ 634 I) oder
  - wenn der Unternehmer die Nachbesserung verweigert (§ 634 II) oder
  - wenn die Nachbesserung nicht möglich ist (§ 634 II) oder
  - wenn der Besteller ein berechtigtes Interesse an der sofortigen Wandlung oder Minderung hat (§ 634 II).

  Beachte: Bei einem unerheblichen Mangel ist die Wandlung (nicht Minderung!) ausgeschlossen (§ 634 III).

Die Regeln über die Verjährungsfristen für Gewährleistung beim Werkvertrag entsprechen denen beim Kauf; bei Bauwerken beträgt die Verjährungsfrist jedoch 5 Jahre. (In den Werkverträgen für Bauleistungen wird meist die 2-jährige Frist nach VOB zugrunde gelegt.) Bei erfolgloser Nachbesserung wird die Nachbesserungszeit nicht mitgerechnet (Hemmung der Verjährung; § 639 II, lt. Rechtsprechung analog auf den Kaufvertrag anwendbar).

---

[60] OLG Düsseldorf, 13 U 84/94

Werklieferungsvertrag

Gem. § 651 I S. 2 finden

- bei vertretbaren Sachen die (Gewährleistungs-)Vorschriften über den Kauf,
- bei nicht vertretbaren Sachen die Regeln über den Werkvertrag Anwendung.

Nach zwei erfolglosen Nachbesserungsversuchen leben die anderen Gewährleistungsansprüche wieder auf[61].

dd) Sachmängelrecht und Konkurrenzansprüche

Die Vorschriften des Sachmängelrechtes schließen als Sonderregeln die Anwendung der Normen über die Unmöglichkeit und die Anfechtung wegen Eigenschaftsirrtums aus. Maßgeblicher Zeitpunkt für den Anwendungsausschluß ist nach h.L. der Gefahrübergang.

***Beispiel*:**

V verkauft K einen PKW. V wußte nicht, daß es sich bei diesem PKW um einen Unfallwagen handelt. Bei der Besichtigung des Fahrzeuges hatte auch K nichts von diesem Mangel bemerkt.

Wenn K den Kauf wegen des Mangels anfechten könnte, bliebe ihm noch 30 Jahre die Anfechtungsmöglichkeit, sofern die Anfechtung unverzüglich nach Entdeckung des Fehlers erklärt würde (§ 121). Dies wollte der Gesetzgeber aber gerade durch § 477 verhindern.

Ist die Gefahr auf den Käufer übergegangen, hat er weder ein Anfechtungsrecht noch Schadensersatzansprüche wegen Verzug oder Unmöglichkeit. Nach Gefahrübergang bleiben dem Käufer außer den Sachmängelrechten jedoch ggf. noch folgende Möglichkeiten:

- die Anfechtung wegen arglistiger Täuschung (§ 123),
- der Schadensersatzanspruch wegen unerlaubter Handlung (§§ 823 ff.),
- der Schadensersatzanspruch aus positiver Forderungsverletzung (siehe folgendes Kap. 5), wenn durch die falsche oder schlechte Lieferung ein Schaden an anderen Rechtsgütern entsteht (**Mangelfolgeschaden**), z.B. Schädigung des Viehbestandes durch eine Lieferung von schlechtem Viehfutter.

---

[61] BGH 22, 96

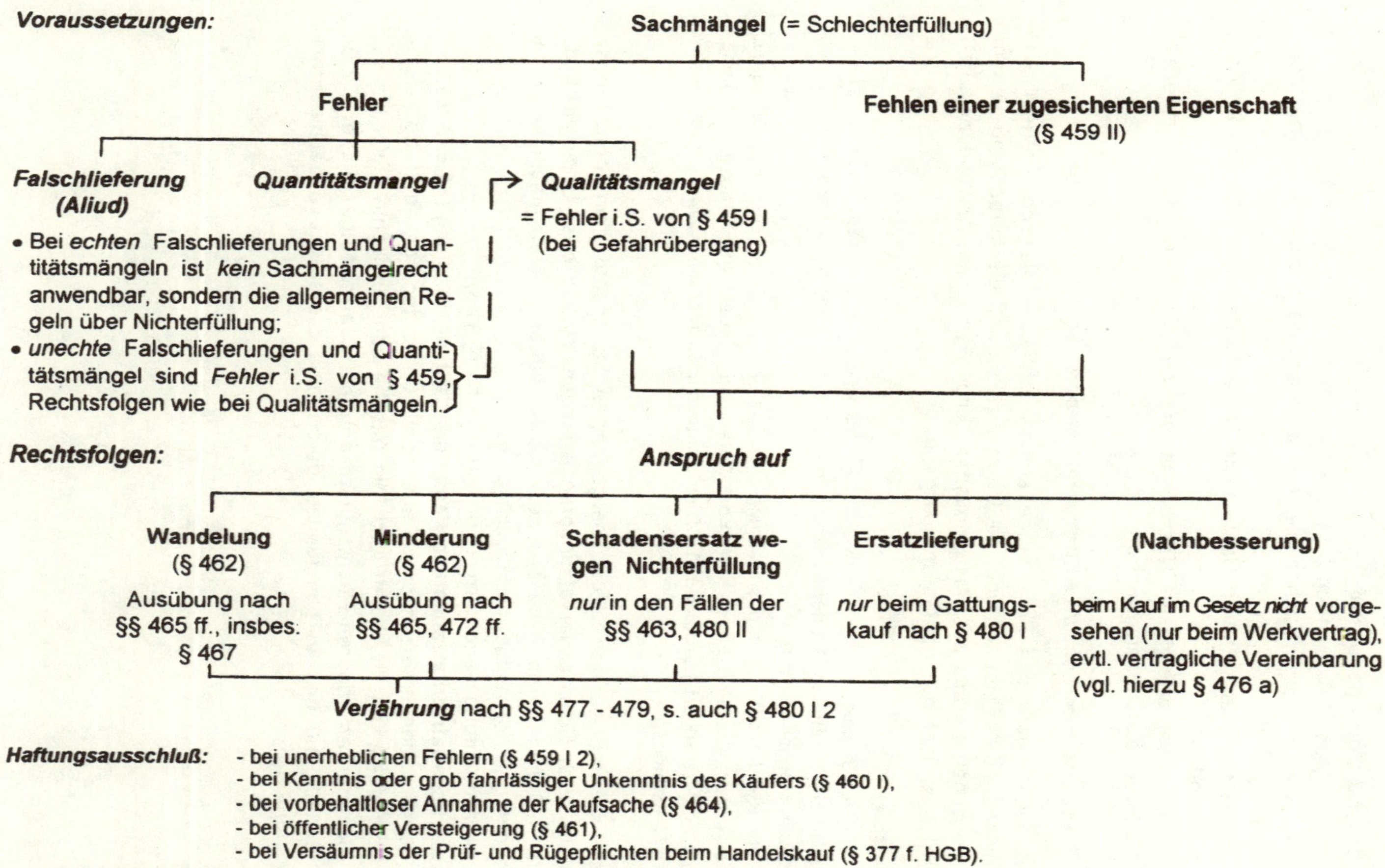

Abb. C 7: Mängelhaftung beim Kauf - (1) Sachmängelhaftung

Voraussetzungen: **Rechtsmängel**

i.S. von §§ 434 ff., die der Verkäufer nicht beseitigen kann.

Rechtsfolgen: gem. § 440 I mit Verweisung auf §§ 320 ff. nach den Regeln über die *Nichterfüllung* (Beachte auch § 437 als Sonderregel zu § 306)

Anspruch auf bzw. Recht zur/zum

Einrede des nicht erfüllten Vertrages (§ 320)	**Schadensersatz wegen Nichterfüllung** (§§ 325, 326, beachte §§ 440 II - IV, 441)	**Rücktritt** vom Vertrag (§§ 325 - 327 i.V. mit §§ 346 ff.)	**Rückzahlung** des Kaufpreises nach Bereicherungsrecht (§§ 323 III, 812 ff.)

Haftungsausschluß:
- bei Kenntnis des Käufers; Ausnahme: Pfandrechte (§ 439),
- bei vertraglichem Ausschluß; Ausnahme: arglistig verschwiegene Rechtsmängel (§ 443),
- bei Veräußerung aufgrund einer Pfändung oder Zwangsversteigerung (§ 806 ZPO, § 56 ZVG).

Abb. C 8: Mängelhaftung beim Kauf - (2) Rechtsmängelhaftung

ee) Sachmängelhaftung und Garantie

Zahlreichen Kaufgegenständen, insbesondere technischer Art (z.B. Uhren, Elektrogeräte, Maschinen), werden "***Garantiescheine***" beigefügt.

Eine **Garantie** beinhaltet die Zusage des Garantiegebers, für Eigenschafts- oder Funktionsmängel einer Sache *("Garantiefall")*, die durch Material- oder Fabrikationsfehler (d.h. vor dem Gefahrübergang) entstanden sind, während eines begrenzten Zeitraums *(Garantiezeit)* unter der Voraussetzung sachgerechter Behandlung seitens des Garantienehmers einzustehen.

Garantie und gesetzliche Sachmängelhaftung sind nicht gleichzusetzen, obwohl im täglichen Sprachgebrauch beide Begriffe vermischt werden. Die Garantie wird i.d.R. vom ***Hersteller*** ausgestellt und wird rechtssystematisch wirksam im Rahmen eines Garantievertrages; die Gewährleistungspflicht trifft kraft Gesetzes den (Weiter-)Verkäufer (Händler). Tritt die Herstellergarantie *neben* die Sachmängelhaftung des Händlers, so kann der Kunde des Händlers wahlweise Ansprüche aus dem Kaufvertrag gegen den Händler oder aus dem Garantievertrag gegen den Hersteller geltend machen. Der selbständige **Garantievertrag** ist ein Vertrag eigener Art mit einseitiger Verpflichtung (§ 305). In dem Garantieschein des Herstellers ist ein Angebot zum Abschluß des Garantievertrages zu sehen, das nach h.L. schweigend bzw. konkludent, z.B. durch sorgfältiges Aufbewahren, angenommen werden kann (§ 151). Ein Wegwerfen oder Vernichten des Garantiescheins kann nicht als Annahme gedeutet werden. Der Händler kann nicht seine Gewährleistungspflicht nach §§ 459 ff. mit dem Verweis auf eine Herstellergarantie ausschließen[62], es sei denn, er vereinbart mit dem Käufer, daß seine Gewährleistungspflicht beim Fehlschlagen der Herstellergarantie wieder auflebt. Andererseits besteht die Herstellerhaftung aus einem Garantievertrag selbständig neben einer evtl. Produzentenhaftung[63]. - Nicht immer ist der Garantienehmer durch den Garantieschein (im Vergleich mit der gesetzlichen Sachmängelhaftung) besser gestellt, nämlich dann nicht, wenn darin nur ein Nachbesserungsanspruch gewährt wird, Wandlung und Minderung aber ausgeschlossen werden. Bloße Augenwischerei ist gar die Garantie dann, wenn sie auf 6 Monate befristet ist und die Leistung - im Unterschied zur Gewährleistung nach §§ 459 ff. - auf den Materialersatz (ausschließlich der Lohn- und Transportkosten) beschränkt ist.

---

62 Vgl. Kap. C III 1 d); hier: § 11 Nr. 10 a) AGBG.

63 Siehe Kap. C VII 3 b).

c) Rechtsmängelhaftung

aa) Begriffsbestimmung und Voraussetzungen

Außer den Verpflichtungen zur Erfüllung gem. § 433 trifft den Verkäufer die Verpflichtung aus § 434. Danach hat er dem Käufer den Kaufgegenstand, d.h. das Eigentum am Kaufobjekt (Sache oder Recht) frei von Rechten Dritter zu verschaffen.

Ein **Rechtsmangel** liegt vor, wenn der Verkäufer dem Käufer nicht die uneingeschränkte rechtliche Herrschaft (= Eigentum) am Kaufobjekt verschaffen kann.

Der umfassendste Rechtsmangel ist dann gegeben, wenn der Verkäufer gar nicht Eigentümer der Kaufsache ist. Er ist nichtberechtigt zum Verkauf. Dieser Fall ist relevant für den gutgläubigen Erwerb, der bei abhandengekommenen Sachen im Regelfall nicht möglich ist[64]. Weiterhin ist die Belastung des Kaufobjektes mit Rechten Dritter ein Rechtsmangel, durch den der Kaufgegenstand in seinem Wert für den Käufer gemindert oder sogar gänzlich wertlos sein kann.

Beispiele:
Belastung eines Grundstücks mit einer Hypothek, einem Wegerecht oder einem Vorkaufsrecht, eines Gebäudes mit einem lebenslangen Wohnungsrecht (Dienstbarkeit) oder einer beweglichen Kaufsache mit einem Pfand- oder Zurückbehaltungsrecht zugunsten eines Dritten.

Der Verkäufer muß also dafür sorgen, daß die Hypothek gelöscht, das Wohnungsrecht ausgetragen und das Zurückbehaltungsrecht aufgehoben wird (s. insbes. § 439 I). Der Kaufpreis dient in den meisten Fällen zur Löschung dieser Rechte.

War das Recht des Dritten dem Käufer bei Vertragsabschluß bekannt, so entfällt die Rechtsverschaffungspflicht des Verkäufers nach § 434, da angenommen werden kann, daß der Käufer die Pflichten gegenüber dem Dritten übernehmen wollte (§ 439 I).

bb) Rechte des Käufers

Zunächst sei hingewiesen auf den Unterschied gegenüber der Sachmängelhaftung. Trotz der gleichen Basis, nämlich der Kaufvereinbarung, gelten für die Rechtsmängelhaftung nicht die Sonderregeln der Sachmängelhaftung. Stattdessen bestimmen sich aufgrund eines Verweises in § 440 I die Rechtsfolgen nach den allgemeinen Vorschriften für den gegenseitigen Ver-

64 Siehe Kap. C III 2 b).

trag, insbes. für die Nichterfüllung (§§ 320 bis 327), wenn der Verkäufer die ihm nach den §§ 433 bis 437, 439 obliegenden Pflichten nicht erfüllt (s. Abb. C 8). Das heißt also, daß jeder Rechtsmangel einer Nichterfüllung des Vertrages gleichgestellt ist. Es kommen folglich die Bestimmungen über die Unmöglichkeit der Leistung zur Anwendung[65]. Liegt ein Rechtsmangel bereits *beim* Verkauf einer Sache vor, so handelt es sich um ursprüngliches Unvermögen, das der Verkäufer infolge seiner Garantiehaftung auch ohne Verschulden zu vertreten hat (Umkehrschluß aus §§ 306, 275 II). Tritt der Rechtsmangel *nach* Vertragsschluß ein, dann handelt es sich um nachträgliche Unmöglichkeit der Rechtsverschaffungspflicht. Sofern der Rechtsmangel vom Verkäufer nicht zu beseitigen ist, hat der Käufer ***Anspruch auf Schadensersatz wegen Nichterfüllung oder das Recht zum Rücktritt*** (§ 325).

Wenn ein Dritter gegenüber dem Käufer ein Besitzrecht an einer verkauften **beweglichen Sache** hat, so kann der Käufer Schadensersatz wegen Nichterfüllung nur dann verlangen, wenn er die Sache dem Dritten herausgegeben oder dem Verkäufer zurückgewährt hat oder wenn sie untergegangen ist (§ 440 II - IV).

Die Rechtsverschaffungspflicht ist für den Verkauf von **Grundstücken** eingeschränkt. Der Verkäufer haftet nicht für die Freiheit des Grundstücks von nicht eintragungsfähigen öffentlichen Abgaben und anderen öffentlichen Lasten wie Grundsteuern, Anliegergebühren und Erschließungsbeiträgen (§ 436)[66].

Für den Verkauf eines **Rechts** besteht eine verschärfte Haftung! Der Verkauf eines nichtexistierenden Rechtes stellt eigentlich ursprüngliche Unmöglichkeit dar. § 437 ist jedoch Sondernorm zu § 306. Der Vertrag ist wirksam, der Verkäufer haftet wie beschrieben (s.o.). Er haftet nur für den rechtlichen Bestand, nicht für die Zahlungsfähigkeit (Bonität bzw. Liquidität) des Zahlungsschuldners einer Forderung.

5. Positive Forderungsverletzung

In manchen Fällen wird dem Gläubiger ein Schaden durch den Schuldner zugefügt, der nicht durch eine unmögliche, verzögerte oder mängelbehaftete Leistung und auch nicht durch eine unerlaubte Handlung (Delikt) hervorgerufen wurde und folglich auch nicht von den diesbezüglichen Rechtsnormen des BGB erfaßt wird. Rechtslehre und Rechtsprechung haben hierfür in Analogie zu den Regeln über Unmöglichkeit und Verzug (§§ 280, 286 und bei gegenseitigen Verträgen §§ 325, 326) die Anspruchsgrundlage der positiven Forderungsverletzung entwickelt, die heute als

---

65 Siehe Kap C IV 2.

66 Das Reichsgericht hat öffentlich-rechtliche Baubeschränkungen als Sachmängel interpretiert (RG 131, 348).

ungeschriebene Norm gewohnheitsrechtlich anerkannt ist und bestehende gesetzliche Haftungslücken ausfüllt.

Bei der **positiven Forderungsverletzung**[67] handelt es sich um eine schuldhafte Verletzung
- von vertraglichen Nebenpflichten (z.B. Schutz-, Sorgfalts-, Aufklärungs-, Treuepflichten)
  oder
- der Hauptleistungspflicht (sog. Schlechterfüllung), wenn dadurch ein Schaden entsteht, der das Leistungs- bzw. Erfüllungsinteresse des Gläubigers übersteigt.

Beispiele:
1. Lieferung schlechter Kartoffeln, die den sonstigen Lagerbestand des Käufers "anstecken" (*Begleit- bzw. Mängelfolgeschaden* durch Schlechterfüllung)
2. Beschädigung eines Kraftfahrzeuges in der Autowaschanlage
3. Maschinenschaden durch eine fehlerhafte Bedienungsanleitung
4. Verlustbringende wirtschaftliche Entscheidung aufgrund einer unrichtigen Bilanz des Steuerberaters

Ein besonderes Kennzeichen der positiven Forderungsverletzung ist, daß der entstandene Schaden nicht durch ein Nachholen der vertragsmäßigen Leistung beseitigt werden kann.

Voraussetzungen der Haftung aus positiver Forderungsverletzung:
- Bestehen eines ***Schuldverhältnisses***
- Objektive ***Pflichtverletzung***
- ***Verschulden*** bezüglich der Pflichtverletzung gem. §§ 276, 278
  Ein Verschulden wird gem. §§ 282, 285 vermutet, wenn die Schadensursache im Gefahrenbereich des Schuldners liegt und dieser keinen Gegenbeweis erbringt.

Rechtsfolgen

Der Gläubiger hat *alternativ* folgende Ansprüche:
- ***Ersatz des entstandenen Schadens***
  Die Schadensersatzpflicht des Schuldners tritt als sekundäre Leistungspflicht **neben** die primäre Hauptleistungspflicht.
- ***Ablehnung der Leistung und Schadensersatz wegen Nichterfüllung*** oder ***Rücktritt vom Vertrag***, wenn für den vertragstreuen Partner die Fortsetzung des Vertrages nach Treu und Glauben nicht mehr zumutbar[68] oder nicht mehr von Interesse ist. Entsprechend hat er bei Dauerschuld-

---

67 Die auch verwendete Bezeichnung "positive Vertragsverletzung" ist insofern zu eng, als die gestörte Forderung (Pflicht) auch aus einem gesetzlichen Schuldverhältnis resultieren kann.

68 BGH (JA 1984, 304)

verhältnissen (z.B. Miet-, Pacht-, Dienst-, Darlehensvertrag), insbes. bei Sukzessivlieferungsverträgen (z.B. zwischen Brauerei und Gaststätte) ein ***Kündigungsrecht***.

Die Ansprüche verjähren nach 30 Jahren. Einen Anspruch auf Ersatz eines immateriellen Schadens kann der Geschädigte aus der positiven Forderungsverletzung nicht herleiten.

6. Culpa in contrahendo

Allgemein anerkannt ist, daß bereits vor Vertragsschluß bei der Anbahnung von Verträgen zwischen den Verhandlungsparteien bzw. potentiellen Geschäftspartnern ein vertragsähnliches Vertauensverhältnis entsteht, das gewisse Sorgfalts-, Obhuts-, Aufklärungspflichten etc. begründet.

Das Rechtsinstitut der **culpa in contrahendo** (Verschulden bei der Vertragsverhandlung) erfaßt die Verletzung von vorvertraglichen Sorgfaltspflichten bei der Aufnahme von Geschäftskontakten bzw. bei Vertragsverhandlungen.

Bei der culpa in contrahendo handelt es sich also nicht um eine Vertragsverletzung (Leistungsstörung), da es (noch) nicht zum Vertragsschluß gekommen ist, sondern um eine Erweiterung der Vertragshaftung "nach vorne". Sie ist ein Rechtsinstitut zur Beseitigung von Gesetzeslücken in der Haftung bzw. Ersatzpflicht vor Vertragsschluß, das von Rechtslehre und Rechtsprechung (gestützt auf §§ 307, 309 u.a.) entwickelt wurde.

Beispiele:

1. Eine Frau wird beim Betreten des Ladens vor dem Abschluß eines Kaufvertrages durch eine umfallende Linoleumrolle, die ein Ladenangestellter unsachgemäß aufgestellt hatte, verletzt[69].
2. Eine Yacht wird mit einem Leck in eine Werft geschleppt. Noch bevor der Eigentümer einen Reparaturauftrag erteilt hat, wird seine Yacht durch Verschulden eines Werftarbeiters beschädigt[70].

Voraussetzungen der Haftung aus culpa in contrahendo:

- Bestehen eines *vorvertraglichen Pflichtenverhältnisses*
- objektive *Pflichtverletzung*
- *Verschulden* bezüglich der Pflichtverletzung gem. §§ 276, 278

69 RGZ 78, 239 ff.

70 BGH (NJW 77, 376)

Rechtsfolgen:
Der Geschädigte hat Anspruch auf ***Ersatz des entstandenen Schadens*** (kein Ersatz des Nichtvermögensschadens!) und zwar unabhängig davon, ob es noch zum Vertragsschluß kommt. Die Haftung erfährt sogar eine Erweiterung i.S. einer *Schutzwirkung zugunsten Dritter*, wenn in Beispiel 1 (s.o.) die Tochter als Begleitperson der Frau verletzt worden ist[71].

7. Haftung für Erfüllungs- und Verrichtungsgehilfen

Nach dem Verschuldensprinzip hat ein Schuldner sein eigenes Verschulden, d.h. fahrlässiges oder vorsätzliches Fehlverhalten, zu vertreten (§ 276). Darüber hinaus hat der Gesetzgeber festgelegt, in welchen Fällen und unter welchen Bedingungen jemand auch für schädigendes Verhalten von Hilfspersonen haftet. Das BGB unterscheidet zwei Typen von Gehilfen, deren sich jemand zur Erfüllung von Leistungspflichten bedienen kann:
- Erfüllungsgehilfen (§ 278) und
- Verrichtungsgehilfen (§ 831).

a) Haftung für Erfüllungsgehilfen

Ein **Erfüllungsgehilfe** ist derjenige, der von einem Schuldner zur Erfüllung einer Verpflichtung aus einem bereits bestehenden Schuldverhältnis bestellt worden ist.

Die Hilfsperson muß tatsächlich zur Erfüllung der Leistungspflicht des Schuldners mit dessen Willen tätig werden[72]. Die Tätigkeit des Erfüllungsgehilfen liegt zwar im Einfluß- und Gefahrenkreis des Schuldners[73], der Erfüllungsgehilfe muß aber nicht in einem Abhängigkeitsverhältnis zum Schuldner (z.B. als Arbeitnehmer) stehen, er kann auch ein selbständiger Gewerbetreibender sein, z.B. ein Handwerker (s. folgendes Beispiel), ein Kreditinstitut, dessen sich der Schuldner zu Zahlungszwecken bedient, ein Frachtführer oder Spediteur (Ausnahme: Versendungskauf, da hier der Verkäufer gem. § 447 nur die Absendung, nicht aber den Transport der Ware schuldet).

Fallbeispiel:
Der Student S wohnt zur Miete bei der Wirtin W. Den durch den starken Frost entstandenen Wasserrohrbruch in dem Appartment des S läßt W durch den Installateur I reparieren. Dabei beschädigt I mit einer Rohrzange durch ungeschicktes Hantieren das Radio des S. Materialabfälle wirft I aus dem offenen Fenster und

71 BGHZ 66, 51 ff.

72 Vgl. Palandt-Heinrichs, BGB, 57.Aufl., München 1998, § 278, Anm. 3.

73 Vgl. Palandt-Heinrichs, a.a.O., § 278, Anm. 1.

verletzt dadurch den Passanten P am Kopf. Beim Verlassen des Appartments stiehlt I noch ein kostbares Stück aus dem Briefmarkenalbum des S. - W schuldet dem S aufgrund des Mietvertrages die Gebrauchsüberlassung eines einwandfreien Mietgegenstandes; diesbezüglich ist I der Erfüllungsgehilfe der W.

Voraussetzungen der Haftung:

- Es muß ein ***Schuldverhältnis*** (z.B. Vertrag) zwischen dem Schuldner und dem Geschädigten bestehen. Daraus ergibt sich, daß § 278 keine selbständige Anspruchsgrundlage ist, sondern stets in Verbindung mit dem verletzten Schuldverhältnis als eigentlicher Anspruchsgrundlage genannt werden muß (z.B.: Der Anspruch des S gegen W auf Wiederherstellung des Radios könnte sich auf positive Forderungsverletzung des Mietvertrages i.V. mit § 278 stützen).
- Der Schaden muß durch ein ***Verschulden des Gehilfen*** (nicht des Schuldners!) verursacht worden sein. Die Beweislast obliegt dem Geschädigten.
- Der Gehilfe muß ferner die ***Schädigung bei der Erfüllung*** und nicht nur gelegentlich der Erfüllung begangen haben. Es muß also ein innerer Zusammenhang zwischen dem Schaden und der Pflichtenerfüllung des Gehilfen bestehen. Dieser Zusammenhang ist im obigen Fallbeispiel zwischen den Reparaturarbeiten und der Beschädigung des Radios gegeben, nicht aber zwischen den Reparaturarbeiten und dem Diebstahl.

Haftung (Rechtsfolge):

Liegen die genannten Voraussetzungen vor, dann haftet der Schuldner einer vertraglichen Pflicht für das Verschulden seines Erfüllungsgehilfen im gleichen Umfang wie für eigenes Verschulden (§ 278 S. 1). Eine Exculpationsmöglichkeit (Entlastung wie bei § 831 I) besteht nicht.

Gleiches gilt im Regelfall auch für den "Gehilfengehilfen", wenn z.B. der Installateur (im obigen Fall) die Arbeiten wiederum durch seinen Gesellen ausführen läßt.

Die Haftung geht auf ***Ersatz des Vermögensschadens***. Ein Anspruch auf Schmerzensgeld (Nichtvermögensschaden) ist ausgeschlossen (§ 253). Unbenommen bleibt dem Schuldner im Falle seiner Haftung ein Rückgriffsanspruch gegen seinen Gehilfen. Die Haftung des Schuldners kann durch Vertrag beschränkt oder sogar gänzlich ausgeschlossen werden, da gem. § 278 II die Vorschrift des § 276 II, wonach ein Haftungsausschluß für Vorsatz unzulässig ist, keine Anwendung findet. Eine "formularmäßige" Haftungsbeschränkung ist jedoch durch § 11 Nr. 7 AGBG begrenzt worden. Danach sind Haftungsausschluß oder Haftungsbeschränkung für grobe Fahrlässigkeit und Vorsatz in Allgemeinen Geschäftsbedingungen unwirksam. - Juristische Personen haften für ihre Erfüllungsgehilfen ebenso wie natürliche.

N.B.: § 278 schließt auch die Haftung für (fremdes) Verschulden gesetzlicher Vertreter (z.B. Vater, Mutter, Vormund) ein. Die verfassungsmäßig berufenen Vertreter der juristischen Personen sind jedoch keine "Vertreter" i.S. des § 278, sondern Organe, deren Verschulden kein Fremdverschulden, sondern eigenes Verschulden der juristischen Person ist[74].

Rechtsfolgen im Fallbeispiel:

- Ansprüche des S gegen die W
  W haftet dem S im Rahmen des bestehenden Mietvertrages i.V. mit § 278 für den Schaden an dem Radio, den ihr Erfüllungsgehilfe I bei der Erfüllung schuldhaft angerichtet hat. - W haftet nicht für den Diebstahl, da dieser nur bei Gelegenheit der Erfüllung ausgeführt wurde.
- Ansprüche des P gegen die W
  Eine Haftung der W kommt nicht in Betracht, da zwischen ihr und dem P kein Schuldverhältnis besteht.

b) Haftung für Verrichtungsgehilfen

Die Haftung für Verrichtungsgehilfen ist eine reine *Deliktshaftung*, sie setzt nicht die Verletzung rechtsgeschäftlicher Pflichten voraus. Dennoch soll sie an dieser Stelle im Vorgriff auf die unerlaubte Handlung behandelt werden, da ein direkter Vergleich mit der Haftung für den Erfüllungsgehilfen die Unterschiede deutlicher hervortreten läßt.

Verrichtungsgehilfe ist, wer für einen anderen (BGB: Geschäftsherr) Arbeiten zu verrichten hat und dabei den Weisungen und der Überwachung des Geschäftsherrn unterworfen ist.

***Fallbeispiele*:**

1. Malermeister M läßt durch seinen Angestellten A ein Baugerüst aufstellen. Durch eine Unaufmerksamkeit des A fällt ein Brett vom Gerüst, beschädigt das Auto des H, dessen Haus angestrichen werden soll, und verletzt den Passanten P.
2. Der Restaurantbesitzer R läßt seine Gäste durch den Kellner K bedienen. Noch während der hungrige Urlauber U in der Speisekarte blättert, schüttet K ihm im Vorübergehen die heiße Suppe, die für einen anderen Gast bestimmt war, über den Anzug.
3. Der Elektroinstallateur E läßt Arbeiten in einem Neubau durch seinen Gesellen G ausführen. G wirft durch das offene Fenster mit Materialabfällen auf Spatzen und verletzt dabei den Fußgänger F.

Voraussetzungen der Haftung:

- Es muß ein enges ***Abhängigkeitsverhältnis***, z.B. ein Arbeitsvertrag, zwischen dem Geschäftsherrn und dem Gehilfen bestehen.

---

[74] Vgl. Palandt-Heinrichs, a.a.O., § 278, Anm. 2 b).

Das ist aus der Bezeichnung Geschäftsherr zu entnehmen. Selbständige Unternehmer sind deshalb i.d.R. keine Verrichtungsgehilfen. In den drei obigen Beispielen liegen derartige Abhängigkeitsverhältnisse vor; A, K und G sind Verrichtungsgehilfen. Anders ist aber die Situation des Fallbeispiels in Abschnitt a) (s. oben): Zwischen W und I besteht kein solches Abhängigkeitsverhältnis (Weisungsgebundenheit), I ist also kein Verrichtungsgehilfe der W; eine Haftung der W gem. § 831 scheidet schon deshalb aus.

Ein Schuldverhältnis zwischen dem Geschäftsherrn und dem Geschädigten ist im Gegensatz zu § 278 nicht erforderlich (vgl. oben in Beispiel 1 die Beziehung M - P und in Beispiel 3 die Beziehung E - F). Liegt aber ein Schuldverhältnis vor, dann können Ansprüche gem. § 831 und § 278 nebeneinander geltend gemacht werden (vgl. in Beispiel 1 die Beziehung M - H und in Beispiel 2 die Beziehung R - U: noch kein Vertrag, aber culpa in contrahendo).

- Die Haftung des Geschäftsherrn ist eine Haftung für die ***unerlaubte Handlung (Delikt) des Gehilfen***. Für dessen Verhalten müssen die Voraussetzungen des § 823 erfüllt sein, insbesondere die Widerrechtlichkeit. Ein Verschulden wie überhaupt Deliktsfähigkeit des Gehilfen ist jedoch nicht erforderlich (ausgenommen die Tatbestände der §§ 823 II und 826, die Vorsatz voraussetzen)!
- Das Delikt muß in ***Ausführung der Verrichtung*** und nicht nur bei Gelegenheit der Verrichtung begangen sein (vgl. oben Abschnitt a). Diese Voraussetzung ist in Beispiel 1 für A und in Beispiel 2 für K erfüllt; die Zielwürfe des G in Beispiel 3 geschahen dagegen nur gelegentlich der Verrichtung.

Haftung des Geschäftsherrn (Rechtsfolge):

Beim Vorliegen der genannten Voraussetzungen haftet der Geschäftsherr gem. § 831 für den Schaden, den der Gehilfe angerichtet hat.

§ 831 ist - im Unterschied zu § 278 - *selbständige Haftungs- und Anspruchsgrundlage* (wie auch § 823 und § 826). Der Geschäftsherr haftet nicht etwa für fremdes Verschulden seines Verrichtungsgehilfen, sondern für sein eigenes (von vornherein vermutetes) Verschulden bei der Auswahl oder Überwachung des Gehilfen und evtl. von Gerätschaften. Im Gegensatz zur Haftung aus § 823 und § 826 liegt die Beweislast bei ihm selbst (Beweislastumkehr). Die Haftung erstreckt sich *auch* auf ***Ersatz eines erlittenen Nichtvermögensschadens (Schmerzensgeld)*** nach § 847 I.

In der Praxis hat sich die Haftung für den Verrichtungsgehilfen als "stumpfe Waffe" herausgestellt, weil es dem Geschäftsherrn i.d.R. gelingt, den gem. § 831 I S. 2 möglichen (vom Gesetzgeber als Ausnahme vorgesehenen) **Exculpationsbeweis** (Entlastungsbeweis) zu erbringen. Weist er nach, daß er bei der Beschaffung von Personal und Gerätschaften (z.B. durch Zeugnisse, Referenzen, Gutachten) und bei der Leitung (z.B. durch geeignete

Haftung für:	**Erfüllungsgehilfen**	**Verrichtungsgehilfen**
Voraussetzungen:	• Vorliegen eines ***Schuldverhältnisses*** (als Anspruchgrundlage) • ***Schädigung*** durch den ***Erfüllungsgehilfen*** des Schuldners **Erfüllungsgehilfe** ist, wer vom Schuldner einer schuldrechtlichen Verpflichtung zur Erfüllung derselben bestellt ist. • ***Verschulden des Erfüllungsgehilfen*** (Die Beweislast liegt beim Geschädigten.) • Schädigung ***bei oder in*** (nicht nur "gelegentlich" der) ***Erfüllung*** der Verpflichtung d.h., innerer Zusammenhang zwischen schädigendem Verhalten und geschuldeter Leistung muß gegeben sein.	(Ein Schuldverhältnis zwischen Geschäftsherrn und Geschädigtem ist nicht erforderlich!) • ***Unerlaubte Handlung*** des ***Verrichtungsgehilfen*** (Verschulden ist jedoch nicht erforderlich!) **Verrichtungsgehilfe** ist, wer mit Wissen und Willen des Geschäftsherrn in dessen Geschäftskreis weisungsabhängig tätig ist. • ***Verschulden des Geschäftsherrn*** bei der Auswahl und Beaufsichtigung des Verrichtungsgehilfen oder bei der Bereitstellung von Gerätschaften; Exculpationsbeweis möglich gem. § 831 I 2" • Schädigung ***bei oder in*** (nicht nur "gelegentlich" der) ***Ausführung*** der Verrichtung d.h., innerer Zusammenhang zwischen schädigendem Verhalten und Verrichtung muß gegeben sein.
Rechtsfolgen:	***Haftung des Schuldners*** für das Verschulden des Erfüllungsgehilfen wie für eigenes Verschulden gem. § 278 (Kein Entlastungsbeweis möglich!)	***Haftung des Geschäftsherrn*** für den vom Verrichtungsgehilfen verursachten Schaden gem. § 831 (sofern keine Exculpation); § 831 ist selbständige Anspruchsgrundlage!

Abb. C 9: Haftung für Erfüllungs- und Verrichtungsgehilfen

Betriebsorganisation und Vorgesetzte) die nötige Sorgfalts- und Aufsichtspflicht hat walten lassen, dann ist er von der Haftpflicht befreit.

Rechtsfolgen in den Fallbeispielen:

1. Ansprüche des K gegen den M

   Es kommen (konkurrierend) sowohl Ansprüche aus § 631 (oder u.U. § 651) i.V. mit § 278 als auch aus § 831 in Frage. (Begründung?)

   Ansprüche des P gegen den M:

   Ansprüche aus § 831 bestehen; § 278 ist dagegen nicht anwendbar. (Begründung?)
2. U hat gegen R sowohl Ansprüche aus c.i.c. i.V. mit § 278 als auch aus § 831. (Begründung?)
3. Keine Ansprüche des F gegen E! (Begründung?) (F kann nur direkt gegen G nach § 823 vorgehen.)

8. Kontrollfragen zu Kapitel C IV

1. Was bedeutet im Regelfall die Formulierung „vertreten müssen"?
2. Was impliziert das Verschuldensprinzip?
3. Kann aus einer Vertragsverletzung (auch) ein Anspruch auf Schmerzensgeld abgeleitet werden?
4. Nennen Sie die verschiedenen Arten der Leistungsstörungen und grenzen Sie diese voneinander ab!
5. Welche Arten der Unmöglichkeit sind zu unterscheiden? Stellen Sie die Beziehungen untereinander her.
6. Wovon sind die Rechtsfolgen der nachträglichen Unmöglichkeit bei einer Stückschuld abhängig?
7. Welche Voraussetzungen müssen erfüllt sein

   a) für den Gläubigerverzug, b) für den Schuldnerverzug, c) für die Sachmängelhaftung?
8. Welche Rechtsfolgen hat

   a) der Gläubigerverzug, b) der Schuldnerverzug, c) die Sachmängelhaftung?
9. Welche Modifikationen des „Vertretenmüssens" haben Schuldner- und Annahmeverzug zur Folge?
10. *Fallbeispiel:* K hat zu seinem Geburtstag ein „kaltes Büfett" bei dem Partyservice P bestellt. Als P zur vereinbarten Zeit die Lieferung bei K erbringen will, öffnet K trotz mehrfachen Klingelns nicht. Wie ist die Rechtslage, wenn auf dem Rückweg zum Lieferwagen die „kalten Platten" zu Boden fallen und damit die Lieferung unmöglich wird, weil P

    a) auf einer Bananenschale ausrutscht,

    b) ein Auge für eine „vorbei fliegende dufte Biene" riskiert hat und dabei mit dem Laternenpfahl kollidiert ist,

    c) aus Verärgerung über den Zeitverlust im Eiltempo jeweils mehrere Stufen der Hauszugangstreppe übersprungen hat?
11. In welchen Fällen ist eine Mahnung nicht erforderlich, um den Schuldner in Verzug zu setzen?
12. Grenzen Sie voneinander ab:

a) Leistungs- und Vergütungsgefahr,
b) BGB-Fixgeschäft und HGB-Fixkauf,
c) absolutes und relatives Fixgeschäft.

13. Wodurch unterscheidet sich der Erfüllungsschaden (Schadensersatz wegen Nichterfüllung) vom Verzugsschaden?
14. Was ist ein Fehler i. S. des § 459 BGB?
15. Wodurch unterscheidet sich das Umtauschrecht von der Wandlung aufgrund eines Sachmangels?
16. Welche Unterschiede bestehen hinsichtlich der Sachmängelhaftung für bewegliche Sachen beim Privatkauf und beim Handelskauf (bei welchem?) ?
17. Welche Ansprüche kann der Käufer aus der Sachmängelhaftung geltend machen?
18. *Fallbeispiel:* Der Käufer K eines Neuwagens stellt nach der Übergabe an dem Fahrzeug einen Lackschaden fest. Er verlangt Wandlung; der Autohändler A bietet dem K statt dessen eine Neulackierung des Wagens an. Wie ist die Rechtslage?
19. Erläutern Sie den Unterschied zwischen dem Anspruch auf Wandlung und dem Anspruch aus Wandlung.
20. *Fallbeispiel:* Häuslebauer H kauft unter Bezug auf vorgelegte Muster beim Händler H eine Tapete für sein neues Wohnzimmer. Bei Lieferung stellt er eine Farbabweichung zum Muster fest und verlangt eine Minderung des Kaufpreises. Diese lehnt H ab mit der Begründung, daß es sich ja nur um eine unerhebliche Abweichung i. S. von § 459 I 2 BGB handelt. Wie ist die Rechtslage?
21. Kann der Käufer eines PKW den Kaufvertrag rückgängig machen, wenn der Spritverbrauch um 10% oder mehr über den Prospektangaben (sog. Drittel-Mix) liegt?
22. Welche Beziehungen bestehen zwischen
    a) Sachmängelrecht und den Regeln über die Unmöglichkeit bzw. die Anfechtung wegen Eigenschaftsirrtum,
    b) Sachmängelhaftung und Garantie?
23. Welche Gesetzeslücke haben die Rechtsinstitute „Positive Forderungsverletzung“ und „culpa in contrahendo“ geschlossen?
24. Wer ist a) Erfüllungsgehilfe, b) Verrichtungsgehilfe?
25. Worin unterscheidet sich die Haftung (bezügl. Voraussetzungen und Umfang) für Erfüllungs- und Verrichtungsgehilfen?
26. *Fallbeispiel:* K ist Kellner bei dem Gastwirt G. Er schüttet dem Student S im Vorbeieilen zu einem Nachbartisch eine heiße Suppe über den Anzug,
    a) bevor S überhaupt eine Bestellung aufgegeben hat,
    b) nachdem S ein Zigeunerschnitzel und ein Bier bestellt hatte.
    Nach Verlassen des Lokals stellt S fest, daß K ihm auch noch sein Feuerzeug entwendet hat. Welche Ansprüche hat S gegen K und/oder gegen G?
27. Aus welchem Grund ist die Haftung für den Verrichtungsgehilfen in der Praxis oft „ein stumpfes Schwert“?

V. Eigentumserwerb und -verlust durch Realakte

Die Möglichkeiten der rechtsgeschäftlichen Eigentumsübertragung wurden als dingliche Verfügung im Rahmen der Erfüllung des Kaufvertrages dargestellt[75]. Bei beweglichen Sachen vollzieht sich dieser Eigentumswechsel durch Einigung und Übergabe (§ 929); die Einigung ist ein Verfügungsvertrag, die Übergabe ein sog. Realakt (Tathandlung). Beide zusammen bilden das Rechtsgeschäft der Übereignung.
Das Eigentum an einer Sache kann jedoch in besonderen, im Gesetz benannten Fällen auch durch bloße Realakte erworben werden bzw. verloren gehen (ausnahmsweise auch durch hoheitliche Akte).

Bei den **Realakten** ergeben sich Rechtswirkungen kraft Gesetzes (ex lege) und zwar durch bloße tatsächliche Vorgänge bzw. Geschehnisse, ohne daß der Wille des Handelnden erforderlich ist und erklärt zu werden braucht.

Folglich ist ein Realakt *kein Rechtsgeschäft* und setzt keine Geschäftsfähigkeit voraus. Die Rechtswirkungen sind von der Rechtsordnung "ausnahmsweise", d.h. als Ausnahme zum Hauptmittel Rechtsgeschäft zugelassen. In den Fällen der Vermischung, Verbindung, Verarbeitung ist die Rechtsänderung durch den Realakt vom Gesetzgeber gewollt, um die Zerstörung neu entstandener Werte zu verhindern. Da der ursprüngliche Rechtszustand nach Vollzug des Realaktes nicht wiederherstellbar ist, sieht das Gesetz für denjenigen, der sein Eigentum verloren hat, einen schuldrechtlichen Anspruch gegen den Bereicherten vor (§ 951).

Die Abbildung C 10 stellt die Möglichkeiten des Eigentumserwerbs und/oder -verlusts durch Rechtsgeschäfte und bloße Realakte (sowie hoheitliche Akte) gegenüber.

[75] Siehe Kap. C III 2.

Eigentumserwerb bzw. -verlust

durch

Rechtsgeschäfte

(1) beim **Fahrniseigentum**

- *Grundform*

  § 929 I: ***Einigung und Übergabe***

- *Sonderformen*

  - § 929 II: Käufer besitzt bereits die Kaufsache; ***Übergabe entfällt***
  - § 930: ***Besitzkonstitutsvereinbarung***
  - § 931: ***Vindikationszession***, d.h. Abtretung des Herausgabeanspruchs
  - § 932 ff.: ***Gutgläubiger Erwerb***

- nur *Eigentumsverlust*

  § 959: ***Eigentumsaufgabe*** (Dereliktion) = Voraussetzung der Aneignung

(2) beim **Liegenschaftseigentum**

- *Grundform*

  §§ 873, 925: ***Auflassung und Eintragung***

- *Sonderform*

  § 892: ***Gutgläubiger Erwerb***

- nur *Eigentumsverlust*

  § 928: ***Eigentumsaufgabe*** (Dereliktion)
  Aneignungsberechtigter = Fiskus des Bundeslandes

Realakte (= Tathandlungen)

(1) beim **Fahrniseigentum**

- § 937: ***Ersitzung***
- §§ 946 ff., 93 f.: ***Verbindung, Vermischung, Verarbeitung***
- §§ 953 ff.: ***Erwerb von Erzeugnissen und Bestandteilen***
- § 958: ***Aneignung*** (Okkupation)
- §§ 965 ff.: ***Fund***
- § 984: ***Schatzfund***

(2) beim **Liegenschaftseigentum**

- §§ 900, 927: ***Ersitzung***

(3) beim **Fahrnis-** und **Liegenschaftseigentum**

- ***Gesamtrechtsnachfolge***
  z.B. im Erbfall (§ 1922 I), bei ehelicher Gütergemeinschaft (§ 1416)

hoheitliche Akte

- **Enteignung**
- **Zwangsversteigerung**

Abb. C 10: Möglichkeiten des Eigentumserwerbs bzw. -verlustes

VI. Kreditsicherung

1. Begriff und Typologie der Kreditsicherung

Das BGB kennt und benutzt den wirtschaftlichen Begriff des Kredits nicht für eine dem Gläubiger zustehende Geldschuld, sondern im Sinne von "guter Ruf" oder "Leumund" in § 824 (vgl. lat. credere = vertrauen). Der wirtschaftliche Kreditbegriff entspricht entweder einer (noch ausstehenden) Geldforderung oder einem Geld-Darlehen (§ 607). Für die Erlangung eines Kredits ist in der Finanzierungspraxis von ausschlaggebender Bedeutung, ob bzw. welche Sicherheiten der Kreditnehmer (Schuldner) beibringen kann.

Kreditsicherung ist die Überlassung von schuldrechtlichen Ansprüchen oder dinglichen Rechten seitens des Kreditnehmers (Schuldners) an den Kreditgeber (Gläubiger) zum Zwecke der Befriedigung des Kreditgebers aus diesen Rechten (durch Verwertung, Verkauf, Versteigerung) in Höhe der Kreditforderung im Fall der Zahlungsunfähigkeit des Kreditnehmers.

Stützt sich der Schuldner ausschließlich auf seine Bonität (**Blankokredit**) oder auf die zusätzliche Haftung einer weiteren Person, dann spricht man vom ***Personalkredit***. Die haftungsmäßige Verpflichtung eines Dritten kann z.B. durch eine **Bürgschaft**[76] oder ein sog. *Gefälligkeitsakzept* auf einem **Wechsel**[77] erreicht werden. Auch ohne ein Gefälligkeitsakzept eines Dritten vermag die Ausstellung eines Wechsels, d.h. seine Annahme (Akzept) durch einen Kreditnehmer eine Kreditforderung zusätzlich zu sichern, weil
- der Gläubiger den Wechsel schon vor seiner Fälligkeit durch Weitergabe (Verkauf) z.B. an einen Lieferanten oder eine Bank verwerten kann[78],
- der Gläubiger, wenn er seine Forderung einklagt, in einem besonders *kurzen* **Wechselprozeß**, in dem nur der Wechsel (Urkunde) und die Vernehmung des Beklagten als Beweismittel zugelassen sind, einen (vorläufig) vollstreckbaren Titel durch ein Vorbehaltsurteil erlangt (§ 604 ZPO),
- neben dem Akzeptanten alle weiteren Wechselbeteiligten für die Wechselsumme haften.

Beispiele:

1) Der kapitalkräftige Privatmann P akzeptiert aus Freundschaft einen Wechsel, den sein kreditbedürftiger Freund F auf ihn gezogen hat, mit der (oft stillschwei-

---

[76] Siehe Kap. C II 1 c).

[77] Zur Bedeutung des Akzepts und zur Kreditsicherungsfunktion des Wechsels siehe Kap. E III 3.

[78] Zur Kreditfinanzierung mittels Wechsel siehe Fries, H.-P: Betriebswirtschaftslehre des Industriebetriebes, 4. Aufl., München/Wien 1995, S. 360 f.

Art der Kreditsicherung			Wesentliches Merkmal	Gesetzl. Regelung	Anwendungsbeispiele
Personalkredit	schuldrechtliche Sicherung	**Bürgschaft**: a) drittschuldnerisch (Ausfallbürgschaft) b) selbstschuldnerisch	Neben dem Kreditnehmer haftet noch der Bürge für die Einlösung der Forderung a) erst wenn der Schuldner nicht zahlt b) unmittelbar	§§ 765 - 778 BGB; §§ 349 f. HGB	Aval-Akzept
		Wechsel:	Neben dem Kreditnehmer haften die übrigen Wechselverpflichteten.	Wechselgesetz	Warengeschäfte
Realkredit		**Zession:** a) offene Zession b) stille Zession	Vertragliche Forderungsabtretung vom Gläubiger an einen Dritten. a) mit Unterrichtung an den Schuldner b) ohne Mitteilung an den Schuldner	§§ 398 - 413 BGB	- Teilzahlungsgeschäft - Factoring
	sachenrechtliche Sicherung	**Eigentumsvorbehalt:**	Die Ware wird erst nach völliger Bezahlung Eigentum des Käufers.	§ 455 BGB	Warenlieferung
		Sicherungsübereignung:	Ein Gegenstand wird Eigentum des Kreditgebers, bleibt aber im Besitz des Kreditnehmers.	§§ 930, 868 BGB	Betriebsmittelkredit
		Hypothek: a) Briefhypothek b) Buchhypothek	Verpfändung eines Grundstücks zur Sicherung einer Forderung. a) mit Hypothekenbrief b) ohne Hypothekenbrief	§§ 1113 - 1190 BGB	Baufinanzierung
		Grundschuld:	Verpfändung eines Grundstücks, ohne daß eine Forderung vorliegen muß.	§§ 1191 - 1203 BGB	Eigentümergrundschuld
		Verpfändung beweglicher Sachen:	Waren oder Wertpapiere werden dem Kreditgeber zur Sicherung übergeben, bleiben aber Eigentum des Kreditnehmers.	§§ 1204 - 1296 BGB	- Lombardkredit - Pfandhaus

Abb. C 11: Kreditsicherung beim Personal- und Realkredit

<table>
<tr><th></th><th colspan="2">Kreditsicherungsinstrumente</th></tr>
<tr><td>Typen:</td><td>"geborene" Kreditsicherungsinstrumente
(vom Gesetzgeber für Sicherungszwecke geschaffen)</td><td>"gekorene" Kreditsicherungsinstrumente
(ursprünglich nicht als Sicherungsinstrumente gedacht)</td></tr>
<tr><td>Kennzeichen:</td><td>Akzessorietät (Forderungsgebundenheit)
d.h., das Recht ist in Entstehung, Umfang und Bestand von der Existenz und Durchsetzbarkeit der zu sichernden Forderung abhängig.</td><td>Keine Akzessorietät
d.h., das Sicherungsrecht und die zu sichernde Forderung sind abstrakt.
Die "Verknüpfung" zwischen beiden - wie auch die Festlegung der Verwertungsbefugnisse im Innenverhältnis - ergibt sich durch besondere schuldrechtliche Vereinbarung ("Sicherungsvertrag oder -abrede" = auftragsähnliches Verhältnis mit den Wesenszügen einer meist eigennützigen Treuhand). Bei Nichtbestehen oder Wegfall der Forderung ggf. Rückübertragung nach Bereicherungsrecht (§ 812 BGB).</td></tr>
<tr><td>Arten:</td><td>• Bürgschaft (§§ 765 ff., insbes. 767, 770 BGB, 349 f. HGB)
• Hypothek (§§ 1113 ff., insbes. 1137, 1153, 1163 I BGB) Die Sicherungshypothek (§§ 1184 f.) ist streng akzessorisch; bei der Verkehrshypothek ist der Akzessorietätsgrundsatz durch § 1138 gelockert.
• vertragliches Pfandrecht (§§ 1204 ff., insbes. 1210 f., 1250, 1252 BGB)
• gesetzliche Pfandrechte (§ 1257; z.B. §§ 559, 581 II, 590, 647, 704 BGB, 397, 410, 421, 440 HGB)</td><td>• Eigentum
verwendet in Form der Sicherungsübereignung gem. §§ 930, 868 BGB
• Grundschuld (§§ 1191 ff. BGB)
als Sicherungsgrundschuld
• Zession (= Forderungsabtretung, §§ 398 ff. BGB)
als Sicherungszession
• Wechsel (§§ 1 ff., 75 ff. WG)
als Kautions- oder Depotwechsel</td></tr>
<tr><td colspan="3">Dem Sicherungsinteresse von Gläubigern dienen ferner die Einrede des nicht erfüllten Vertrages (§§ 320 ff. BGB), der Eigentumsvorbehalt (§ 455 BGB) und die Zurückbehaltungsrechte (s. Abb. C 13)</td></tr>
</table>

Abb. C 12: Geborene und gekorene Kreditsicherungsinstrumente

Zurückbehaltunsgrechte

= *Rechte zum Besitz* i.S. von § 986 BGB zur Abwehr von Herausgabeansprüchen nach § 985 BGB

- **Recht zum Besitz** aufgrund eines bestehenden schuldrechtlichen *Vertrages*

  z.B. bei Gebrauchsüberlassungsverträgen (Miete, Pacht, Leihe u.a.) oder bei Kauf unter Eigentumsvorbehalt

- Zurückbehaltungsrecht beim gegenseitigen Vertrag, sog. **Einrede des nicht erfüllten Vertrages** (§ 320 BGB),
  - gilt nur für Leistung und Gegenleistung (gleichzeitig bzw. "Zug um Zug") in einem gültigen synallagmatischen Vertrag.

- **Allgemeines schuldrechtliches Zurückbehaltungsrecht** (§ 273 BGB)
  - zulässig gegenüber jedem Anspruch, auch wenn die wechselseitige Abhängigkeit von Leistung und Gegenleistung fehlt.

  Voraussetzungen:
  - *gegeneinander gerichtete* (nicht unbedingt gleichartige), *fällige Ansprüche* "aus demselben rechtlichen Verhältnis" (sog. **Konnexität)**;
  - der Anspruch des zurückbehaltenden Schuldners ist nicht einredebehaftet, z.B. mit der Einrede der Verjährung oder der unzulässigen Rechtsausübung (nach § 242 BGB).

  Beispiel:
  A und B unterhalten ständige Geschäftsbeziehungen (Konnexität). B behält eine fällige Restlieferung an A zurück, weil A eine fällige Mietforderung des B nicht bezahlt. Ein Verstoß gegen Treu und Glauben liegt ggf. vor, wenn die zurückbehaltene Leistung vergleichsweise geringwertig ist.

- **Alle Pfandrechte an beweglichen Sachen**

  (gewähren im Konkurs ein Absonderungs- und Befriedigungsrecht)

- **Sachenrechtliches Zurückbehaltungsrecht** (§ 1000 BGB)
  - wegen Verwendungen *auf* die Sache durch den *unrechtmäßigen* Eigen- oder Fremdbesitzer (§ 994 ff. BGB),
  - entsteht nicht, wenn die Verwendungen aufgrund eines Vertrages mit dem Eigentümer erfolgten,
  - keine Konnexität erforderlich,
  - pfandrechtsähnlich, deshalb mit Absonderungs- und Befriedigungsrecht (vgl. § 1003 BGB),

- **Kaufmännisches Zurückbehaltungsrecht** (§ 369 HGB)
  - nur bei beiderseitigen Handelsgeschäften,
  - nur an beweglichen Sachen und Wertpapieren (anders § 273 BGB),
  - keine Konnexität erforderlich,
  - pfandrechtsähnlich, deshalb mit Absonderungs- und Befriedigungsrecht (vgl. § 371 HGB),
  - Geschäftsgegner muß Eigentümer der zurückbehaltenen Sache(n) sein (siehe die Formulierung "des Schuldners" in § 369 HGB).

Abb. C 13: Zurückbehaltungsrechte

genden, sich schon aus § 670 ergebenden) Verpflichtung des F, die Wechselsumme bei Verfall des Wechsels bereitzustellen (**Gefälligkeitsakzept**).

2) Der zahlungsschwache Kunde K bittet den Verkäufer V um Stundung der Kaufpreiszahlung. V ist zu einer Stundung von 3 Monaten bereit, wenn K einen auf ihn gezogenen Wechsel zahlungshalber akzeptiert (**Warenwechsel**, Dreimonatsakzept).

3) A soll seiner Bank B für einen Kredit Sicherheit leisten. Er gibt ihr einen Wechsel, d.h. sein Akzept, mit der Abrede, daß B den Wechsel verwahren und nur in Umlauf setzen bzw. verwerten soll, wenn der Kautionsfall eintritt (**Sicherheits-, Kautions- oder Depotwechsel)**

Kann der Schuldner dingliche Sicherheiten bieten, d.h. dem Gläubiger (dingliche) Rechte an seinen Sachen oder sonstige Rechte übertragen, dann handelt es sich um einen ***Realkredit***. Abbildung C 11 typisiert die Kreditsicherungsmöglichkeiten nach dieser Unterteilung.
Eine mehr juristische Abgrenzung (s. Abb. C 12) erfolgt unter dem Kriterium, ob die Kreditsicherungsinstrumente vom Gesetzgeber zu diesem Zweck geschaffen wurden (***"geborene" Sicherungsmittel)*** oder nicht dazu primär vorgesehen waren (***"gekorene" Sicherungsmittel***).
Darüber hinaus können auch die **Zurückbehaltungsrechte** zu den Instrumenten der Kreditsicherung gerechnet werden, da auch sie Sicherungsbedürfnisse von Gläubigern befriedigen (s. Abb. C 13). Ihre Ausübung setzt voraus

- einen fälligen *Gegenanspruch*,
- *Konnexität*, d.h. der Anspruch des Gläubigers und der Gegenanspruch des Schuldners müssen auf demselben rechtlichen Verhältnis beruhen. Das muß nicht dasselbe Schuldverhältnis sein. Es genügt ein innerer natürlicher und wirtschaftlicher Zusammenhang, aufgrund dessen eine separate Durchsetzung eines Anspruchs ohne Rücksicht auf den anderen gegen Treu und Glauben verstoßen würde. Konnexität ist zu bejahen bei beiderseitigen Ansprüchen aus ständigen Geschäftsverbindungen, wenn die verschiedenen Verträge wegen ihres zeitlichen und sachlichen Zusammenhangs als natürliche Einheit erscheinen.

2. Sicherung durch Haftung eines Dritten

Die Kreditsicherung durch eine **Bürgschaft** wurde bereits bei den Verträgen des BGB beschrieben[79]. Der Bürgschaft ähnlich, aber im Gesetz nicht geregelt sind Schuldbeitritt und Garantie. Sie bedürfen folglich auch nicht der gesetzlichen Schriftform.

---

79 Siehe Kap. C II 1 c).

Beim **Schuldbeitritt**, auch **kumulative Schuldübernahme** oder **Schuld(mit)übernahme** genannt, übernimmt ein Dritter durch ***Vertrag*** mit dem Gläubiger oder (seltener) mit dem Schuldner zusätzlich neben dem "alten" Schuldner die Verpflichtung (Verbindlichkeit) aus einem Schuldverhältnis (z.B. Kauf, Miete, Darlehen).

Alter und neuer Schuldner (Dritter) haften gem. § 241 als **Gesamtschuldner**, d.h., beide schulden dieselbe Leistung; der Gläubiger kann nach Belieben von irgendeinem die Leistung verlangen. Gesetzliche Fälle des Schuldbeitritts sind § 419 BGB (Haftung des Übernehmers bei Vermögensübernahme) und § 25 HGB (Haftung des Erwerbers neben dem alten Inhaber bei Firmenfortführung).
Vom Schuldbeitritt zu unterscheiden ist die **befreiende Schuldübernahme** nach § 414 f., bei welcher der Dritte *an die Stelle* des (bisherigen) Schuldners tritt. Sie erfordert stets die Einwilligung des Gläubigers.

Die **Garantie** ist ein ***Vertrag***, durch den sich ein Dritter (Garant) verpflichtet, für einen bestimmten (wirtschaftlichen) Erfolg einzustehen oder die Gefahr eines zukünftigen, noch nicht eingetretenen Schadens zu übernehmen.

Der selbständige Garantievertrag hat somit eine Risikoübernahme (Ausfallgarantie) zum Inhalt, damit dem Gläubiger kein Nachteil aus der Kreditgewährung an den Schuldner erwächst. Im Unterschied zur Bürgschaft ist die Garantie ***nicht akzessorisch***, d.h., der Garant verspricht den Erfolg unabhängig von der zugrunde liegenden Forderung. Die Sicherheit des Garanten reicht also weiter als die des Bürgen. Im Scheckverkehr hat der Garantievertrag durch die Ausgabe von Scheckkarten mit Einlösegarantie Bedeutung erlangt[80].

Nach der Rechtsprechung erfordert die Annahme eines Schuldbeitritts oder einer Garantie ein *eigenes sachliches* (nicht nur persönliches) *Interesse* des Beitretenden bzw. des Garanten an der Übernahme der Verpflichtung.

80 Siehe. auch Kap. E III 2 b).

3. Dingliche Sicherung durch bewegliche Sachen

a) Pfandrechte

aa) Rechtsnatur, Arten und Bedeutung

Das **Pfandrecht** ist ein ***beschränktes dingliches Recht*** an einer Sache[81], das den Pfandrechtsinhaber (Kreditgeber, Forderungsgläubiger) berechtigt, sich durch Verwertung der verpfändeten Sache *für eine uneinbringliche Forderung zu befriedigen* (§ 1204).

Wesensmerkmal aller Pfandrechte (Ausnahme: Grund- und Rentenschuld) ist ihre **Akzessorietät** (Forderungsgebundenheit), der Bestand des Pfandrechts ist von einer (zu sichernden) Forderung abhängig. Daraus ergibt sich zwangsläufig, daß der Pfandrechtsinhaber und der Forderungsgläubiger immer personengleich sein müssen. Personelle Identität zwischen Schuldner und Verpfänder ist nicht erforderlich, ja nicht einmal zwischen Eigentümer und Verpfänder der Sache (z.B. beim gutgläubigen Erwerb, s.u.).

Beispiel:

G hat gegen S eine Forderung. E ist Eigentümer einer goldenen Uhr. Er verpfändet diese aus Freundschaft zum Schuldner S zur Sicherung der Forderung des Gläubigers G.

Es lassen sich Pfandrechte unterscheiden

- nach der *Entstehung* in
  vertragliches und gesetzliches Pfandrecht,
- nach dem verpfändeten *Objekt* in
  Fahrnispfandrecht (Pfandrecht an beweglichen Sachen) und Grundpfandrechte (Pfandrechte an Immobilien),
- nach den *Besitzverhältnissen* in
  Besitzpfandrecht (Faustpfand) und besitzloses Pfandrecht.

Als geborenes Sicherungsinstrument ist das Pfandrecht die "klassische" Form der Forderungsabsicherung. "Naturgemäß" ist die Verpfändung von Immobilien für die Sicherung langfristiger Forderungen prädestiniert, die Verpfändung von beweglichen Sachen eher für kurzfristige Kredite geeignet. Das (vertragliche) Fahrnispfandrecht hat jedoch nicht die wirtschaftliche Bedeutung für die Kreditsicherung erlangt wie die Grundpfandrechte. Denn Wirtschaftsgüter des Umlaufvermögens und des beweglichen Anlagevermögens von Unternehmen werden meist durch Sicherungsübereignung und nicht durch Verpfändung zur Kreditsicherung herangezogen. Eine ge-

81 Grundsätzlich ist auch eine Verpfändung von Rechten möglich, die Praxis verwendet aber stattdessen üblicherweise die Sicherungszession.

wisse Sonderstellung hat hier im Bankgeschäft der ***Lombardkredit***, d.h. die Beleihung von leicht verwertbaren Faustpfändern (z.B. Effekten, Edelmetalle)[82]. Größere (betriebs)wirtschaftliche Bedeutung haben die gesetzlichen Pfandrechte, insbes. das Werkunternehmerpfandrecht.

bb) Vertragliche Pfandrechte

Entstehung, Übertragung und Erlöschen

Das vertragliche Pfandrecht ***entsteht*** durch einen ***sachenrechtlichen Verpfändungsvertrag***. Dabei kann die Verpfändung der Sache in den gleichen Formen geschehen wie ihre Übertragung, nämlich

- gem. § 1205 I S. 1 durch *Einigung* (hier: über die Pfandrechtsbegründung) und *Übergabe* (vgl. § 929 S. 1),
- gem. § 1205 I S. 2 durch *bloße Einigung*, wenn der Pfandgläubiger bereits unmittelbarer Besitzer ist (vgl. § 929 S. 2),
- gem. § 1205 II durch *Einigung*, *Übertragung des mittelbaren Besitzes* (des Eigentümers) und *Anzeige* der Verpfändung an den unmittelbaren Besitzer (vgl. § 931). Die Anzeige soll - wie in den vorigen Fällen der Besitz - dem **Publizitätsprinzip** Genüge leisten.

Da das vertragliche Pfandrecht als **Besitzpfandrecht** konzipiert ist, fehlt jedoch eine Parallele zu § 930: Die Übergabe kann nicht durch ein Besitzkonstitut ersetzt werden. Ausnahmsweise genügt jedoch die Einräumung des Mitbesitzes unter den Bedingungen des § 1206.

Ein Pfandrecht kann nur an einzelnen Gegenständen bestellt werden, nicht an Sach- oder Rechts-Gesamtheiten (**Spezialitätsprinzip**).

Wegen der **Akzessorietät** des Pfandrechts (Formulierung in § 1204: "... zur Sicherung einer Forderung ...") sind ***Entstehung*** und ***Übertragung*** des Pfandrechts nur mit der Forderung möglich; umgekehrt kann die Forderung auch nur mit dem Pfandrecht übertragen werden (§ 1250). Ein **gutgläubiger Erwerb** des Pfandrechts ist aufgrund eines Verweises in § 1207 unter den Voraussetzungen der §§ 932, 934 f. möglich.

Daraus ergeben sich zusammengefaßt folgende **Erfordernisse** für die Entstehung eines vertraglichen Pfandrechts:

- Existenz einer ***Forderung*** (evtl. zukünftige Forderung; § 1204), die im Gegensatz zur Hypothek nicht von vornherein auf einen Geldbetrag lauten muß (§§ 1228 II 2, 1113),
- ***Eigentum*** des Verpfänders an der zu verpfändenden Sache,
- ***Einigung*** über die Entstehung des Pfandrechts,
- ***Übergabe*** der Sache (ersatzweise Anzeige, s.o.).

Das Pfandrecht ***erlischt*** zugleich mit dem Wegfall der gesicherten Forderung (§ 1252), mit der Rückgabe des Pfandes (§ 1252) oder durch Aufgabeerklärung des Pfandgläubigers (§ 1255).

---

82 Vgl. Fries, H.P.: BWL (a.a.O.), S. 329 f.

Rechte und Pflichten

Der Umfang der Gläubigerrechte bestimmt sich nach dem Zeitpunkt der **Pfandreife**, das ist gem. § 1228 II die *Fälligkeit der Forderung*. *Vor* der Pfandreife ist der Gläubiger zum ***Besitz*** berechtigt; ein Nutzungsrecht hat er nur bei besonderer Vereinbarung (§ 1213). Gleichzeitig ist er zur sorgfältigen ***Verwahrung*** der Sache verpflichtet (***gesetzliches Schuldverhältnis*** nach § 1215). *Nach* der Pfandreife kann er die Verwertung der Sache zwecks Befriedigung betreiben. Die **Pfandverwertung** erfolgt nach vorheriger Androhung (§ 1234) durch ***Verkauf*** im Wege der ***öffentlichen Versteigerung*** durch einen Gerichtsvollzieher (§§ 1228, 1235 I). Nur wenn die Sache einen Börsen- oder Marktpreis hat, ist ein ***freihändiger Verkauf*** durch einen Handelsmakler oder Gerichtsvollzieher zulässig (§ 1235 II; vgl. auch §§ 383 III, 385). Durch ausdrücklichen Verweis in §§ 1293, 1295 gelten diese Arten der Pfandverwertung auch für Wertpapiere (Inhaber- und Orderpapiere)[83]. Der bar zu zahlende Erlös steht dem Pfandgläubiger zu, ein evtl. über den Forderungsbetrag hinausgehender Erlösüberschuß dem ehemaligen Pfandeigentümer (§§ 1238, 1247). - Dem Verpfänder und/oder dem Pfandeigentümer stehen gegen die Befriedigung aus der Pfandsache alle **Einreden** zu, die bei der Bürgschaft der Schuldner oder Bürge gem. § 770 vorbringen kann (§ 1211) sowie alle Einreden aus der persönlichen Rechtsbeziehung zwischen Pfandgläubiger und Verpfänder.

cc) Gesetzliche Pfandrechte

Im Unterschied zu den vertraglichen Pfandrechten ***entstehen*** gesetzliche Pfandrechte ohne dinglichen Vertrag "automatisch" ***kraft Gesetzes***. Ihre Entstehung setzt auch nicht immer den (unmittelbaren) Besitz voraus, bisweilen nur die Einbringung der Pfandsache in den Herrschaftsbereich des Pfandgläubigers.

Gesetzliche Pfandrechte des ***BGB*** sind

- als **Besitzpfandrechte** solche
  - des Grundstückspächters (§ 590),
  - des Werkunternehmers (§ 647),
- als **Einbringungspfandrechte** solche
  - des Vermieters (§§ 559, 580),
  - des Verpächters (§§ 581 II, 559),
  - des Gastwirts (richtiger: Hoteliers; § 704);

gesetzliche Pfandrechte des ***HGB*** sind sämtlich **Besitzpfandrechte** und zwar

- des Kommissionärs (§ 397 HGB),
- des Spediteurs (§ 410 HGB),
- des Lagerhalters (§ 421 HGB),
- des Frachtführers (§ 440 HGB).

[83] Für Pfandrechte an anderen **Rechten** kommt nur die Zwangsvollstreckung in Betracht (§ 1277), für Pfandrechte an Forderungen die Einziehung (§§ 1281 ff.).

Auf die gesetzlichen Pfandrechte sind gem. § 1257 die Vorschriften über die vertraglichen Pfandrechte entsprechend anzuwenden. Die höchstrichterliche Rechtsprechung[84] lehnt jedoch bei den Besitzpfandrechten eine analoge Anwendung des § 1207, d.h. die Möglichkeit des gutgläubigen Erwerbs ab, obwohl § 366 III HGB die handelsrechtlichen Besitzpfandrechte bezüglich des Gutglaubensschutzes den vertraglichen ausdrücklich gleichstellt und die Rechtslehre dies ebenso befürwortet. Die Frage des gutgläubigen Erwerbs stellt sich bei den besitzlosen Pfandrechten mangels eines erzeugten Rechtsscheins nicht.

b) Sicherungsübereignung

Die Verpfändung hat, insbes. für kreditsuchende Unternehmen, zwei gravierende Nachteile: Zum einen muß der Kreditnehmer die zu verpfändenden Sachen aus seinem Besitz geben, was z.B. im Falle von Waren oder Produkten ihm die Möglichkeit der Erlöserzielung nähme oder im Fall von Maschinen seine Betriebsbereitschaft beeinträchtigen würde. Zum anderen wird der Besitzwechsel und erst recht die Anzeige einer Verpfändung von Forderungen ("Außenständen"), die der kreditsuchende Unternehmer gem. § 1280 an seine Kunden (Schuldner) schicken müßte, ihn - im wahrsten Sinne des Wortes - in Mißkredit bringen. Aber auch für Bankinstitute als Kreditgeber ist die Verpfändung oft nicht praktikabel, da sie nicht Maschinen oder Warenbestände als Faustpfänder in ihr "Depot" nehmen können. Die Wirtschaftspraxis hat sich hier mit der "Erfindung" der Sicherungsübereignung geholfen, die vor allem bei der Kreditvergabe der Banken die Verpfändung weitgehend verdrängt hat und dort auch "uneigentlicher Lombard" genannt wird. Sie ist selbst im Gesetz nicht geregelt.

Die **Sicherungsübereignung** ist *juristisch* eine "normale" (vorübergehende!) ***Übertragung des Eigentums*** als ***Vollrecht*** vom Sicherungsgeber (Schuldner) an den Sicherungsnehmer (Gläubiger) nach den Regeln der §§ 930, 868 (Übereignung mittels **Besitzkonstitut**) mit der Vereinbarung (***Sicherungsvertrag, Sicherungsabrede***), daß das Sicherungseigentum *wirtschaftlich* nur zur Sicherung der Gläubigerforderung bzw. zu Befriedigungszwecken dienen soll.

Beispiel:

Die Bank B gewährt dem Fabrikanten F ein Betriebsdarlehen über 50.000 DM. Zur Sicherung der Rückzahlungs- und Zinsforderungen übereignet F an B eine Werkzeugmaschine im Wert von 70.000 DM mit der gleichzeitigen Vereinbarung eines Leihvertrages zwischen B und F über diese Maschine. F bleibt im unmittelbaren Besitz der Maschine und damit "betriebsbereit". B wird Eigentümer und mittelbarer Besitzer. Im Sicherungsvertrag verpflichtet sich B, das Eigentumsrecht nur im

---

84 BGHZ 34, 122 und 34, 153

Rahmen des Sicherungszweckes auszuüben und die Maschine nach Tilgung des Darlehens zurück zu übereignen.

Die Sicherungsübereignung ist als *besitzloses Sicherungsrecht* für Dritte nicht erkennbar. Dies läuft zwar der Intention des Gesetzgebers zuwider, i.S. des **Publizitätsprinzips**[85] an Sachen kein rechtsgeschäftlich bestelltes besitzloses Pfandrecht zuzulassen; das Bedürfnis der Praxis hat sich jedoch gegenüber den Zulässigkeitsbedenken durchgesetzt.

Nach der Rechtsprechung[86] müssen die zu übereignende *Sache bestimmt* und nicht nur bestimmbar sein (**Spezialitätsprinzip**[83]) sowie das *Besitzkonstitut konkret* begründet werden. Hinreichend bestimmt ist die Benennung einzelner Gegenstände, z.B. einer bestimmten Maschine. Ebenso ausreichend sind Formulierungen wie "das gesamte Warenlager" oder "sämtliche in Halle 3 lagernden Waren". Unzureichend bestimmt sind Angaben wie "der Warenbestand bis zum Wert von 50.000 DM" oder "30% des Lagerbestandes". Bei Warenlagern mit wechselndem Bestand empfiehlt sich die Vereinbarung eines **antizipierten Besitzkonstituts**, d.h. die Einbeziehung aller künftig zu erwerbenden Artikel, sowie eine **Verfügungsermächtigung** des Kreditgebers (Sicherungsnehmers) an den Kreditnehmer (Sicherungsgeber) gem. § 185 I, damit letzterer auch forthin dem Erwerbszweck entsprechend Waren aus dem Lager verarbeiten und veräußern kann. Damit wird der Gefahr begegnet, daß die Sicherungsübereignung als "*Knebelungsvertrag*" oder Übersicherung gegen die guten Sitten verstößt und somit gem. § 138 nichtig ist. - Genügend konkretisiert wird das Besitzkonstitut durch Bezeichnungen wie Leihe, Miete, Pacht, Verwahrung, aus denen die Pflichten des Besitzers erkennbar sind. Die allgemeine Klausel "F behält die Werkzeugmaschine für B (in seinem Besitz)" genügt nicht.

Die schuldrechtliche Verpflichtung des Sicherungseigentümers, das Eigentum nur (bei Forderungsausfall) zur Befriedigung zu verwenden, macht die Sicherungsübereignung zu einem Spezialfall der eigennützigen **fiduziarischen Treuhand**[87]. Weil aber das Sicherungseigentum Vollrecht ist, gibt es dem Sicherungsnehmer die Möglichkeit, über die Sache, wenn auch nur nach § 931, (abredewidrig) zu verfügen, was gem. § 137 im Außenverhältnis auch nicht durch ein vertragliches Verbot zu verhindern wäre. Im Innenverhältnis ist dann der Sicherungseigentümer aus positiver Forderungsverletzung schadensersatzpflichtig. Umgekehrt macht sich auch der Siche-

---

[85] Vgl. Abb. B 7.

[86] RGZ 132, 187; BGHZ 28, 16,19 u. 28.

[87] Fiducia (lat.) = Zutrauen, Verpfändung, Unterpfand. - **Treuhand** ist ein Rechtsverhältnis, kraft dessen jemand (**Treugeber**) einem anderen (**Treuhänder**) Eigentum oder ein sonstiges Vermögensrecht (z.B. eine Forderung) überträgt in der Weise, daß der Treuhänder dieses Recht im eigenen Namen, jedoch nur im Interesse des Treugebers (**uneigennützige Treuhand**) oder (auch) im eigenen Interesse (**eigennützige Treuhand**) ausüben darf (vgl. Abb. B 9).

rungsgeber, wenn er wirksam eine Verfügung (z.B. Veräußerung an einen gutgläubigen Dritten) über die in seinem Besitz verbleibende Sache trifft, schadensersatzpflichtig, z.B. nach den Regeln über die Unmöglichkeit (ggf. auch § 816 I !). - Statt einer *schuldrechtlichen Rückgabeverpflichtung* wäre auch der Weg einer *auflösend bedingten Eigentumsübertragung (Einigung)* gangbar, bei der das Eigentum nach Erfüllung bzw. Erlöschen der gesicherten Forderung gem. § 158 II automatisch an den Sicherungsgeber zurückfällt, er wird jedoch in der Praxis kaum beschritten.

Der Sicherungseigentümer hat nach Nichterfüllung der *fälligen* Forderung zunächst das Recht, 'seine' Sache von dem nicht mehr zum Besitz berechtigten Kreditnehmer (Schuldner) nach § 985 herauszuverlangen. Die ***Verwertung*** richtet sich mangels gesetzlicher Regelung nach den Vereinbarungen im Sicherungsvertrag. Fehlen solche, dann können ersatzweise die Bestimmungen über die Pfandverwertung (§§ 1235 ff.) angewendet werden.

c) Eigentumsvorbehalt

Nahezu jede Warenlieferung auf Kredit erfolgt heutzutage unter Eigentumsvorbehalt. Deshalb ist der Eigentumsvorbehalt sicherlich die häufigste und damit wirtschaftlich bedeutsamste Form der Kreditsicherung, zumindest des *Warenkredits*. Er befriedigt das Sicherungsbedürfnis des Verkäufers, der den Kaufpreis nicht durch Vorauszahlung oder Zug um Zug gegen Übergabe der Ware erhält, seinerseits aber die Einrede des nicht erfüllten Vertrags (§ 320) verwirkt hat.

Der **Eigentumsvorbehalt** beinhaltet die Übertragung des Eigentums (hier: Einigung) einer gelieferten (beweglichen[88]) Sache *unter der aufschiebenden Bedingung* der vollständigen Kaufpreiszahlung (§ 455).

Schuldrechtliche Aspekte

Der Kaufvertrag (Verpflichtungsgeschäft) wird *unbedingt* abgeschlossen. Er verpflichtet gem. § 433 den Verkäufer zur unbedingten Übereignung. Liegt dies nicht im Sinne des Verkäufers, so ist bei Kaufabschluß, d.h. im Kaufvertrag eine entsprechende Vereinbarung erforderlich. Sie ist häufig bereits in den AGB enthalten[89]. Nachfolgend drei Formulierungsbeispiele aus der Praxis.

---

[88] Ein Eigentumsvorbehalt ist nur bei beweglichen Sachen möglich, da nach § 925 II eine bedingte (oder befristete) Auflassung unwirksam ist.

[89] Zu den Wirksamkeitsvoraussetzungen der AGB s. Kap. C III 1 d).

Beispiele:

1. "Die gelieferte oder hergestellte Sache bleibt bis zur vollständigen Bezahlung des Kaufpreises unser Eigentum." (**Einfacher Eigentumsvorbehalt** i.S. obiger Definition)
2. "Wir behalten uns das Eigentum an der gelieferten oder hergestellten Sache vor, bis sämtliche Forderungen aus der Geschäftsverbindung beglichen sind. Dies gilt auch dann, wenn einzelne oder sämtliche Beträge in eine laufende Rechnung aufgenommen wurden und der Saldo gezogen und anerkannt ist." (**Kontokorrentvorbehalt**, s. unten)
3. "Der Besteller tritt uns bereits jetzt alle Forderungen und Sicherungsrechte ab, die ihm aus der Weiterveräußerung gegen seinen Abnehmer oder gegen Dritte erwachsen, und zwar gleichgültig, ob die Vorbehaltsware ohne oder nach Verarbeitung weiterverkauft wird. Wir nehmen die Abtretung an. Wird die Vorbehaltsware mit anderen Waren, die dem Verkäufer nicht gehören, weiterverkauft, so gilt die Vorausabtretung nur in Höhe unseres Warenwertes." (**Verlängerter Eigentumsvorbehalt**, s. unten)

Erklärt der Verkäufer den Eigentumsvorbehalt erst nach Vertragsschluß, aber vor oder spätestens bei der Lieferung (z.B. auf dem Lieferschein), dann verletzt er zwar seine schuldrechtliche Verpflichtung aus dem Kaufvertrag (s.o.), er verhindert aber damit die unbedingte Eigentumsübertragung, da es bezüglich des *abstrakten* Verfügungsgeschäftes bei der Übergabe an der erforderlichen Einigung fehlt. Eine Vorbehaltserklärung nach der Lieferung (Übergabe) kommt zu spät und bleibt ohne sachenrechtliche Wirkung.
Ist der Käufer mit der Zahlung im Verzug, berechtigt der Eigentumsvorbehalt den Verkäufer zum sofortigen Rücktritt (unabhängig von § 326).
Da der Eigentumsvorbehalt ***nicht akzessorisch*** ist, kann der Verkäufer seine Kaufpreisforderung separat an einen Dritten abtreten (§ 401 ist nicht anwendbar.).

Sachenrechtliche Wirkungen

Durch den Eigentumsvorbehalt wird das Verfügungsgeschäft aufschiebend bedingt abgeschlossen. Durch die ***Übergabe*** erhält der Käufer den *Besitz* (i.S. von § 986) und damit - wie bei der Sicherungsübereignung - die Möglichkeit zur *Nutzung* der Kaufsache. Die (Vergütungs-)Gefahr geht auf den Käufer über (§ 446 I). Durch die ***bedingte Einigung*** erwirbt der Käufer ein *Anwartschaftsrecht* auf das uneingeschränkte Eigentum, das mit der Zahlung zum Vollrecht "erstarkt". Bis dahin hat der Verkäufer auflösend bedingtes Eigentum, sog. Vorbehaltseigentum, mit Herausgabeanspruch gem. § 985, wenn der Käufer nicht zahlt und der Verkäufer sein Rücktrittsrecht ausübt.

Nach Lehre und Rechtsprechung ist das **Anwartschaftsrecht** ein eigentumsähnliches, subjektives dingliches und somit übertragbares, belastbares, vererbliches und durch § 823 I geschütztes sonstiges Recht.

Weil das Gesetz eine bedingte Übereignung gestattet, durchbricht das Anwartschaftsrecht nicht den numerus clausus des Sachenrechts (vgl. Abb. B 7).
Verfügungen des Vorbehaltskäufers über das Anwartschaftsrecht erfolgen nach den entsprechenden Vorschriften für das Eigentum und bedürfen nicht der Einwilligung des Verkäufers gem. § 185 I, da er *nicht* als Nichtberechtigter verfügt. Das wirksam entstandene Anwartschaftsrecht kann auch entsprechend den §§ 932 ff. gutgläubig erworben werden[90].

Sonderformen des Eigentumsvorbehalts

Der oben dargestellte **einfache Eigentumsvorbehalt** erstreckt sich nur auf die gelieferte und bedingt übereignete Sache und erfüllt den angestrebten Sicherungszweck nur dann, wenn diese Sache beim Käufer (z.B. Endabnehmer) verbleibt[91]. In vielen anderen Fällen läuft der Verkäufer Gefahr, trotz des vereinbarten einfachen Eigentumsvorbehalts sein Vorbehaltseigentum zu verlieren und damit seine Absicherung einzubüßen. Denn der Eigentumsvorbehalt erlischt - außer durch Zahlung des Kaufpreises - auch durch befugte Weiterveräußerung (gem. § 185, z.B. über den Handel), durch gutgläubigen Dritterwerb (gem. §§ 932 ff.) und durch Realakte (vgl. Abb. C 10) wie Verbindung (§§ 946 f.), Vermischung (§ 948) und Verarbeitung (§ 950). Die Wirtschaftspraxis hat deshalb verschiedene Formen des **erweiterten Eigentumsvorbehalts** entwickelt[92]:

- **Verlängerter Eigentumsvorbehalt**
  Der Verkäufer läßt sich für den Fall des erlöschenden Eigentumsvorbehalts die aus der Weiterveräußerung entstandene Forderung oder die durch Verbindung oder Verarbeitung entstandene neue Sache im voraus abtreten. Letzter Fall wird auch **Verarbeitungsvorbehalt** genannt.
- **Weitergeleiteter Eigentumsvorbehalt**
  Der Käufer verpflichtet sich gegenüber dem Verkäufer, die Ware seinerseits nur unter Eigentumsvorbehalt weiter zu veräußern oder nur das Anwartschaftsrecht zu übertragen, so daß der Erstverkäufer Vorbehaltseigentümer bleibt. In der Praxis ist diese Form wenig gebräuchlich.
- **Nachgeschalteter Eigentumsvorbehalt**
  Der Vorbehaltskäufer verkauft hierbei entweder aufgrund einer Vereinbarung mit dem Erstverkäufer oder ohne dessen Wissen die Ware unter *eigenem* Vorbehalt weiter, wodurch eine Verdoppelung der Anwartschaft

---

90 Zum gutgläubigen Erwerb einer unter Eigentumsvorbehalt gelieferten Sache s. Kap. C III 2 b).

91 Bei Ratenkäufen (Abzahlungsgeschäften) genießt der private Käufer überdies den Schutz des AbzG.

92 Leider werden die einzelnen Benennungen in der Literatur nicht einheitlich verwendet.

eintritt. Der Erstverkäufer verliert sein Eigentum erst, wenn einer der beiden Vorbehaltskäufer seinen Kaufpreis bezahlt hat. Dieser Eigentumsvorbehalt ist im Zwischenhandel üblich.

- **Kontokorrentvorbehalt**
  Der Eigentumsvorbehalt erlischt hierbei erst, wenn nicht nur die abgesicherte Kaufpreisforderung, sondern alle oder ein bestimmter Teil der (gegenwärtigen und zukünftigen) Forderungen aus den Geschäftsbeziehungen mit dem Käufer beglichen sind. Diese Form des Vorbehalts ist in den AGB sehr verbreitet. Es darf jedoch keine Knebelung des Käufers durch Vereitelung des Eigentumserwerbs oder Übersicherung erfolgen. Wird der Kontokorrentvorbehalt in der Weise erweitert, daß nicht nur Forderungen des Vorbehaltsverkäufers selbst, sondern auch diejenigen seiner (im Konzern) mit ihm verbundenen Unternehmen gegen den Vorbehaltskäufer zuvor zu begleichen sind, dann spricht man von einem **Konzernvorbehalt**.

4. Dingliche Sicherung durch unbewegliche Sachen

a) Wesen und Arten der Grundpfandrechte

Pfandrechte können auch an unbeweglichen Sachen bestellt werden[93]. Die dingliche Sicherung durch Immobilien erfolgt über Grundpfandrechte. Wirtschaftlich betrachtet handelt es sich dabei um Sicherungsformen des Bodenkredits bzw. der Baufinanzierung, deren Vorzug in der Wertbeständigkeit der Immobilien liegt.

Ein **Grundpfandrecht** ist die Belastung eines Grundstücks in der Weise, daß an denjenigen, zu dessen Gunsten es *im Grundbuch eingetragen* ist, bei Pfandreife "eine bestimmte Geldsumme aus dem Grundstücke zu zahlen ist" (§§ 1113, 1191, 1199).

Der Grundstückseigentümer, der häufiger als beim Fahrnispfandrecht nicht mit dem Zahlungs- bzw. Forderungsschuldner identisch ist, bzw. das belastete Grundstück haftet für die eingetragene Geldsumme nebst Zinsen und anderen eingetragenen Nebenleistungen. Die Haftung erstreckt sich gem. §§ 1120, 1192, 1200 (Beachte auch § 1121) auf das Grundstück selbst, ferner auf die wesentlichen Bestandteile (insbes. Gebäude) und das dem Grundstückseigentümer gehörende Zubehör (z.B. Möbel) sowie ggf. auf Miet- und Pachtzinsforderungen (§ 1123). - Nicht selten ist ein Grundstück mit mehreren Grundpfandrechten belastet. Der **Rang** der Eintragung ist nicht nur maßgeblich für die Reihenfolge der Befriedigung der Pfand-

93 Es sei deshalb nochmal auf die grundsätzlichen Darlegungen zum Pfandrecht im vorigen Kap. 3 a) hingewiesen.

rechtsinhaber aus dem Grundstück, sondern wirkt sich wirtschaftlich auch auf die Kreditkonditionen, insbes. die Zinssätze, aus, weil mit abnehmendem Rang auch der Grad der Sicherheit abnimmt.

Der vom Gesetz nicht verwendete Begriff ***Grundpfandrechte*** umfaßt
- die **Hypothek** (§§ 1113 ff.),
- die **Grundschuld** (§§ 1191 ff.) und
- die **Rentenschuld** als Unterart der Grundschuld (§ 1199 ff.)

Für die **Hypothek** ist in § 1113 der oben zitierte Gesetzeswortlaut für die Wesensbestimmung eines Grundpfandrechts erweitert um den Einschub "... zur Befriedigung einer ihm zustehenden Forderung ...". Daraus geht hervor, daß die Hypothek ***akzessorisch*** ist, d.h., sie ist *abhängig* von einer bestimmten, persönlichen (ggf. auch bedingten oder zukünftigen) Forderung des Begünstigten (**Hypothekar**) gegen den Grundstückseigentümer oder gegen einen Dritten. Juristisch ist die Forderung das Hauptrecht, die Hypothek das Nebenrecht; wirtschaftlich liegt umgekehrt das Hauptaugenmerk auf der Befriedigungsmöglichkeit durch die Hypothek.
Zu unterscheiden sind folgende **Arten** der Hypothek:
- **Verkehrshypothek**
  Sie ist im BGB als Regelform behandelt. Sie kann sein
  - **Briefhypothek** oder
  - **Buchhypothek**.

  Nach der Gesetzesformulierung ist die Verkehrshypothek grundsätzlich Briefhypothek: "Über die Hypotkek wird ein Hypothekenbrief ausgestellt" (§ 1116 I). Der Brief steigert die Mobilität bzw. Verkehrsfähigkeit der Hypothek. Soll die Erteilung des Briefes ausgeschlossen werden, so muß dies im Grundbuch eingetragen werden (§ 1116 II); die Hypothek ist dann Buchhypothek.
- **Sicherungshypothek**
  Diese ist Ausnahme und Gegensatz zur Verkehrshypothek. Sie muß als solche im Grundbuch bezeichnet werden (§ 1184 II), ist immer Buchhypothek (§ 1185) und (wie die Bürgschaft und das Fahrnispfandrecht) ***streng akzessorisch***, da der Gläubiger den Beweis seiner Forderung nicht aus dem Grundbuch herleiten kann (§ 1184 I). Sie ist folglich verkehrsfeindlich.

Die Unterscheidung der Hypothekenarten ist relevant für die Bestellung und Übertragung von Hypotheken.

Im Unterschied zur Hypothek ist die **Grundschuld *nicht akzessorisch*,** d.h., sie ist in ihrem Bestand von einer (zu sichernden) Forderung völlig unabhängig. Gleichwohl wird sie im Kreditwesen regelmäßig zur Sicherung einer Forderung bestellt (sog. **Sicherungsgrundschuld**). Die fehlende Akzessorietät ist in der Kreditwirtschaft von unschätzbarem Vorteil für den

Gläubiger. Sie erhöht die *Mobilität* des Bodenkredits, weil Neuvalutierungen ohne Neubestellung eines Grundpfandrechtes vorgenommen werden können. Deshalb verwenden Kreditinstitute mittlerweile fast ausschließlich die Grundschuld statt der Hypothek. Die Mobilität wird - gesetzlich zulässig - noch gesteigert, wenn der Grundschuldbrief auf den Inhaber (und nicht auf einen bestimmten Namen) ausgestellt wird (§ 1195; in der Praxis selten). Die Grundschuld kann auch Buchgrundschuld sein, was ihr den Vorteil der Umlauffähigkeit nimmt.

Auch für den Grundstückseigentümer ist die (fehlende Akzessorietät der) Grundschuld vorteilhaft. Begleicht der Grundstückseigentümer die Forderung eines *Hypothekengläubigers*, dann erlischt nach § 362 diese Forderung. Gleichzeitig verwandelt sich die jetzt dem Eigentümer gem. § 1163 I S. 2 zustehende Hypothek in eine **Eigentümergrundschuld** (§ 1177 I)[94], da der Eigentümer gegen sich selbst keine Forderung und somit auch keine Hypothek an seinem Grundstück haben kann. Eine Eigentümergrundschuld entsteht auch bei Bestellung einer Hypothek, wenn und solange die Hypothek bereits eingetragen wurde, die Forderung aber noch nicht durch die Auszahlung des Darlehens entstanden ist (§ 1163 I 1) oder wenn bei einer Briefhypothek der Hypothekenbrief noch nicht an den Gläubiger ausgehändigt wurde (§ 1163 II). Letztlich kann der Eigentümer auch durch einseitige Erklärung und Eintragung für sich eine Eigentümergrundschuld an seinem Grundstück bestellen (§ 1196). Die Eigentümergrundschuld sichert ihm im Grundbuch quasi als „Platzhalter" eine bestimmte Rangstelle, in die nachrangige Grundpfandrechtsinhaber nicht aufrücken können und die er grundsätzlich nach Belieben (weiter)verwenden kann. Deshalb pflegten Kreditinstitute ein Grundstück zur Sicherung eines Darlehens nur dann mit einer nachrangigen Hypothek zu beleihen, wenn der Eigentümer sich verpflichtete, eine durch Tilgung der vorrangigen Hypothek entstehende Eigentümergrundschuld löschen zu lassen und diesen Anspruch durch eine Löschungsvormerkung nach § 1179 im Grundbuch zu sichern. Der Gesetzgeber hat sich der Praxis der Kreditwirtschaft angeschlossen und 1977 durch Einführung eines gesetzlichen Löschungsanspruchs in den §§ 1179 a, 1179 b die Wiederverwertbarkeit der Eigentümergrundschuld erheblich eingeschränkt.

Erfüllt der Grundstückseigentümer die persönliche Forderung eines *Grundschuldgläubigers*, dann gilt § 1163 I S. 2 nicht. Obwohl die Forderung erloschen ist, bleibt die Grundschuld dennoch bestehen. Der Eigentümer kann aber nach § 812 (ungerechtfertigte Bereicherung) vom (ehemaligen) Gläubiger die Übertragung der Grundschuld auf sich verlangen.

---

94 Dies gilt jedoch nicht, wenn ein Schuldner, der den Gläubiger befriedigt, aber nicht mit dem Grundstückseigentümer identisch ist, vom Eigentümer Ersatz verlangen kann. In diesem Fall geht die Hypothek auf den Schuldner über und sichert seine persönliche Ersatzforderung gegen den Eigentümer.

Im übrigen finden auf die Grundschuld die für die Hypothek geltenden Vorschriften entsprechende Anwendung, sofern sich nicht aus ihrer fehlenden Akzessorietät ein anderes ergibt (§ 1192).

Die **Rentenschuld** unterscheidet sich von der Grundschuld dadurch, daß die bestimmte Geldsumme *in regelmäßig wiederkehrenden Terminen* zu zahlen ist (§ 1199).

b) Begründung, Übertragung und Verwertung der Grundpfandrechte

Die ***Bestellung*** eines Grundpfandrechts erfolgt grundsätzlich nach der Vorschrift des § 873 I: Die Belastung des Grundstücks erfordert die *notariell zu beurkundende* **Einigung** zwischen dem Grundstückseigentümer und dem (künftigen) Hypothekar bzw. Grundschuldinhaber und die **Eintragung** der Rechtsänderung in das Grundbuch. Bei der *Hypothek* muß zu diesem ***dinglichen Bestellungsakt*** noch eine Forderung treten. Bei *Brief-Hypothek und -Grundschuld* ist zur Entstehung ferner die Aushändigung des Briefs an den Gläubiger erforderlich.

Die ***Übertragung***[95] bedarf gleichfalls der Einigung und Eintragung gem. § 873 I. Eine *Hypothek* kann wegen ihrer Akzessorietät nicht ohne die Forderung übertragen (sowie belastet oder gepfändet) werden, die Forderung nicht ohne die Hypothek abgetreten werden (§ 1153 II). Mit der schriftlichen Abtretung der Forderung (Hauptrecht) und bei der *Briefhypothek* zusätzlich mit der Übergabe des Hypothekenbriefes (§ 1154) geht kraft Gesetzes (§ 1153 I) die Hypothek zwingend auf den neuen Hypothekar über[96]. Die Übertragung einer *Grundschuld* bedarf dagegen keiner Forderungsabtretung. *Briefgrundpfandrechte* können übertragen werden, ohne daß es der Eintragung des neuen Pfandrechtsinhabers ins Grundbuch bedarf; dies steigert ihre Verkehrsfähigkeit.
Für die *Verkehrshypothek* hat der Gesetzgeber den Grundsatz der Akzessorietät aufgeweicht und einen **gutgläubigen Erwerb** einer zwar eingetragenen, aber mangels Forderung nicht bestehenden Hypothek durch Verweis auf die Rechtsscheinwirkungen des Grundbuchs zugunsten von Eigentümer und Erwerber in § 1138 zugelassen. Der gutgläubige Erwerb der Hypothek, d.h. des dinglichen Rechts, wird mit Hilfe einer ***Forderungsfiktion*** ermöglicht (vgl. die umständliche und schwer verständliche Formulierung in § 1138). Der Grundstückseigentümer kann einem redlichen Erwerber das Nichtbestehen der Forderung nicht entgegenhalten. Es stehen ihm jedoch gegen die dingliche Klage die Einreden nach § 1137 zu. Bei der

---

95 ebenso die Belastung von Grundpfandrechten mit anderen Grundpfandrechten oder Nießbrauch

96 Vgl. Kap. E I 2.

Sicherungshypothek ist ein gutgläubiger Erwerb aufgrund § 1185 II ausgeschlossen.

Nach Eintritt der **Pfandreife** (Fälligkeit des Pfandrechts[97] und ggf. der Forderung) kann sich der Gläubiger aus dem Grundstück befriedigen, und zwar im Wege der Zwangsvollstreckung (§§ 1147, 1192, 1200).

Zwangsvollstreckung bedeutet die Anwendung staatlicher Gewalt zur Durchsetzung eines privatrechlichen Anspruchs des Gläubigers, geregelt in §§ 704 - 915 ZPO und im ZVG.

Dazu benötigt er einen **Vollstreckungstitel**, den er sich als ***Urteil*** durch eine *dingliche Klage auf Duldung der Zwangsvollstreckung* verschafft, sofern der Eigentümer sich nicht schon bei der Bestellung des Pfandrechts in einer ***gerichtlichen oder notariellen Urkunde*** nach § 794 I Nr. 5 ZPO der sofortigen Zwangsvollstreckung unterwirft. Für die ***Verwertung*** des Pfandrechts durch Zwangsvollstreckung kann der Gläubiger zwischen zwei Formen wählen:

- **Zwangsversteigerung** (§ 21 ZVG) bedeutet die Veräußerung des Grundstücks und der mithaftenden Gegenstände,
- **Zwangsverwaltung** (§ 148 ZVG) befriedigt den Gläubiger aus den Nutzungen (z.B. Grundstückserträgen). Das Eigentum am Grundstück bleibt unangetastet.

Der Grundstückseigentümer darf, auch wenn er nicht der persönliche Schuldner ist, den Gläubiger zwecks Abwendung der Zwangsvollstreckung befriedigen (§ 1142).

5. Sicherung durch Rechte

Aus Gründen der wirtschaftlichen Bedeutung soll in diesem Zusammenhang nur auf die *Sicherung durch Forderungen* eingegangen werden. Grundsätzlich kommt dafür auch eine Verpfändung von Forderungen in Betracht. In der Kreditpraxis ist jedoch - wie bereits im Kapitel "Sicherungsübereignung" (C VI 3 b) dargelegt wurde - sehr nachteilig, daß die **Forderungsverpfändung** dem Schuldner gem. § 1280 angezeigt werden muß. Diese Notwendigkeit besteht bei der Sicherungszession nicht, weshalb sie sich - wie die Sicherungsübereignung - gegenüber dem Pfandrecht als Sicherungsinstrument durchgesetzt hat. Als gekorenes Sicherungsmittel ist sie als solche gesetzlich nicht geregelt.

[97] nach Zeitablauf gemäß der Sicherungsabrede oder nach Kündigung (vgl. § 1193)

Bei der **Sicherungszession**[98] handelt es sich *juristisch* um eine "normale" ***Übertragung einer Forderung***, d.h. eines schuldrechtlichen Anspruchs, vom bisherigen Forderungsgläubiger (**Zedent**, Sicherungsgeber, Kreditnehmer) auf einen Dritten (**Zessionar**, neuer Forderungsgläubiger, Sicherungsnehmer, Kreditgeber) durch einen formlosen Vertrag (Verfügungsgeschäft) gem. § 398 *zwecks Sicherung eines Kredits*.

Beispiel:
Der Unternehmer U erhält von seiner Bank B einen kurzfristigen Kredit. Zur Sicherung tritt er an B seine Kaufpreisforderung, die er gegenüber seinem Kunden K hat, ab[99].

Im Unterschied zur Sicherungsübereignung ist bei der schuldrechtlichen Zession nur die ***Bestimmbarkeit*** [100] der Forderung(en) mit Hilfe der Geschäftsbücher erforderlich. Nicht hinreichend bestimmbar ist "die Hälfte aller Forderungen", wohl aber "der Forderungsbestand aller Kunden mit den Anfangsbuchstaben von A - G" oder "die im vergangenen Monat entstandenen Forderungen". Ferner muß die Forderung überhaupt ***abtretbar*** sein (vgl. Abtretungsausschluß der §§ 399, 400).

Durch die Forderungsabtretung wird der Zessionar (neuer) Forderungsinhaber (Vollrechtsinhaber; auch die Nebenrechte gehen gem. § 401 über), der Zedent wird aber i.d.R. ermächtigt, die für ihn "fremden" Forderungen im eigenen Namen einzuziehen (***Inkassobefugnis***, §§ 185 I, 362 II). Dies ist für den Zessionar nicht ohne Risiko, da dadurch sein Sicherungs-Forderungsbestand aufgezehrt werden könnte. Er kann dieser Gefahr mit einer Globalzession (s. unten) begegnen. In der ***Sicherungsabrede*** legen beide Vertragspartner die Modalitäten der Forderungsverwertung fest. Ist der Sicherungszweck entfallen, trifft den Zessionar prinzipiell eine *schuldrechtliche Rückübertragungspflicht*. Die Zession ist also eine Form der **fiduziarischen Treuhand**: der Treuhänder, hier der Zessionar, hat gegenüber Dritten, insbes. dem Schuldner der abgetretenen Forderung zwar die volle Rechtsstellung des Gläubigers, von dieser darf er jedoch im Innenverhältnis nur im Rahmen der getroffenen Vereinbarung Gebrauch machen. Wird eine Forderung mehrmals abgetreten, so erwirbt sie nur der erste Zessionar (**Prioritätsgrundsatz**, kein Gutglaubensschutz[101]). Da der Schuldner am Zessionsvertrag nicht mitwirkt, enthält das Abtretungsrecht zu seinen Gunsten folgende Schutzvorschriften:

---

98 cessio (lat.) = Abtretung

99 Zur Verknüpfung der Forderungsabtretung mit anderen Sicherungsmitteln siehe Kapitel "Eigentumsvorbehalt" (C VI 3 c).

100 RG 98, 202; BGH 7, 367

101 Vgl. Kap. C III 2 b).

- ***Einwendungen***, die im Zeitpunkt der Abtretung gegenüber dem ehemaligen Gläubiger begründet waren, muß auch der neue Gläubiger gegen sich gelten lassen (§ 404).
- Die Möglichkeit der ***Aufrechnung*** einer Forderung, die der Schuldner gegen den früheren Gläubiger hatte, verbleibt ihm auch gegen den neuen Gläubiger, es sei denn, er wußte beim Erwerb dieser Gegenforderung von der Abtretung oder die Gegenforderung ist (obwohl vor der Abtretung erworben) erst nach der Erlangung der Kenntnis und später als die abgetretene Forderung fällig (§ 406).
- Eine ***Leistungsbefreiung*** tritt für den Schuldner ein, wenn er in Unkenntnis der Abtretung an den bisherigen Gläubiger leistet (§ 407; der neue Gläubiger kann nur gegen den früheren Gläubiger einen Herausgabeanspruch auf § 816 II stützen.). Gleiches gilt, wenn der bisherige Gläubiger die Forderung nochmals an einen Dritten abtritt und der Schuldner an diesen leistet (§ 408).

Formen der Sicherungszession sind wie folgt zu typisieren:

(1) nach dem Gesichtspunkt der *Publizität*

- **offene Zession**
  Der ehemalige Gläubiger zeigt dem Schuldner die Zession an. Diese Form der Zession ist wegen der ruf- und kreditschädigenden Auswirkung für den Altgläubiger in der Praxis der Kreditwirtschaft kaum gebräuchlich.
- **stille Zession**
  In diesem Fall wird die Zession (mit Einzugsermächtigung für den bisherigen Gläubiger, s. oben) dem Schuldner nicht mitgeteilt. Forderungsabtretungen an Kreditinstitute sind i.d.R. stille Zessionen. Sie bergen die Gefahr in sich, daß der Zedent die Forderung erneut (offen) abtritt und der Schuldner in Unkenntnis der stillen Zession mit befreiender Wirkung an den zweiten Zessionar leistet (s. oben).

(2) nach dem *Umfang und zeitlichen Entstehen* der abzutretenden Forderung

- **Einzelzession**
  Abtretung einer bestimmten Forderung oder mehrerer einzeln bezeichneter Forderungen
- **Globalzession**
  Sie beinhaltet die Abtretung aller gegenwärtigen und zukünftigen Forderungen und entspricht als ***Vorausabtretung*** dem antizipierten Besitzkonstitut bei der Sicherungsübereignung. Die Bezeichnung "*alle* Forderungen" erfüllt zwar das Bestimmbarkeitspostulat, dürfte aber i.d.R. wegen Sittenverstoßes (z.B. als Knebelungsvertrag oder Übersicherung) gem. § 138 I nichtig sein. Eine aus diesem Grund vorgenommene Begrenzung der abzutretenden Forderungen auf einen bestimmten Geschäftsbereich (z.B. Lieferungen und Leistungen),

Kundenkreis oder Zeitraum muß eindeutige Kriterien für die Bestimmbarkeit der Forderungen enthalten (s. oben). - Falls es in der Sicherungspraxis zum *Interessenkonflikt zwischen verlängertem Eigentumsvorbehalt und Globalzession* kommt, ist auch hier vom Grundsatz der Priorität auszugehen[102].

- **Mantelzession**
  Hierbei verpflichtet sich der Kreditnehmer (Sicherungsgeber) per ***Vertrag***, laufend *zukünftige* Forderungen anstelle von zwischenzeitlich eingezogenen Forderungen in Kredithöhe zu übertragen. Die Abtretung selbst wird (erst) mit der Übersendung von Forderungslisten oder Rechnungskopien wirksam. Die Mantelzession ist deshalb ***keine Vorausabtretung*** und hat in der Bankpraxis im Vergleich mit der schneller wirkenden Globalzession an Bedeutung verloren.

In der Finanzierungspraxis kommen folgende *Forderungsarten* für Sicherungszessionen in Betracht:
- Forderungen aus Lieferungen und Leistungen,
- Forderungen aus Guthaben gegenüber Kreditinstituten,
- Forderungen aus Miet- und Pachtverträgen,
- Forderungen aus Lebensversicherungsverträgen,
- Lohn- und Gehaltsforderungen.

Nicht selten führen die Sicherungsübertragungen von Forderungen und beweglichen Sachen aufgrund umstrittener Bewertungsmaßstäbe für die Sicherungsobjekte zur Übersicherung des Kreditgebers (zum Nachteil des Schuldners). Die Rechtsprechung des BGH und anderer Gerichte hat unter dem Übersicherungsaspekt die Verwendung dieser Sicherungsmittel eingeschränkt[103].

Auf der Forderungsabtretung basiert auch das **Factoring** als Form der betrieblichen Absatzfinanzierung[104].

6. Die Stellung des Sicherungsnehmers bei Insolvenz des Sicherungsgebers

Ein Sicherungsrecht, vor allem ein dingliches, verschafft im Falle der **Insolvenz**[105] des Schuldners dem Gläubiger eine Vorrangstellung vor anderen Gläubigern. Die Befriedigungs- und Interventionsrechte bestimmen sich nach der *Art der Zwangsvollstreckung*:

- ***Einzelvollstreckung*** bedeutet Vollstreckung in einzelne Gegenstände des Schuldners auf Antrag eines einzelnen Gläubigers.
- ***Gesamtvollstreckung*** (**Konkurs**) ist die Verwertung des ganzen Vermögens eines (Gemein-)Schuldners für alle seine Gläubiger.

---

102 Palandt-Heinrichs, a.a.O., § 398 Anm. 3 e).

103 Vgl. Seeker, Th.: Die Übersicherung des Geldkreditgebers bei Sicherungsübertragungen, Berlin 1995

104 Siehe hierzu Fries, H.-P.: BWL (a.a.O.), S. 364 f.

105 insolventia (lat.) = Zahlungsunfähigkeit, Zahlungseinstellung

Bei der **Einzelvollstreckung** kann der Sicherungsnehmer (Gläubiger) der (vollzogenen) Verpfändung bzw. Vollstreckung eines Gegenstandes durch den Gerichtsvollzieher im Wege der Klage widersprechen (**Drittwiderspruchsklage** gem. § 771 ZPO), wenn ihm an dem Sicherungsgut eines der folgenden Rechte zusteht:

- *Eigentum an einer Sache*; gleichgestellt sind das *Vorbehalts-* und das *Sicherungseigentum*, selbst wenn die Sache dem Schuldner aufgrund eines Besitzkonstituts (Miete, Pacht, Leihe, Verwahrung, Verkaufskommission u.a.) überlassen ist (Herausgabeanspruch gem. § 985),
- *Inhaberschaft einer Forderung* (bedeutsam für die Sicherungszession),
- *Besitzpfandrecht*.

Hat der Gläubiger nur ein besitzloses Pfandrecht, so kann er auf ***bevorzugte Befriedigung*** aus dem Erlös klagen, auch wenn seine Forderung noch nicht fällig ist (§ 805 ZPO). Sein Pfandrecht geht dem durch die gerichtliche Pfändung entstandenen **Pfändungspfandrecht** vor.

Im **Konkurs** sind zwei Sonderrechte des Gläubigers zu unterscheiden:

- **Aussonderungsrecht** gem. § 43 KO

  Es ist vergleichbar dem § 771 ZPO in der Einzelvollstreckung und gewährt dem Sicherungsgeber das Recht, Freigabe des Gegenstandes aus der Konkursmasse zu verlangen, wenn er nachweist, daß der Gegenstand zu seinem Vermögen und nicht dem Gemeinschuldner gehört. Zur Aussonderung ist berechtigt

  - der *Eigentümer (auch Vorbehaltseigentümer) einer Sache* (s. oben) oder
  - der *Inhaber einer Forderung* .

  Beachte:

  Das *Sicherungseigentum* berechtigt den Sicherungsnehmer nach Rechtsprechung und h.L. *nicht* zur Aussonderung.

- **Absonderungsrecht** gem. § 48 KO

  Es gibt dem Sicherungsgeber nur das Recht auf vorzugsweise Befriedigung aus dem Sicherungsgut. Zu diesem Zweck wird der Sicherungsgegenstand von der übrigen Konkursmasse getrennt verwertet. Der Erlös steht bis zur Höhe der gesicherten Forderung dem Sicherungsnehmer zu. Ein Mehrerlös fließt zurück in die Konkursmasse; wird nur ein geringerer Erlös erzielt, so hat sich der Sicherungsnehmer mit der Restforderung in die Schar der nicht bevorrechtigten Konkursgläubiger einzureihen.

  Alle Rechte, die dem Gläubiger nur zu Sicherungszwecken gewährt wurden und nur zu seiner Befriedigung dienen sollen, berechtigen (nur) zur Absonderung. Es sind dies

  - die *Grundpfandrechte* (Hypothek, Grundschuld, Rentenschuld),
  - die *Pfandrechte an beweglichen Sachen* (vertragliche und gesetzliche Pfandrechte sowie das Pfändungspfandrecht),
  - das *Sicherungseigentum* und die *Sicherungszession*,

- *sachenrechtliche* und *kaufmännische Zurückbehaltungsrechte* (aber *nicht* das allgemeine schuldrechtliche Zurückbehaltungsrecht!).

Beachte:
Sicherungseigentum und Sicherungszession machen zwar den Sicherungsnehmer zum Vollrechtsinhaber. Da beide Rechte aber nur seine Absicherung und Befriedigung aus einem Sicherungsgut bezwecken, das wirtschaftlich dem Sicherungsgeber zusteht, werden sie im Konkursrecht den Pfandrechten, d.h. der Sicherungsnehmer einem Pfandgläubiger gleichgestellt.

7. Kontrollfragen zu Kapitel C V und VI

1. Worin unterscheiden sich Rechtsgeschäft und Realakt?
2. Nennen Sie Beispiele für den Eigentumserwerb durch Rechtsgeschäfte und Realakte.
3. Nach welchen Kriterien lassen sich Arten der Kreditsicherung klassifizieren?
4. Was ist Voraussetzung für die Ausübung eines Zurückbehaltungsrechtes?
5. Welche Arten der Schuldübernahme sind zu unterscheiden?
6. Welches Wesensmerkmal kennzeichnet alle Pfandrechte?
7. Welcher Unterschied besteht zwischen
   a) der Bürgschaft und der Garantie,
   b) einem Kauf auf Probe und einem Kauf unter Eigentumsvorbehalt?
8. Was ist ein gesetzliches Pfandrecht?
9. Welche Bedeutung hat die Pfandreife für die Rechte des Gläubigers (Pfandbesitzers)?
10. Welcher Bankkredit beruht auf der Verpfändung?
11. Worin unterscheiden sich Pfandrecht und Sicherungseigentum juristisch und wirtschaftlich? Wie könnte man letzteres von seinem wirtschaftlichen Zweck her definieren?
12. Kann jemand nur den Motor seines Autos, das er weiter benutzen will, an einen Gläubiger zur Sicherheit übereignen?
13. Aus welchem Grund ist der einfache Eigentumsvorbehalt in der praktischen Wirkung oft „ein stumpfes Schwert“?
14. *Fallbeispiel:* Baustoffhändler H liefert dem Bauherrn B Hohlblocksteine unter Eigentumsvorbehalt mit der vertraglichen Vereinbarung, daß der Vorbehalt auch über den Einbau der Steine hinaus gelten soll. Wie ist die Rechtslage, nachdem B die Steine in die Wände seines neuen Hauses hat einbauen lassen?
15. Welche Sonderformen des Eigentumsvorbehalts hat deshalb die Wirtschaftspraxis entwickelt?
16. *Fallbeispiel:* Der Maschinenhändler V liefert eine Drehbank an den Fabrikanten K unter Eigentumsvorbehalt. Zunächst übereignet K die Drehbank zur Sicherung eines Darlehens an G1, danach an den Kreditgeber G2, der die Ratenzahlungen für K an V übernehmen soll. G1 und G2 haben keine Kenntnis von der weiteren Sicherungsübereignung an den jeweiligen anderen. Wer ist Eigentümer geworden nach der letzten Ratenzahlung durch G2, wenn
    a) K gegenüber G1 und G2 den Eigentumsvorbehalt verschwiegen hat,

b) K dem G1 und dem G2 den Eigentumsvorbehalt mitgeteilt hat?
(Beachte zur Lösung: §§ 455, 930, 185 II BGB)

17. Erläutern Sie die verschiedenen Arten (und Unterschiede) der Grundpfandrechte.
18. Aus welchem Grund macht heute die Kreditwirtschaft zur Sicherung der Baufinanzierung oft lieber Gebrauch von der Grundschuld als von der Hypothek?
19. Was ist eine Eigentümergrundschuld und welchen Vorteil hat sie für den Grundstückseigentümer?
20. Wie erfolgt die Bestellung, Übertragung und Verwertung von Grundpfandrechten?
21. Beschreiben Sie das Wesen der Sicherungszession.
22. Gibt es bei der Zession einen Gutglaubensschutz? (Begründen Sie ihre Anwort!)
23. Grenzen Sie voneinander ab
    a) offene und stille Zession,
    b) Einzel- und Globalzession,
    c) Einzel- und Gesamtvollstreckung,
    d) Aussonderung und Absonderung.
24. Wie werden im Konkurs Sicherungseigentum und Sicherungszession behandelt?

VII. Gesetzliche Schuldverhältnisse

1. Geschäftsführung ohne Auftrag

Besorgt jemand für einen anderen ohne dessen Auftrag oder ohne sonstige Befugnisse ein Geschäft, so spricht man von **Geschäftsführung ohne Auftrag** (GoA).

Beispiele:

1. A nimmt für B, der im Urlaub ist, ein Paket an und bezahlt die Nachnahme dafür.
2. A löscht in der Wohnung des abwesenden B einen Brand.

Hinsichtlich der Rechtsfolgen ist zwischen berechtigter und unberechtigter Geschäftsführung ohne Auftrag abzugrenzen.

a) Berechtigte Geschäftsführung ohne Auftrag

Die GoA ist berechtigt, wenn die *Übernahme* und *Ausführung* der Geschäftsführung dem objektiven *Interesse und* dem wirklichen oder wenigstens mutmaßlichen *Willen des Geschäftsherrn* entspricht (§ 677, Ausnahme: § 679).

Rechtsfolgen:
Der **Geschäftsführer** ist zur ***Herausgabe des Erlangten*** verpflichtet (§§ 667, 681); das ist im Beispiel 1 (s.o.) das Paket. *Schadensersatzpflichtig* ist er, wenn er dem Geschäftsherrn bei der Durchführung der GoA einen

Schaden zugefügt hat (§ 276; Haftungsmilderung gem. § 680 bei GoA zur Abwendung einer drohenden Gefahr).
Der **Geschäftsherr** ist dem Geschäftsführer zum ***Ersatz der Aufwendungen*** verpflichtet, die durch die Geschäftsführung entstanden sind (§ 683). Dies ist im obigen Beispiel 1 die Erstattung des Nachnahmebetrages.

b) Unberechtigte Geschäftsführung ohne Auftrag

Eine unberechtigte Geschäftsführung ohne Auftrag liegt vor, wenn die Handlung dem Interesse und dem Willen des Geschäftsherrn entgegensteht (§ 678). Hier entsteht kein auftragsähnliches Rechtsgeschäft. Wenn der Geschäftsherr die unberechtigte GoA nicht nachträglich genehmigt, hat der Geschäftsführer keine Ansprüche aus GoA (allenfalls einen Bereicherungsanspruch nach § 684, 812 ff.).
Wenn der Geschäftsführer weiß oder hätte wissen müssen (Fahrlässigkeit!), daß schon die Übernahme der Geschäftsführung nicht dem Willen des Geschäftsherren entspricht, so muß er ihm den durch die Geschäftsführung entstandenen Schaden ersetzen (§ 678).

2. Ungerechtfertigte Bereicherung

Eine **ungerechtfertigte Bereicherung** liegt vor, wenn jemand ohne rechtlichen Grund aus dem Vermögen eines anderen bereichert wurde (§ 812).

Dabei kann der Rechtsgrund (= Verpflichtungsgeschäft[106]) dieser Vermögensverschiebung gar nicht bestanden haben (z.B. wegen Nichtigkeit) oder später weggefallen sein (z.B. aufgrund einer Anfechtung oder eines Rücktritts vom Vertrag).

Beispiele:
1. V übereignet K einen Gegenstand, den K bezahlt. Es stellt sich heraus, daß der Kaufvertrag wegen Geschäftsunfähigkeit des K nichtig ist.
2. Ein Schuldner erfüllt versehentlich eine bereits getilgte Schuld ein zweites Mal.

Vorrausetzungen der ungerechtfertigten Bereicherung:
- ***Bereicherung***, d.h. Vermögensmehrung des Anspruchsgegners ("etwas erlangt") und
- ***Entreicherung*** des Antragstellers ("auf Kosten")
- durch ***Leistung*** oder in *sonstiger Weise*,
- ***Fehlen*** oder ***Wegfall des Rechtsgrundes***.

In den beiden obigen Beispielen erfolgte die Be- und Entreicherung durch eine Leistung. Der Gesetzgeber hat in § 812 aber nicht nur eine Bereiche-

[106] Siehe auch Kap. B III 7.

rung durch Leistung, sondern um dieses umfassender zu nennen, auch die Bereicherung "in sonstiger Weise" aufgeführt. Hiermit ist jede andere Art der Bereicherung gemeint, insbes. wenn sich der Bereicherte den Vorteil selbst verschafft oder der Vorteil durch einen Dritten für den Bereicherten entsteht.

Beispiel:
Jemand erwirbt durch Verarbeitung, Verbindung oder Vermischung (§§ 946 ff., 93 f.) Eigentum an einer Sache, die unter Eigentumsvorbehalt geliefert worden war.

Rechtsfolgen:
Der durch eine Leistung Bereicherte ist zur ***Herausgabe der Bereicherung*** verpflichtet (§ 812, Ausnahme: § 814, vgl. Beispiel 2 oben). Die §§ 818, 819 und 822 regeln den Herausgabeanspruch. Es ist immer die Bereicherung herauszugeben. Die Verpflichtung entfällt, wenn die Bereicherung weggefallen ist (§ 818 III; Ausnahme: bei Wegfall der Bereicherung durch Schenkung, § 822). War der Bereicherte bösgläubig, hat er gegen die guten Sitten oder das Gesetz verstoßen, so verschärft sich die Haftung gemäß § 819. Der Bereicherte muß den entstandenen Schaden an dem herauszugebenden Gegenstand ersetzen und hat die gezogenen Nutzungen ebenfalls herauszugeben.
Fehlt es an der gleichzeitigen Bereicherung und Entreicherung zweier Personen durch einen Vorgang (***Unmittelbarkeit der Vermögensverschiebung***), und wird die Vermögensverschiebung über einen Dritten abgewickelt, so entfällt ein Anspruch aus der ungerechtfertigten Bereicherung.

Beispiel:
Der Kommissionär K kauft im eigenen Namen eine Ware von V, die ihm übereignet wird. K überträgt das Eigentum an seinen Auftraggeber A. Wegen eines Dissenses ist der Kaufvertrag nichtig. - V hat keinen Bereicherungsanspruch gegen A, da er nur durch Übereignung an K entreichert wurde, A seine Bereicherung aber von K erlangt hat. V kann von K nur Wertersatz gem. § 818 II verlangen.

Um demjenigen, der durch den gutgläubigen Erwerb einen Schaden erlitten hat, einen Ausgleich zu verschaffen, wurde der ***Sondertatbestand des § 816*** geschaffen. Beim gutgläubigen Erwerb veräußert ein Nichtberechtigter eine Sache und erhält dafür meist eine Vergütung. Der Nichtberechtigte muß die Vergütung herausgeben.

Bereicherungsrecht
(Kondiktionsrecht; §§ 812 ff. BGB)

Voraussetzungen der **ungerechtfertigten Bereicherung** (§ 812 I):

- ***Bereicherung***,
  d.h. Erlangung eines Vermögens- bzw. Rechtsvorteils seitens des Bereicherungsschuldners ("Bereicherter")
  - durch Leistung (sog. **Leistungskondiktion)** oder
  - in sonstiger Weise (z.B. durch **Eingriffskondiktion**),
- ***auf Kosten***, d.h. bei *gleichzeitiger* bzw. simultaner *Entreicherung* des Bereicherungsgläubigers ("Entreicherter") - Unmittelbarkeit der Vermögensverschiebung oder Einheitlichkeit des Bereicherungsvorgangs (umstritten!) -
- ***ohne rechtlichen Grund***; ein Wegfall des Rechtfertigungsgrundes ist gleichgestellt (§ 812 I 2).

Rechtsfolge: Anspruch des Entreicherten auf ***Herausgabe***

Primäranspruch nach § 812:

Herausgabe des Erlangten (incl. Nutzungen, § 818 I)

oder

Sekundäranspruch

Herausgabe des vollen Surrogats gem. § 818 I ("commodum ex re") nur bei Zerstörung, Beschädigung oder Entziehung, z.B. Ersatzansprüche gegen Dritte wie Versicherungsleistungen (nicht aber der Erlös aus der Weiterveräußerung)	***Wertersatz*** gem. § 818 II in allen anderen Fällen, insbes. bei Weiterveräußerung ("commodum ex negotiatione")

Einschränkung (Auschluß)
aller Bereicherungsansprüche durch § 818 III
(bei Wegfall der Bereicherung)

aber:

Verschärfte Haftung
für jedes Verschulden ab Rechtshängigkeit (Klage) oder
Kenntnis vom Fehlen des Rechtsgrundes
gem. §§ 818 IV, 819 (291, 292, 989),
d.h., dann ist eine Berufung auf § 818 III
bei *schuldhafter* Entreicherung unzulässig.

Abb. C 14: Systematik des Bereicherungsrechts

3. Unerlaubte Handlung und Gefährdungshaftung

a) Deliktshaftung

Eine **unerlaubte Handlung (Delikt)** ist die schuldhafte und widerrechtliche Verletzung absoluter Rechte und bestimmter fremder Rechtsgüter.

Beispiel:

1) Die Körperverletzung des P durch den Malergesellen A im Fall 1 in Kap. C IV 7 b).
2) Die Beschädigung des Anzuges und die Körperverletzung des U durch den Kellner K im Fall 2 in Kap. C IV 7 b).
3) Die Körperverletzung des F durch den Installateurgesellen G im Fall 3 in Kap. C IV 7 b).

Die Deliktshaftung nach § 823[107] ist völlig unabhängig vom Bestehen eines rechtsgeschäftlichen Schuldverhältnisses (sog. außervertraglicher Schadensausgleich). Sie setzt das Vorliegen bestimmter subjektiver Tatbestandsmerkmale (Verschulden und Verschuldensfähigkeit) und objektiver Tatbestandsmerkmale (Schädigung durch ursächliche Verletzung absoluter Rechte und Rechtswidrigkeit) voraus und führt zu einem gesetzlichen Schuldverhältnis.
Liegt gleichzeitig eine Verletzung vertraglicher Pflichten vor, so können die Ansprüche aus der schuldhaften Leistungsstörung und aus der unerlaubten Handlung nebeneinander geltend gemacht werden (*Anspruchskonkurrenz*).

Voraussetzungen gem. § 823 I

(1) ***Verletzung eines absoluten Rechtes*** durch ein aktives Tun oder durch Unterlassen einer schadenabwendenden Handlung.
Dabei müssen Tun oder Unterlassen für die Rechtsverletzung einerseits und für den entstandenen Schaden andererseits kausal (ursächlich) und adäquat gewesen sein. **Kausalität** liegt vor, wenn der Erfolg mit (an) Sicherheit (grenzender Wahrscheinlichkeit) durch dieses Tun oder Unterlassen (= conditio sine qua non) eingetreten ist. **Adäquanz** ist nicht gegeben, wenn es nach allgemeiner vernünftiger Lebenserfahrung als völlig unwahrscheinlich angesehen werden muß, daß die Ursache (Verhalten) diesen Erfolg nach sich zieht.

Beispiele:

1. Der Kraftfahrer K fährt den Fußgänger F auf dem Zebrastreifen an. Der Krankenhausaufenthalt des F muß deshalb verlängert werden, weil F sich

[107] Nicht zu verwechseln mit der strafrechtlichen Verfolgung von Delikten i.S. von strafbaren Handlungen (des Strafrechts; StGB).

bei einem Zimmergenossen infiziert. - Auch für die Schadensausweitung ist die adäquate Kausalität zu bejahen[108].

2. Die Mutter M des F fährt auf dem Weg ins Krankenhaus, um F zu besuchen, vor Aufregung mit ihrem PKW gegen ein Verkehrsschild. - Zwischen der schädigenden Handlung des K (s.o.) und dem Schaden der M besteht keine adäquate Kausalität.

Einige *absolute Rechte* werden in § 823 I exemplarisch aufgezählt: Leben, Körper, Gesundheit, Freiheit und Eigentum. Unter den sonstigen Rechten sind ebenfalls nur absolute Rechte zu verstehen wie die (sieben) dinglichen Rechte, ferner der Besitz, das Namensrecht sowie die Firma, Immaterialgüterrechte (Patent, Gebrauchs- und Geschmacksmuster, Warenzeichen, Urheberrechte), das allgemeine Persönlichkeitsrecht und das Recht am eingerichteten und ausgeübten Gewerbebetrieb. § 823 I wird durch zwei *weitere Grundtatbestände* ergänzt:
- Verletzung eines Schutzgesetzes (§ 823 II),
- vorsätzliche sittenwidrige Schädigung (§ 826).

In beiden Fällen kommt es nicht auf die Verletzung eines absoluten Rechtes an.

Die folgenden *Sondertatbestände* werden nicht näher erläutert:
1. Kredit- und Erwerbsschädigung (§ 824),
2. Haftung für Verrichtungsgehilfen (§ 831)[109],
3. Haftung für zu beaufsichtigende Personen wegen Verletzung der Aufsichtspflicht (§ 832),
4. Haftung für Schädigung durch Haustiere (§§ 833 S. 2, 834),
5. Haftung für Schädigung durch Gebäudeeinsturz (§§ 836 ff.),
6. Amtspflichtverletzung (§ 839 i.V. mit Art. 34 GG).

(2) ***Rechtswidrigkeit***

Der Eingriff in ein Rechtsgut ist widerrechtlich, wenn nicht ein Rechtfertigungsgrund besteht, z.B. die wirksame Einwilligung des in seinem Rechtsgut Verletzten[110]. Im Rahmen der Verkehrssicherungspflicht gilt jedes Unterlassen als rechtwidrig.

(3) ***Verschulden***

Auch die Deliktshaftung ist eine Verschuldenshaftung (mit Ausnahme der Tierhalterhaftung gem. § 833 S. 1) wie die Haftung für Leistungsstörungen. Das Verschuldensprinzip wurde dort bereits erörtert[111]. Eine

---

108 Vgl. RGZ 105, 264

109 Die Haftung für Verrichtungsgehilfen (§ 831) wurde (zwecks Gegenüberstellung mit Erfüllungsgehilfen) bereits in Kap. C IV 7 b) behandelt.

110 Gesetzlich normierte Rechtfertigungsgründe sind Notwehr (§ 227), Verteidigungs-Notstand (§ 228) und Selbsthilfe (§ 229); andere Rechtfertigungsgründe und die damit verbundene Ausgleichshaftung sind zu finden in §§ 904, 912, 917, § 906 BGB i.V. mit § 26 GewO und für den Fall der Enteignung in Art. 14 GG.

111 Siehe Kap. C IV 1.

Verantwortlichkeit scheidet jedoch aus, wenn der Handelnde nicht deliktsfähig ist (§ 827 f.). Nur in Ausnahmefällen haftet selbst der Deliktsunfähige entsprechend dem Kriterium der Billigkeit (*"Billigkeitshaftung"*, § 829). In manchen Fällen "besonderer Nähe zur Schadensquelle" ist die Beweislast für das Verschulden umgekehrt in Richtung auf einen Entlastungsbeweis (Exkulpation, vgl. die §§ 831 - 838 außer § 833 S. 1, § 8 StVG, §§ 44 f. LuftVG, § 26 AtomG). Bei Mitverschulden des Geschädigten wird der Schadensersatzanspruch gemindert (§ 254).

Haftung (Rechtsfolge)

Auch für das gesetzliche Schuldverhältnis der unerlaubten Handlung gelten prinzipiell die im allgemeinen Teil des Schuldrechts niedergelegten Vorschriften, für den Schadensersatz somit die §§ 249 - 255. Das Rechtsinstitut der unerlaubten Handlung enthält ferner einige Sonderregeln. Der Geschädigte hat folgende Ansprüche, sofern die Tatbestandsvoraussetzungen erfüllt sind:

(1) ***Naturalrestitution***

Der Schädiger hat den Zustand vor Eintritt des schädigenden Ereignisses wiederherzustellen (§ 249 S. 1).

(2) ***Schadensersatz in Geld***

Ersatzweise kann der Geschädigte einen entsprechenden Geldbetrag verlangen (§§ 249 S. 2 ff.). Im Falle einer Körperverletzung oder Gesundheitsbeeinträchtigung muß Verdienstausfall gezahlt werden, der sich bis zu einer Geldrente steigern kann (§ 843). Die Entschädigung in Geld umfaßt auch den

(3) ***Ersatz des entgangenen Gewinns***, der

- konkret festgestellt (§ 252 S. 1) oder u.U.
- abstrakt berechnet (§ 252 S. 2) wird.

(4) ***Schmerzensgeld (Nichtvermögensschaden)***

Auf eine Besonderheit der Deliktshaftung weist bereits § 253 hin. Sie besteht darin, daß im Falle einer *Körperverletzung, Gesundheitsschädigung oder Freiheitsentziehung* nicht nur der materielle Schaden, sondern auch der Nichtvermögensschaden, sog. Schmerzensgeld, zu ersetzen ist (§ 847). Dies gilt auch[112] für die Tierhalterhaftung gem. § 833, nicht aber für die Gefährdungshaftung (s. nächster Abschnitt). Der Anspruch auf Ersatz des immateriellen Schadens ist nicht übertragbar oder vererblich (§ 847 I S.2).

(5) ***Ersatz des Drittschadens***

Ausnahmsweise gewährt das Gesetz, nämlich im Falle der Tötung eines Menschen, nicht nur dem "Verletzten", sondern dem Drittgeschädigten (insbes. dem Unterhaltsberechtigten) Schadensersatzansprüche (§§ 844 f.).

---

[112] entgegen manchmal anders lautender Ansicht in der Lit.; beachte aber die Einordnung der Tierhalterhaftung unter den Titel der unerlaubten Handlung!

Schadensersatzansprüche aus unerlaubter Handlung ***verjähren*** in 3 Jahren, gerechnet von dem Zeitpunkt, in dem der Geschädigte von dem Schaden und dem Verursacher Kenntnis erlangt hat, spätestens nach 30 Jahren (§ 852).

Die deliktischen Schadensersatzansprüche gelten nur für einen erlittenen Schaden, d.h., sie sind nur in die Vergangenheit gerichtet. Es gibt jedoch Fälle, wo die Störquelle nach wie vor bestehen bleibt und folglich mit weiteren Beeinträchtigungen des Verletzten zu rechnen ist. Bei Beeinträchtigungen des Eigentums gewährt § 1004 dem Eigentümer gegen den Störer einen Abwehranspruch, bei dem es sich nicht um ein absolutes Recht, sondern um zweiseitige Rechtsfolgen aus sachenrechtlichen Verhältnissen handelt. Dieser Abwehranspruch gibt einen Schutz gegen fortdauernde Störungen (Beseitigungsanspruch) und gegen künftige widerrechtliche Beeinträchtigungen (Unterlassungsanspruch).

Rechtsprechung und Lehre haben eine Lücke in diesem Gefahrenkreis dadurch beseitigt, daß sie den Anwendungsbereich des Beseitigungs- und Unterlassungsanspruchs in Richtung auf einen allgemeinen Abwehranspruch gegen (drohende) Beeinträchtigungen *jedes* deliktisch geschützten Rechts oder Interesses ausgedehnt haben, sofern die Voraussetzungen nach § 1004 vorliegen.

- ***Der Beseitigungsanspruch***
  Die Voraussetzung des Beseitigungsanspruches ist eine in der *Gegenwart* fortdauernde widerrechtliche Störung bzw. Schädigung eines Rechtsgutes.

  Beispiel:
  A verbrennt ständig Hausmüll in seinem Garten, wodurch bereits die Hauswand seines Nachbarn B verschmutzt ist. Ungeachtet des Ersatzanspruchs aus § 823 kann B die Einstellung der Beeinträchtigung verlangen.

- ***Der Unterlassungsanspruch***
  Die Voraussetzung des Unterlassungsanspruches ist eine drohende Gefahr oder die Gefahr der Wiederholung einer rechtswidrigen Verletzung eines geschützten Rechtsgutes. Hier muß der Bedrohte nicht erst warten, bis die Störung bzw. der Schaden (wieder) eintritt; er kann bzw. muß auf Unterlassung klagen. Der Unterlassungsanspruch ist in die *Zukunft* gerichtet.

  Beispiel:
  Es besteht die Gefahr, daß A auch künftig wieder Müll verbrennt, B klagt deshalb auf Unterlassung.

Unerlaubte Handlung
(Delikt; §§ 823 ff.)

***Voraussetzungen*:**

- **Verletzung eines absoluten Rechts** (= schädigendes Verhalten) und **Schaden**

  (Schaden = Einbuße an einem geschützten Rechtsgut)

  a) ***Verletzung*** = aktives bzw. "positives" *Tun oder Unterlassen* (sofern eine Rechtspflicht zum Handeln besteht)

  b) ***Absolute Rechte*** (exemplarische Aufzählung in § 823 I)
  - *Leben:* Verletzung bedeutet Todesfolge
  - *Körper:* Verletzung der Integrität, äußere Verletzung
  - *Gesundheit:* innere Funktionsstörung
  - *Freiheit:* Beeinträchtigung der körperlichen Bewegungsfreiheit
  - *Eigentum:* Zerstörung, Beschädigung, Belastung oder Entziehung der Eigentumssache
  - *"sonstige Rechte"* (nur absolute Rechte!) wie dingliche Rechte, Besitz, Anwartschaftsrechte, Namensrecht, Immaterialgüterrechte, allgemeines Persönlichkeitsrecht, Recht am eingerichteten und ausgeübten Gewerbebetrieb

- **Kausalität und Adäquanz**

  d.h. ursächlicher und nach allgemeiner Lebenserfahrung nicht ganz unwahrscheinlicher (angemessener) Zusammenhang zwischen schädigendem Verhalten und eingetretenem Erfolg

- **Rechtswidrigkeit**

  ist nach h.L. indiziert, wenn *kein Rechtfertigungsgrund* (z.B. Notwehr, Notstand, Selbsthilferecht; vgl. §§ 227 ff., 904) vorliegt.

- **Verschulden** gem. § 276 und **Deliktsfähigkeit** (§§ 827 f.)

***Rechtsfolgen*:** Schadensersatz folg. Art und Umfangs

- **Naturalrestitution** nach § 249 S. 1
- **Schadensersatz in Geld** nach § 249 S. 2, einschließlich
- **Ersatz des entgangenen Gewinns** (§ 252)
  - konkrete Schadensberechnung: tatsächliche Vermögenseinbuße
  - abstrakte Schadensberechnung: fiktiver Betrag (bei Kaufleuten)
- **Schmerzensgeld** (Nichtvermögensschadensersatz) nach § 847
- (**Ersatz des Drittschadens** nur in Ausnahmefällen, § 844 f.)

Abb. C 15: Unerlaubte Handlung (Delikt)

b) Gefährdungshaftung

Die **Gefährdungshaftung** stellt die Haftung für solche Schäden dar, die durch eine für die Allgemeinheit gefährliche Tätigkeit oder die Unterhaltung von Gefahrenquellen wie Betrieben ("Betriebsgefahr") entstehen.

Dieses gefahrschaffende Tun ist keine unerlaubte Handlung; *Rechtswidrigkeit und Verschulden* des Haftpflichtigen werden hierbei *nicht vorausgesetzt* (Ausnahme vom Verschuldungsgrundsatz!). Die Haftung greift jedoch nur in bestimmten gesetzlichen Tatbeständen Platz und ist meist auf bestimmte Höchstbeträge begrenzt. Mit Ausnahme der Tierhalterhaftung[113] besteht auch *kein Anspruch auf Schmerzensgeld*. Häufig ist für den Gefahrschaffenden eine Haftpflichtversicherung vorgeschrieben. Die im täglichen Leben bekanntesten Beispiele der Gefährdungshaftung sind die bereits erwähnte Tierhalterhaftung (ohne Begrenzung der Haftsumme; beachte die Ausnahme in § 833 S. 2: Haftung für [vermutetes] Verschulden!) und die Haftung der Kraftfahrzeughalter. Diese werden (ohne nähere Erläuterung) in der folgenden Aufstellung um weitere Tatbestände ergänzt.

(1) ***Haftung ohne Ausschluß***
- des Tierhalters (§ 833 S. 1 BGB)
- des Jagdberechtigten für Wildschäden (§§ 29 f. BJagdG)
- für Unfälle im Luftverkehr gegenüber unbeteiligten Personen (§ 33 I LuftVG)
- des Inhabers einer Atomenergieanlage (§ 25 AtomG)

(2) ***Haftung mit Ausschluß unabwendbarer Ereignisse***
- des Kraftfahrzeughalters (§ 7 StVG)
- des Besitzers von radioaktiven Stoffen (§ 26 AtomG)

(3) ***Haftung mit Ausschluß höherer Gewalt***
- des Eisenbahnunternehmens
  a) für Personenschäden (§ 1 RHaftpflG)
  b) für Sachschäden (§ 1 SHaftpflG)
- für Unfälle im Luftverkehr gegenüber *Fluggästen* (§ 44 I LuftVG)
- für Schäden durch Energieanlagen - Gas- und Elektrizitätswerke (§ 1 a RHaftpflG)
- für Schäden infolge einer Veränderung der Beschaffenheit von Gewässern (§ 22 Wasserhaushaltsgesetz)
- des Gastwirts für eingebrachte Sachen (§ 701 BGB) (Hier handelt es sich um einen Sonderfall.)

Wie bei der unerlaubten Handlung tritt auch in allen Fällen der Gefährdungshaftung eine Minderung oder gar der Ausschluß der Ersatzpflicht bei eigenem Verschulden des Verletzten/Geschädigten ein (z.B. beim Kraftfahrzeughalter gem. § 9 StVG; zur Begrenzung der Haftsumme s. §§ 10 ff. StVG).

113 und Haftung für Unfälle durch Militärflugzeuge (§ 53 LuftVG)

c) Produzentenhaftung

Die **Produzentenhaftung**, nicht ganz treffend auch **Produkthaftung** genannt, bezeichnet die Ersatzpflicht eines Produktherstellers für einen Schaden, den ein Produktverwender (Endabnehmer) durch ein von diesem Hersteller in den Verkehr gebrachtes, fehlerhaftes Produkt erlitten hat.

Sie ist rechtssystematisch der Deliktshaftung zuzuordnen und von der vertragsrechtlichen Haftung für Sachmängel abzugrenzen: Das Gewährleistungsrecht stellt auf die Gebrauchsfähigkeit eines Produktes ab, das Produkthaftungsrecht dagegen auf die **Gebrauchssicherheit**. Folglich unterscheiden sich auch die **Fehlerbegriffe** beider Rechtsinstitute wesentlich voneinander. Gegenstand der Produzentenhaftung sind stets und allein die **Folgeschäden**, die durch den Gebrauch des fehlerhaften Produktes entstehen.

Umfang und Voraussetzungen der Produzentenhaftung sind je nach den Rechtsnormen, auf die sich der Anspruch eines Geschädigten stützt, verschieden.

aa) Produzentenhaftung nach § 823 BGB

Die deliktsrechtliche Produzentenhaftung orientiert sich an den ***Voraussetzungen*** der unerlaubten Handlung; diese sind hier:
- Rechtsgutverletzung und adäquat-kausaler ***Schaden*** durch ein fehlerhaftes Produkt, das der Hersteller in den Verkehr gebracht hat,
- Rechtswidrigkeit in Form der ***Verletzung von Verkehrssicherungspflichten***[114] i.S. von Qualitätssicherungs- und Gefahrabwendungspflichten,
- ***Verschulden*** des Produzenten.

Zu den Verkehrssicherungspflichten des Produzenten gehören im Fertigungsbereich Planungs-, Konstruktions-, Organisations- und Kontrollpflichten und im Marketingbereich Informations- und Produktbeobachtungspflichten. Die Verletzung einer solchen Pflicht kann praktisch immer als Produktfehler ausgelegt werden. Somit erstreckt sich die Produzentenhaftung auf folgende **Produktfehler**:
- ***Konstruktions- oder Planungsfehler***
  Ein solcher Fehler liegt vor, wenn die Herstellung nicht dem allgemeinen Stand von Wissenschaft und Technik (= objektiver Beurteilungsmaßstab!) entspricht. Kennzeichnend ist, daß ein Konstruktionsfehler allen Produkten einer Produktionsserie anhaftet. - Fehlervermeidung: ausreichende Tests.

[114] Vgl. S. 79 f. und S. 167.

- ***Fabrikations- und Materialfehler***
  Es handelt sich hierbei um Fehler, die sich bei der Fertigung aufgrund menschlichen oder maschinellen Versagens "eingeschlichen" haben und bei (nicht ausreichenden) Qualitätskontrollen nicht erkannt wurden. Häufig sind davon nur einzelne Produkte (sog. *Ausreißer*) betroffen. Die Haftung des Produzenten erstreckt sich auch auf Fehler an eingebauten fremdbezogenen Materialien. - Fehlervermeidung: regelmäßige sorgfältige Qualitätskontrollen.
- ***Instruktionsfehler***
  Als solche sind mangelhafte, unverständliche und vor allem unvollständige Bedienungs- bzw. Gebrauchsanleitungen anzusehen, die nicht hinreichend vor gefährlichen Produkteigenschaften und Gefahren der Produktverwendung warnen. Die Informationspflicht des Herstellers bemißt sich an dem durchschnittlichen Verwender. Darf darauf vertraut werden, daß dieser grundsätzlich die richtige und gefahrlose Verwendung kennt, so treffen den Hersteller keine Instruktionspflichten, es sei denn, daß von den besonderen Produkteigenschaften im konkreten Fall Gefahren ausgehen können, die der Verwender nicht ohne weiteres erkennen und einzuschätzen vermag. Dies läßt aber keineswegs den Umkehrschluß zu, daß der Hersteller eines gefährlichen Erzeugnisses durch eine erschöpfende Gebrauchsanleitung mit deutlichen Gefahrenhinweisen etwa sein Produkt "fehlerfrei" machen kann.

  Beispiel:
  Da vorhersehbar ist, daß (Klein-)Kinder Spielzeug auch in den Mund nehmen, darf dieses nicht aus gesundheitsgefährdendem Kunststoff gefertigt sein. Eine entsprechende Gefahrenwarnung genügt nicht.

  Primär hat der Hersteller *sichere* Erzeugnisse zu produzieren. Das Sicherheitserfordernis orientiert sich wie auch die Instruktionspflicht zwar zunächst an dem ***bestimmungsgemäßen Gebrauch***, hat aber darüber hinaus auch eine absehbare, nicht ganz entfernt liegende ***Fehlverwendung*** einzukalkulieren. Insofern kann auch eine überzogene ***Werbung***, die "berechtigte" Sicherheitserwartungen enttäuscht, fehlerhaft sein. - Fehlervermeidung: umfassende Gebrauchsanweisungen und Gefahrenhinweise.
- ***Produktbeobachtungsfehler***
  Die Verkehrssicherungspflichten des Herstellers enden nicht mit der Vermarktung seiner Produkte. Auch danach hat er diese auf unerkannt gebliebene Mängel und gefährliche Eigenschaften hin zu beobachten und sich über ihre Verwendungsfolgen zu informieren. Falls bedeutende Gefahren von dem Produkt ausgehen, trifft ihn eine ***Rückrufpflicht*** und die Pflicht zum Ersatz oder zur kostenfreien Reparatur.

Beweislast

Die Haftung des ***Herstellers*** setzt Verschulden voraus; spätestens seit dem *Hühnerpest-Urteil*, das der BGH auf dem Hintergrund der EG-Produkthaftungsrichtlinie vom 25.7.1985 fällte[115], ist für den (industriellen) Produzenten insofern eine Verschärfung eingetreten, als er selbst nachweisen muß, daß ihn kein Verschulden trifft ***(Umkehr der Beweislast)***. Es bedeutet implizit auch eine Abkehr von dem häufig unbilligen und unbefriedigenden Entlastungsnachweis des Herstellers (Geschäftsherrn) für seine Verrichtungsgehilfen gem. § 831. Die Rechtsprechung erweitert die Verkehrssicherungspflicht zu einer unmittelbaren Sorgfalts- und ***Organisationspflicht***, deren Verletzung den Produzenten nach § 823 ersatzpflichtig macht und nur schwerlich eine Entlastung ermöglicht.

Der ***Geschädigte*** muß nachweisen, daß das Produkt *im Zeitpunkt des Inverkehrbringens fehlerhaft* war und er gerade *durch* dieses Produkt eine Rechtsgutverletzung und einen daraus resultierenden *Schaden* erlitten hat.

bb) Produzentenhaftung nach dem Produkthaftungsgesetz (PHG)

Das am 1.1.1990 in Kraft getretene PHG hat für die Produzentenhaftung eine einschneidende Neuerung und Verschärfung gebracht: Die Haftung tritt im Gegensatz zur bisherigen Rechtslage (§ 823) auch ohne jedes Verschulden ein. Die ***verschuldensunabhängige Haftung*** nach § 1 I PHG ist de facto eine **Gefährdungshaftung**.

Ansonsten bleibt es bei der klassischen Verteilung der **Beweislast**:
Der ***Geschädigte*** muß nachweisen
- den Produktfehler,
- den entstandenen Schaden und
- den ursächlichen Zusammenhang zwischen beiden.

Den ***Hersteller*** trifft die Beweislast für die in § 1 II PHG genannten fünf ***Entlastungsmöglichkeiten***. Danach ist seine Ersatzpflicht ausgeschlossen, wenn das Produkt
- ohne Willen, Wissen und Zutun des Produzenten in den Verkehr gebracht wurde,
- bei Inverkehrbringen nachweislich fehlerfrei war,
- für nichtkommerzielle Zwecke, d.h. für den privaten Gebrauch oder Eigenbedarf hergestellt oder vertrieben wurde,
- einen Fehler aufweist, der durch die Einhaltung verbindlicher, hoheitlich erlassener Normen (nicht aber privatwirtschaftlicher Normen, z.B. DIN-Normen!) bedingt ist,
- einen Fehler hat, der zum Zeitpunkt des Inverkehrbringens nach dem allgemeinen Erkenntnisstand von Wissenschaft und Technik (= objektiver Maßstab) von niemandem erkennbar war. Das PHG statuiert keine Haf-

[115] BGHZ 51, 91

tung für sog. *Entwicklungsrisiken*, anders dagegen das Arzneimittelgesetz (in § 84 ArzmG) für Arzneimittelhersteller.

Produkt und Produktfehler

Produkt i.S. von § 2 PHG ist jede bewegliche Sache, auch wenn sie Teil irgendeiner anderen Sache wird.

Wesentliche Bestandteile nach §§ 93 f. BGB verlieren also durch Einbau ihre Produkteigenschaft nicht. Auch Elektrizität und Stoffe in nichtfestem Aggregatzustand wie Wasser, Gas oder Dampf sind bewegliche Sachen i.S. des PHG.

Wie bei der deliktischen Produzentenhaftung knüpft auch der **Produktfehler** an die *berechtigten allgemeinen Sicherheitserwartungen des durchschnittlichen Produktbenutzers*, also nicht der Fachleute an. Für die Fehlerhaftigkeit eines Produktes sind gem. § 3 PHG *alle* Umstände zu berücksichtigen, insbes.

- die ***Darbietung*** durch Beschreibungen, Gebrauchsanweisungen, Werbung usw.
- der ***Gebrauch***, mit dem billigerweise gerechnet werden kann,
- der ***Zeitpunkt der Inverkehrgabe*** als zeitliches Kriterium für den Produktfehler.

Alle deliktischen Produktfehler machen auch i.S. der Sicherheitserfordernisse des PHG ein Produkt fehlerhaft. Dabei sind die Sicherheitserwartungen nicht nur vom bestimmungsgemäßen Gebrauch und der Produktgefährlichkeit, sondern auch von Produktausstattung und -preis abhängig. So darf man an ein hochwertiges und teures "Luxuserzeugnis" höhere Sicherheitserwartungen stellen (z.B. ABS bei PKW der gehobenen Klasse) als an "Standardprodukte".

Kreis der Verpflichteten

Der Begriff "Produzentenhaftung" ist für den Geltungsbereich des PHG zu eng und damit irreführend. § 1 PHG bezeichnet zwar den Hersteller als Verpflichteten, § 4 PHG erweitert aber den "Herstellerbegriff" und damit den Kreis der Haftungsbetroffenen wie folgt:

- der ***Hersteller*** eines Endproduktes, Teilproduktes oder Grundstoffes; dem Endhersteller werden nach der neuen Rechtslage gesamtverantwortlich alle vorgelagerten Produktionsstufen zugerechnet,
- der ***"Quasi-Hersteller"***, d.h. derjenige, der durch Anbringen seines Namens oder Markenzeichens den Anschein erweckt, ein fremdes Produkt, das er auf den Markt gebracht hat, selbst hergestellt zu haben (z.B. Versandhäuser, Handelsketten),
- der ***Importeur*** von Waren aus Nicht-EG-Ländern, sofern die Waren zum Zwecke der Weiterveräußerung oder einer sonstigen Vertriebsform (z.B. Vermietung) eingeführt wurden,

- ersatzweise der ***Händler***, wenn der Hersteller (z.B. bei "no-name"-Produkten) nicht festgestellt werden kann bzw. nicht binnen eines Monats dem Geschädigten durch den Händler benannt wird.

Haftungsumfang

Das PHG, das Anwendung findet auf alle Produkte, die nach dem 1.1.1990 in den Verkehr gebracht worden sind, bietet dem Geschädigten keinen umfassenden Schutz. Die Haftung für ***Personen- bzw. Körperschäden*** (z.B. Heilungskosten, Verdienstausfall, ggf. künftige Rente) ist auf 160 Millionen DM begrenzt (§ 10 I PHG). Einen Anspruch auf *Schmerzensgeld* gewährt das Gesetz *nicht*. Ausdrücklich unbenommen bleibt es dem Geschädigten, Ansprüche nach Deliktsrecht zu verfolgen (§ 15 II PHG). Für private ***Sachschäden*** (an *anderen* Sachen als dem fehlerhaften Produkt) besteht keine Haftungsgrenze, jedoch eine Selbstbeteiligung des Geschädigten in Höhe von 1.125 DM (500 ECU; § 11 PHG). Im übrigen ist jede Vereinbarung einer Beschränkung oder eines Ausschlusses der Ersatzpflicht nach § 14 PHG unzulässig und damit nichtig (**absolutes Freizeichnungsverbot**). - Ansprüche des Geschädigten ***verjähren*** nach 3 Jahren ab Kenntnis oder Kennen-müssen der anspruchsbegründenden Tatsachen (§ 12 PHG), sie ***erlöschen*** generell nach 10 Jahren (**Ausschlußfrist**, § 13 PHG).

Geringe Abschlüsse und niedrige Deckungssummen im Bereich der Produkthaftpflichtversicherung sind Indizien dafür, daß die ***wirtschaftliche Bedeutung und Tragweite*** der Produzentenhaftung, insbes. nach dem PHG, in Deutschland unterschätzt wird. Von den "Herstellern" wird verkannt, daß sie hinsichtlich ihrer Entlastungsnachweise, vor allem der Mangelfreiheit ihres Produktes im Zeitpunkt des Inverkehrbringens, leicht in Beweisnot geraten können und daß mit dem PHG und der neueren BGH-Rechtsprechung - überspitzt formuliert - die Haftung des Unschuldigen eingeführt worden ist und zunehmend allgemeine Lebensrisiken auf die Produzenten und ihre Haftpflichtversicherer überwälzt werden.

4. Kontrollfragen zu Kapitel C VII

1. Was sind gesetzliche Schuldverhältnisse?
2. Nennen und beschreiben Sie die gesetzlichen Schuldverhältnisse des BGB!
3. Der 16-jährige K kauft ohne Zustimmung seiner Eltern ein Fahrrad, das ihm auch übereignet wird. Ist K ungerechtfertigt bereichert?
4. Welcher Zusammenhang besteht zwischen
   a) dem Abstraktionsprinzip und dem Bereicherungsrecht,
   b) dem gutgläubigen Erwerb und dem Bereicherungsrecht?
5. Welches sind die Voraussetzungen und Rechtsfolgen der unerlaubten Handlung?
6. Was versteht man unter dem Erfordernis der Kausalität und Adäquanz einer schädigenden Handlung? Nennen Sie hierzu ein Beispiel?
7. Welche Rechte sind durch die Deliktshaftung erfaßt?

8. Was bedeutet Rechtswidrigkeit des schädigenden Verhaltens?
9. Was ist Schmerzensgeld?
10. Wann verjähren Ansprüche aus unerlaubter Handlung?
11. *Fallbeispiel:* Der 5-jährige K spielt auf dem nahe der Wohnung gelegenen Spielplatz Fußball. In regelmäßigen kurzen Abständen schaut seine Mutter M „nach dem Rechten". Durch einen besonders kräftigen Schuß des K „landet" der Ball in der Fensterscheibe der Wohnung der mittellosen Witwe W. Wie ist die Rechtslage? [Prüfe: a) Ansprüche W gegen K, b) Ansprüche W gegen M bzw. Eltern] - Würde es einen Unterschied machen, wenn die Eltern des K sehr vermögend sind?
12. Grenzen Sie voneinander ab: Deliktshaftung, Gefährdungshaftung und Produzentenhaftung!
13. Auf welche Rechtsgrundlagen stützt sich die Produzentenhaftung?
14. Auf welche Produktfehler erstreckt sich die Produzentenhaftung?
15. Setzt die Produzentenhaftung Verschulden voraus?
16. In welchen Fällen wird gem. PHG der Hersteller von der Haftung befreit? Wem obliegt dafür die Beweislast?
17. Trifft die Produzentenhaftung nach PHG nur den Hersteller eines Produktes?
18. Ist der Haftungsumfang im PHG betragsmäßig begrenzt?
19. Gewährt die Produzentenhaftung dem Geschädigten Anspruch auf Schmerzensgeld?

D. Handels- und Gesellschaftsrecht

I. Wesen und Einordnung

Kernstück des Privatrechts ist das bürgerliche Recht (BGB); es wird ergänzt durch weitere privatrechtliche Kodifikationen (s. Kap. A II). Darunter stellt das **Handelsrecht**[1] *Sonderrecht (lex specialis) für Kaufleute und ihre Hilfspersonen* (Mitarbeiter und Hilfsgewerbe) dar. Es gilt subsidiär, d.h., die Vorschriften des BGB sind anzuwenden, soweit das Handelsrecht (i.e.S. = HGB)[2] keine abweichenden Regeln enthält.

Beispiel:
Die Bestimmungen für den Kaufvertrag nach Zivilrecht (§§ 433 ff. BGB) gelten auch für Kaufgeschäfte unter Kaufleuten. Zusätzlich und z.T. ausschließlich sind in solchen Fällen die Normen des HGB anzuwenden (Abb. D 1).

Allg. Teil des BGB (1. Buch)
⇨ Allg. Vorschriften für das Schuldrecht (BGB 2. Buch, 1.- 6. Abschnitt)
⇨ Allg. Regeln für den Kauf (§§ 433 ff. BGB)
⇨ Allg. Vorschriften über Handelsgeschäfte (§§ 343 ff. HGB)
⇨ Regeln für den Handels*kauf* (§§ 373 ff. HGB)
⇨ Bestimmungen für den *zweiseitigen* Handelskauf z.B. § 369 HGB)

Abb. D 1: Schematische Darstellung fortschreitender Spezialisierung der Rechtsnormen beim Kauf.

Maßgeblich für die Anwendung des HGB ist nicht die Art eines Rechtsgeschäftes, sondern die Tatsache, ob der (oder die) Vertragschließende(n) **Kaufmann** i.S. der §§ 1 ff. HGB ist (sind).
Für Minderkaufleute gelten Einschränkungen insofern, als auf diese nicht alle Bestimmungen des HGB anwendbar sind.

Auch für das **Gesellschaftsrecht** (i.w.S. = Recht der Personenvereinigungen) sind die Grundtypen im BGB enthalten und kodifiziert. Im engeren Sinne ist jedoch dort streng zu unterscheiden zwischen dem eingetragenen *Verein* und der (bürgerlich-rechtlichen) *Gesellschaft*, auf welchen die **Handelsgesellschaften** aufbauen (wie in Kap. D III noch zu zeigen sein wird). Nur soweit es sich um letztere handelt, ist das Gesellschaftsrecht ein Unter-

[1] Der Begriff "Handel" stellt nicht auf eine bestimmte Branche ab, sondern bedeutet soviel wie "Kaufmann" oder "Wirtschaft".

[2] Das Handelsrecht i.w.S. schließt das Wertpapierrecht sowie das Banken- und Börsenrecht ein.

gebiet des Handelsrechts (kodifiziert im 2. Buch des HGB, im AktG und im GmbHG).

II. Handelsstand und Handelsgeschäfte

Handelsgeschäfte (i.w.S.) sind alle Geschäfte von Kaufleuten im Rahmen ihres Handelsgewerbes.
Das Rechtsgebiet der Handelsgeschäfte umfaßt nach dieser Begriffsbestimmung das 1. und 4. Buch[3] des HGB und impliziert notwendigerweise den Kaufmannsbegriff.

1. Der Kaufmann und seine Hilfspersonen

Die Tatbestandsmerkmale, die für die Kaufmannseigenschaft erfüllt sein müssen, sind bereits in Kap. B I 3 im einzelnen beschrieben und hier nochmal in einer (weiteren) Übersicht (Abb. D 2) zusammengefaßt.

Anschauungsbeispiele[4]*:*

Apotheke	§ 1 II Nr. 1
Architekt, Arzt, Anwalt	freier Beruf, kein Gewerbe
Bäckerei	§ 1 II Nr. 1
Bank	§ 1 II Nr. 4
Bauunternehmung	§ 2 (nicht § 1 II Nr. 1, da die angeschafften Waren nicht wieder veräußert, sondern als Mittel zur Herstellung des Werks Bestandteil des Grundstücks werden).
Bergwerk	§ 2 (nicht § 1 II Nr. 1, da Urproduktion)
Brauerei, Brennerei	§ 1 II Nr. 1
Deutsche Bahn AG	Nach der Privatisierung ist sie als AG Kaufmann kraft Rechtsform; für ihre Personen- und Güterbeförderung gelten die §§ 453 ff. HGB und die EVO. (Die Bahnpolizei ist seitdem ein selbständiger Bereich im Bundesgrenzschutz.)
Deutsche Post AG und *Telekom AG*	Nach der Privatisierung aus der ehemaligen Bundespost hervorgegangen sind beide jetzt Kaufmann kraft Rechtsform.
Druckerei	§ 1 II Nr. 9, falls nicht handwerklich betrieben.

---

3 Vgl. Baumann, J.: Einführung in die Rechtswissenschaft, 5. Aufl., München 1977, S. 240.

4 Die angegebenen Paragraphen sind solche des HGB.

<table>
<tr><th colspan="2">Kaufmannsarten</th><th>Gesetzl. Regelung</th><th>Kennzeichen</th><th>Eintragung ins Handelsregister</th><th>Kaufmannseigenschaft vor der Eintragung</th><th>Pflichten und Rechte der Vollkaufleute</th></tr>
<tr><td rowspan="2">Kaufmann kraft Gesetzes (Muß kaufmann)</td><td>Voll-kaufmann</td><td>§ 1 HGB</td><td>Kaufleute kraft Grundhandelsgewerbes nach § 1 II HGB (mit einem Betriebsumfang, bei dem eine kaufmännische Einrichtung erforderlich ist)</td><td>ja (Pflicht)</td><td>ja (deklaratorische Wirkung der Eintragung)</td><td rowspan="5">Pflichten:
• Eintragung ins Handelsregister
• Führen von Handelsbüchern (3. Buch des HGB)
• Zahlung auch überhöhter Vertragsstrafen (§ 348 HGB)
• Übernahme nur selbstschuldnerischer Bürgschaften (§ 349 HGB)

Rechte:
• Ernennung von Prokuristen (§§ 48, 4 HGB)
• Gründung von Personengesellschaften des Handelsrechts (OHG, KG)
• Führen einer Firma (§§ 17, 4 HGB)
• Wahl eines vom Kalenderjahr abweichenden Geschäftsjahres
• Abgabe mündlicher Bürgschaftserklärungen, Schuldversprechen und Schuldanerkenntnisse (§ 350 HGB)
• mögliche Ernennung zum Handelsrichter</td></tr>
<tr><td>Minder-kaufmann</td><td>§ 4 HGB</td><td>Kaufleute kraft Grundhandelsgewerbes nach § 1 II HGB (mit einem Betriebsumfang, bei dem eine kaufmännische Einrichtung nicht erforderlich ist), z.B Handwerker, Kleingewerbetreibende</td><td>nein</td><td>-------</td></tr>
<tr><td rowspan="3">Kaufmann kraft Eintragung (stets Voll kaufmann)</td><td>Soll-kaufmann</td><td>§ 2 HGB</td><td>sonstige Gewerbebetriebe, die nach Art und Umfang einen in kaufmännischer Weise eingerichteten Geschäftsbetrieb erfordern (große Handwerksbetriebe, Bergbau, Ziegeleien, Hotels usw.)</td><td>ja (Pflicht)</td><td>nein (konstitutive Wirkung der Eintragung)</td></tr>
<tr><td>Kann-kaufmann</td><td>§ 3 HGB</td><td>land- und forstwirtschaftliche Betriebe oder Nebengewerbe</td><td>ja (freiwillig)</td><td>nein (konstitutive Wirkung der Eintragung)</td></tr>
<tr><td>Form-kaufmann</td><td>§ 6 HGB</td><td>Kapitalgesellschaften (juristische Personen)</td><td>ja (Pflicht)</td><td>nein (konstitutive Wirkung der Eintragung[1])</td></tr>
</table>

1 Gesellschaft entsteht erst und wird rechtsfähig mit der Eintragung.

Abb D 2: Kaufmannsarten

Elektrizitätswerk	§ 2 (Gewinnung von Elektrizität durch Ausnutzung des Wassergefälles ist Urproduktion. Aber auch bei Verwendung von Kohle gilt nicht § 1 II Nr. 1, da Elektrizität nach der Verkehrsanschauung keine "bearbeitete oder verarbeitete" Kohle ist.)
Erdölgewinnung	§ 2 (Urproduktion)
Erdölraffinerie	§ 1 II. Nr. 1, falls Öl angekauft und weiterveräußert wird; § 1 II Nr. 2, falls fremdes Öl bearbeitet wird.
Filmverleih	§ 2
Friseur	§ 2, aber § 1 II Nr. 1 bezüglich des Verkaufs von Toilettengegenständen.
Gärtnerei	Kein Handelsgewerbe, § 3 I (Landwirtschaft; hierbei ist der zugehörige Verkaufsladen nur insoweit Nebengewerbe gem. § 3 II und kann [muß nicht] eingetragen werden, als dort nicht selbst gezogene, sondern angeschaffte Pflanzen und Samen veräußert werden).
Gastwirtschaft	§ 1 II Nr. 1
Grundstücksmakler	§ 2 (nicht § 1 II Nr. 7, da Grundstücksmakler kein Handelsmakler ist, § 93 II HGB)
Handelsmakler	§ 1 II Nr. 7
Handelsvertreter	§ 1 II Nr. 7
Hotel	§ 2
Hüttenwesen	§ 1 II Nr. 1
Kino	§ 2
Kraftfahrzeugvermietung	§ 2
Landwirtschaft	§ 3; kann nach Maßgabe von § 2 durch (freiwillige) Eintragung Kaufmann werden. Ein Nebengewerbe ist bloße Verkaufsstelle für eigene Produkte oder bloßer Hilfsbetrieb zur Unterstützung des Hauptbetriebs.
Maschinenfabrik	§ 1 II Nr. 1
Reinigung	§ 1 II Nr. 2, falls nicht handwerklich betrieben.
Reparaturwerkstatt	§ 1 Nr. 2, falls nicht handwerklich betrieben.
Sägewerk	§ 1 II Nr. 1, falls angekauftes Holz verarbeitet wird; bei Lohnarbeit gilt § 1 II Nr. 2, sofern nicht handwerklich betrieben.
Schneiderei, Schreinerei	Wenn Betrieb Stoffe liefert, gilt § 1 II Nr. 1; wird Stoff von Kunden gestellt, gilt § 1 II Nr. 2, falls Betrieb nicht handwerklich.

Schuhmacherei	Wenn Betrieb Schuhe nur ausbessert, gilt § 1 II Nr. 2, falls nicht handwerklich betrieben. Stellt Betrieb Schuhe her, gilt gleiches wie bei Schneiderei.
Taxiunternehmen	§ 1 II Nr. 5, falls größeres Unternehmen ("Anstalt").
Verleger	§ 1 II Nr. 8.
Ziegelei	Wenn Material aus eigener oder gepachteter Grube gewonnen wird, gilt § 2 (nicht § 1 II Nr. 1, da nicht angeschafft, auch nicht § 1 II Nr. 2, da keine Lohnarbeit). Wenn Ziegel aus angekauftem Material hergestellt werden, gilt § 1 II Nr. 1.

Einige Bestimmungen für den Vollkaufmann:

- Der Vollkaufmann führt eine **Firma**[5] (= Name seines Handelsgewerbes; §§ 17 I, 4 I HGB). Sie genießt als absolutes Recht den "Schutz" des § 823 BGB, ferner der §§ 37 II HGB, 12 BGB, 14, 18, 19 WZG und 16 I UWG. Grundsätze des Firmenrechts sind: Firmenwahrheit (§§ 18 I, 19 HGB, 4 GmbH, 4 AktG), Firmenklarheit (§ 18 II HGB), Firmenbeständigkeit bzw. -kontinuität (§§ 21 f., 24 HGB, 4 II AktG, 4 I S. 3 GmbHG; dieser Grundsatz geht dem der Firmenwahrheit vor; so kann z.B. beim Erwerb eines Betriebes die bisherige Firma fortgeführt werden; Ausnahme: § 19 V HGB.) und Firmenausschließlichkeit bzw. -unterscheidbarkeit (§ 30 HGB). Die Firma ist an den Betrieb gebunden; deshalb kann sie nicht ohne den Betrieb, für den sie geführt wird, veräußert werden (§ 23 HGB); dies wäre eine Täuschung des Rechtsverkehrs, der auf die Identität von Firma und Handelsgeschäft vertraut.
- Der Gewerbebetrieb des Vollkaufmanns (Firma) wird ins **Handelsregister** eingetragen (§§ 29, 10, 4 HGB).
- Der Vollkaufmann ist gem. §§ 38 f., 4 HGB zur **Buchführung und Bilanzerstellung** nach den Vorschriften des Handelsrechts (3. Buch HGB "Handelsbücher") verpflichtet. Die insbes. für die Finanzbehörden zur Besteuerung des tatsächlichen Gewinns aufzustellende Steuerbilanz ist nur dann mit der Handelsbilanz identisch, wenn zugleich steuerrechtliche Vorschriften berücksichtigt werden. Es gilt dabei das *Maßgeblichkeitsprinzip*[6] der Handelsbilanz für die Steuerbilanz. Das AktG enthält Rechnungslegungsvorschriften in den §§ 148 ff..

---

[5] Der Minderkaufmann hat keine Firma, sondern nur eine Geschäftsbezeichnung, z.B. "Speisekajüte", die nicht ins Handelsregister eingetragen werden darf.

[6] Siehe dazu Zimmermann, W. / Fries, H.P., Betriebliches Rechnungswesen, 7. Aufl., München/Wien 1998, S. 60.

- Der Vollkaufmann kann zu seiner Stellvertretung einer Person **Prokura** erteilen (§§ 48, 4 HGB)[7].
- Zu den Vorschriften über die vollkaufmännische **Bürgschaft** und **Vertragsstrafe** siehe nächsten Abschnitt "Handelsgeschäfte".

Zur Erledigung seiner Geschäfte kann sich der Kaufmann einiger Hilfspersonen bedienen. Die Hilfspersonen, die *in* dem Handelsgewerbe des Kaufmanns tätig sind, rechtlich also nicht-selbständig sind, werden hier **Mitarbeiter** genannt. Mit Wirkung im Außenverhältnis sind dies der Prokurist, der Handlungsbevollmächtigte und in gewissem Umfang der Handlungsreisende, im Innenverhältnis der Handlungsgehilfe (= kaufmännischer Angestellter), der Auszubildende und die (hier nicht näher beschriebenen) Volontäre und Praktikanten (Abb. D 3).
Beachte: Der Handlungsreisende ist im Unterschied zum Handelsvertreter (s. unten) unselbständiger Angestellter (mit Abschlußvollmacht).

2. Handelsgeschäfte

Das 4. Buch des HGB enthält Regeln über die Handelsgeschäfte (i.e.S.) und gibt zuerst allgemeine Vorschriften.

Nach § 343 I HGB sind alle (ergänze: aber auch *nur* die) Geschäfte eines Kaufmanns, die zum Betriebe seines Handelsgewerbes gehören, **Handelsgeschäfte**.

Daraus geht hervor, daß der Geltungsbereich des Handelsrechts in personeller sowie in sachlicher Hinsicht vom Zivilrecht abzugrenzen ist. Der Fixierung des *personellen Geltungsumfangs* auf den Kaufmann diente die Definition des Kaufmannsbegriffs. Es wurden bereits einige Rechte und Pflichten genannt, die nur für den Vollkaufmann zutreffen. Die Vorschriften über die Handelsgeschäfte sind auch auf den Minderkaufmann, i.d.R. auch auf den Scheinkaufmann anzuwenden. Als Ausnahme bestimmt § 351 HGB, daß die handelsgeschäftlichen Regeln über Vertragsstrafe, Bürgschaft und Schuldversprechen (§§ 348 - 350 HGB) nicht für den Minderkaufmann gelten (s. weiter unten).
In *sachlicher Hinsicht* ist die Anwendung beschränkt auf die Handelsgeschäfte. Der Begriff der Handelsgeschäfte erfährt von § 343 I HGB bis hin zu § 344 II HGB eine Ausweitung.
Über die Geschäfte seines Grundhandelsgewerbes hinaus sind auch die Geschäfte des Kaufmanns Handelsgeschäfte, die an sich auf ein anderes Handelsgewerbe gerichtet sind ("branchenfremd"). Die gewählte Formulierung *"... im Rahmen seines Handelsgewerbes"* ist also weit zu fassen

[7] Vgl. Kap. B III 6 b).

Wirkung	Innenverhältnis		Aussenverhältnis		
Bezeichnung	**Handlungsgehilfe**	**kaufmännischer Auszubildender**	**Handlungs-reisender**	**Prokurist**	**Handlungs-bevollmächtigter**
Wesen:	Angestellter, der in einem Handelsgewerbe zur Leistung kaufmännischer Dienste gegen Entgelt verpflichtet ist.	Arbeitnehmer, der in einem Handelsgewerbe zum Erlernen eines kaufmännischen Ausbildungsberufes eingestellt ist.	Reisender Handlungsgehilfe mit Geschäftsabschlußvollmacht	Leitender Mitarbeiter mit weitestgehenden Vollmachten[1]	Handlungsgehilfe mit Vollmacht zur selbständigen Erledigung bestimmter Geschäfte[1]
Gesetzliche Regelung:	§§ 59 - 75 HGB §§ 611 - 630 BGB, Dienstvertrag kaufmännischer Angestellter	Berufsbildungsgesetz vom 14.8.1969	§ 55 HGB	§§ 48 - 53 HGB	§ 54 HGB §§ 164 - 181 HGB
Pflichten:	Dienstleistungspflicht, Treuepflicht, gesetzliches Wettbewerbsverbot	Dienstleistungspflicht, Gehorsamspflicht, Treue- und Schweigepflicht, ges. Wettbewerbsverbot, Haftpflicht, Berufsschulpflicht	Wie Handlungsgehilfe, bezogen auf seine Aufgaben	Wie Handlungsgehilfe, aber strenger auszulegen	Wie Handlungsgehilfe
Rechte:	Anspruch auf: - Vergütung - Fürsorge - Urlaub - Zeugnis	Anspruch auf: - Ausbildung - Vergütung - Fürsorge - Urlaub - Zeugnis	Durchweg Abschlußvollmacht. Zur Entgegennahme von Zahlungen (Inkasso) Sondervollmacht erforderlich	Durchführung aller Geschäfte mit folgenden Ausnahmen: 1. Auflösung oder Verkauf des Geschäftes 2. Grundstücke veräußern und belasten 3. Steuerklärung, Inventur und Bilanz unterschreiben 4. Gesellschafter aufnehmen und Prokuristen bestellen	Bei Generalvollmacht wie Prokurist mit folgenden Ausnahmen: 1. Wechsel unterschreiben 2. Prozesse führen 3. Darlehen aufnehmen
Besonderheiten:		gleiches gilt für das Anlern-, Voluntär- und Praktikantenverhältnis		Man unterscheidet: - Einzelprokura (auch Filialprokura), - Gesamtprokura	Man unterscheidet: - Einzelvollmacht, - Artvollmacht, - Generalvollmacht

1 Einzelheiten siehe Kap. B III 6 b).

Abb. D 3: Mitarbeiter des Kaufmanns (unse bständige Hilfspersonen)

(§ 343 II HGB). Hinzu kommt die Vermutung des § 344 I HGB, daß im Zweifel die Geschäfte des Kaufmanns zum Betrieb ("Rahmen") seines Handelsgewerbes zu rechnen sind. Der Gegensatz sind nur die unzweifelhaft privaten Geschäfte (z.B. Besuch des Freibades, Krawattenkauf). Und letztlich ist jede Ausstellung und Unterzeichnung eines Schuldscheins durch den Kaufmann ein Handelsgeschäft, wenn nicht aus der Urkunde das Gegenteil hervorgeht.

Tätigt ein Kaufmann ganz private Geschäfte, so tritt er nicht in seiner Eigenschaft als Kaufmann bzw. nicht im Rahmen seines Handelsgewerbes auf. Bei den Handelsgeschäften ist zu unterscheiden, ob auf beiden Seiten oder nur auf einer Seite ein Kaufmann (im Prinzip auch ein Minderkaufmann) mitwirkt. Daraus ergibt sich folgendes Schema:

Privatgeschäft --- **Handelsgeschäft**

einseitiges Handelsgeschäft | zwei- oder beiderseitiges Handelsgeschäft

Beispiele:

Ein Einzelhändler kauft einen Teppich

a) für sein Büro beim Möbelhändler: ⇨ zweiseitiges Handelsgeschäft

b) für seine Privatwohnung beim Möbelhändler: ⇨ einseitiges Handelsgeschäft

c) für seine Privatwohnung über ein Zeitungsinserat bei einem Privatmann:
⇨ gewöhnliches Privatgeschäft (kein Handelsgeschäft).

Die *Grundregel des § 345* besagt, daß das Handelsrecht für alle Handelsgeschäfte gilt mit der Konsequenz, daß beim einseitigen Handelsgeschäft davon auch der Nichtkaufmann betroffen wird.

Zu dieser Grundregel macht das Gesetz einige *Ausnahmen*, worauf der 2. Halbsatz des § 345 hinweist.

Aus der Formulierung der §§ 347 - 350 geht hervor, daß diese Vorschriften auch bei **einseitigen Handelsgeschäften** anzuwenden sind, die besonderen *Rechtswirkungen* aber *nur den Kaufmann* treffen (Einzelheiten s. unten).

Folgende Bestimmungen setzen ein **beiderseitiges Handelsgeschäft** voraus:

- Beachtung der ***Handelsbräuche*** (§ 346 HGB)[8],
- Höhe der gesetzlichen ***Zinsen*** incl. Verzugszinsen (5 %) und Zinszahlung ab Fälligkeit (§§ 352 f. HGB; statt 4 % ab Verzug gem. §§ 246, 288 BGB),

[8] Eine noch größere Bedeutung (auch für einseitige Handelsgeschäfte.) haben heute die AGB (Lieferungs- und Zahlungskonditionen). Sie müssen jedoch Vertragsinhalt sein (siehe hierzu Kap. C III 1 d). Meist unterwirft sich ein Vertragspartner den AGB des (mächtigeren) anderen. AGB existieren für nahezu alle Vertragstypen.

- kaufmännisches ***Zurückbehaltungsrecht*** wegen fälliger Forderungen (§ 269 HGB, sehr viel schärfer als Verwertungsrecht gem. § 273 BGB),
- erweiterte und *verschärfte* ***Untersuchungs-, Rüge- und Aufbewahrungspflicht*** (§§ 377 - 379 HGB).

Weitere Abweichungen von den bürgerlich-rechtlichen Bestimmungen enthält das Handelsrecht für

- das ***Schweigen***: Es gilt (in Abweichung von dem Grundsatz "Schweigen = Ablehnung") das Schweigen eines Kaufmanns
  - auf eine Geschäftsbesorgungsofferte als Annahme des Antrages eines anderen, mit dem er in Geschäftsverbindung steht (§ 362 HGB),
  - auf kaufmännische Bestätigungsschreiben und Schlußnoten (eines Handelsmaklers)

  als Zustimmung (aufgrund von Gewohnheitsrecht und Handelsbräuchen, § 346 HGB).
- Vertragsstrafe, Bürgschaft und Schuldversprechen:
  - Die Herabsetzung einer überhöhten ***Vertragsstrafe (Konventionalstrafe)*** ist nicht möglich, wenn die Vertragsstrafe von einem Kaufmann im Betriebe seines Handelsgewerbes versprochen wurde (§ 348 HGB, anders § 343 BGB).
  - Für einen Vollkaufmann ist die ***Bürgschaft*** formfrei, d.h., sie kann auch mündlich erklärt werden; gleiches gilt für ein ***Schuldversprechen*** oder ein ***Schuldanerkenntnis*** (§§ 350 f. HGB). Außerdem ist die handelsgeschäftliche Bürgschaft stets eine selbstschuldnerische, dem Bürgen steht also nicht die Einrede der Vorausklage (= Klage auf vorherige Zwangsvollstreckung beim Hauptschuldner) gem. §§ 771 - 773 BGB zu (§ 349 HGB)[9].
- den ***Handelskauf*** (als speziellen Typ von Handelsgeschäften):
  - *Erweitertes Hinterlegungsrecht* beim Annahmeverzug des Käufers; der Verkäufer kann die Ware auf Gefahr und Kosten des Käufers hinterlegen (§ 373 HGB),
  - ***Spezifikationskauf***: Sofern vereinbart, kann der Käufer die nähere Festlegung der (beweglichen) Kaufsache bezüglich Form, Maß etc. innerhalb einer bestimmten Frist vornehmen (§ 375 I HGB).

  Beispiel:

  Verbindlicher Kaufvertrag über eine bestimmte Menge Kleineisen. Der Käufer soll eine Woche vor Abruf (z.B. von Teilmengen) mitteilen, ob Schrauben, Nägel oder Winkel bzw. in welchen Größen diese gewünscht werden. Kommt er mit der Festlegung in Verzug, so kann der Verkäufer sie vornehmen, oder Schadensersatz verlangen oder vom Vertrag zurücktreten (§ 375 HGB i.V. mit § 326 BGB).

[9] Zur "privaten" Bürgschaft siehe Kap. C II 1 c).

- Beim Handels-*Fixkauf* steht dem Käufer im Falle des Schuldnerverzugs (auch ohne Fristsetzung mit Ablehnungsdrohung) ein Schadensersatzanspruch zu, andererseits hat er den Erfüllungsanspruch nur weiterhin, wenn er dem Verkäufer sofort mitteilt, daß er auf Erfüllung besteht (§ 376 HGB, anders §§ 361, 326 BGB[10]).
- Erweitertes *Selbsthilfeverkaufsrecht*: Im Unterschied zum BGB (§ 383) gibt das Handelsrecht dem Verkäufer beim Annahmeverzug auch die Möglichkeit zum freihändigen Verkauf der Ware, wenn dieser dem Käufer vorher angedroht wurde und die Ware einen Börsen- oder Marktpreis hat. Die Erfüllung ist dann ausgeschlossen, der Käufer hat nur Anspruch auf Herausgabe des Verkaufserlöses und keine Einrede des nicht erfüllten Vertrags gem. § 320 BGB (§ 373 II HGB).

Aus didaktischen Gründen sind die handelsrechtlichen Sondervorschriften weitgehend bereits im direkten Vergleich mit den Bestimmungen des Zivilrechts erörtert worden[11], so daß hier ein fast stichwortartiger Abriß ausreichend erschien. Er macht deutlich, daß das Handelsrecht auf außergewöhnliche Klarheit der Rechtsbeziehungen und verstärkten Vertrauensschutz im Handelsverkehr hinzielt. Dieses wird erreicht durch verschärfte Rechtsnormen und den Verzicht auf Absicherungen (s. z.B. Bürgschaft), welche die mit Handelsgeschäften nicht vertrauten Rechtssubjekte vor Vermögensschäden schützen sollen. Vom Kaufmann wird besondere Sorgfalt, Zuverlässigkeit und Umsicht erwartet.
Im Anschluß an die allgemeinen Vorschriften und den Handelskauf folgen im 4. Buch des HGB (weitere) spezielle Handelsgeschäftstypen, nämlich die Geschäfte der Kommissionäre, Spediteure, Lagerhalter, Frachtführer und öffentlichen Eisenbahnen. (Letztere sollen hier ausgeklammert werden.) Diese Berufsstände sind - wie auch der Handelsvertreter und der Handelsmakler im 1. Buch des HGB - selbständige Kaufleute und erbringen betriebswirtschaftliche Dienstleistungen für andere Betriebe. Sie können deshalb auch bezeichnet werden als rechtlich selbständige Hilfspersonen oder besser **Hilfsgewerbe**, die für Handelsgewerbe tätig sind. Einige relevante Wesensmerkmale und Rechtsvorschriften enthält die Abb. D 4.

3. Kontrollfragen zu Kapitel D I und II

1. Ist der Betreiber einer großen Bauunternehmung Kaufmann? Wenn ja, nach welcher Vorschrift?
2. Welche Unternehmen sind Kaufleute ohne Rücksicht auf den Gegenstand (Zweck)?
3. Unter welchen Bedingungen ist ein Land- und Forstwirt Kaufmann?
4. Wie beurteilen sie in den Fragen 1 - 3 die Wirkung der Handelsregistereintragung?

---

[10] Vgl. auch Abb. C 5.

[11] Vgl. z.B. die Kapitel "Recht der Stellvertretung", "Die Vertragstypen des BGB...", "Abschluß und Ausgestaltung des Vertrages", "Leistungsverzögerungen", "Sachmängelhaftung".

	Gesetzliche Grundlage	Wesentliche Merkmale	Tätigwerden	Pflichten	Rechte
Handelsvertreter	§§ 84 - 91 HGB	Selbständiger Gewerbetreibender, der ständig damit betraut ist, für einen anderen Unternehmer Geschäfte zu vermitteln oder abzuschließen.	in fremdem Namen für fremde Rechnung	Bemühungspflicht, Benachrichtigungspflicht, Sorgfaltspflicht, Schweige- und Treuepflicht	Provision, Abrechnung, Auskunft, Ersatz der Aufwendungen (Delkredere- und Inkassoprovision), Ausgleichsanspruch bei Ausscheiden
Handelsmakler	§§ 93 - 104 HGB	Kaufmann, der gewerbsmäßig für andere Personen Verträge über Gegenstände des Handelsverkehrs vermittelt. (Der Grundstücksmakler ist kein Handelsmakler.)	in eigenem Namen für eigene Rechnung	Schlußnote, Tagebuch, Aufbewahrung von Proben, Haftpflicht, Auskunftspflicht	Courtage (je zur Hälfte von den Vertragsschließenden zu zahlen)
Kommissionär	§§ 383 - 406 HGB	Selbständiger Gewerbetreibender, der im eigenen Namen für Rechnung des Kommittenten Waren oder Wertpapiere kauft oder verkauft.	in eigenem Namen für fremde Rechnung	Sorgfaltspflicht, Gehorsamspflicht, Anzeigepflicht, Rechenschaftspflicht	Provision, Ersatz der Aufwendungen, gesetzliches Pfandrecht (Delkredereprovision)
Lagerhalter	§§ 416 - 424 HGB	Selbständiger Gewerbetreibender, der die Einlagerung und Aufbewahrung von Waren für andere übernimmt.	in eigenem Namen für eigene Rechnung	Sorgfaltspflicht, Prüfungspflicht, Haftpflicht, Gestatten der Besichtigung, Versicherungspflicht, Quittungspflicht (Lagerschein), Herausgabepflicht	Entschädigungsrecht, gesetzliches Pfandrecht, Kündigungsrecht
Spediteur	§§ 407 - 415 HGB	Selbständiger Kaufmann, der die Versendung von Gütern durch Frachtführer besorgt.	in eigenem Namen für fremde Rechnung	Sorgfaltspflicht, Interessenwahrungspflicht, Treuepflicht, Haftpflicht, Rechtswahrungspflicht	Selbsteintrittsrecht, Anspruch auf Ersatz der baren Auslagen, Provisionsrecht, gesetzliches Pfandrecht
Frachtführer	§§ 425 - 452 HGB	Selbständiger Gewerbetreibender, der gewerbsmäßig die Beförderung von Gütern zu Lande und auf Binnengewässern übernimmt.	in eigenem Namen für eigene Rechnung	Sorgfaltspflicht, Beförderungspflicht, Ablieferungspflicht, Benachrichtigungspflicht, Haftpflicht	Frachtbriefrecht, Vergütungsrecht, gesetzliches Pfandrecht

Abb. D 4: Kaufmännisches Hilfsgewerbe

5. Nennen Sie einige Rechte und Pflichten der (Voll-)Kaufleute?
6. Durch welche Kriterien ist ein Handelsgeschäft definiert?
7. *Fallbeispiel:* Der Farbengroßhändler F kauft von dem Elektrohaus E zwei Lampen, eine für sein Büro, die andere für seine Privatwohnung. Nach einer Geschäftsreise von zwei Wochen stellt er fest, daß die Lampen nicht funktionsfähig sind. Er möchte deshalb die beiden Kaufverträge rückgängig machen. Wie ist die Rechtslage?
8. Welche Bedeutung hat die Zuordnung von Geschäften zu einseitigen oder beiderseitigen Handelsgeschäften?

III. Rechtsformen

1. Überblick und Abgrenzung

Betriebswirtschaftslehre und Rechtswissenschaft befassen sich mit den Formen der Betriebe bzw. Unternehmungen. Je nachdem, ob mehr auf die wirtschaftlichen oder auf die rechtlichen Sachverhalte abgestellt wird, werden die Bezeichnungen "Betriebs- und Unternehmensformen" oder "Rechtsformen" verwendet. Die Rechtsform ist das juristische Kleid der Betriebswirtschaft. Unterschiede in der rechtlichen Gestaltung und ihre betriebswirtschaftlichen Auswirkungen basieren auf

- der *Unternehmensleitung*, d.h. Geschäftsführung (Innenverhältnis) und Vertretung (Außenverhältnis),
- der *Kapitalstruktur und Finanzierung*,
- dem Umfang der (Vermögens-)*Haftung* (von Bedeutung für die Kreditwürdigkeit),
- der Art und Weise der *Gewinn- und Verlustbeteiligung* und
- der *Besteuerung*.

Für die mannigfaltigen Interessen des Wirtschaftslebens sind entsprechend den Prinzipien einer freiheitlichen Marktwirtschaft neben der Einzelunternehmung etliche Gesellschaftsformen in HGB und Sondergesetzen zur Wahl gestellt, die von den Grundtypen des BGB abgeleitet sind. Dabei sind die gesetzlichen Vorschriften oft nachgiebiger Natur, so daß den individuellen Wünschen Entfaltungsspielraum bleibt. Abb. D 5 zeigt die Typologie der privatrechtlichen Unternehmensformen.

Die Behandlung der Rechtsformen erfährt im Rahmen dieser Ausführungen zwei notwendige Einschränkungen. Es können und sollen nicht alle rechtlichen Details aneinandergereiht und erörtert werden. Dies wäre dem Erfassen der Wesensmerkmale nicht dienlich. Sie werden in Grundzügen, d.h. nur soweit behandelt, wie dies für das Verständnis, die Beurteilung und die Wahl der ökonomisch zweckmäßigen Rechtsform notwendig erscheint[12].

[12] Siehe auch Faltblatt 2 im Anhang, ansonsten wird auf die umfangreiche gesellschaftsrechtliche Literatur verwiesen.

Unternehmens- bzw. Rechtsformen

personalistisch strukturiert | körperschaftlich strukturiert

Einzelunternehmung	***Personengesellschaften***	Gesetzesquelle	***Kapitalgesellschaften***	Gesetzesquelle
Gesetzesquelle: HGB	**OHG**	HGB	**AG**	AktG
	KG	HGB	**GmbH**	GmbHG
	(stille Ges.)	HGB		
	Grundtypenvermischungen:			
	GmbH & Co (KG)	-----	**KGaA**	AktG
	Sonderformen:			
	Reederei	Seerecht	**Genossenschaft**	GenG
	Partnerschaft	PartGG	**(bergrechtl. Gewerkschaft)**	BundesbergG

Abb. D 5: Übersicht über Betriebs- und Rechtsformen

Ferner beschränken sich die Erörterungen bewußt auf die Darstellung der für die Erwerbswirtschaften (= Unternehmungen) relevantesten Rechtsformen. Es stellt zwar die **Einzelunternehmung** - handelsrechtliche Bezeichnung: **Einzelkaufmann** - auch bei gewerblichen Unternehmen zahlenmäßig einen großen Anteil, wegen des hohen Kapitalbedarfs in der Industrie sind aber die Gesellschaftsunternehmen, insbesondere die Kapitalgesellschaften, die typischen Rechtsformen für mittlere und größere Unternehmen. Im übrigen gilt ohnehin für die Einzelunternehmung im wesentlichen das für die OHG[13] Gesagte, sofern es sich nicht um spezifische, sich aus der Personenmehrheit ergebende Eigenheiten handelt. Die Bedeutung der **Reederei** (§§ 489 ff. HGB) ist wegen ihrer ausschließlichen Verwendung in der Schiffahrt naturgemäß begrenzt. Die **bergrechtliche Gewerkschaft** - früher in landesrechtlichen Berggesetzen geregelt - ist durch das BundesbergG vom 13.8.1980 abgeschafft worden. Bergbau-Unternehmen, die in dieser Rechtsform noch aktiv tätig waren, sollten bis zum 1.1.1994 aufgelöst oder in andere Kapitalgesellschaften umgewandelt werden.

[13] Siehe dort, vgl. auch die Ausführungen zum Kaufmann (Kap. D II 1 und B I 3.).

Öffentliche Betriebe und **Genossenschaften** zählen ihrem Wesen nach nicht zu den Unternehmungen und haben eigene Rechtsformen[14].

Erstmals in diesem Jahrhundert hat der (deutsche) Gesetzgeber mit der „**Partnerschaft**" [geregelt im Partnerschaftsgesellschaftsgesetz (PartGG), in Kraft seit 1.7.95) eine *neue Rechtsform* für den Zusammenschluß von Angehörigen ***freier Berufe*** zur gemeinsamen Berufsausübung geschaffen. Sie nimmt rechtssystematisch eine Zwischenstellung zwischen GbR und OHG ein. Ihrer Rechtsnatur nach ist sie eine ***Personengesellschaft***, jedoch ***keine Handelsgesellschaft***.
Als *europäische Rechtsform* hat der EG-Ministerrat durch Verordnung vom 25.7.85 nach Art. 235 EG-Vertrag mit Gültigkeit ab 1.7.89 (Ausführungsgesetz der BRD v. 1988) die **Europäische wirtschaftliche Interessenvereinigung** (EWIV) geschaffen. Diese Gesellschaftsform bezweckt die Erleichterung der grenzüberschreitenden Kooperation für kleine und mittlere Unternehmen.
Auch beide zuletzt erwähnten Unternehmensformen sollen wegen der oben genannten thematischen Begrenzung hier nicht näher erläutert werden.

2. Verein und Gesellschaft als bürgerlich-rechtliche Grundtypen privatrechtlicher Personenvereinigungen

Die übliche Einteilung der handelsrechtlichen Vereinigungsformen in Personen- und Kapitalgesellschaften will die verschiedenen Wesenszüge andeuten und ist angelehnt an die *rechtliche Unterscheidung von Gesellschaft und Körperschaft* (Verein, juristische Person) und mit ihr weitgehend identisch.

Die **Personengesellschaften** sind getragen von der persönlichen Mitarbeit der Gesellschafter. Sie sind im wesentlichen "Arbeitsgemeinschaften" und bauen auf dem Personalkredit ihrer Mitglieder auf. Das individuelle Moment steht im Vordergrund, alle oder ein Teil der Gesellschafter haften den Gläubigern persönlich mit ihrem ganzen, d.h. auch privaten Vermögen *(unbeschränkte Haftung)*, Eigenkapitalgeber und Unternehmensleitung sind identisch und das Eigenkapital ändert sich in Abhängigkeit vom Erfolg (Gewinn/Verlust).

Dagegen tritt bei den **Kapitalgesellschaften** die Persönlichkeit des einzelnen Gesellschafters in den Hintergrund, die Geschäfte werden von bestellten Organen geführt, d.h., Eigenkapital und Unternehmensleitung liegen in verschiedenen Händen, die unpersönliche, "anonyme" Kapitaleinlage rückt

[14] Ausnahme: Öffentliche Betriebe können auch als privatrechtliche Kapitalgesellschaften geführt werden.

in den Mittelpunkt und ein Teil des Eigenkapitals (AG: Grundkapital, GmbH: Stammkapital) ist eine feststehende Größe, deren Mindesthöhe vom Gesetzgeber vorgeschrieben ist[15]. Für die Verbindlichkeiten der Gesellschaft haftet den Gläubigern der Gesellschaft nur das Gesellschaftsvermögen. Der Nennbetrag der Einlage ist im Innenverhältnis die Grenze der Verpflichtung der Gesellschafter gegenüber der Gesellschaft.

Die **Grundtypen** beider Vereinigungsformen finden sich im BGB: für die Personengesellschaften die bürgerlich-rechtliche Gesellschaft (GbR, §§ 705 ff.), für die Kapitalgesellschaften der (eingetragene und dadurch rechtsfähige) Verein (§§ 21 ff.)[16].

Typische Merkmale der **Gesellschaft**:

- ***Persönliche Mitarbeit*** der Gesellschafter: Berechtigung und Verpflichtung zur Geschäftsführung und Vertretung ***(Selbstorganschaft)***
  Die **Geschäftsführung** betrifft das Innenverhältnis, d.h. das Rechtsverhältnis der Gesellschafter untereinander und zu der Gesellschaft, die **Vertretung** betrifft das Außenverhältnis, d.h. die Rechtsbeziehungen der Gesellschaft bzw. der Gesellschafter zu Dritten.
  Nach der gesetzlichen Regelung herrscht der Grundsatz der ***Gesamtgeschäftsführung*** (§ 709). Da sich die Vertretungsmacht hinsichtlich Umfang und personeller Organisation an die Gestaltung der Geschäftsführungsbefugnis anlehnt (§ 714), besteht grundsätzlich auch ***Gesamtvertretungsmacht***. Im Umkehrschluß fehlt folglich einem einzelnen Gesellschafter die erforderliche Vertretungsmacht, was die Anwendung des § 177 I, d.h. die schwebende, nur durch eine Genehmigung des Geschäfts (hier: durch die übrigen Gesellschafter) zu beseitigende Unwirksamkeit nach sich zieht[17].
- Prinzipiell ***kein Mitgliederwechsel*** möglich; die Gesellschaft steht und fällt mit dem Verbleiben bzw. Ausscheiden eines jeden Gesellschafters, da sie bei Kündigung oder Tod eines Gesellschafters und beim Konkurs über sein Vermögen aufzulösen ist.
- ***Keine Rechtspersönlichkeit*** der Gesellschaft (str.): Verträge mit Dritten werden nicht im Namen der Gesellschaft geschlossen, sondern im Namen der Gesellschafter, selbst wenn diese unter einem Kollektivnamen auftreten.
- ***Gesamthandsgemeinschaft***: Das Gesellschaftsvermögen gehört *allen Gesellschaftern* zur gesamten Hand, d.h., diese können darüber nur gemeinschaftlich verfügen; einzelnen Gesellschaftern steht kein genau bestimmbarer Anteil zu. Beim Grundstückserwerb müssen deshalb alle Gesellschafter als Eigentümer im Grundbuch eingetragen werden.

---

15 Variabler Teil des Eigenkapitals sind die durch einbehaltene Gewinne gebildeten Rücklagen.

16 Siehe hierzu auch die Kap. B I 2 und C II 3.

17 Vgl. „Vertreter ohne Vertretungsmacht" in Kap. B III 6 a) mit Abb. B 15.

- ***Unbeschränkte Haftung***: Neben dem Gesellschaftsvermögen haften die Gesellschafter mit ihrem Privatvermögen den Gläubigern direkt, persönlich und (i.d.R.) gesamtschuldnerisch; persönlich, direkt: Jeder Gläubiger kann sich *unmittelbar* an *jeden* Gesellschafter halten; gesamtschuldnerisch: Jeder Gesellschafter haftet für die *Gesamtschulden* der Gesellschaft (Beschränkung im Innenverhältnis ist möglich.). Zur Vollstreckung in das Gesellschaftsvermögen bedarf ein Gläubiger eines Titels (Urteil) gegen alle Gesellschafter.
- Rechtsgrundlage der Gesellschaft (Innenbeziehungen) ist ein ***Gesellschaftsvertrag*** (keine Formvorschrift).
- Gründung für einen ***Gelegenheitszweck*** möglich.

Typische Merkmale des **Vereins** (Körperschaft):
- Geschäftsführung und Vertretung sind besonders bestellten ***Organen*** übertragen (***Fremdorganschaft***).
- Bestand des Vereins ist vom ***Mitgliederwechsel*** unabhängig.
- Eigene Rechtspersönlichkeit des Vereins, d.h., der Verein ist als ***juristische Person*** selbst Träger von Rechten und Pflichten, also auch Eigentümer des Vermögens, es gehört nicht den einzelnen Mitgliedern. Die juristische Person ist gleichsam zwischen das Vermögen und die Gesellschafter geschoben; die Gesellschafter haben zu ihr lediglich schuldrechtliche Beziehungen.
- *Nur* der ***Verein haftet mit*** dem ***Vereinsvermögen*** für Schulden.
  Die Schadensersatzpflicht des Vereins *für den Vorstand* (gesetzlicher Vertreter) *oder andere verfassungsmäßig berufene Vertreter* richtet sich nach § 31, der auch für alle Arten juristischer Personen gilt[18]. Danach haftet der Verein für solche zum Schadensersatz verpflichtende Handlungen dieser Vertreter, die „in Ausführung der ihnen zustehenden Verrichtungen" (nicht bloß bei Gelegenheit der Verrichtung[19]) begangen wurden, z.B. (betrügerisches) Wechselakzept trotz Verbots der Wechselakzeptierung. § 31 betrifft nur die Haftung des Vereins; eine persönliche Haftung des Vorstands, z.B. für unerlaubte Handlungen, ist damit nicht ausgeschlossen.
- Rechtsgrundlage des Vereins ist eine ***Satzung*** (Schriftform erforderlich!).
- Der Verein muß ***auf Dauer*** angelegt sein.

Diese Merkmale bzw. Unterscheidungen sind stark verallgemeinert und treffen in reiner Form eben nur auf die Grundtypen des BGB zu. Die "**Handelsgesellschaften**", d.h. die Kapitalgesellschaften - die besser als "handelsrechtliche Vereine"[20] zu bezeichnen wären - und die Personenge-

---

[18] Nach höchstrichterlicher Rechtsprechung auch für OHG und KG, obwohl diese Personengesellschaften sind (RG 76, 48, BGH NJW 52, 538 und 59, 379).

[19] Vgl. hierzu die entsprechenden Ausführungen in Kap. C IV 7.

[20] Vgl. die früher gebräuchliche Benennung "Actienverein" statt AG und die Bezeichnung Verein für Kapitalgesellschaften in § 6 II HGB, z.B. (ehemals): Gutehoffnungshütte Aktienverein.

sellschaften sind im Unterschied zu den BGB-Grundtypen auf die *Verfolgung wirtschaftlicher Zwecke* gerichtet und sind *Kaufleute* i.S. des HGB. Darüber hinaus nähern sie sich untereinander an, je stärker die Abweichungen vom Grundtypus sind (s. Abb. D 6). Die reinste Form der Personengesellschaften ist die OHG, der Kapitalgesellschaften die AG. Aber schon die **OHG** zeigt, obwohl sie keine Rechtspersönlichkeit besitzt, eine Annäherung an juristische Personen, da ihr kraft Gesetzes (§ 124 I HGB) **"Teilrechtsfähigkeit"** verliehen ist, indem

- sie selbst unter ihrer Firma[21] Rechte (z.B. Aktien, Erbschaften) erwerben kann,
- sie insbes. Eigentum an Grundstücken erwerben kann,
- sie Verbindlichkeiten übernehmen kann,
- sie sogar vor Gericht klagen und verklagt werden kann (***Partei- und Prozeßfähigkeit***) und
- über ihr Vermögen ein Konkursverfahren eröffnet werden und die Zwangsvollstreckung stattfinden kann.

Gleiches gilt für die KG. Ferner zeigen ***KG*** und ***GmbH*** kapitalistischen bzw. personalistischen Einschlag. Die Deckung eines großen Kapitalbedarfs ist nämlich bei der KG über Kommanditeinlagen leichter möglich als bei der OHG, da die Kommanditisten nicht mit ihrem Privatvermögen haften, sondern nur mit ihrer Einlage, und nicht zur Mitarbeit in der Geschäftsleitung verpflichtet sind. Umgekehrt ist häufig bei der GmbH die Zahl der Gesellschafter niedrig. Diese übernehmen evtl. noch die Geschäftsführung selbst (Gesellschafter-Geschäftsführer). In der Wirtschaftspraxis ist im Rahmen der Vertragsfreiheit und der Gestaltungsmöglichkeiten des Privatrechts die GmbH & Co. (KG) entstanden. Sie ist - ähnlich wie die KGaA - eine "***Grundtypenvermischung***".

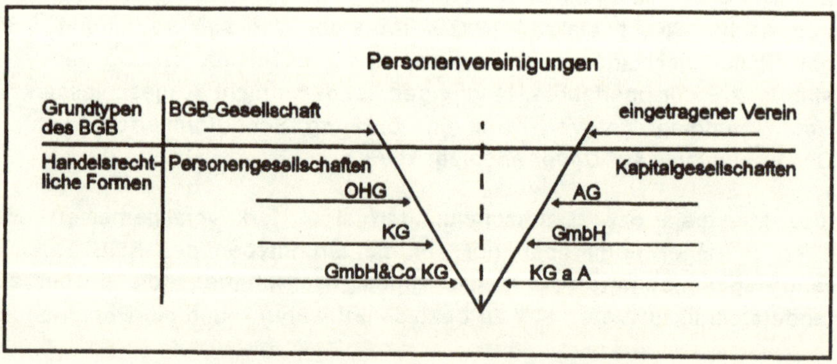

Abb. D 6: Annäherungsschema von Personen- und Kapitalgesellschaften

[21] Die Firma ist der handelsrechtliche *Name* eines vollkaufmännischen Unternehmens (§ 17 I HGB).

3. Gesellschaften des Handelsrechts (Personengesellschaften)

a) Offene Handelsgesellschaft (OHG)

aa) Wesen und Rechtsnatur

Die OHG (§§ 105 - 160 HGB) weist die meisten Merkmale des bürgerlichrechtlichen Grundtyps auf[22]. Der Gesetzgeber verweist in § 105 II HGB ausdrücklich auf die Anwendung der Vorschriften über die GbR, sofern das HGB keine speziellen Regeln enthält. - Entsprechend der Einzelunternehmung ist die OHG ganz auf die Persönlichkeit und den unternehmerischen Einsatz der Gesellschafter gegründet. Der *Einzelunternehmer* trägt aber allein das volle unternehmerische Risiko und die Haftung; seine Kapitalkraft ist naturgemäß begrenzt. Risiko- und Haftungsstreuung, die Vergrößerung der Kapitalbasis oder auch die Gewinnung eines Fachmannes als ergänzenden, mitverantwortlichen Gesellschafter (z.B. Betriebswirt und Ingenieur) sind nicht selten Motive für die Gründung einer Gesellschaft bzw. die „Umwandlung" einer Einzelunternehmung in eine Gesellschaft.

Eine Gesellschaft ist eine **OHG**, wenn ihr Zweck auf den Betrieb eines (vollkaufmännischen) *Handelsgewerbes* unter gemeinschaftlicher Firma[23] gerichtet ist und die *Haftung* gegenüber den Gesellschaftsgläubigern - ebenso wie bei der Einzelunternehmung - bei allen Gesellschaftern *unbeschränkt* ist (§ 105 I HGB).

[22] Die BGB-Gesellschaft verfolgt private wie auch wirtschaftliche Zwecke (z.B. Wohn- oder Lottogemeinschaften, Praxisgemeinschaften von Anwälten, Ärzten, Steuerberatern, Zusammenschlüsse von Kleingewerben). Sie findet in der Wirtschaft auch Anwendung als Gelegenheitsgesellschaft (Arbeitsgemeinschaft, Konsortium z.B. bei risikoreichen Großprojekten mehrerer Unternehmen) oder als Konzern-Dachgesellschaft (Verwaltungs-Holding). Für den Betrieb eines vollkaufmännischen Handelsgewerbes scheidet sie jedoch aus!

[23] Dagegen tritt die **"Stille Gesellschaft"** (§§ 230 - 237 HGB) nach außen (Firma, Handelsregister) gar nicht in Erscheinung (Innengesellschaft). Die Einlage des Stillen Gesellschafters geht in das Kapital des Einzelunternehmers ein (kein gesamthänderisches Vermögen). Der "Stille" ist am Gewinn und evtl. Verlust beteiligt und hat begrenzte Kontrollrechte. Im Innenverhältnis können im Rahmen der Vertragsfreiheit beliebige Regelungen getroffen werden. Der "Stille" haftet nicht für die Verbindlichkeiten des Unternehmens, sondern gilt im Außenverhältnis selbst als Gläubiger. Die Gewinnanteile des (*typischen*) "Stillen" unterliegen als Einkünfte aus Kapitalvermögen der Einkommensteuer.

Darüber hinaus ist bei der *atypischen* stillen Gesellschaft der "Stille" am Gesellschaftsvermögen und damit an den stillen Reserven (bei Auflösung der Gesellschaft auch am Liquidationserlös) beteiligt und haftet mit seiner Einlage. Steuerlich gilt er als Mitunternehmer und hat Einkünfte aus Gewerbebetrieb, die der Einkommensteuer unterliegen. Er unterscheidet sich vom Kommanditisten einer KG vor allem durch die Nichteintragung ins Handelsregister.

Die Aufnahme von stillen Gesellschaftern (natürliche oder juristische Personen oder Personengesellschaften) ist an keine Form gebunden und auch in anderen Unternehmensformen möglich.

bb) Gründung und Beendigung

Die OHG entsteht im Innenverhältnis wie die GbR durch einen Gesellschaftsvertrag (§ 705 BGB), für den keine besonderen Formvorschriften bestehen. Zur Errichtung der OHG gehört ferner die Anmeldung zur Eintragung in das Handelsregister. Die Anmeldung ist von sämtlichen Gesellschaftern zu bewirken (§ 108 I HGB) und muß gem. § 106 II HGB enthalten

- Vor- und Nachnamen, Stand und Wohnort jedes Gesellschafters,
- Firma und Sitz (Ort) der Gesellschaft,
- Zeitpunkt des Gesellschaftsbeginns.

Die Unterschriften der Gesellschafter müssen öffentlich (notariell) beglaubigt sein (§ 12 HGB). Die ***Eintragung*** wirkt ***konstitutiv***[24], d.h., nach außen ist die Gesellschaft grundsätzlich mit der Eintragung errichtet (§ 123 I HGB). Beginnt die OHG ihren *Geschäftsbetrieb* aber bereits *vor der Eintragung*, dann tritt die *Wirksamkeit bereits mit dem Geschäftsbeginn* ein, sofern sie ein *Grundhandelsgewerbe* gem. § 1 HGB betreibt. In diesem Fall hat die (spätere) Eintragung nur deklaratorische Wirkung. Betreibt die Gesellschaft jedoch ein sonstiges Gewerbe gem. § 2 HGB, dann wird die OHG erst mit der Eintragung wirksam (§ 123 II HGB). Zu beachten ist aber, daß aufgrund des Auftretens der Gesellschaft im Geschäftsverkehr bereits vor der Eintragung der Rechtsschein einer eingetragenen Gesellschaft erzeugt sein kann. Dann liegt eine **Scheinhandelsgesellschaft** vor, vergleichbar mit dem Scheinkaufmann analog zu § 5 HGB[25]. Sie ist zwar weder im Innen- noch im Außenverhältnis eine wirkliche Gesellschaft, kann somit z.B. auch nicht klagen oder verklagt werden, die Scheingesellschafter müssen sich aber im Außenverhältnis gegenüber gutgläubigen Dritten wie „echte" Gesellschafter behandeln lassen, insbes. entsprechend § 128 HGB (s. unten) für Verbindlichkeiten der Schein-OHG haften. - Für den Beginn der Geschäfte i.S. von § 123 II HGB genügt das Handeln eines vertretungsberechtigten Gesellschafters, sofern die übrigen zustimmen. Eine nachteilige Folge hat der vorzeitige Geschäftsbeginn bei der OHG (im Unterschied zur KG; s. dort) nicht, weil sowieso alle Gesellschafter persönlich voll haften.

Die **Firma** ist eine **Personenfirma**, d.h., sie hat den Namen aller Gesellschafter oder wenigstens den ***Namen eines Gesellschafters mit*** einem ein Gesellschaftsverhältnis andeutenden ***Zusatz*** zu enthalten, z.B. "Müller, Meier und Schulze", "Müller & Co" oder "Müller OHG" (§ 19 I HGB)[26].

Die Beendigung der Gesellschaft beginnt mit ihrer **Auflösung**. Die in § 131 HGB aufgeführten ***Auflösungsgründe*** entsprechen im wesentlichen der

---

24 Vgl. auch Abb. B 4.

25 Vgl. Kapital B I 3 e)

26 S. hierzu auch Kap. 5.

Regelung der BGB-Gesellschaft[27]. Nach der Auflösung findet die **Auseinandersetzung** in Form der **Liquidation**, d.h. die Umwandlung aller Vermögenswerte in liquide Mittel zur Befriedigung der verbliebenen Gläubiger statt, sofern nicht der Konkurs über das Gesellschaftsvermögen eröffnet oder eine andere Auseinandersetzungsart vereinbart wurde (§ 145 ff. HGB). „Geborene Liquidatoren" sind die Gesellschafter (§§ 146 - 148 HGB). Das restliche Vermögen wird unter die Gesellschafter verteilt. Danach ist das **Erlöschen** (Vollbeendigung) der Firma von den Liquidatoren zur Eintragung in das Handelsregister einzutragen (§ 157 I HGB). Damit ist das Leben der Gesellschaft beendet.

cc) Geschäftsführung und Vertretung

Die Beziehungen der Gesellschafter zueinander richten sich nach dem Gesellschaftsvertrag. Falls dort nichts anderes vereinbart ist, sieht das Gesetz für jeden Gesellschafter das Recht und die Verpflichtung zur Geschäftsführung (Innenverhältnis) und Vertretung (Außenverhältnis) vor (§§ 114 ff., 125 ff. HGB).

Bei der Geschäftsführungs- und Vertretungsbefugnis sind grundsätzlich (d.h. für alle Handelsgesellschaften) zwei Fragen bedeutsam, nämlich

- nach dem *Umfang*, d.h. dem sachlichen Aufgabenkreis der Befugnis:
  Im Gegensatz zur GbR ist bei den Personenhandelsgesellschaften (OHG und KG) zwischen *gewöhnlichen* und *außergewöhnlichen* Geschäften zu unterscheiden. - Nicht zum Bereich der Geschäftsführung gehören die *Grundlagen*-Geschäfte (z.B. Änderung des Gesellschaftsvertrages, Auflösung der Gesellschaft); sie erfordern Einstimmigkeit der Gesellschafter.
- nach den *Trägern* der Befugnis (Zahl der Mitwirkenden):
  Man spricht von *Einzelgeschäftsführungsbefugnis* bzw. *Einzelvertretungsmacht*, wenn jeder Gesellschafter allein handlungsberechtigt ist; bei der *Gesamtgeschäftsführungsbefugnis* bzw. *Gesamtvertretungsmacht* können nur alle (oder mehrere) zusammen handeln.

Für die *gewöhnlichen* Geschäfte gilt bei der OHG grundsätzlich die ***Einzelgeschäftsführungsbefugnis*** eines jeden Gesellschafters, jedoch eingeschränkt durch das Recht jedes anderen Gesellschafters zum (vorher eingelegten, empfangsbedürftigen) Widerspruch (§§ 114 I, 115 I, 116 I HGB). Beim Handeln trotz Widerspruchs ist für die Außenwirkung § 126 II HGB zu beachten. Bei *außergewöhnlichen* Geschäften besteht ***Gesamtgeschäftsführung*** (Zustimmung aller Gesellschafter gem. § 116 II HGB); für die Pro-

[27] Nach dem von der Bundesregierung am 12.5.1997 beschlossenen HrefG werden in § 131 HGB die Ziffern 4 und 5 und in Ziffer 6 die Wörter „durch Kündigung" gestrichen (= § 131 I HGB n.F.). Das bedeutet (mit entsprechender Neuregelung in § 131 II HGB n.F.): Die personenbezogenen Gründe Tod und Kündigung eines Gesellschafters sowie Konkurseröffnung über sein Vermögen sind *keine* Auflösungsgründe mehr, sie führen - mangels abweichender vertraglicher Bestimmung - nur noch zum Ausscheiden des Gesellschafters. Anders ausgedrückt: Aus dem Grundsatz „Auflösung der Gesellschaft durch Austritt eines Gesellschafters" wird die neue Regel „Fortführung der Gesellschaft und Ausscheiden des Gesellschafters".

kuraerteilung ist die Zustimmung aller *geschäftsführenden* Gesellschafter erforderlich (§ 116 III HGB).

Die Regelung der **Vertretungsmacht** weicht in mehreren Punkten von der bei der GbR ab:

- Die „Teilrechtsfähigkeit" der OHG hat die ***Vertretung der Gesellschaft*** zur Folge. (Es werden nicht die einzelnen anderen Gesellschafter vertreten.)
- Die Vertretungsmacht ist ***nicht an die Geschäftsführungsbefugnis gebunden***, wodurch die Trennung von Außen- und Innenverhältnis stärker betont wird.
- Es besteht grundsätzlich ***Einzelvertretungsmacht***. Eine im Gesellschaftsvertrag vorgesehene abweichende Regelung ist ins Handelsregister einzutragen; andernfalls gilt § 15 I HGB[28]. Dabei erstreckt sich die Vertretungsmacht auf alle, d.h. auch außergwöhnliche und branchenfremde Geschäfte. Eine Beschränkung des Umfangs der Vertretungsmacht ist (im Außenverhältnis) unwirksam (§ 126 HGB).

Beachte:

Die gesetzlichen Regeln für die Geschäftsführung sind bei allen Gesellschaften (und Vereinen) grundsätzlich dispositiver Natur, da sie nur das Innenverhältnis betreffen. Bezüglich der Vertretungsmacht sind die Regeln über Einzel- oder Gesamtvertretungsmacht dispositiv (Abweichende Vereinbarungen sind bei den Handelsgesellschaften nur wirksam, wenn sie im Handelsregister eingetragen und bekanntgemacht worden sind.), die Vorschriften über den Umfang jedoch zwingend.

dd) Haftung

Nach § 128 HGB haften die Gesellschafter *zwingend* für die Verbindlichkeiten der OHG *gesamtschuldnerisch* und *persönlich*. Gem. § 421 BGB bedeutet dies, daß jeder Gesellschafter ggf. die gesamte geschuldete Leistung - aus seinem Privatvermögen - erbringen muß, wenngleich ein Gläubiger die Leistung nur einmal fordern kann. Dabei steht es im Belieben des Gläubigers, von welchem Gesellschafter (Schuldner) er die ganze oder teilweise Leistung fordert. Im Innenverhältnis sind allerdings die übrigen Gesellschafter dem in Anspruch genommenen Gesellschafter zu gleichen Teilen oder entsprechend einer abweichenden gesellschaftsvertraglichen Vereinbarung zum Ausgleich verpflichtet (§ 426 BGB). Vor der Regreßnahme gegen die Gesellschafter muß jedoch erst die OHG in Anspruch genommen werden (§ 110 HGB).

Eintritt eines neuen Gesellschafters: Tritt jemand in eine bereits bestehende OHG ein, so *haftet* er gleich den anderen Gesellschaftern auch

28 Vgl. die Ausführungen zu § 15 I HGB in Kap. B I 3 e).

für die vor seinem Eintritt begründeten Verbindlichkeiten (§ 130 I i.V. mit § 128 f. HGB). *Abweichende Haftungsvereinbarungen* sind Dritten gegenüber (Außenverhältnis) *unwirksam* (§§ 128 S. 2, 130 II HGB).

Etwas anders ist die Rechtslage, wenn in eine (bisherige) Einzelunternehmung eine weitere Person als persönlich haftender Gesellschafter eintritt und durch Abschluß eines Gesellschaftsvertrages eine OHG entsteht (***„Vergesellschaftung“***). Dabei kann der Einzelkaufmann auch ein Minderkaufmann gewesen sein; die zu errichtende OHG muß jedoch ein vollkaufmännisches Handelsgewerbe sein. Die Rechtsfolgen sind:

- Gem. § 28 I S. 1 HGB (i.V. mit § 124 HGB) haftet die (neue) *Gesellschaft*, auch wenn sie die frühere *Firma nicht fortführt*, für die alten Schulden des Einzelkaufmanns. Umgekehrt gelten auch die alten Forderungen des Einzelkaufmanns gegenüber den Schuldnern als auf die Gesellschaft übergegangen (§ 28 I S. 2 HGB).
- Die Haftung des Beitretenden und des ehemaligen Einzelunternehmers, d.h. der neuen *Gesellschafter* der OHG, für Alt- und Neuschulden bestimmt sich nach § 128 HGB.

Eine hiervon abweichende Vereinbarung ist im Außenverhältnis nur wirksam, wenn sie ins Handelsregister eingetragen und bekanntgemacht worden ist oder Dritten mitgeteilt wurde (§ 28 II HGB)[29]. Im Falle eines Haftungsausschlusses entsteht keine Gesellschaftsschuld, folglich auch keine Haftung der Gesellschafter nach § 128 HGB.

Im Erbfall hat nach BGB-Erbrecht der Erbe entweder per Annahme der Erbschaft in vollem Umfang in die Rechte und Pflichten des Erblassers einzutreten oder die gesamte Erbschaft auszuschlagen. Bei der ***Vererbung einer OHG-Gesellschafterstellung*** schafft § 139 HGB einen gewissen Ausweg aus diesem Dilemma (Voraussetzung: eine sog. erbrechtliche Nachfolgeklausel im Gesellschaftsvertrag[30]). Will der Erbe nicht als persönlich haftender Gesellschafter in die OHG eintreten, so kann er innerhalb einer Frist von 3 Monaten ab Kenntnis des Erbschaftsanfalls

- sein Verbleiben in der Gesellschaft davon abhängig machen, daß ihm in Höhe der Einlage des Erblassers die *Stellung eines Kommandististen* eingeräumt wird (§ 139 I HGB) oder,
- sofern die übrigen Gesellschafter dies ablehnen, aus der OHG *ausscheiden* (§ 139 II HGB).

In diesen beiden Fällen sowie bei Auflösung der Gesellschaft innerhalb der Drei-Monats-Frist haftet er gem. § 139 IV HGB nur wie für sonstige Nach-

---

29 Vgl. die identischen Voraussetzungen in § 25 II HGB bei **Übertragung einer Einzelunternehmung** [hier: Kap. D IV 2 a)]. § 25 ist (auch) anzuwenden, wenn eine OHG ein bestehendes Handelsgeschäft übernimmt und unter der bisherigen Firma fortführt (s. Kraft/Kreutz, Gesellschaftsrecht, 10. Aufl., Neuwied, Kriftel/Ts., Berlin 1997, S. 194).

30 Diese Klausel gewährleistet das Fortbestehen der Gesellschaft, indem die Gesellschafterstellung des Verstorbenen nicht erlischt, sondern seinen Tod überdauert, und dadurch der Erbe in die Gesellschafterstellung des Erblassers einrückt. Zu Einzelheiten wird auf das einschlägige Schrifttum verwiesen.

laßverbindlichkeiten, aber mit der Möglichkeit der Haftungsbeschränkung auf den Nachlaß[31].

Das am 26.3.1994 in Kraft getretene **Nachhaftungsbegrenzungsgesetz** (NachhBG) hat für die rechtliche Regelung der unternehmerischen Haftung einige Änderungen gebracht, indem es dem Wunsch der mittelständischen Wirtschaft nach einer zeitlichen Begrenzung des finanziellen Risikos Rechnung getragen hat, und zwar für den Fall, daß ein ***Vollhafter*** (d.h. ein Einzelkaufmann, BGB- oder OHG-Gesellschafter oder Komplementär) seine ***Rechtsstellung ändert oder aufgibt*** bei Fortführung des Rechtsträgers. Der Grundgedanke einer zeitlichen Begrenzung der (Nach-)Haftung ist zunächst im neu eingefügten § 160 I,II HGB für das ***Ausscheiden eines OHG-Gesellschafters*** umgesetzt:
Danach haftet der ausgeschiedene Gesellschafter für die bis zu seinem Ausscheiden begründeten Verbindlichkeiten nur, wenn

- sie vor Ablauf von 5 Jahren (*Ausschlußfrist!*) seit Eintragung seines Ausscheidens ins Handelsregister fällig und
- die Ansprüche innerhalb dieser Frist gegen ihn gerichtlich geltend gemacht sind.

Die für die Verjährung geltenden §§ 203, 206 f., 210, 212 bis 216 und 220 BGB sind entsprechend anzuwenden. Nach Ablauf der Ausschlußfrist gewährt diese Neuregelung dem ausgeschiedenen Gesellschafter das Privileg einer **Enthaftung** *durch Zeitablauf*[32].

Da kürzere Verjährungsfristen (z.B. der §§ 196 f., 477 I, 638 I, 852 I BGB) von der Enthaftungsregelung unberührt bleiben, ist die Neuregelung der Nachhaftungsbegrenzung ihrer Rechtsnatur nach eine Kombination von rechtsvernichtender Einwendung (Enthaftung) und rechtsentkräftender Einrede (Verjährung)[33].

Beachte:
Das Ausscheiden ist gem. § 143 II HGB eine „in das Handelsregister einzutragende Tatsache". Wird die Gesellschaft unter den übrigen Gesellschaftern fortgeführt, so kann der Fall eintreten, daß der ausgeschiedene Gesellschafter auch noch für Verbindlichkeiten der Gesellschaft haften

[31] Siehe hierzu Kap. D IV 2 b).

[32] Dieses Enthaftungsprinzip ist in gleichen Formulierungen auf verwandte Sachverhalte übertragen worden, nämlich bei Veräußerung eines Einzelunternehmens in § 26 I HGB n.F. [s. hier Kap. IV 2 a)], beim Wechsel der Stellung eines Vollhafters in die eines beschränkt haftenden Gesellschafters (Kommanditist) in §§ 160 III und 28 III HGB n.F. [s. folgendes Kap. b)] sowie bei Umwandlungsvorgängen (vgl. §§ 45, 133 III - VI, 224 II - IV UmwG). Für die GbR wird in § 736 II BGB n.F. die sinngemäße Anwendung angeordnet. Problematisch ist hier allerdings der Zeitpunkt für den Beginn der fünfjährigen Ausschlußfrist, weil das Ausscheiden eines GbR-Gesellschafters nicht ins Handelsregister eingetragen werden kann. In Analogie zu § 26 I S. 1 HGB n.F. erscheint in diesem Fall der Zeitpunkt der Kundbarmachung (z.B. durch Rundschreiben an die Gläubiger oder öffentliche Bekanntmachung in der Presse) „sinngemäß".

[33] So Schöne, T.: Die Begrenzung der Haftung ausgeschiedener Gesellschafter nach dem NachhBG, in ZAP 7/1994, S. 328 (Fach 15, S. 130)

dann, wenn sein Ausscheiden bei Entstehung der Verbindlichkeit noch nicht eingetragen *und* vor allem bekannt gemacht wurde (**negative Publizität** des § 15 I HGB[34]). Nur positive Kenntnis des Gläubigers von dem Ausscheiden würde den ehemaligen Gesellschafter vor der Haftung schützen.

Wie beim Ausscheiden eines Gesellschafters so bleibt auch nach der **Auflösung** der Gesellschaft die gesamtschuldnerische Haftung der Gesellschafter gem. § 128 HGB für noch nicht erfüllte Gesellschaftsverbindlichkeiten bestehen. Im Gegensatz zur Enthaftungsregelung beim Ausscheiden eines Gesellschafters bleibt in § 159 HGB n.F. (= § 159 HGB a.F. + § 160 HGB a.F.) die ***Sonderverjährung*** wie bisher unverändert. Die **Verjährungsfrist** für Ansprüche gegen die Gesellschafter aus solchen Verbindlichkeiten beträgt *5 Jahre*, sofern nicht der Anspruch gegen den Gesellschafter einer kürzeren Verjährung unterliegt (§ 159 I HGB). Die Frist beginnt mit Eintragung der Auflösung[35] der Gesellschaft in das Handelsregister (§ 159 II HGB).

ee) Erfolgsbeteiligung und Besteuerung

Die **Gewinn- und Verlustbeteiligung** ist gesetzlich wie folgt geregelt (§ 121 HGB), wird aber meist anders vereinbart: Die Kapitalanteile der Gesellschafter werden zunächst, sofern der Jahresgewinn dazu ausreicht, mit 4 % verzinst. Der Restgewinn wird - wie auch der Verlust eines Geschäftsjahres - auf die Gesellschafter nach Köpfen verteilt. Der anteilige Gewinn bzw. Verlust wird dem Kapitalkonto (Kapitalanteil) eines jeden Gesellschafters zu- bzw. abgeschrieben (§ 120 II HGB). Grundlage für die *jährliche Erfolgsbeteiligung* ist der nach den Vorschriften des dritten Buches des HGB zu erstellende Jahresabschluß, bestehend aus Bilanz sowie Gewinn- und Verlustrechnung (§ 120 I HGB; vgl. die abweichenden Regeln bei der nicht-kaufmännischen GbR in den §§ 721 f. BGB). Bezüglich der Gewinne steht den Gesellschaftern ein gesetzliches **Entnahmerecht** nach § 122 HGB zu.

Da die OHG - wie alle Personengesellschaften - kein Rechtssubjekt ist, erfolgt die **Besteuerung** (Einkommensteuer) ungeachtet dessen, ob die Gewinne entnommen oder im Unternehmen belassen werden, nicht bei der Gesellschaft, sondern *bei den Gesellschaftern (Mitunternehmerschaft)* als *Einkünfte aus Gewerbebetrieb* (§ 15 I 2 EStG).

---

[34] Siehe hierzu Kap. B I 3 e).

[35] und nicht mit Eintragung der Vollbeendigung, wie von der h.L. gefordert wurde. Dadurch kann sich die widersinnige Konsequenz ergeben, daß die Gesellschafter für zwischen Auflösung und Vollbeendigung entstandene Gesellschaftsschulden gem. §§ 128 f. HGB haften und zwar ohne die Möglichkeit der Verjährungseinrede nach § 159 I HGB.

ff) Wirtschaftliche Bedeutung

Die OHG ist auf den konstitutiven Elementen der Eigeninitiative und der unbeschränkten Haftung der Gesellschafter gegründet und besitzt im Wirtschaftsleben eine große Beweglicheit. Deshalb hat sie - wie auch die Einzelunternehmung - bei kleinen und mittleren Betrieben eine weite Verbreitung gefunden. Die unbeschränkte Solidarhaftung aller Gesellschafter erhöht zwar die Kapital- und Kreditbasis gegenüber den Einzelunternehmungen, ist aber zugleich der Grund für die abnehmende Beliebtheit der OHG, insbes. bei Neugründungen.

b) Kommanditgesellschaft (KG)

Die KG (§§ 161 - 177a HGB) ist eine Abart der OHG.

Typisches Merkmal der **KG** ist, daß neben einem (oder mehreren) unbeschränkt haftenden Gesellschafter(n) [**Komplementär(e)**] mindestens ein Gesellschafter vorhanden sein muß, dessen Haftung auf den Betrag seiner im Handelsregister eingetragenen Kapitaleinlage beschränkt ist [**Kommanditist**] (§ 161 I HGB).

Die Möglichkeit der Beteiligung mit gleichzeitiger Haftungsbeschränkung in Form von Kommanditeinlagen nähert die KG stark den Kapitalgesellschaften an. Grundsätzlich finden auf die KG die (zuvor beschriebenen) Bestimmungen der OHG bis auf folgende, sich notwendig aus der Existenz der Kommanditisten ergebenden Ausnahmeregeln Anwendung, wobei die rechtliche Stellung des Komplementärs der des OHG-Gesellschafters entspricht.

So darf die **Firma** der KG nicht den Namen eines Kommanditisten, sondern muß gem. § 19 II HGB den Namen wenigstens eines ***Komplementärs mit*** einem ein Gesellschaftsverhältnis ausdrückenden ***Zusatz*** enthalten (z.B. Müller & Co. oder Müller KG). In der Tatsache, daß aus der Firmenbezeichnung nicht zu ersehen sein muß, ob es sich um eine OHG oder KG handelt, ist nach herrschender Rechtsauffassung keine Gefährdung des *Gläubigerschutzes* zu erblicken.
Im Außenverhältnis ist der Kommanditist zwingend von der **organschaftlichen Vertretungsmacht** ausgeschlossen (§ 170 HGB); hier kann man sich helfen, indem dem Kommanditisten rechtsgeschäftliche Vertretungsmacht als Prokura oder Handlungsvollmacht erteilt wird. Prinzipiell gilt im Innenverhältnis zwar auch der Ausschluß von der **Geschäftsführung** (§ 164 S. 1 HGB), die dispositiven Regeln über das Innenverhältnis lassen aber hier eine andere Vereinbarung im Gesellschaftsvertrag zu; bei ungewöhnlichen Geschäften räumt das Gesetz dem Kommanditisten ein Widerspruchsrecht ein (§ 164 S. 1,2 HGB). Ansonsten stehen ihm Kontrollrechte hinsichtlich Jahresabschluß und Geschäftsbücher zu (§§ 163, 166 HGB).

Die persönliche, direkte **Haftung des Kommanditisten** für Gesellschaftsschulden ist auf die Höhe seiner Einlage beschränkt, sofern er die Einlage voll geleistet hat (§ 171 I HGB). Für Umfang und Wirksamwerden der Haftungsbeschränkung ist die Eintragung der Hafteinlage (Haftsumme) ins Handelsregister entscheidend. Insofern ist ein Geschäftsbeginn der KG vor der Eintragung für den Kommanditisten gefährlich. Hat er nämlich dem vorzeitigen Geschäftsbeginn zugestimmt, so kann er sich gegenüber allen Gesellschaftsgläubigern, die von der Haftungsbeschränkung keine Kenntnis hatten, nicht auf seine Haftungsbeschränkung berufen; er haftet wie ein Komplementär (§ 176 I HGB).
Der in eine bereits bestehende Gesellschaft *eintretende Kommanditist* haftet gem. §§ 173, 171 f. HGB für Alt- und Neuschulden der KG (vgl. § 130 HGB bei der OHG). Eine unbeschränkte Haftung kann sich aus § 176 II HGB ergeben (vgl oben § 176 I HGB). - Wird im Falle der „***Vergesellschaftung***" (s. oben bei der OHG) der frühere Geschäftsinhaber (Einzelkaufmann) Kommanditist der neu gegründeten KG, dann findet die zeitliche **Nachhaftungsbegrenzung** des § 26 I HGB n.F. nach Maßgabe von § 28 III HGB n.F. Anwendung. *Wechselt ein Komplementär* (oder auch ein OHG-Gesellschafter) seine Rechtsstellung in die eines Kommanditisten, dann greift die Enthaftungsregelung des § 160 I, II HGB n.F für ihn nach § 160 III HGB n.F. (Parallelvorschrift zu § 28 III HGB n.F.). Dies gilt in beiden vorgenannten Fällen selbst dann, wenn er in der Gesellschaft oder in einem ihr als Gesellschafter angehörenden Unternehmen weiterhin geschäftsführend tätig bleibt (§§ 28 III S. 2 und 160 III S. 2 HGB n.F.). Damit sind auch die Fälle erfaßt, in denen der ehemalige Vollhafter in einer durch Umwandlung entstandenen GmbH & Co. KG nicht nur in die Kommanditistenstellung wechselt, sondern zugleich Geschäftsführer (und evtl. Gesellschafter) der Komplementär-GmbH wird. - Ein *ausscheidender Kommanditist* haftet für Altverbindlichkeiten der Gesellschaft weiter, soweit er seine Einlage noch nicht geleistet (oder zurückerlangt hat). Aber auch für ihn gilt § 160 I, II HGB n.F.

Bezüglich der **Erfolgsbeteiligung** der Gesellschafter bestehen bei der KG folgende Unterschiede zur OHG (§§ 167 - 169 HGB). Gewinn und Verlust der KG werden nach Maßgabe von § 168 HGB verteilt. Gewinne des ***Kommanditisten*** werden seinem Kapitalanteil bis zur Höhe seiner Pflichteinlage zugeschrieben (darüber hinausgehende auf ein Sonderkonto, das eine Verbindlichkeit der KG darstellt), Verluste von seinem Kapitalanteil abgeschrieben. Der Kommanditist hat *kein Entnahmerecht* hinsichtlich seines Kapitalanteils; er hat jedoch ***Anspruch auf Gewinnauszahlung***, jedoch nur, soweit

- dadurch seine bereits *geleistete* (nicht die vereinbarte!) Einlage bzw. sein augenblicklicher (evtl. durch Verlustabschreibungen reduzierter) Kapitalanteil nicht gemindert wird und

- abgeschriebene Verluste durch spätere Gewinne ausgeglichen sind.

Der Tod eines Kommanditisten führt nicht zur **Auflösung** der KG (§ 177 HGB[36]). Die Erben nehmen seine Rechtsstellung mit ihren Erbanteilen als Kommanditisten ein.

Wirtschaftliche Bedeutung:
Im Wirtschaftsleben hat die KG eine größere Verbreitung erlangt als die OHG. Denn Kommanditeinlagen befriedigen den Wunsch von Kapitalgebern nach Beteiligungen mit begrenztem Risiko und ohne persönliche Mitarbeit. Die damit erreichte Erweiterung des Eigenkapitals wirkt sich positiv auf die Kreditwürdigkeit aus. Aus der Sicht der Gesellschaft ist günstig, daß ein Neueintritt von Kommanditisten keine Veränderung der Herrschaftsverhältnisse mit sich bringt. Wegen der Flexibilität in der Gestaltung ist die KG besonders für Familiengesellschaften geeignet. Steuerliche Vorteile der Gestaltungsmöglichkeiten (z.B. durch Verlustzuweisungen) nutzen seit einiger Zeit Finanzierungs- und Abschreibungsgesellschaften in der Form der KG.

c) GmbH & Co

Beachtet man, daß nach bürgerlichem Recht eine juristische Person einer natürlichen grundsätzlich gleichsteht, dann bereitet das Verständnis der GmbH & Co keine Schwierigkeiten. Der Wunsch der Wirtschaftspraxis, auch bei Personengesellschaften die unbeschränkte Haftung der beteiligten natürlichen Personen zu umgehen, hat (neben beachtlichen steuerlichen Motiven) zu Anfang dieses Jahrhunderts die Idee geboren, natürliche Vollhafter durch juristische Personen zu ersetzen. Die erste (1912) zur Registereintragung zugelassene und heute am häufigsten gewählte Mischform ist die GmbH & Co. KG. Auch andere Grundtypenvermischungen wie GmbH & Co. OHG, AG & Co. (KG oder OHG) sind möglich, haben aber in der Praxis keine Verbreitung gefunden[37].

Die **GmbH & Co. KG** ist eine **Kommanditgesellschaft** (Personengesellschaft), an der anstelle einer natürlichen Person eine ***GmbH als (einziger) Komplementär*** (Vollhafter[38]) beteiligt ist, wobei i.d.R. die Gesellschafter der Komplementär-GmbH mit den Kommanditisten identisch sind (GmbH & Co i.e.S.)[39].

---

[36] Diese Feststellung in § 177 HGB wird aufgrund der Änderung des § 131 HGB (s. hierzu Fußnote 27) hinfällig und deshalb § 177 HGB gestrichen.

[37] Beispiele: Stinnes Reederei AG & Co., Duisburg; Quelle Schickedanz AG & Co. KG; Deutsche SB-Kauf AG & Co. OHG, s. auch Fußnote 48.

[38] Sie haftet mit ihrem *gesamten* Vermögen (§ 13 GmbH-Ges.) und nicht, wie Vogler (Allg. BWL, Opl. 1976, S. 164) fälschlich behauptet, nur mit ihrem Stammkapital. Das Vermögen (Anlage- und Umlaufvermögen der Bilanz) ist keineswegs mit dem im HR eingetragenen Stammkapital identisch, sondern meist (erheblich) größer.

Dadurch wird ***bei allen*** beteiligten ***natürlichen Personen*** eine **Haftungsbeschränkung** auf ihre Einlage erreicht. Dies ist sogar bei einer **GmbH & Co. OHG** möglich, wenn alle Gesellschafter juristische Personen sind.

Da die GmbH & Co. KG eine Schöpfung der Wirtschaftspraxis ist, hat sie *keine eigene gesetzliche Regelung* gefunden. Sie ist jedoch in den §§ 172 a, 177 a HGB vom Gesetzgeber ausdrücklich als zulässig anerkannt. Was die Komplementär-GmbH angeht, so gilt grundsätzlich das GmbHG [s. dazu nachfolgendes Kap. 4. b)]; für die KG sind die Vorschriften des HGB anzuwenden. Kraft Gesetzes liegen **Geschäftsführung und Vertretung** der KG bei der GmbH. Für die GmbH handeln - auch soweit sie für die KG tätig wird - die Geschäftsführer der GmbH (§ 35 GmbHG). Auch Prokuristen der GmbH dürfen für die KG handeln; die GmbH kann aber auch für die KG einen Prokuristen bestellen (§§ 161 II, 116 III, 126 I HGB). Umgekehrt können Kommanditisten auch zu Geschäftsführern der GmbH bestellt werden, weil Geschäftsführer der GmbH nicht unbedingt deren Gesellschafter sein müssen (§ 6 III GmbHG). Geschäftsführungskompetenzen können auch einem Beirat der Kommanditisten (und evtl. Nicht-Gesellschafter) übertragen werden. Ansonsten gelten für die Befugnisse der Kommanditisten die Regeln zur KG (s. dort).
Obwohl die GmbH & Co. KG eine Personengesellschaft ist, soll sie nach Umsetzung der 4. und 7. EG-Richtlinie in deutsches Recht *hinsichtlich der Rechnungslegungs- und Publizitätsvorschriften den Kapitalgesellschaften gleichgestellt* werden.
Auch steuerrechtlich ist die GmbH & Co. eine Personengesellschaft. Von daher sind die Fragen der Besteuerung zu entscheiden. Nur die Gewinnanteile der GmbH unterliegen der KSt, die Gewinnanteile der Kommanditisten (Mitunternehmer) der ESt. Bezüglich der weiteren steuerlichen (Sonder-) Behandlung wird auf das einschlägige Schrifttum verwiesen.

Neben der Haftungsbeschränkung hatte die GmbH & Co. ferner den Vorteil, daß bei ihr die Doppelbesteuerung ausgeschütteter Gewinne, die bei Kapitalgesellschaften anfiel (KSt bei der Gesellschaft, ESt bei den Anteilseignern), vermieden werden konnte. Durch das **Anrechnungsverfahren** des seit 1.1.1977 gültigen KStG ist die ertragsteuerliche Doppelbelastung und damit dieser Vorteil der GmbH & Co. praktisch weggefallen. Gleiches gilt z.Z. auch für die Vermögensteuer, die seit 1997 weggefallen ist.

Wirtschaftliche Bedeutung:
Ihre Entstehung verdankt die GmbH & Co. einmal steuerlichen Überlegungen, zum anderen dem Bedürfnis einer möglichst weitgehenden Haftungsbeschränkung der natürlichen Personen. Ihre Bedeutung wechselte mit der Entwicklung der Steuertarife. Sie erfreut sich seit Jahren wachsender Beliebtheit, da sie beachtliche wirtschaftliche Bedürfnisse befriedigt, indem sie Vorzüge von Personen- und Kapitalgesellschaften vereinigt und dadurch

[39] Im Extremfall ist auch eine Ein-Mann-GmbH & Co. möglich (Mann = natürliche Person).

eine außergewöhnliche Elastizität gewinnt, die wegen des grundsätzlich dispositiven Charakters von KG-Recht und GmbH-Recht eine Fülle von Gestaltungsmöglichkeiten bietet. Besonders interessant ist sie für Familienunternehmen und bei Erbfällen. Unternehmen in der Rechtsform der GmbH & Co. stehen zu Unrecht im Ruf, besonders anfällig und konkursträchtig zu sein[40]. Der wirtschaftliche Vorteil liegt vor allem in den vielfältigen Finanzierungsmöglichkeiten durch Stammeinlagen bei der Komplementär-GmbH und Kommanditeinlagen bei der KG in beliebiger Höhe.

4. Handelsrechtliche Sonderformen des Vereins (Kapitalgesellschaften)

a) Aktiengesellschaft (AG)

aa) Wesen, Rechtsnatur und Kapitalausstattung

Die **AG** ist der Prototyp der Kapitalgesellschaft und der industriellen Großunternehmung mit großem Kapitalbedarf und ist eine starre Organisationsform, die im Gegensatz zur GmbH für individuelle Gestaltung der Gesellschafterstellung nur wenig Spielraum bietet. Sie ist eine **juristische Person** und wegen ihrer körperschaftlichen Organisation vom Mitgliederwechsel in ihrem Bestand unabhängig. Zugleich ist sie **Kaufmann kraft Rechtsform** (§ 6 II HGB). Sie hat ein in Aktien zerlegtes, festes **Grundkapital**, das mindestens 100.000 DM betragen muß (§ 7 AktG) und i.d.R. von einer großen Zahl meist anonymer (s. unten) Aktionäre aufgebracht wird.

Die **Aktie** stellt das in einer Urkunde (Wertpapier) verbriefte Anteilsrecht des Aktionärs am Grundkapital der AG dar[41].

Folgende Aktiengattungen können unterschieden werden:

- nach der *Bezifferung des Aktienwertes* ⇨ Nennwert- und Quotenaktien,
- nach der *Übertragbarkeit* ⇨ Namensaktien und Inhaberaktien (§ 10 AktG),
- nach dem *Umfang des verbrieften Rechts* ⇨ Stamm- und Vorzugsaktien.

Nennwertaktien lauten auf einen bestimmten Nennbetrag, der (seit 1994) mindestens 5 DM sein muß (§ 8 AktG). Ein niedriger Nennbetrag ermöglicht die gestreute Unterbringung der Aktien bei einem breiten Publikum. - **Quotenaktien** drücken den Anteilswert in einer Quote (Bruchteil, z.B. 1/1000) am Reinvermögen (= Eigenkapital) aus. Sie sind derzeit in Deutschland nicht zulässig (§ 6 AktG).

---

[40] Auswertung der gesamten Insolvenzen von 1973 bis 1976 im Bezirk der IHK Siegen (Siegener Zeitung v. 6.5.1977).

[41] Zu den wertpapierrechtlichen Merkmalen der Aktie(ntypen) siehe Kap. E II 3. u. 4.

Beispiel:
Meier ist Aktionär der Motorenwerke AG. Deren Grundkapital von 1 Mio. DM ist zerlegt in 50 DM-Aktien. Meier besitzt mit 100 Aktien 0,5 % Mitgliedschaftsrechte, trägt andererseits aber auch nur ein entsprechend geringes Risiko.

Da die **Namensaktie** („geborenes Orderpapier" gem. § 68 I AktG) auf den Namen des Aktionärs ausgestellt und durch Indossament und Umschreibung im Aktienbuch der AG übertragen wird, ist sie sehr unbeweglich und der Verwaltungsaufwand entsprechend hoch. In Form der ***„vinkulierten Namensaktie"*** (lat. vinculum = Fessel, Bindung) kann die Übertragung noch erschwert werden, indem sie an die Zustimmung der Gesellschaft gebunden wird (§ 68 II AktG). Damit können unerwünschte Verschiebungen der Beteiligungsverhältnisse verhindert werden. - Die meisten Aktien sind heute **Inhaberaktien**; ihre Übertragung erfolgt durch bloße Einigung und Übergabe (gem. § 929 BGB), wodurch die Mobilität wesentlich erhöht wird. Der Aktienbesitz bleibt anonym. Daher hat die Unterrichtung der Aktionäre über die Einberufung der Hauptversammlung, über den Jahresabschluß etc. öffentlich, d.h. in den Gesellschaftsblättern (Bundesanzeiger bzw. Tageszeitungen) zu erfolgen (**Publizitätspflicht**; §§ 121 III AktG , für den Jahresabschluß: §§ 325 ff. HGB).

Stammaktien (der Begriff kommt im AktG nicht vor) gewähren den Aktionären in jeder Beziehung gleiche Rechte. **Vorzugsaktien** (§§ 11 f. AktG) sind gegenüber den Stammaktien mit Vorzugsrechten (meist auf Über- oder Vorabdividende) ausgestattet und vermögen somit den Beteiligungsanreiz zu erhöhen. Dividendenvorzüge kompensieren allerdings nicht selten den Nachteil, daß diese Aktien ohne Stimmrecht ausgegeben wurden (§ 12 I 2 AktG). Mehrstimmrechtsaktien sind grundsätzlich unzulässig; Ausnahme: behördliche Sondergenehmigung (§ 12 II AktG).

Die Vergrößerung des Grundkapitals wird **Kapitalerhöhung** genannt; sie erfolgt über die ***Ausgabe neuer bzw. junger Aktien***[42].

In diesem Falle steht dem Altaktionär zur Wahrung seiner Stimm- und Gewinnrechte sowie zur Vermeidung eines Wertverlustes ein gesetzliches Bezugsrecht zu (§ 186 AktG).

Der rechnerische Wert des Bezugsrechts ist nach folgender Formel zu ermitteln:

$$B = \frac{n(Ka - Kn)}{a + n} = \frac{Ka - Kn}{a/n + 1}$$

42 Zum Ablauf und zu den verschiedenen Formen der Kapitalerhöhung s. Fries, H.-P.: Betriebswirtschaftslehre des Industriebetriebes, 4. Aufl., München/Wien 1995, S. 349 ff.

Erläuterung:
a = Zahl der alten Aktien
n = Zahl der neuen Aktien
a/n = Bezugsverhältnis
Ka = Kurs der alten Aktien
Kn = Kurs der neuen Aktien

Bis zum Abschluß der Kapitalerhöhung kann der Aktionär sein Bezugsrecht (über die Börse) verkaufen. Insofern wird der tatsächliche Preis in Abhängigkeit von Angebot und Nachfrage an bzw. nach Bezugsrechten von dem rechnerischen Wert abweichen.

Zahlreiche Bestimmungen sind zur Sicherung und Erhaltung des von den Aktionären aufgebrachten Grundkapitals erlassen und fördern damit auch den Gläubigerschutz und die Kreditwürdigkeit der AG:

- 100.000 DM Mindestnennbetrag des Grundkapitals (§ 7 AktG, s. auch § 228 AktG),
- der Erwerb eigener Aktien darf auch in Ausnahmefällen 10% des Grundkapitals nicht übersteigen (§ 71 AktG),
- eine ordentliche Kapitalherabsetzung gem. §§ 222 ff. AktG unterliegt besonderen Vorschriften zum Schutz der Gläubiger (§ 225 AktG),
- bei Verlusten in Höhe der Hälfte des Grundkapitals hat der Vorstand unverzüglich die Hauptversammlung einzuberufen; andernfalls droht ihm Geldstrafe oder Freiheitsstrafe bis zu 3 Jahren (§§ 29 I, 401 AktG),
- die AG ist (ungeachtet der Möglichkeit freier Rücklagen) verpflichtet, gesetzliche Rücklagen aus Gewinnen (s. unten) zu bilden (§ 150 AktG); hinzu kommen besondere Bewertungsvorschriften zur Vermeidung von Vermögensüberbewertungen und Schuldenunterbewertungen.

bb) Gründung und Beendigung

Die Gründung der AG erfordert seit 10.8.94 nur noch 1 Gründer (§ 2 AktG; früher: mindestens 5); ansonsten ist die Aufnahme von Gesellschaftern zahlenmäßig nahezu unbegrenzt; andererseits gestattet die versachlichte Natur der Mitgliedschaft auch die nachträgliche vollständige Aktienübernahme durch einen Aktionär (Ein-Mann-AG). Durch die Möglichkeit der Ein-Mann-Gründung und sonstiger Erleichterungen für die „kleine" AG (z.B. bezüglich Formzwang in § 130 AktG und Einberufung der Hauptversammlung in § 121 IV, VI AktG sowie größerer Satzungskompetenz der Aktionäre bei der Gewinnverwendung in § 58 AktG) soll die AG als Rechtsform auch für mittelständische Unternehmen attraktiver werden.

Die Gründung umfaßt folgende Schritte:

1. ***Feststellung der Satzung*** (durch notarielle Beurkundung; § 23 I AktG)
   Die Satzung (als Gesellschaftsvertrag oder einseitige Errichtungserklärung) muß gem. § 23 III, IV AktG enthalten:
   Sie sind in zwei Bestandteile gegliedert:
   - die *Firma* und den *Sitz* der Gesellschaft,

- den *Gegenstand* des Unternehmens; bei Industrie- und Handelsbetrieben insbes. die Art der Erzeugnisse und Waren, die hergestellt bzw. gehandelt werden sollen,
- die *Höhe des Grundkapitals*,
- die *Nennbeträge*, die *Zahl* und die *Gattung der Aktien*,
- die *Zahl der Vorstandsmitglieder* oder die Regeln, nach denen diese Zahl bestimmt wird,
- Bestimmungen über die *Form der Bekanntmachungen* der Gesellschaft.

2. ***Übernahme der Aktien***
   Dazu sind in der notariellen Urkunde Nennbetrag, Ausgabebetrag und Gattung der von jedem Gründer zu übernehmenden Aktien anzugeben (§ 23 II AktG).
   Mit diesen beiden ersten Schritten ist die AG „errichtet" (§ 29 AktG) und damit eine AG entstanden, die nach h.L. bereits den Sondervorschriften des AktG unterliegt, aber noch keine Rechtsfähigkeit besitzt.
3. ***Bestellung der Organe*** (§ 30 AktG)
   Durch diesen Schritt wird die AG handlungsfähig. (Zu den einzelnen Organen und der Reihenfolge ihrer Bestellung siehe weiter unten.) Zusätzlich haben die Gründer den ersten Abschlußprüfer zu bestellen.
4. ***Erstattung des Gründungsberichts*** (§ 32 AktG)
5. ***Gründungsprüfung***
   durch Vorstand und Aufsichtsrat oder neutrale Prüfer, z.B. wenn Vorstands- oder Aufsichtsratsmitglieder zu den Gründern gehören (§ 33 ff. AktG)
6. ***Leistung der „geforderten" Einlagen***
   Bei Bareinlagen sind mindestens 25% des Nennbetrages und das Agio (= Mehrbetrag des Ausgabebetrages über dem Nennbetrag) einzuzahlen; das Agio wird in die Kapitalrücklagen eingestellt. Eine Sacheinlage ist in der Satzung festzusetzen (§ 54 II AktG) vollständig zu leisten; wenn sie in der Verpflichtung zur Übertragung eines Vermögensgegenstandes besteht, ist sie innerhalb von 5 Jahren nach der Handelsregistereintragung zu bewirken (§ 36a AktG). Die Leistung der Bareinlagen ist Voraussetzung für die Anmeldung zur Registereintragung (§ 36 II AktG).
7. ***Anmeldung zur Eintragung*** der Gesellschaft (§ 36 I AktG)
8. ***Gerichtliche Prüfung*** (§ 38 AktG)
   der Ordnungsmäßigkeit der Errichtung und sämtlicher Unterlagen
9. ***Eintragung ins Handelsregister***
   Damit ist die Gründung vollendet, die AG entstanden, d.h. rechtsfähig geworden (konstitutive Wirkung der Eintragung). Die juristische Person übernimmt grundsätzlich alle Rechte und Pflichten mit Ausnahme der vor der Eintragung begründeten Verbindlichkeiten, für welche die Gründer persönlich haften. Beachte jedoch § 26 II AktG. Die Eintragung und ihre Inhalte sind bekanntzumachen (§§ 39 f. AktG).

Die **Firma** der AG ist i.d.R. dem Gegenstand des Unternehmens zu entnehmen (**Sachfirma**, z.B. Bayerische Motorenwerke AG)[43]. Bei Übernahme oder Umwandlung kann zur Erhaltung des Firmenwerts oder Good will gem. dem Grundsatz der Firmenkontinuität auch eine Personenfirma fortgeführt werden (z.B. Adam Opel AG). Der ***Zusatz "Aktiengesellschaft"*** ("AG") ist zwingend vorgeschrieben (§ 4 AktG).

Auflösung und anschließende **Abwicklung** (Beendigung) der AG sind in den §§ 262 ff. AktG geregelt. Die Auflösung ist vom Vorstand zur Eintragung ins Handelsregister anzumelden (§ 263 AktG). Mit der Eintragung „stirbt" die juristische Person AG.

cc) Die Organe der AG

Als juristische Person kann die AG nur durch Organe tätig werden. Ihre Pflichtorgane sind Vorstand, Aufsichtsrat und Hauptversammlung.

Der **Vorstand** (§§ 76 ff. AktG) ist das *Leitungsorgan* der AG. Für die AG gilt - wie für alle juristischen Personen mit Ausnahme der KGaA - das (dispositive) Prinzip der *Gesamtgeschäftsführung* und *Gesamtvertretung* (§§ 77 f. AktG). Abweichendes kann in der Satzung (für die Geschäftsführung auch in der Geschäftsordnung des Vorstands) bestimmt werden. Der Umfang der Geschäftsführungsbefugnis wird durch den satzungsmäßigen Zweck und die Kompetenzen der anderen Organe begrenzt. Für die Geschäftsführung verbietet das Gesetz in § 77 I 2 AktG das „Führerprinzip", d.h., daß einem (oder einzelnen) Mitglied(ern) das Entscheidungsrecht gegen die Mehrheit der Mitglieder übertragen wird. Wohl ist eine Satzungsbestimmung zulässig, daß bei Pattsituationen die Stimme des Vorstandsvorsitzenden entscheidet. Der Umfang der Vertretungsmacht kann nicht beschränkt werden (§ 82 I AktG). Im einzelnen nennt das Gesetz folgende *Aufgaben* des Vorstands:

- Leitung der Gesellschaft unter eigener Verantwortung (§ 76 AktG),
- Berichterstattung an den Aufsichtsrat (§ 90 AktG),
- Führung der Handelsbücher (Buchführung; § 91 AktG),
- Aufstellung und Vorlage von Jahresabschluß und Lagebericht (§ 170 AktG),
- Einberufung der Hauptversammlung (§§ 121 ff. AktG).

Der Vorstand kann aus einer Person oder ab einem Grundkapital von mehr als 3 Mio. DM zwingend aus mehreren Mitgliedern (= natürliche, volljährige Personen) bestehen (§ 76 II AktG); er wird vom Aufsichtsrat auf höchstens 5 Jahre bestellt, eine Wiederbestellung ist möglich (§ 84 I AktG). Unterliegt ein Unternehmen dem Montan-Mitbestimmungsgesetz, dann gehört pflichtgemäß der Arbeitsdirektor zum Vorstand der AG.

43 S. hierzu auch Kap. 5.

Der **Aufsichtsrat** (§§ 95 ff. AktG) überwacht als *Kontrollorgan* die Geschäftsführung des Vorstands (§ 111 I, II AktG). Von der Geschäftsführung ist er grundsätzlich ausgeschlossen (§ 111 IV S. 1 AktG). Die Satzung oder der Aufsichtsrat kann jedoch festlegen, daß bestimmte Geschäfte an die Zustimmung des Aufsichtsrats gebunden sind (§ 111 IV S. 2 AktG). Davon wird in der Praxis nicht selten Gebrauch gemacht, um den Einfluß der Aktionäre, die den Aufsichtsrat gewählt haben, zu stärken und somit wenigstens indirekt eine gewisse Kongruenz von Kapital (Aktionäre) und Herrschaft (Vorstand) zu erreichen. Zu den Aufgaben des Aufsichtsrats gehört die Prüfung (und Billigung) des Jahresabschlusses und des Gewinnverwendungsvorschlags (§§ 171 - 173 AktG). Der Aufsichtsrat wird von der Hauptversammlung für höchstens 4 Jahre gewählt (§ 101 f. AktG) und besteht aus mindestens 3 Mitgliedern. Eine höhere, durch 3 teilbare Zahl kann die Satzung vorsehen, die mögliche Höchstzahl richtet sich nach dem Grundkapital (§ 95 AktG). Wie weit neben den Aufsichtsratsmitgliedern der Aktionäre noch Vertreter der Arbeitnehmer und weitere Mitglieder dem Aufsichtsrat angehören, wird vom BetrVerfG und von der Mitbestimmungsgesetzgebung bestimmt. Vorstandsmitglieder können nicht zugleich dem Aufsichtsrat angehören.

Die **Hauptversammlung** (§§ 118 ff. AktG) ist die *Versammlung der Gesamtheit der Aktionäre*. Der Einfluß der Aktionäre beschränkt sich auf ihr Stimmrecht[44] in der Hauptversammlung, das nach Kapitalbesitz und nicht nach Köpfen ausgeübt wird. Die Hauptversammlung beschließt, sofern nicht die Satzung eine andere Mehrheit vorschreibt (§§ 133 f. AktG),

- mit ***einfacher Mehrheit*** über
  - die Wahl der Aufsichtsratsmitglieder,
  - die Bestellung der Abschlußprüfer,
  - die Entlastung von Vorstand und Aufsichtsrat,
  - die Verteilung des Bilanzgewinnes[45] und
- mit ***qualifizierender Mehrheit*** (75 %) über
  - Satzungsänderungen (z.B. Kapitalerhöhung, §§ 179 II, 182 AktG),
  - Verschmelzung (Fusion; § 65 I 1 UmwG), Spaltung (§§ 125 S. 1, 65 I 1 UmwG), Formwechsel (§ 233 II 1 bzw. § 240 I 1 UmwG) und Auflösung der Gesellschaft (262 II Nr. 2 AktG).

[44] Aktionäre können Kreditinstitute, in deren Depot sie Aktien aufbewahren, mit der Ausübung des Stimmrechts schriftlich mit ausdrücklicher Weisung zu den einzelnen Gegenständen der Tagesordnung bevollmächtigen. Dieses **Depotstimmrecht** (§ 135 AktG) darf für längstens 15 Monate erteilt werden und ist jederzeit widerruflich.

[45] Vor Bilanzerstellung können Vorstand und Aufsichtsrat einen Teil des Jahresüberschusses, höchstens jedoch die Hälfte, in die freien (anderen) Gewinnrücklagen aufnehmen. Außerdem verlangt das Gesetz die Bildung einer **gesetzlichen Rücklage**. Dieser Rücklage sind 5% des Jahresüberschusses zuzuführen, bis sie zusammen mit der Kapitalrücklage 10% des Grundkapitals erreicht hat (§ 58 II, 150 AktG).

Über Fragen der Geschäftsführung kann die Hauptversammlung allerdings nur entscheiden, wenn es der Vorstand verlangt (§ 119 II AktG). Über Angelegenheiten der Gesellschaft steht gem. § 131 AktG jedem Aktionär ein Auskunftsrecht zu.

dd) Haftung

Für die Verbindlichkeiten der AG ***haftet** nur das Gesellschaftsvermögen*[46] (§ 1 I 2 AktG). Die Aktionäre haften gegenüber den Gesellschaftsgläubigern (Außenverhältnis) überhaupt nicht; ihr finanzielles Risiko beschränkt sich auf ihren Kapitaleinsatz, de facto auf die Höhe der Kaufsumme (Kurs) der übernommenen Aktien.

ee) Wirtschaftliche Bedeutung

Die große Bedeutung und der finanzwirtschaftliche Vorteil der AG liegen in der Möglichkeit, große Kapitalbeträge über die breite Streuung von Aktien bei einem anlagewilligen Publikum auf dem Kapitalmarkt zu sammeln. In der Gründung und im "Unterhalt" (Pflichtprüfungen, Publizität etc.) ist die AG eine teure Rechtsform. Zwar werden nur ca. 0,1 % aller Betriebe in der BRD in der Form der AG geführt, in diesen sind aber knapp 20 % aller Beschäftigten tätig. Die große wirtschaftliche Macht der Aktiengesellschaften wird deutlich in dem Grundkapital (ohne Rücklagen!) von knapp 175 Mrd. DM, über das sie insgesamt verfügen.

b) Gesellschaft mit beschränkter Haftung (GmbH)

Auch die **GmbH** wird wie die AG durch Eintragung ins Handelsregister **juristische Person** und **Kaufmann kraft Rechtsform**. Trotz mancher Ähnlichkeit mit der AG weist sie bedeutende Unterschiede auf. Ihr festes **Stammkapital** muß mindestens 50.000 DM betragen und wird durch die **Stammeinlagen** der Gesellschafter (Mindesthöhe einer Einlage 500 DM) in bar oder in Sachwerten aufgebracht (§ 5 GmbHG). Nach dem Betrag der von einem Gesellschafter aufgebrachten Stammeinlage bestimmt sich sein **Geschäftsanteil** (§ 14 GmbHG). Die Veräußerung von Geschäftsanteilen ist dadurch erschwert, daß diese nicht in Wertpapieren verbrieft sind und nicht auf dem Kapitalmarkt gehandelt werden können. Außerdem bedarf ihre Übertragung der notariellen Form (§ 15 IV, V GmbHG). Das beeinträchtigt die Kapitalbasis der GmbH.

Die Gesellschafterzahl der GmbH ist meist geringer als die der AG und für die Gestaltung des Gesellschaftsvertrages bleibt aufgrund der geringeren zwingenden Rechtsvorschriften mehr Freizügigkeit. Das macht die GmbH wendiger und flexibler in der Unternehmensführung, zumal häufig Gesell-

[46] Nicht, wie Vogler (a.a.O., S. 163) fälschlich sagt, das Grundkapital, vgl. auch Fußnote 38.

schafter zugleich Geschäftsführer sind. Sie ist als Rechtsform für kleinere und mittlere Unternehmen geschaffen. Seit 1981 erlaubt das GmbHG sogar die **Gründung** einer GmbH durch nur *eine* Person (§ 1 GmbHG). Der Gründungsvorgang läuft im wesentlichen in denselben Schritten ab wie bei der AG, jedoch fallen die ersten beiden Schritte zusammen, nämlich Abschluß des Gesellschaftsvertrages mit Übernahme der Stammeinlagen, außerdem werden ein Gründungsbericht und eine Gründungsprüfung nicht gefordert. Im Unterschied zur AG darf bei der GmbH die Anmeldung zur Registereintragung erst erfolgen, wenn - ungeachtet der persönlichen, mindestens 25%igen Bareinlage jedes Gesellschafters - insgesamt mindestens die Hälfte des Stammkapitals eingezahlt ist; bei einer Ein-Mann-Gründung muß überdies der Gründer für die noch ausstehenden Einlagen eine Sicherheit beibringen (§ 7 II GmbHG).

Die **Firma** (Personen- oder Sachfirma) muß den ***Zusatz "GmbH"*** führen (§ 4 GmbHG)[47].

Notwendige **Organe** der GmbH sind

- ein oder mehrere **Geschäftsführer** (natürliche, unbeschränkt geschäftsfähige Personen), welche die Geschäftsführung und Vertretung übernehmen (§§ 6, 35 ff. GmbHG); sie können Gesellschafter oder gesellschaftsfremde Personen sein (§ 6 III 1 GmbHG),
- die **Gesellschafterversammlung** (§§ 48, 47 GmbHG), in der nach Geschäftsanteilen abgestimmt wird (je 100 DM eine Stimme).

Ein **Aufsichtsrat** ist durch § 77 BetrVerfG 1952 *für Gesellschaften mit mehr als 500 Arbeitnehmern* zwingend vorgeschrieben.

Die **Haftung** für die Verbindlichkeiten der Gesellschaft ist auf das *Vermögen der Gesellschaft* beschränkt (§ 13 II GmbHG). Sind die Gesellschafter vor der Eintragung der GmbH tätig geworden, so haften sie dafür persönlich und solidarisch, da die Gesellschaft als solche vor der Eintragung (noch) nicht besteht (§ 11 GmbHG). Nach der Eintragung gehen die Verbindlichkeiten der Vor-GmbH auf die GmbH über, die Haftung der Gesellschafter erlischt.

Wirtschaftliche Bedeutung:
Aus den genannten Gründen stellt sich die GmbH vor allem als Organisationsform mittlerer und kleinerer Betriebe dar, die nicht auf den Kapitalmarkt angewiesen sind und deren Gesellschafter das wirtschaftliche Risiko begrenzen wollen (1997 ca. 600.000 GmbH in der BRD). Die steuerliche Beurteilung schwankt sehr stark in Abhängigkeit von den Normen und Tarifen des Steuerrechts. Zur Zeit überwiegen im Vergleich mit den Personengesellschaften die steuerlichen Nachteile der GmbH.

[47] S. hierzu auch Kap. 5.

c) Kommanditgesellschaft auf Aktien (KGaA)

Die **KGaA** (§§ 278 - 290 AktG) ist eine Gesellschaft mit eigener **Rechtspersönlichkeit**. Sie hat wie die KG zwei Gesellschaftertypen: Komplementäre und Kommanditisten. Die Einlagen der Kommanditisten (**Kommanditaktionäre**) sind in Aktien verbrieft und ergeben das Grundkapital. Die Komplementäre bilden stets den **Vorstand**. Die KGaA ist damit eine *Kombination aus KG und AG*[48]. - Komplementäre dürfen Aktien übernehmen (Einlagen auf das Grundkapital) und haben nur dann ein Stimmrecht in der **Hauptversammlung** (§ 285 AktG). Neben dem Grundkapital können sie (in der Satzung festzulegende) selbständige Einlagen leisten. Der **Aufsichtsrat** überwacht den Vorstand und führt die Beschlüsse der Kommanditaktionäre aus; ihm dürfen keine Komplementäre angehören (§ 287 III AktG).

Wirtschaftliche Bedeutung:
Die KGaA ist in der Praxis weitgehend bedeutungslos geblieben; aufgrund des zunehmenden Kapitalbedarfs der mittelständischen Wirtschaft ist sie jedoch in den letzten Jahren beliebter geworden, insbesondere bei Familiengesellschaften (bekanntes Beispiel bis Juni 1977: Neckermann Versand KGaA, Frankfurt; aktuelle Beispiele: Merck KGaA, Darmstadt; Henkel KGaA, Düsseldorf).

5. Reform des Firmenrechts

Neben der Reform des Kaufmannsrechts ist ein weiterer Schwerpunkt des am 12.5.1997 von der Bundesregierung beschlossenen HrefG die Neuregelung des Firmenrechts. Die wesentlichen Neuerungen werden nachstehend vorgestellt.

Nach der *bisherigen Regelung* sollen grundsätzlich die **Personenunternehmen** eine ***Personenfirma*** und die **Kapitalgesellschaften** eine ***Sachfirma*** führen. Im ersteren Fall wird dies für den *Einzelkaufmann* (*Einzelunternehmer*) dahingehend präzisiert, daß die Firma seinen Familiennamen und (mindestens einen) Vornamen enthalten muß; ein rechtsformspezifischer Zusatz ist nicht gestattet (§ 18 HGB). Ein „Minderkaufmann" oder gar Nicht-Kaufmann ist überhaupt nicht berechtigt, eine Firma zu führen; er kann aber sein Kleingewerbe mit einer Geschäftsbezeichnung benennen, z.B. „Speisekajüte" für seinen Imbißstand, sofern die Bezeichnung (z.B. Speiserestaurant) nicht den Anschein eines vollkaufmännischen Gewerbes erzeugt. Die Firma einer *Personengesellschaft* ist zu bilden aus

[48] Durch höchstrichterlichen Beschluß (BGH II ZB 11/96 v. 24.2.97) ist auch eine GmbH & Co KGaA anerkannt. Nach Meinung des II. BGH-Zivilsenats hat sich der Gesetzgeber unter dem persönlich haftenden Gesellschafter wohl eine natürliche Person vorgestellt, diese Funktion könne aber auch eine GmbH erfüllen (Beispiel: effeff Fritz Fuß GmbH & Co. KGaA).

dem (Familien-)Namen mindestens eines Vollhafters und irgendeinem Zusatz, der ein Gesellschaftsverhältnis andeutet (§ 19 HGB). Der spezielle Zusatz OHG oder KG ist nicht erforderlich! Die Firma einer *Kapitalgesellschaft* ist i.d.R. dem Gegenstand (Zweck) des Unternehmens zu entnehmen und um die Bezeichnung der Rechtsform zu ergänzen (§ 4 AktG, § 4 GmbHG; Beispiele: Volkswagen AG, BMW AG). Zur Erhaltung des Firmenwerts oder Goodwill kann gem. dem Grundsatz der Firmenkontinuität auch eine Personenfirma fortgeführt werden (z.B. Adam Opel AG, Friedr. Krupp AG).

Künftig soll für *alle* Rechtsformen von Unternehmen die Führung von ***reinen Sach- oder Phantasiefirmen erlaubt***, d.h. die Nennung von Vollhaftern selbst bei Personenunternehmen bzw. der Geschäftszweck oder ein Gesellschaftername bei Kapitalgesellschaften nicht mehr zwingend vorgeschrieben sein; obligatorisch wird dafür aber *in jedem Fall* ein rechtsformspezifischer Zusatz, d.h. die ausgeschriebene oder verständlich abgekürzte Bezeichnung der gewählten Rechtsform. Für den Einzelunternehmer mußte der Gesetzgeber folglich erst eine solche Bezeichnung und verständliche Abkürzungen einführen, die unmißverständlich auf die Kaufmannseigenschaften hinweisen.
Im einzelnen legt der Gesetzesentwurf folgende ***Firmen-Zusätze*** fest:

- für die **Einzelunternehmung** in § 19 I Ziff. 1 HGB n.F.:
  „eingetragener Kaufmann" bzw. ***„eingetragene Kauffrau"*** oder als verständliche Abkürzung ***„e. K."***, ***„e. Kfm."***, ***„e. Kfr."***, wobei die Allgemeinverständlichkeit dieser Abkürzungen gewiß noch nicht gegeben ist, sondern sich erst durch ständige Übung und Gewöhnung ergeben muß. Mit den geschlechtsspezifisch formulierten Zusätzen soll lediglich eine für beide Geschlechter zutreffende (eine Kauffrau ist schließlich kein weiblicher Kaufmann, obwohl sie in der juristischen Diktion eine kaufmännische Unternehmerin bleibt) und damit adäquate Bezeichnung zur Verfügung gestellt werden. Die primäre Bedeutung liegt für den Gesetzgeber nicht in der Information über das Geschlecht der Person, der das Unternehmen gehört, sondern darüber, daß es sich dabei um eine *natürliche Person* handelt. Da nach neuem Recht Vor- und Zuname dieser Person in der Firma nicht mehr gefordert ist, bietet die für weibliche und männliche Inhaber verwendbare Abkürzung „e. K." den Vorteil, daß ein Rückschluß auf das Geschlecht unmöglich ist. Zur klaren Abgrenzung gegenüber Berufsbezeichnungen (z.B. Hotel-Kauffrau) oder Titeln (z.B. Diplom-Kaufmann) einerseits sowie gegenüber den Geschäfts- und Etablissementbezeichnungen von nicht-kaufmännischen Kleingewerbetreibenden andrerseits dient der Zusatz „eingetragene(r)".
- für die **offene Handelsgesellschaft** in § 19 I Ziff. 2 HGB n.F.:
  „offene Handelsgesellschaft" oder eine allgemein verständliche Abkürzung;

- für die **Kommanditgesellschaft** in § 19 I Ziff. 3 HGB n.F.: ***„Kommanditgesellschaft"*** oder eine allgemein verständliche Abkürzung;
- für die **GmbH & Co** und andere Grundtypenvermischungen, bei denen keine natürliche Person persönlich haftet, in § 19 II HGB n.F. „eine Bezeichnung, welche die *Haftungsbeschränkung kennzeichnet.*" Inhaltlich entspricht diese Regelung im wesentlichen dem geltenden Recht in § 19 V HGB.
- für die **Aktiengesellschaft** in § 4 AktG n.F.: ***„Aktiengesellschaft"*** oder eine allgemein verständliche Abkürzung;
- für die **Gesellschaft mit beschränkter Haftung** in § 4 GmbHG n.F.: ***„Gesellschaft mit beschränkter Haftung"*** oder eine allgemein verständliche Abkürzung;
- für die **Kommanditgesellschaft auf Aktien** in § 279 AktG n.F.: ***„Kommanditgesellschaft auf Aktien"*** oder eine allgemein verständliche Abkürzung.

Außer bei den Einzelunternehmungen hat sich der Gesetzgeber einer verbindlichen Vorgabe von „allgemeinverständlichen Abkürzungen" für Rechtsform- und Haftungsbeschränkungs-Bezeichnungen enthalten, vermutlich, weil solche schon seit Jahrzehnten bekannt und gebräuchlich sind, z.B. OHG, KG, Kom.Ges., GmbH & Co. KG, GmbH, ...gesellschaft m.b.H., AG, KGaA.

Folgende **Beispiele** sollen die Gestaltungsmöglichkeiten des neuen Firmenrechts verdeutlichen:

- „Bites and Bytes e.K." statt „Berta Brause, Computerfachgeschäft"
- „Schnell und Sauber KG" statt „Fritz Schmidt & Co, Teppichreinigung",
- „Quak-Quak GmbH" statt „Geflügelzucht GmbH",
- „effeff GmbH & Co. KGaA" statt bisher „effeff Fritz Fuß GmbH & Co. KGaA".

Gem. § 18 I HGB n.F. muß die Firma zur Kennzeichnung des Kaufmanns geeignet sein. Erkennungsmerkmal eines kaufmännischen Personenunternehmens, insbes. bei Einzelunternehmen, wird in Zukunft nicht mehr der Name eines Vollhafters sein, sondern der Zusatz der Kaufmannseigenschaft bzw. der bestimmten Gesellschaftsform. Für die Kapitalgesellschaften trifft dies in ihrer Eigenschaft als Formkaufleute schon nach geltendem Recht zu. Die Vorschriften über die Zusätze gelten auch bei Firmenfortführung nach §§ 21 f. und 24 HGB.

6. Kontrollfragen zu Kapitel D III

1. Welche betriebswirtschaftlichen Ziele sind relevante Entscheidungskriterien für die Wahl der Rechtsform?
2. Nennen Sie die wirtschaftlich wesentlichsten Rechtsformen mit den zugehörigen Gesetzesquellen mit Zuordnung zu den entsprechenden Gruppen.

3. Grenzen Sie Personen- und Kapitalgesellschaften bzw. die zugehörigen Grundtypen des BGB anhand ihrer Wesensmerkmale voneinander ab.
4. Inwiefern zeigt die KG eine Annäherung an die Kapitalgesellschaften, hingegen die GmbH an die Personengesellschaften?
5. Was bedeutet der Terminus Fremdorganschaft?
6. Was versteht man unter einer „Stillen Gesellschaft"?
7. Wann entsteht (mit Außenwirkung) eine Personengesellschaft?
8. Wie sind Geschäftsführungs- und Vertretungsbefugnis bei der OHG und der KG gesetzlich geregelt? Inwieweit sind diese Regeln dispositiver oder zwingender Natur?
9. Welche Konsequenz hat die direkte, persönliche und gesamtschuldnerische Haftung der Vollhafter?
10. Wie ist die Haftung a) des eintretenden, b) des ausscheidenden Gesellschafters bei der OHG geregelt? Welche Modifikation besteht bei der „Vergesellschaftung" und bei der Vererbung einer OHG-Gesellschafterstellung?
11. Welche Änderung hat das NachhBG für einen Vollhafter, der ausscheidet oder seine Rechtsstellung wandelt, gebracht?
12. Welcher Unterschied besteht zwischen Verjährung und Enthaftung?
13. Charakterisieren Sie die Rechtsstellung eines Kommanditisten.
14. *Fallbeispiel:* Der Gesellschafter G scheidet am 1.1. aus der XY-OHG aus, während die OHG unter den übrigen Gesellschaftern fortgesetzt wird. Das Ausscheiden des G wird am 20.1. ins Handelsregister eingetragen und am 30.1. in den Gesellschaftsblättern bekannt gemacht. Am 25.1. schließt L mit der OHG einen Liefervertrag ab. Muß G für diese Verbindlichkeit haften, wenn er von L, der vom Ausscheiden des G keine Kenntnis hat (obwohl er sie leicht hätte bekommen können), in Anspruch genommen wird?
15. Skizzieren Sie die prinzipiellen Unterschiede in der Besteuerung von Personen- und Kapitalgesellschaften.
16. Wie läßt sich formaljuristisch begründen, warum eine „Ein-Mann-Gesellschaft" nur bei Kapitalgesellschaften möglich ist?
17. Kann eine OHG oder KG Gesellschafterin einer GmbH sein?
18. *Fallbeispiel:* Die Kapitalgeber A, B, C, D und E wollen eine Maschinenbau-Gesellschaft gründen. Sie vereinbaren, daß jeder eine Einlage von 50.000 DM übernimmt und die Haftung auf die Einlage beschränkt sein soll. A und C wollen die Leitung übernehmen. Welche Rechtsform bietet sich an, wenn die Gesellschafter A, C, D und E wünschen, daß die Unternehmung eine Personengesellschaft ist, insbes. als solche besteuert wird?
19. Beschreiben Sie Wesen und Vorteile der GmbH & Co.KG.
20. *Fallbeispiel:* A, B, C, D und E wollen mit je 30.000 DM Einlage eine Handelsgesellschaft gründen. Sie haben dazu folgende Vorstellungen:

    A und B wollen beide geschäftsführungs- und vertretungsberechtigt sein. Sie sind dafür bereit, auch mit ihrem Privatvermögen zu haften.

    C und D wollen nur mit ihrer Einlage haften, aber auch Geschäftsführung und Vertretung übernehmen.

    E will nichts mit dem Geschäftsgang zu tun haben, folglich auch nur mit seiner Einlage haften.

    a) Welche der drei Rechtsformen OHG, GmbH und AG käme(n) in Frage, wenn alle fünf Gesellschafter so dächten wie (1) A und B, (2) C und D, (3) E?

    b) Welche(r) Gesellschafter müßte(n) ihre (seine) Einstellung ändern, wenn die Gesellschaft in der Rechtsform einer KG geführt werden sollte?

21. *Fallbeispiel:* Mit Zustimmung aller Gesellschafter beginnt die Export-Import Brause KG ihre Geschäfte bereits vor der Eintragung ins Handelsregister. Als der Kommanditist K, der seine Einlage bereits geleistet hat, von verschiedenen Gläubigern für die Gesellschaftsverbindlichkeiten in voller Höhe persönlich in Anspruch genommen wird, verweigert er die Zahlung mit dem Hinweis auf seine beschränkte Haftung als Kommanditist. Wie ist die Rechtslage?
22. Welche Zwecke darf eine Gesellschaft in der Rechtsform der AG verfolgen?
23. Nennen Sie die Organe der Kapitalgesellschaften sowie deren Funktionen?
24. Welcher Unterschied besteht zwischen Namens- und Inhaberaktien
    a) hinsichtlich der Rechtsnatur,
    b) hinsichtlich der wirtschaftlichen Zwecksetzung?
25. Welche Unternehmen sind publizitätspflichtig?
26. Was bedeutet qualifizierende Mehrheit und welche Beschlüsse müssen mit entsprechender Mehrheit gefaßt?
27. Worin unterscheiden sich AG und GmbH?
28. Welchem Organ der AG obliegt die Geschäftsführung und Vertretung?
29. Aufgrund welcher Rechtsnorm (im BGB!) haftet eine AG bzw. eine GmbH für schadensersatzpflichtiges Verhalten des Vorstandes bzw. der Geschäftsführer? Nach welcher Rechtsnorm kommt auch eine persönliche Haftung dieser Organe in Betracht?
30. *Fallbeispiel:* Eine GmbH verfügt über ein Stammkapital von 200.000 DM und ein Gesellschaftsvermögen von 600.000. Ein Lieferant hat gegenüber der GmbH eine Forderung von 280.000 DM. In welche Höhe haftet die GmbH für diese Verbindlichkeit?
31. Beurteilen sie kritisch die Bezeichnung „Gesellschaft mit beschränkter Haftung"!
32. Welche „Grundtypenvermischungen" sind denkbar und zulässig?
33. Wie haben die verschiedenen Rechtsformen zu firmieren?

IV. Übertragung eines Einzelunternehmens

1. Vorbemerkungen

Der Wechsel des Inhabers eines einzelkaufmännischen Handelsgeschäftes kann verursacht sein durch
- eine rechtsgeschäftliche Übertragung unter Lebenden oder
- eine Übertragung von Todes wegen (Erbfolge).

Die dabei auftretenden Rechtsfragen (z.B. schuldrechtliches Kausalgeschäft, sachenrechtliche Verfügungen) sind zunächst nach den Vorschriften des BGB zu klären; sie werden bezüglich des Übergangs von Rechten und Pflichten ergänzt um die §§ 25 ff. HGB und weitere Vorschriften außerhalb des Handelsgesetzes.

Von besonderem wirtschaftlichen Interesse im Zusammenhang mit einer Unternehmensübertragung sind folgende Fragen:
- Haftung des Erwerbers für die Altschulden,
- Stellung des Altschuldners,
- Übergang der Altforderungen.

2. Haftung des Erwerbers

a) Übertragung unter Lebenden

Für die Haftung des Erwerbers enthält ***§ 25 I S. 1 HGB*** folgenden **Grundsatz**:
Der Erwerber haftet für alle im Geschäftsbetrieb des früheren Inhabers begründeten Altschulden, sofern er die Firma - unbeschadet eines Nachfolgezusatzes - fortführt.

Voraussetzungen der Haftung:

- ***Erwerb*** eines Handelsgeschäftes
  Der Rechtsgrund für den Erwerb unter Lebenden ist unerheblich. Es kommen außer einem Kaufvertrag auch Schenkung, Pachtvertrag und Nießbrauch in Betracht. Der Erwerber muß das Unternehmen als Ganzes, d.h. in seinem wesentlichen Kern, übernehmen. Grundlage der Haftung ist nicht der interne Übertragungsvertrag, sondern die an die Öffentlichkeit gerichtete Erklärung des Erwerbers. Mängel des internen Übertragungsvertrages (z.B. Fehlen oder Nichtigkeit des Vertrages) sind deshalb ohne Bedeutung, sofern der Tatbestand des § 25 HGB äußerlich erfüllt ist.
  Nicht anzuwenden ist § 25 HGB auf Minderkaufleute, da sie keine Firma haben (§ 4 HGB).
- ***Unternehmensfortführung*** (Unternehmenskontinuität)
  Ein bestehendes Handelsgeschäft muß fortgeführt werden, d.h. die Übernahme muß auf Dauer angelegt sein.
- ***Firmenfortführung*** (Firmenkontinuität)
  Als äußeres Merkmal der Übernahme muß die alte Firma in ihrem Kern fortgeführt werden. Dabei kommt es nicht auf einen Nachfolgezusatz und sogar nicht einmal auf die firmenrechtliche Zulässigkeit der Firma an.

Beispiele:
August Schultze führt das von Franz Meier erworbene Unternehmen fort unter der Firma
a) Franz Meier ⇒ Firmenfortführung und Haftung des Erwerbers
b) Franz Meier, Inh.: A. Schultze ⇒ Firmenfortführung und Haftung des Erwerbers
c) August Schultze: ⇒ keine Firmenfortführung und keine Haftung des Erwerbers

Führt der Erwerber die alte Firma nicht fort, so haftet er nach § 25 III HGB nur bei Vorliegen eines besonderen Verpflichtungsgrundes (z.B. Bekanntmachung der Übernahme durch Zeitung oder Rundschreiben).

Haftung (Rechtsfolge)

Der *Erwerber* haftet für die Altschulden ***persönlich*** und ***unbeschränkt***. Die Rechtsnatur dieser Erwerberhaftung ist eine ***kumulative Schuldübernahme*** (Schuldbeitritt), d.h. der Erwerber tritt als neuer Schuldner *neben* den alten Schuldner und haftet, ohne den früheren Inhaber von der Haftung zu befreien[49].

Eine ***Haftungsbeschränkung*** ist möglich, hat aber gem. § 25 II HGB nur dann Außenwirkung (Drittwirkung), wenn sie

- ins Handelsregister eingetragen und bekannt gemacht worden ist oder
- dem Dritten vom Veräußerer oder vom Erwerber mitgeteilt wurde.

Andernfalls schadet einem Dritten nicht einmal positive Kenntnis von der Haftungsbeschränkung (h.M.). Die Eintragung bzw. Mitteilung muß *unverzüglich* (enger zeitlicher Zusammenhang mit der Geschäftsübertragung!) erfolgen.

Die ***Nachhaftung*** des *früheren Inhabers* ist zeitlich begrenzt. Nach § 26 I HGB n.F. (geändert durch das NachhBG) haftet er für die alten Verbindlichkeiten nur, wenn sie vor Ablauf von 5 Jahren (Ausschlußfrist!) seit Eintragung der Übernahme ins Handelsregister fällig und ihm gegenüber gerichtlich geltend gemacht sind.

Eine Haftung des Erwerbers kann - *neben* § 25 HGB - auch aufgrund der nachstehenden Vorschriften in Betracht kommen.

§ 419 BGB regelt die Haftung bei der **Vermögensübernahme**: Wer durch Vertrag (entgeltlich oder unentgeltlich) das Vermögen eines anderen übernimmt, haftet ab Vertragsschluß neben dem Veräußerer für dessen gesamte Verbindlichkeiten (***kumulative Schuldübernahme***). Vermögen im Sinne des § 419 ist das Aktivvermögen, d.h. die Gesamtheit der dem Schuldner (hier: dem Veräußerer) zustehenden Vermögenswerte; § 419 gilt aber auch dann, wenn der Veräußerer *nahezu* sein gesamtes Vermögen überträgt[50].

Stellt das übertragene Unternehmen im wesentlichen das gesamte Aktivvermögen des früheren Inhabers dar, so haftet dieser gem. § 419 neben dem Erwerber als Gesamtschuldner. Zu § 25 HGB bestehen folgende Unterschiede:

- Bei der Vermögensübernahme beschränkt sich die Haftung (zwar) auf das übernommene Vermögen (§ 419 II),
- sie kann (aber) *nicht* durch eine Vereinbarung zwischen Veräußerer und Erwerber ausgeschlossen werden (§ 419 III).
- Die Haftung des Erwerbers setzt nicht die Firmenfortführung voraus.
- Die Haftung des früheren Inhabers besteht fort.

---

49 Unterscheide: Bei der befreienden (privativen) Schuldübernahme tritt ein Dritter, d.h. der neue Schuldner, an die Stelle des (bisherigen) Schuldners.

50 Vgl. Palandt-Heinrichs, BGB (Kommentar), 57. Aufl., München 1998, § 419, Anm. 2a). - Im Zuge der Insolvenzrechtsreform tritt § 419 BGB ab 1.1.1999 außer Kraft, s. Palandt, ebenda, Anm. 1a).

Letztlich ist bei einem rechtsgeschäftlichen Betriebsübergang noch ***§ 613 a BGB*** (eingefügt durch das BetrVerfG von 1972) zu beachten. Danach tritt der neue Betriebsinhaber in die *Rechte und Pflichten aus* den im Zeitpunkt des Übergangs bestehenden ***Arbeitsverhältnissen*** ein, auch wenn die Firma nicht fortgeführt wird.

b) Übertragung von Todes wegen

§ 1967 BGB legt für den Erbfall grundsätzlich fest, daß der Erbe für die Verbindlichkeiten des Erblassers *persönlich und unbeschränkt haftet*. Eine Haftungsbeschränkung auf den Nachlaß ist möglich, wenn
- der Erbe Nachlaßverwaltung beantragt (§ 1975 BGB),
- der Erbe bei Überschuldung des Nachlasses Nachlaßkonkurs beantragt (§§ 1975, 1980 BGB),
- die Erbmasse unzureichend ist (§ 1990).

Diese bürgerlich-rechtlichen Haftungsbeschränkungen werden erschwert, wenn zum Nachlaß ein Handelsgeschäft gehört, das der Erbe unter der bisherigen Firma fortführt. In diesem Fall haftet der Erbe aufgrund des Verweises in ***§ 27 I HGB*** zunächst entsprechend den Vorschriften des § 25 HGB (s. oben); Mitglieder einer Erbengemeinschaft haften als Gesamtschuldner.
Somit ist auch eine Haftungsbeschränkung bzw. ein Haftungsausschluß nur gem. den Voraussetzungen des § 25 II HGB möglich. Aber selbst wenn der Erbe diese Möglichkeit versäumt hat, so verbleibt ihm noch die in § 27 II HGB eingeräumte „Überlegungsfrist“: Danach entfällt die Haftung nach § 25 I HGB, wenn das geerbte Geschäft binnen 3 Monaten nach Kenntnis von der Erbschaft eingestellt wird. Ungeachtet dessen haftet der Erbe auch bei Geschäftseinstellung gem. BGB-Erbrecht für die Altverbindlichkeiten, d.h. mindestens mit dem Nachlaß.

Art der Übernahme	Übernahme unter Lebenden	Übernahme von Todes wegen
Vermögensübernahme	§ 419 BGB Haftung beschränkt	§ 1967 BGB Haftung unbeschränkt, aber beschränkbar (s. §§ 1975, 1980, 1990 BGB)
Geschäftsübernahme mit Firmenfortführung	§ 25 HGB Haftung unbeschränkt, aber beschränkbar	§§ 27, 25 HGB Haftung unbeschränkt, aber beschränkbar sowie „Überlegungsfrist“

Abb. D 7: Die Haftung des Übernehmers

Beachte:
Bei einem Betriebsübergang durch Erbfolge gilt § 613 a BGB nicht. Dieselben Rechtsfolgen wie bei § 613 a I treten jedoch auch durch § 1922 BGB ein[51].

3. Übergang der Forderungen

Bei der Übertragung eines Betriebes gelten gem. § 25 I S. 2 HGB die in dem Betrieb begründeten Forderungen den Schuldnern gegenüber als auf den Erwerber übergegangen.

Voraussetzungen dafür sind
- die *Voraussetzungen des § 25 I S. 1 HGB* (s. oben),
- die *Einwilligung* des bisherigen Inhabers (Veräußerer) oder seiner Erben *in die Firmenfortführung*.

Es können jedoch nur (formlos) abtretbare Forderungen übergehen (§§ 399, 400, 413 BGB). § 25 I S. 2 HGB stellt eine *Schutzvorschrift zugunsten der Schuldner* dar; denn diese können mit befreiender Wirkung an den Erwerber leisten (§§ 362 ff. BGB), da letzterer ab Übertragung gegenüber den Schuldnern als alleiniger Gläubiger gilt. Leistet aber ein Schuldner (z.B. ein Kunde) in Unkenntnis des Unternehmensübergangs an den Veräußerer (= bisheriger Gläubiger), so kommen zu seinen Gunsten die §§ 407, 412 BGB zur Anwendung. Der neue Gläubiger (Erwerber) kann gegen den bisherigen ggf. nach § 816 II BGB (Sondertatbestand der ungerechtfertigten Bereicherung[52]) vorgehen.

Der Forderungsübergang kann unter den Voraussetzungen des § 25 II HGB (s. oben) auch beschränkt oder ausgeschlossen werden.

4. Kontrollfragen zu Kapitel D IV

1. Unter welchen Voraussetzungen haftet der Erwerber eines Unternehmens im Falle der Übertragung unter Lebenden für die Altverbindlichkeiten?
2. *Fallbeispiel:* A. Schultze führt das von F. Meier übernommene Handelsgeschäft unter der Firma „F. Meier Maschinenhandel, Inh.: A. Schultze" fort. Der von beiden vereinbarte Haftungsausschluß von Schultze für die Altverbindlichkeiten ist nicht im Handelsregister eingetragen. Kann Schultze von dem Gläubiger Glaubtreu für eine noch zu Zeiten der Fa. Meier begründete Altverbindlichkeit in Anspruch genommen werden, wenn Glaubtreu über einen Bekannten des A. Schultze von dessen Haftungsausschluß erfahren hat?

---

51 Siehe Palandt-Putzo, a.a.O., § 613 a BGB, 1) b) cc).

52 Siehe auch Kap. C VII 2.

3. Kommen neben § 25 HGB noch andere Normen als Haftungsgrundlage in Betracht?
4. Welcher wesentliche Unterschied besteht zwischen der Haftung nach § 25 HGB und der nach § 419 BGB?
5. Wie kann der Erbe eines Unternehmens die Haftung für die Altverbindlichkeiten nach § 25 I HGB ausschließen?
6. Gehen bei der Unternehmensübertragung die (Alt-)Forderungen auf den Erwerber über?

E. Wertpapierrecht

I. Grundlagen

Das Wertpapierrecht gehört zum Handelsrecht i.w.S. und verdeutlicht in besonderem Maße die Systematik des Privatrechts. Wie das Gesellschaftsrecht hat auch das Wertpapierrecht einen bürgerlich-rechtlichen Kern (die Anweisung §§ 783 ff., die Wertpapiere des BGB, z.B. Inhaberschuldverschreibung in §§ 793 ff. und Hypothekenbrief in § 1116 f., auch Grundschuld und Rentenschuldbrief), dessen Grundtypen im Handelsrecht weiterentwickelt wurden. Aufgrund der so erreichten Verkehrsfähigkeit und Schnelligkeit der Anspruchsdurchsetzung haben vor allem Scheck und Wechsel ihre überragende Bedeutung im Handelsverkehr erlangt. Sie werden deshalb im Abschnitt III eingehender erörtert.

1. Begriffsbestimmung und Rechtsnatur des Wertpapiers

Der Begriff des Wertpapiers wird zwar in vielen Gesetzesnormen ausdrücklich verwendet, ist aber an keiner Stelle vom Gesetzgeber allgemeingültig definiert worden. Zudem ist der Begriffsumfang in den einzelnen Vorschriften unterschiedlich weit gefaßt, so z.B.

- für alle Wertpapiere (mit Geldwert) in §§ 372, 437, 702 BGB, 429 II HBG,
- nur für Inhaber- und Orderpapiere (sog. Wertpapiere i.e.S.) in §§ 232 - 236 BGB, §§ 1 II Ziff. 1, 369, 381, 383 HGB,
- noch weiter eingeschränkt auf vertretbare Inhaber- und Orderpapiere, sog. Effekten, in § 1DepG.

Auch der Wirtschaftsverkehr, insbesondere die Bank- und Börsenpraxis, versteht unter Wertpapieren nur die Effekten (Kapitalmarktpapiere) wie Aktien, Obligationen und Pfandbriefe (vgl. Abb. E 2).

Die in der **Rechtswissenschaft** vorherrschende Begriffsbestimmung des Wertpapiers lautet:

> Ein **Wertpapier** ist eine *Urkunde*, die ein Privatrecht in der Weise *verbrieft*, daß dieses Recht ohne Besitz bzw. *Vorlage* der Urkunde nicht geltend gemacht werden kann.

Aus der vorgenannten Definition sind folgende ***Kriterien*** für ein Wertpapier abzuleiten:

- ***Urkunde***:

  Eine Urkunde ist zunächst ein *Beweismittel*, das ein Recht oder Rechtsverhältnis bescheinigt. Sie hat für den Gläubiger den Vorteil der höheren Beweiskraft im Vergleich mit anderen Beweismitteln und ermöglicht es dem Gläubiger, seinen Anspruch in einem *beschleunigten* **Urkundenprozeß** einzuklagen, sofern gem. § 592 ZPO die Urkunde
  - auf eine bestimmte Geldsumme oder eine bestimmte Menge anderer vertretbarer Sachen oder Wertpapiere lautet und
  - alle anspruchsbegründenden Tatsachen enthält.

  In diesem Verfahren sind nur Urkunden und eidliche Vernehmungen der Gegenpartei zugelassen (§ 595 ZPO). Kann der Beklagte für seine Einwendungen keine Gegenurkunden vorlegen und sich auch nicht durch eidliche Vernehmungen des Klägers entlasten, so erhält der Kläger durch **Vorbehaltsurteil** einen (vorläufig) *vollstreckbaren Titel* (§ 708 Ziff. 4 ZPO). Der Nachteil für den Beklagten besteht somit darin, daß er seine Rechte in einem ordentlichen Prozeß, dem sog. Nachverfahren, beweisen muß. In diesem Nachverfahren kann er dann alle im Urkundenprozeß als unzulässig zurückgewiesenen Beweise vorbringen.

  Hat der Gläubiger zuvor bereits vollstreckt, so besteht sein Risiko darin, daß er seinem Prozeßgegner den durch die Vollstreckung entstandenen Schaden ersetzen muß, wenn letzterer im Nachverfahren obsiegt (§ 600 i.V. mit § 302 IV ZPO).

- ***Verbriefung***:

  Ein Wertpapier ist jedoch mehr als eine bloße Beweisurkunde. Denn es "verbrieft" bzw. "verkörpert" ein privates Recht. Das Recht wird gleichsam vom Inhaber losgelöst und in die Urkunde verlegt. Durch diese besondere *Verknüpfung von Recht und Urkunde* wird die Rechtsausübung von dem Besitz des Wertpapiers abhängig. Weil der Gläubiger den verbrieften Anspruch nur unter Vorlage des Papiers geltend machen kann und der Schuldner zur Leistung nur gegen Aushändigung der Originalurkunde verpflichtet ist, nennt man die Wertpapiere auch **Vorlegungs-** und **Einlösungspapiere** (vgl. §§ 785, 797, 1144 BGB, § 364 III HGB, Art. 39 WG, § 34 SchG). Verkörperung und Vorlegungszwang heben die Wertpapiere von den bloßen Beweisurkunden ab und sind nach h.L. ihre wesentlichen Kennzeichen.

  Ein **Schuldschein**, in dem sich ein Darlehensgeber (= Gläubiger) seine Forderung aus einem Kreditverhältnis vom Schuldner bestätigen läßt, ist eine Beweisurkunde, aber kein Wertpapier. Der Gläubiger kann seinen Anspruch auch geltend machen, ohne im Besitz des Schuldscheins zu sein, wenn er die Existenz der Forderung auf andere Art, z.B. durch Zeugenaussagen beweisen kann, oder wenn der Schuldner diesen Anspruch nicht bestreitet (Beachte für diesen Fall § 371 Satz 2 BGB.). Auch Schuldanerkenntnis, Quittung, Bürgschaftserklärung, Vertragsurkunden und Kfz-Brief sind keine Wertpapiere. Anders als beim Schuldschein ***entsteht*** ein Schuldverhältnis durch ein (privates) **Schuldanerkenntnis** i.d.R. nur, wenn die Schuld schriftlich anerkannt wird (§ 781 BGB). Damit ist die Urkunde Voraussetzung für die Entstehung (nicht für die Geltendmachung!) der Forderung. Das Schuldanerkenntnis ist somit ein *konstitutives Beweispapier*, der **Schuldschein** ein *deklaratorisches*. In der gleichen Weise ist auch bei den Wertpapieren zwischen konstitutiven und deklaratorischen Papieren zu unterscheiden (näheres in Kap. E II 1).

- ***Privates Recht***:
  Daraus ergibt sich, daß alle öffentlich-rechtlichen Beurkundungen (z.B. Zeugnis, Paß, Führerschein) nicht in den Wertpapierbegriff einbezogen sind.

- ***Besitz*** ("Innehabung"):
  Wie bereits erwähnt, setzt die *Geltendmachung* des Rechts den Besitz des Wertpapiers voraus. Diese Innehabung erzeugt - wie im Falle des Besitzes von beweglichen Sachen oder der Grundbucheintragung von Immobilien - den **Rechtsschein**[1], daß der Inhaber des Papiers auch der Berechtigte ist. Die Rechtsscheinwirkung, auch ***Legitimationswirkung*** genannt, dient dem Zweck, Unsicherheiten im Rechts- und Wirtschaftsverkehr zu begegnen.

Grundsätzlich sind folgende Rechtsscheinwirkungen zu unterscheiden, die nicht jedem Wertpapier zugleich verliehen sind:

- ***Legitimationswirkung zugunsten des Inhabers (Inhaberlegitimation):***
  Zugunsten des Inhabers besteht die widerlegbare Vermutung, daß er der rechtmäßige Gläubiger ist (s. in Art. 16 I WG u. Art. 19 I SchG die Formulierung: "...gilt"). Will der Schuldner dies bestreiten, so trifft ihn die Beweislast.
- ***Legitimationswirkung zugunsten des Schuldners (Liberationswirkung):***
  Der Schuldner kann an jeden "legitimierten" Inhaber mit befreiender Wirkung leisten. Die Liberationswirkung schützt den Schuldner davor, zweimal leisten zu müssen (vgl. § 793 BGB, Art. 40 III WG). Wertpapiere und Urkunden, die diese Wirkung haben, werden **Legitimationspapiere** genannt.

---

[1] Für das Verständnis des Wertpapierrechts ist die Kenntnis des Rechtsscheingedankens und des Abstraktionsprinzips von elementarem Nutzen; es sei deshalb auf die Kap. B I 3., B V 5. und C III 2 b) verwiesen.

- ***Legitimationswirkung zugunsten des (gutgläubigen) Erwerbers (Verkehrsschutzwirkung):***
  Ein gutgläubiger Erwerber wird gem. den sachenrechtlichen Vorschriften über den gutgläubigen Erwerb Berechtigter, auch wenn der Veräußerer Nichtberechtigter (oder Nicht-Verfügungsberechtigter) ist. Der Gutglaubensschutz besteht bei Inhaber- und Orderpapieren selbst dann, wenn sie abhanden gekommen, z.B. gestohlen worden sind (§§ 935 BGB, Art. 16 II WG, 21 SchG).
  Der Gutglaubensschutz stützt sich bei Inhaberpapieren auf die Legitimationswirkung des Wertpapierbesitzes (gem. §§ 932, 935 II BGB), bei Orderpapieren zusätzlich auf die Indossamentenkette, so daß bei letzteren der Gutglaubensschutz selbst dann besteht, wenn sie "*irgendwie* abhandengekommen" sind. Nach höchstrichterlicher Rechtsprechung wird damit nicht nur der gute Glaube an das Eigentum des Veräußerers, sondern auch an seine Vertretungsbefugnis, Verfügungsmacht, ja sogar an seine Geschäftsfähigkeit und Identität geschützt. Dieser erweiterte Gutglaubensschutz gilt ausnahmsweise auch beim Inhaberscheck.

Die Verkehrsfähigkeit eines Wertpapiers ist dann am größten, wenn es alle Legitimationswirkungen in sich vereint. Der unabdingbare Zusammenhang von Recht und Besitz bedeutet nicht, daß (außer der Geltendmachung) auch der *Bestand* des Rechts vom Besitz der Urkunde abhängig ist[2]. So geht z.B. das in einer Aktie verbriefte Mitgliedschaftsrecht nicht dadurch unter, daß die Aktie vernichtet oder abhandengekommen ist. Der Aktionär kann nur seine Rechte solange nicht ausüben, wie er nicht im Besitz des Papiers ist. Ihm nützt es (zunächst) auch nichts, daß er sein Recht auf andere Weise beweist. Will er es geltend machen, so muß er die Urkunde (hier: Aktie) in einem **Aufgebotsverfahren** für kraftlos erklären lassen (vgl. §§ 799, 808 II S. 2, 1162 BGB; 365 II HGB, § 72 AktG, Art. 90 WG). Das Ausschlußurteil ersetzt dann die Urkunde.

2. Übertragung des Wertpapiers

Die Verkörperung eines Rechts im Papier hat Konsequenzen für die Übertragung des Wertpapiers. Zwei verschiedene Modalitäten gewährleisten, daß auch im Falle der Übertragung (Veräußerung) der verbriefte Anspruch ("Recht ***aus*** dem Papier") und das Eigentum am Papier ("Recht ***am*** Papier") beim Erwerber vereint sind:

- Wertpapiere, bei denen das Eigentum am Papier im Vordergrund steht, werden nach *sachenrechtlichen* Grundsätzen (§ 929 ff. BGB)[3] übertragen,

[2] a.A. (früher) bei Inhaberpapieren: Palandt-Thomas, BGB-Komm. 1973, Einf. zu § 793 BGB, 1 c)

[3] Siehe Kap. C III 2 a), b).

das Schicksal der Forderung richtet sich nach dem Recht am Papier, d.h., der Eigentümer des Papiers ist auch der Inhaber der Forderung.

Das Recht aus dem Papier folgt dem Recht am Papier.

Dies hat zur Folge, daß auch die Regeln über den gutgläubigen Erwerb (§§ 932 ff. BGB) Anwendung finden. Da das Recht der Sache folgt, kann es wie die Sache selbst gutgläubig erworben werden (Verkehrsschutzfunktion, s. oben). Der Gesetzgeber hat diesen Übertragungsmodus für die **Order- und Inhaberpapiere**, auch Wertpapiere öffentlichen Glaubens oder Wertpapiere i.e.S. genannt, bestimmt.

- Steht das verbriefte Recht im Vordergrund, dann geschieht die Übertragung nach *schuldrechtlichen* Vorschriften gem. §§ 398, 413 BGB. Die Forderung wird abgetreten, der neue Gläubiger erwirbt kraft Gesetzes (§ 952 BGB) zugleich Eigentum am Papier.

  Das Recht am Papier folgt dem Recht aus dem Papier.

  Dies ist bei den **Namens- oder Rektapapieren**, auch Wertpapiere i.w.S. genannt, der Fall. Da ein gutgläubiger Erwerb bei ihnen grundsätzlich ausgeschlossen ist (§ 404 BGB), haben sie keinen oder nur geringen Verkehrsschutz.

3. Abgrenzung der Wertpapiere

Aufgrund fehlender Wertpapiereigenschaften (Wertpapierqualität) sind von den Wertpapieren die **einfachen Legitimations- bzw. Liberationspapiere** abzugrenzen.

Beispiele:

Gepäckschein der Bundesbahn (§ 29 EVO),Garderobenmarken, Reparaturschein

Diese Papiere ähneln den Wertpapieren, da sie auch die Legitimationswirkung zugunsten des Schuldners besitzen. Der Schuldner, z.B. die Bundesbahn als Gepäckaufbewahrer, will und darf die Leistung (Herausgabe) ohne Prüfung an den Inhaber des Papiers (Gepäckschein) mit befreiender Wirkung erbringen. Dies entspricht der wirtschaftlichen Zwecksetzung dieser i.d.R. massenweise ausgegebenen Scheine. Diese Marken und Scheine sind aber - wie auch alle bloßen Beweisurkunden - ***keine Wertpapiere***, da der wahre Berechtigte auch ohne Vorlage des Papiers die Leistung fordern kann, wenn er seine Berechtigung beweist (z.B. durch Beschreibung des Gepäckinhalts oder Vergleich des darin befindlichen Namens mit seinem Ausweis). Sie haben auch *keine Inhaberlegitimation*, da im Zweifelsfall der Schuldner den Nachweis der Berechtigung verlangen kann. Und letztlich besitzen sie *keine Legitimationswirkung zugunsten des Erwerbers*, da ihre Übertragung nach § 398 BGB einen gutgläubigen Erwerb ausschließt.

II. Typologie der Wertpapiere

Für die Bildung von Wertpapiertypen lassen sich folgende juristische und wirtschaftliche Einteilungskriterien heranziehen:
- die Bedeutung der Urkundenausstellung
- die Beziehung zwischen verbrieftem Recht und Grundgeschäft,
- die wirtschaftliche Zwecksetzung,
- die Art des verbrieften Rechts,
- die Bestimmung des Berechtigten.

1. Einteilung der Wertpapiere nach der Bedeutung der Urkundenausstellung für die Entstehung des verbrieften Rechts

Unter diesem Gesichtspunkt sind 2 Wertpapiertypen abzugrenzen:
- ***Deklaratorische Wertpapiere*** sind Urkunden, bei denen das verbriefte Recht bereits vor seiner Verknüpfung mit der Urkunde bestand. Die Verkörperung des Rechts wird durch das Wertpapier nur deklariert.
  Dies sind alle anteils- und sachenrechtlichen Papiere, bei den schuldrechtlichen Papieren z.B. das Sparbuch.
- Bei den ***konstitutiven Wertpapieren*** ist die Entstehung des Rechts unabdingbar mit der Ausstellung des Papiers verbunden[4]. So ist z.B. beim *Wechsel* die Ausstellung der Urkunde unerläßliche Voraussetzung für die Entstehung der Wechselverbindlichkeit.

2. Einteilung der Wertpapiere nach der Beziehung zwischen verbrieftem Recht und Kausalgeschäft

Jedes wertpapiermäßig verbriefte Recht beruht auf irgendeinem Rechtsverhältnis, einem rechtlichen Grund (lat.: causa), z.B. einem Darlehens-, Kauf- oder Gesellschaftsvertrag. Verbrieftes Recht und Kausalverhältnis ("Grundgeschäft") können in unterschiedlichem Maße voneinander abhängen bzw. losgelöst sein. Entsprechend sind zwei Wertpapiergruppen zu unterscheiden:
- ***Kausale Wertpapiere*** kennzeichnet eine derart enge Beziehung zum Grundgeschäft, daß der Bestand des verbrieften Rechts von diesem Kausalverhältnis abhängt.

[4] Die Frage, ob allein die Ausstellung des Papiers (Kreationstheorie) die wertpapiermäßige Verpflichtung bzw. Berechtigung begründet oder daneben *stets* ein abstrakter Verpflichtungsvertrag, sog. Begebungsvertrag, erforderlich ist (Vertragstheorie) oder bei Fehlen dieses Vertrages sich die Verpflichtung auf den durch den Skripturakt erzeugten Rechtsschein gründet (Rechtsscheintheorie), hat in der Rechtswissenschaft zu einem ausgiebigen Theoriestreit geführt. Im Rahmen dieser Einführung muß hierzu auf die einschlägige Literatur verwiesen werden.

Wertpapier-eigenschaft → ↓	abstrakt[1)]	kausal[2)]
	Schuldrechtliche Papiere	
konstitutiv[3)]	z.B. Wechsel (Art. 17 WG), Scheck (Art. 22 SchG), Inhaberschuldverschreibung (§ 796 BGB), Konnossement und Ladeschein (§§ 364 II, 446 I HGB)	z.B. Lagerschein (Kausalität = Umkehrschluß aus § 446 I HGB), Transportversicherungspolice (Schuldanerkenntnis)
deklaratorisch[4)]	—	1. **alle anteilsrechtlichen Papiere,** z.B. Aktie, Kux 2. **alle sachenrechtlichen Papiere,** z.B. Grundpfandrechte 3. **von schuldrechtlichen Papieren** z.B. Sparbuch (Schuldschein)

Erläuterungen:
1) Das verbriefte Recht ist vom Grundgeschäft unabhängig/losgelöst; Folge: weitgehender Einwendungsausschluß.
2) Der Bestand des verbrieften Rechts ist vom Kausalverhältnis abhängig; Einwendungen aus dem Kausalverhältnis greifen auf das verbriefte Recht durch.
3) Das verbriefte Recht entsteht **mit** bzw. **durch** Ausstellung des Papiers.
4) Das verbriefte Recht besteht bereits vor der Verbriefung im Papier.

Beziehungsformel:
Alle deklaratorischen Papiere sind zugleich kausal, die meisten konstitutiven Papiere sind auch abstrakt; alle anteils- und sachenrechtlichen Papiere sind deklaratorisch.

Abb. E 1: Wertpapiereigenschaften

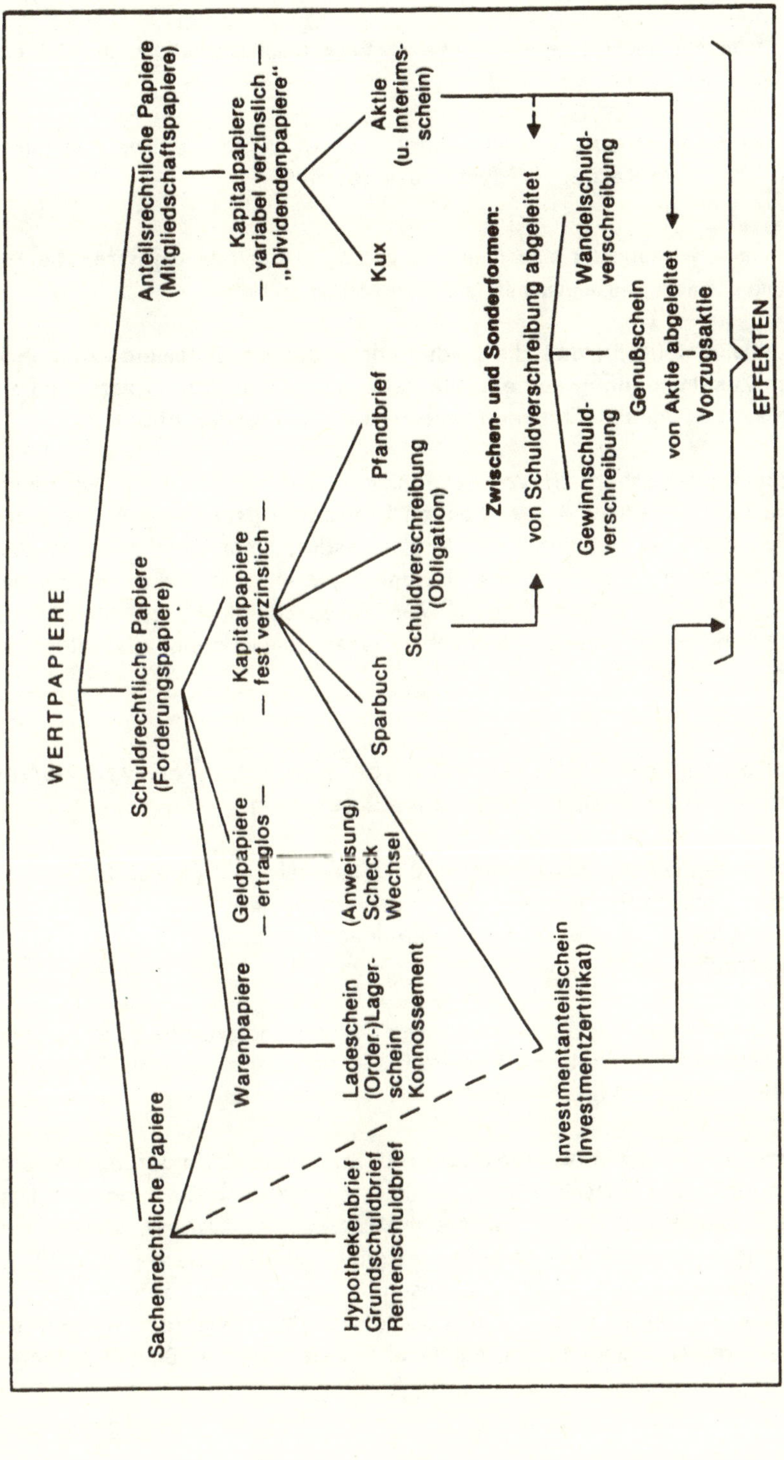

Abb. E 2: Übersicht der Wertpapierarten nach dem verbrieften Recht und der wirtschaftlichen Zwecksetzung

***Beispiel*:**
Die *Aktie* läßt nicht eine zweite, selbständige Mitgliedschaft an der AG entstehen.

- ***Abstrakte Wertpapiere*** sind gekennzeichnet durch die Unabhängigkeit des verbrieften Rechts von dem Kausalgeschäft.

  ***Beispiel*:**
  Der *Wechsel* begründet eine (neue) Forderung, die selbständig neben die Forderung aus dem Kausalgeschäft, z.B. Kaufvertrag, tritt.

Daraus wird deutlich, daß die beiden vorgenannten Einteilungskriterien in engem Zusammenhang stehen. Alle deklaratorischen Wertpapiere sind zugleich kausal, die konstitutiven (zumeist) auch abstrakt (s. Abb. E 1).

Die Abstraktheit erhöht die Verkehrsfähigkeit und -sicherheit der Wertpapiere. Sie führt zu einem weitreichenden **Einwendungsausschluß** und stärkt dadurch die Rechtsstellung des Papierinhabers. Ihm kann der aus dem Papier Verpflichtete nicht solche Einwendungen entgegenhalten, die für das Kausalgeschäft zutreffen (vgl. §§ 796 BGB, 364 II HGB; Art. 17 WG, Art. 22 SchG). Am weitesten reicht dieser Einwendungsausschluß bei Scheck und Wechsel.

3. Einteilung der Wertpapiere nach den Kriterien verbrieftes Recht und wirtschaftliche Zwecksetzung

Nach ***Art des verbrieften Rechts*** sind zu unterscheiden (s. Abb E 2):
- anteilsrechtliche Papiere (sog. Mitgliedschaftspapiere),
- schuldrechtliche Papiere (sog. Forderungspapiere),
- sachenrechtliche Papiere.

Letztere verbriefen ein Sachenrecht. Der Unterschied zwischen schuldrechtlichen und anteilsrechtlichen Papieren läßt sich am besten an **Obligation** und **Aktie** verdeutlichen (s. Abb. E 3).

Wandel- und Gewinnschuldverschreibungen sind Forderungspapiere, nähern sich aber wirtschaftlich der Aktie, da sie dem Gläubiger ein Umtausch- oder Bezugsrecht auf Aktien bzw. einen Gewinnanspruch einräumen (§ 221 I AktG). Entsprechendes gilt für die Genußscheine (§ 221 III AktG). Vorzugsaktien sind Mitgliedschaftspapiere, die den Aktionären Sonderrechte (meist Über- oder Vorabdividende) gewähren; werden sie ohne Stimmrecht ausgegeben, dann nähern sie sich den Schuldverschreibungen (§ 11, 12 AktG).

Aktie	Obligation
1. ***Verbriefung eines Mitgliedschafts- bzw. Anteilsrechtes*** am Grundkapital einer AG in Höhe des Aktiennennwerts.	1. ***Verbriefung einer Forderung*** des Obligationärs über eine *Geldsumme* (= Nennbetrag der Schuldverschreibung) gegen den Emittenten.
2. ***Deklaratorisches, kausales Wertpapier:*** Das Mitgliedschaftsrecht des Aktionärs entsteht (z.B. bei der Gründung der AG) schon vor der Ausgabe der Aktie, nämlich mit Eintragung der AG ins Handelsregister. Das verbriefte Recht ist an die Mitgliedschaft gebunden.	2. ***Konstitutives, abstraktes Wertpapier***: Die Verpflichtung *entsteht* durch den skripturrechtlichen Akt der Ausstellung und verselbständigt das verbriefte Recht.
3. Der Aktionär ist ***Gesellschafter, Anteilseigner*** bzw. Mitglied, woraus sich sein Stimmrecht und auch das Recht auf Anteil an einem evtl. Liquidationserlös ableitet. Er trägt auch das "unternehmerische Risiko", mit seinem eingebrachten Kapitalanteil für die Schulden bzw. Verluste der AG zu haften.	3. Der Obligationär hat die ***Rechtsstellung eines Gläubigers***. Auch im Konkursfall hat er Anspruch auf Befriedigung entsprechend der Konkursquote.
4. Der Aktionär hat ein Recht auf einen ***variablen Gewinnanteil*** (Dividende), der vom erzielten Unternehmensgewinn und Hauptversammlungsbeschluß abhängt.	4. ***Festverzinsliches Wertpapier***: Der Obligationär hat Anspruch auf eine feste Verzinsung

Abb. E 3: Vergleichende Darstellung von Aktie und Obligation

Der **Investment-Anteilschein** ist kein Mitgliedspapier; er verbrieft nach § 18 I 1 KAGG die schuldrechtlichen Ansprüche des Investment-Sparers ("Anteilsinhaber") gegen die Investment- bzw. Kapitalanlagegesellschaft (KAG) auf ordnungsgemäße Verwaltung des Fondsvermögens, auf satzungsgemäße Auszahlung der Erträge und Rücknahme des Anteilscheins gegen Auszahlung (§§ 11 II, 12 IV KAGG). Umstritten ist, ob - ausgehend von §§ 1 I, 18 III KAGG - auch das Miteigentum des Anteilsinhabers am Investmentfonds[5] mitverbrieft ist und aufgrund dieser dinglichen Teilhaberschaft der Investmentanteil auch ein sachenrechtliches Papier ist[6].

Entsprechend der ***wirtschaftlichen Zwecksetzung*** werden die Wertpapiere eingeteilt in (vgl. Abb. E 2):

- Warenpapiere oder Papiere des Güterumlaufs,
- Geldpapiere oder Papiere des Zahlungs- und Kreditverkehrs,
- Kapital(markt)papiere oder Effekten.

Warenpapiere ermöglichen die (vorzeitige) Verfügung über Waren, die im Frachtgeschäft, insbesondere in der Binnen- und Seeschiffahrt, befördert werden[7]. Sie sind hinsichtlich der Art des verbrieften Rechts Mischformen: Sie repräsentieren einerseits die schuldrechtlichen Beziehungen (= Versprechen bzw. Forderung zur Warenauslieferung), andererseits zugleich eine sachenrechtliche, nämlich die Ware selbst (Übergabe des Papiers = Übergabe der Ware).

Geldpapiere[8] dienen dem Zahlungs- (Scheck) und Kreditverkehr (Wechsel). Wegen ihrer hervorragenden Bedeutung für das Wirtschaftsleben und das Verständnis des Wertpapierrechts werden sie in den Kap. III ausführlich behandelt.

Effekten sind ***typisierte und vertretbare (fungible) Wertpapiere***, die Anteils- oder Forderungsrechte mit dem Anspruch auf variablen bzw. festen Ertrag verbriefen. Für den Erwerber sind sie Gegenstand der Kapitalanlage. Ihre vorrangige wirtschaftliche Aufgabe besteht in der Versorgung der Wirtschaft (private Unternehmen, öffentliche Hand) mit langfristigem Kapital[9].

---

[5] Der Investmentfonds ist das Sondervermögen einer KAG, das aus Aktien und (seltener) Obligationen verschiedener Unternehmen gebildet wird. Der Erwerb dieser Papiere aus den von den Sparern zugeflossenen Kapitalien erfolgt zum Zwecke der Risikostreuung bei Unternehmen möglichst zahlreicher Branchen.

[6] bejahend: Staudinger-Müller, Kommentar zum BGB, Vorbem. zu § 793 BGB Anm. 3 c, Hueck/Canaris, Recht der Wertpapiere, 11. Aufl., München 1977, S. 20 u. 199 f., Meyer-Cording, Wertpapierrecht, Frankfurt 1980, S. 108 f.; kritisch: Rehfeldt/Zöllner, Wertpapierrecht, 10. Aufl., München 1972, S. 142.

[7] Siehe auch nachfolgenden Abschnitt 4 c) bb).

[8] Geldpapiere sind nicht gleichzusetzen mit Geldscheinen. **Geldscheine**, sog. Banknoten, verbriefen kein privates Recht, das von der Bundesbank gefordert werden könnte. Sie sind keine Wertpapiere, sondern Zahlungsmittel bzw. Papiergeld (sog. Geldzeichen).

[9] Zur Finanzierungsfunktion der Effekten siehe H.P. Fries, Betriebswirtschaftslehre des Industriebetriebes, 4. Aufl., München/Wien 1995, S. 343 ff.

Dies wird bei den börsenfähigen Effekten erleichtert durch eine Streuung der Papiere in einem breiten, anlagewilligen Publikum über den sog. organisierten Kapitalmarkt (Börse).

Um diesen Zweck erfüllen zu können, müssen Effekten in Massen ausgegeben werden. Sicherheitsgründe (beachte § 935 II BGB) machen eine Verwahrung bei darauf spezialisierten Wertpapiersammelbanken erforderlich. Der Zwang zur Rationalisierung im Massengeschäft, der z.B. in der Sammelverwahrung, dem Effektengiroverkehr[10] und dem Depotstimmrecht[11] zum Ausdruck kommt, steht der Verkörperung und der individuellen Ausübung der Rechte im Wege. Die allmähliche Verwässerung des Verkörperungselements und der wertpapierrechtliche Funktionsverlust bei den Effekten hat dazu geführt, daß in der Praxis das Effektenwesen fast ausschließlich nach bankrechtlichen Regeln und Gestaltungsformen und nicht mehr nach solchen des Wertpapierrechts abgewickelt wird.

4. Einteilung der Wertpapiere nach der Bestimmung des Berechtigten

Wählt man die Bestimmung des Berechtigten als Einteilungskriterium für Wertpapiere, so sind
- Rekta- bzw. Namenspapiere,
- Inhaberpapiere,
- Orderpapiere

zu unterscheiden (Abb. E 4).

a) Rekta- bzw. Namenspapiere

aa) Begriff, Arten und Rechtsnatur

Rekta- oder Namenspapiere sind Wertpapiere, in denen die berechtigte Person namentlich genannt ist.

Hierzu gehören:
- Hypotheken-, Grund- und Rentenschuldbrief (§§ 1116, 1192, 1199 BGB; Ausnahme: § 1195 BGB),
- der ehemalige bergrechtliche Kux (z.B. §§ 103 ff. Preuß. Allg. BergG),
- die bürgerlich-rechtliche Anweisung (§§ 783 ff. BGB),
- Rektawechsel und Rektascheck, d.h. Wechsel und Scheck mit Rektaklausel, Art. 11 II WG, Art. 5 I 2 SchG; in der Praxis selten.

[10] Stückelose Eigentumsübertragung von Effekten, d.h. ohne Bewegung der einzelnen Papiere durch bloße Umbuchung der Bestände zwischen den betroffenen Wertpapiersammel- oder Effektengirobanken.

[11] Ausübung des Stimmrechts in der Hauptversammlung einer AG durch ein Kreditinstitut für die in ihrem Depot verwahrten Aktien (§ 135 AktG).

Papiere Gruppen und Beispiele / Merkmale	**Beweisurkunden** **ohne** Wertpapiereigenschaft (Vorlegung nicht erforderlich)		**Wertpapiere im weiteren Sinne** (Vorlegungspapiere)		
			—	Wertpapiere im engeren Sinne, sog. Wertpapiere öffentlichen Glaubens, Verkehrspapiere	
	ohne jede Legitimationswirkung	**einfache Legitimationspapiere**	**Rektapapiere**[1)] (Namenspapiere)	**Orderpapiere**[1)]	**Inhaberpapiere**[1)]
	Schuldschein, Schuldanerkenntnis	Garderobenmarke, Gepäckschein, Reparaturschein	1. Hypotheken-, Grundschuld-, Rentenschuldbrief, BGB-Anweisung, Kux, Papiere des § 363 HGB **ohne** Orderklausel, Rektascheck und -wechsel (d.h. Scheck u. Wechsel mit negativer Orderklausel) 2. Sondergruppe: **qualifizierte Legitimationspapiere** (hinkende Inhaberpapiere) Sparbuch, Inhaberversicherungsschein, Leihhausschein	1. **geborene Orderpapiere** Wechsel, Namensscheck, Namensaktie, Interimsschein, Namensinvestmentzertifikat 2. **gekorene Orderpapiere** 6 „kaufmännische Orderpapiere" des § 363 HGB mit positiver Orderklausel (Ohne Orderklausel sind sie Rektapapiere).	Inhaberschuldverschreibungen gem. § 793 BGB (wie Obligation, Zinsschein, Gewinnanteilschein, Lotterielos), Inhaberaktie, Inhaberinvestmentzertifikat, Inhaberscheck, Inhabergrundschuldbrief und -rentenschuldbrief sowie auf den Inhaber lautende Papiere des § 363 II HGB (verkürzte) **Sonderform:** Inhaberzeichen (§ 807 BGB), z.B. Speisemarke, Eintrittskarte, Fahrkarte.
Bestimmung des Berechtigten	benannter Gläubiger	—	namentlich benannter Berechtigter	namentlich benannter Berechtigter bzw. Indossatar	(jeweiliger) Inhaber
Übertragung	Im Vordergrund steht die Forderung bzw. bei den Rektapieren das „verbriefte Recht": die Übertragung erfolgt (schuldrechtlich) durch **Abtretung (Zession:** §§ 398, 413 BGB). Das Recht am Papier (Eigentum) folgt dem Recht aus dem Papier (§ 952 BGB).			Im Vordergrund steht das Eigentum am Papier; folglich orientiert sich die Übertragung am Sachenrecht. Das Recht aus dem Papier folgt dem Recht am Papier.	

Übertragung		Übertragung durch **Übereignung** gem. §§ 929 ff. BGB	Übertragung durch **Indossament und Übereignung** (§§ 929 ff. BGB)	**Ausübung** (nicht aber der Erwerb) des verbrieften Rechts nur gegen **Vorlage** des Papiers, dazu also Besitz (Übergabe) erforderlich.	—	—
Legitimationswirkung	zugunsten des Inhabers, **Inhaberlegitimation**	**ja:** § 793 I S. 1 BGB	**ja:** Art. 16 I WG, Art. 19 SchG, § 365 I HGB und § 68 I AktG mit Verweis auf Art. 16 I WG	**nein** (Der Inhaber muß im Zweifel seine Berechtigung beweisen; vgl. § 808 I S. 2 BGB)	**nein**	**nein**
	zugunsten des Schuldners, **Liberationswirkung**	**ja:** §§ 793 I S. 2, 797 S. 2 BGB Ausnahme: Kenntnis oder leichte Beweisbarkeit der Nichtberechtigung (§§ 242, 826 BGB)	**ja:** Art. 40 III WG, Art. 35 SchG, § 365 I HGB mit Verweis auf Art. 40 WG	**nein** für Gruppe 1) s.o. **ja** für qualifizierte Legitimationspapiere gem. § 808 I S. 1 BGB	**ja:** gem. § 29 EVO oder aus den Umständen der Ausgabe (Zweck, Aufdruck) und Verkehrssitte	**nein**
	zug. des gutgläubigen Erwerbers, **Verkehrsschutzwirkung**	**ja,** auch bei **abhandengekommenen** Papieren, §§ 932 ff., 935 II BGB, 366 HGB (Ausnahme: § 367 HGB)	**ja,** sogar bei **irgendwie abhandengekommenen** Papieren; Art. 16 II WG, Art. 21 SchG, § 365 I HGB und § 68 I AktG mit Verweis auf Art. 16 II WG	**nein**	**nein**	**nein**
Abschneiden von persönlichen Einwendungen		**ja:** §§ 794, 796 BGB	**ja:** Rechtsscheintheorie Art. 17 WG, Art. 22 SchG, § 364 II HGB	**nein:** § 404 BGB	**nein**	**nein**

Abb. E 4: Einteilung der Wertpapiere und Beweisurkunden nach der Bestimmung des Berechtigten

Mit der Rektaklausel bzw. negativen Orderklausel "An Herrn XY, nicht an dessen Order" auf der Urkunde verbietet der Aussteller die Übertragung des Papiers durch Indossament.

- Papiere des § 363 HGB *ohne* Orderklausel,
- Sparbuch, Inhaberversicherungsschein, Depotschein, Leihhausschein (sog. qualifizierte Legitimationspapiere nach § 808 BGB, s. unten bb).

Beachte:
Die Namensaktie ist nicht, wie die Bezeichnung vermuten läßt, ein Namenspapier, sondern kraft Gesetzes ein geborenes Orderpapier (§ 68 I AktG).

Bei den Namenspapieren ist nur der auf der Urkunde Benannte oder sein Rechtsnachfolger zur Geltendmachung des Anspruchs befugt. Der Verpflichtete hat an den Berechtigten direkt ("recta") zu leisten. Die ***Übertragung*** erfolgt gem. §§ 398, 952 BGB: Mit der *Abtretung* der Forderung geht auch das Eigentum an der Urkunde auf den neuen Gläubiger über. Da dieser seinen Anspruch nur gegen *Vorlage* der Urkunde *geltend machen* kann, wird er auch die Übergabe (Besitz!) "seines" Papiers verlangen (§ 985 BGB). Ggf. muß der (im Papier nicht benannte) Erwerber seine Berechtigung nachweisen. Ein gutgläubiger Erwerb ist ausgeschlossen!

Beispiel:
Der Sparer X überträgt die Forderung gegen ein Kreditinstitut auf Auszahlung seines Sparguthabens gem. § 398 BGB an Y. Nach h.L. folgt das Eigentum am Sparbuch gem. § 952 BGB automatisch der Inhaberschaft an der Forderung. Will Y sich sein Guthaben auszahlen lassen, muß er sich zuvor von X das Sparbuch aushändigen lassen. Nicht also zum Erwerb, sondern zur Ausübung des verbrieften Rechts ist die Übergabe des Buches erforderlich.

Für die Anweisung (§ 792 I S. 3 BGB) und ihre Sonderformen Rektascheck und Rektawechsel sowie für die Hypothek (§ 1154 I BGB) fordert das Gesetz sogar zur wirksamen Abtretung die Übergabe des Papiers.

bb) Qualifizierte Legitimationspapiere

Eine Sonderstellung nehmen die qualifizierten Legitimationspapiere, z.B. Sparbücher, ein. Sie sind zwar Rektapapiere, d.h., sie lauten auf den Namen des Berechtigten, der allein die Leistung verlangen kann, und werden gem. § 398 BGB übertragen; ein gutgläubiger Erwerb ist ausgeschlossen (§ 404 BGB). Der Schuldner, z.B. das Kreditinstitut, kann aber mit befreiender Wirkung an jeden Inhaber leisten (zahlen), es sei denn, er hat die Nichtberechtigung des Inhabers gekannt. (In diesem Fall wäre die Leistung ein Verstoß gegen Treu und Glauben; § 242 BGB.) Selbst fahrlässige Unkenntnis schadet ihm nicht, da er zur Prüfung der Berechtigung nicht verpflichtet ist. Diese Liberationswirkung, die sich aus § 808 I S. 1 BGB ergibt, haben diese Wertpapiere mit den Inhaberpapieren und den einfachen Legitimationspapieren gemeinsam. Von den letzten unterscheiden sie sich durch ihre Wertpapiereigenschaft bzw. -qualität und werden deshalb qualifizierte Legitimations- bzw. Liberationspapiere genannt. Von den echten Inhaberpapieren unterscheiden sie sich dadurch, daß der Inhaber die Leistung nicht fordern kann (§ 808 I S. 2 BGB). Der Schuldner ist nicht zur Leistung an jeden Inhaber verpflichtet, d.h., er *kann* vielmehr verlangen, daß der Inhaber seine Berechtigung, z.B. seine Identität mit dem in der Urkunde Benannten oder die Abtretung der Forderung auf sich, nachweist. Wegen dieser fehlenden Inhaberlegitimation nennt man die qualifizierten Liberationspapiere auch **hinkende Inhaberpapiere**.

b) Inhaberpapiere

aa) Begriff, Arten und Rechtsnatur

Inhaberpapiere sind Wertpapiere, die nicht auf den Namen einer bestimmten Person, sondern auf den jeweiligen Inhaber lauten.

Hierzu gehören:
- Inhaberschuldverschreibungen gem. §§ 793 ff. BGB wie Industrieobligationen, Anleihen des Bundes, der Länder, der Kommunen, der Bahn und der Post sowie Pfandbriefe der Realkreditinstitute,
- Zinsscheine gem. § 803 BGB,
- Inhaberaktien (§§ 10 I, 24 I AktG; gebräuchlichste Form der Aktie),
- Inhaberinvestmentanteilscheine,
- Inhaberschecks (Art. 5 SchG; in der Praxis vorherrschend),
- Grund- oder Rentenschuldbriefe, die auf den Inhaber lauten (§§ 1195, 1199 BGB; in der Praxis sehr selten),
- Konnossement, Ladeschein, Lagerschein, Transportversicherungspolice, sofern sie auf den Inhaber ausgestellt sind (§§ 363 HGB).

Das Wesen der Inhaberpapiere drückt sich darin aus, daß der Aussteller allein dem Inhaber die Leistung verspricht und das Recht aus dem Papier von jedem Inhaber geltend gemacht, d.h. gefordert werden kann. Diese **Inhaberlegitimation** stützt sich auf die Legaldefinition des § 793 I S. 1 BGB. Demnach braucht der Inhaber seine Berechtigung nicht zu beweisen. Der bloße Besitz erzeugt zu seinen Gunsten den **Rechtsschein** (Vermutung) der materiellen Legitimation (vgl. auch § 1006 BGB). Selbstredend ist nicht immer der Inhaber des Papiers (z.B. ein Dieb) der tatsächlich Berechtigte. Die materielle Berechtigung steht dem Eigentümer (oder einem Verfügungsberechtigten, z.B. Pfandgläubiger) zu. Gegenüber den Rektapapieren ist aber die Beweislast umgekehrt. Der Aussteller (Verpflichteter) muß die

Nichtberechtigung des Inhabers beweisen, wenn er sich auf diese berufen will.

Inhaberpapiere besitzen gem. §§ 793 I S. 2, 797 S. 2 BGB auch **Liberationswirkung**. Eine befreiende Leistung des Schuldners ist - nach verbreiteter Ansicht - nur dann ausgeschlossen, wenn er die Nichtberechtigung des (unrechtmäßigen) Inhabers kannte oder diesen Rechtsmangel ohne größere Schwierigkeiten hätte nachweisen, d.h. den Rechtsschein widerlegen können. In diesem Fall wäre in der Leistung eine sittenwidrige Schädigung des wahren Berechtigten i. S. von §§ 826, 242 BGB und analog Art. 40 III WG zu sehen. Die ***Übertragung*** eines Inhaberpapiers erfolgt nach §§ 929 ff. BGB, d.h. durch Übereignung (= Einigung und Übergabe), das Recht aus dem Papier folgt dem Eigentum.

Im Falle des in der Praxis häufigen Aktienerwerbs über einen Einkaufskommissionär (z.B. Bank) geht das Eigentum spätestens mit der Absendung des Stückeverzeichnisses (§ 18 DepG) oder bei Sammelverwahrung mit der Eintragung im Verwahrungsbuch auf den Kommittenten über.

Der **gutgläubige Erwerb** wird gem. §§ 932 ff., 935 II BGB, 366 HGB geschützt und zwar sogar bei abhanden gekommenen Papieren (Ausnahme § 367 HGB). Einwendungen des Ausstellers (Schuldners) werden durch §§ 796, 794 BGB abgeschnitten.

Ein Inhaberpapier ist ein *Wertpapier*, weil die Ausübung des Rechts (z.B. Stimmrecht, Zahlungsforderung) nur gegen Vorlage der Urkunde möglich ist. Da ein Inhaberpapier aber alle 3 Legitimationswirkungen in sich vereinigt, ist es das vollkommenste Wertpapier, das Wertpapier schlechthin.

Bei Inhaberpapieren kommt den schuldrechtlichen Papieren die größte Bedeutung zu, hierbei vor allem den Inhaberschuldverschreibungen und dem Inhaberscheck, da die meisten Forderungspapiere auf den Inhaber ausgestellt werden können (Ausnahme: Wechsel!). Von den Mitgliedschaftspapieren kann nur die Aktie auf den Inhaber lauten. Bei den sachenrechtlichen Papieren sind Grund- und Rentenschuldbriefe auf den Inhaber zulässig, in der Praxis aber nicht gebräuchlich; der Hypothekenbrief ist immer Rektapapier.

bb) Wertpapiere des Kapitalmarktes (Effekten)

Aktie und Schuldverschreibung sind die klassischen und relevantesten Kapitalmarktpapiere. Kennzeichnend für sie sind Massenemission und -handel über die Börse. Die *wirtschaftliche Funktion* der Kapitalbeschaffung[12] vermögen sie in höchstem Grad erst als Inhaberpapiere zu erfüllen,

[12] Aktie = Eigenkapital; Obligation = Fremdkapital

denn ihre große Mobilität und Börsengängigkeit erreichen die Effekten nur durch Anonymität, Legitimationswirkung und leichte Übertragbarkeit der Inhaberpapiere. Ein (häufiger) Inhaberwechsel ist möglich, ohne daß das durch die Erstemission aufgenommene Kapital beim Emittenten verändert wird, und ist zugleich die Voraussetzung für die Funktionsfähigkeit des Kapitalmarktes. Die Mobilität dieser Papiere wird allerdings - mit "Billigung" des Gesetzgebers - erkauft mit dem besonderen Risiko für den Berechtigten, daß das Papier in die Hände eines Unberechtigten gerät.

(1) Schuldverschreibung auf den Inhaber

Der Grundtyp für die verschiedenen Ausgestaltungen der Inhaberschuldverschreibungen ist in §§ 793 ff. BGB geregelt. Die in der Schuldverschreibung versprochene Leistung kann eine Geld- oder Sachleistung sein. Im Wirtschaftsverkehr spielen nur solche Inhaberschuldverschreibungen eine bedeutende Rolle, die einen Anspruch auf eine Geldleistung verbriefen[13]. Als solche sind sie zum Inbegriff der Wertpapiere auf dem Rentenmarkt (= Kapital- bzw. Börsenmarkt der festverzinslichen Wertpapiere) geworden. Ihre Emission bedarf gem. § 795 BGB der ***staatlichen Genehmigung***, die dem Schutze des anlagewilligen Publikums dienen soll. Fehlt die Genehmigung, so ist die Schuldverschreibung nichtig und der Emittent zum Ersatz des Vertrauensschadens (negatives Interesse) verpflichtet (§ 795 II BGB).

Der Umgehung dieser Genehmigung durch Ausgabe von Orderschuldverschreibungen hat der Gesetzgeber seit 1954 mit § 808 a BGB einen Riegel vorgeschoben.

Die *Verpflichtung* des Ausstellers einer Schuldverschreibung entsteht, wenn die unterzeichnete Urkunde (Faksimileunterschrift genügt gem. § 793 II S. 2 BGB) in den Verkehr gelangt ist. Die Geltendmachung des Anspruchs ist gem. § 801 I BGB durch eine gesetzliche *Vorlegungsfrist* von 30 Jahren (bei den Nebenpapieren von 4 Jahren, § 801 II BGB) und bei rechtzeitiger Vorlegung durch eine *Verjährungsfrist* von 2 Jahren zeitlich begrenzt. Die Vorlegungsfrist ist dispositiver Natur (§ 801 III BGB).

Nebenpapiere der Schuldverschreibung sind Zinsscheine und Erneuerungsscheine. Der **Zinsschein (Kupon)** ist Inhaberpapier, da er einen in seinem Bestand verselbständigten und übertragbaren Anspruch verbrieft (§ 803 BGB). Der **Erneuerungsschein (Talon)**, der den Bezug neuer Zinsscheine (Kuponbögen) ohne Einsendung des Hauptpapiers (sog. Mantel) ermöglicht, ist zwar Legitimationspapier[14], aber kein Wertpapier, da das Recht auf Bezug von Kupons im Mantel verbrieft ist und der Inhaber des Mantels der

[13] Die kaufmännischen Warenpapiere, die eine Sachleistung beinhalten, sind als Inhaberschuldverschreibungen wirtschaftlich nicht relevant.

[14] RGZ 74, 339

Ausgabe von Zinsscheinen an den Taloninhaber widersprechen kann (§ 805 BGB).

(2) Inhaberaktie

Die Aktie kann zwar auf den Namen oder auf den Inhaber lauten, ist aber als börsengängiges Umlaufpapier stets Inhaberpapier. In diesem Fall gelten für sie die Regeln über die Inhaberschuldverschreibung, soweit nicht die Rechtsnatur dieses Mitgliedschaftspapiers oder Sonderregeln des Aktienrechts dem entgegenstehen. Da sie ein deklaratorisches Wertpapier ist, wird nach h.L. die Verbindung zwischen Recht und Papier (Verbriefung) durch einen Begebungsvertrag herbeigeführt. Mit gleicher Begründung verneint die h.L. einen gutgläubigen Erwerb von Aktien, die (noch) nicht mit dem Mitgliedschaftsrecht verbunden sind, z.B. die vor ihrer Ausgabe abhanden gekommen oder trotz einer nichtigen Kapitalerhöhung in den Verkehr gelangt sind.

Nebenpapiere der Aktie sind **Gewinnanteil- oder Dividendenscheine** sowie **Erneuerungsscheine**. Für diese Papiere gelten die Ausführungen zu den Nebenpapieren der Inhaberschuldverschreibung entsprechend mit der Ausnahme, daß auf die Gewinnanteilscheine § 803 BGB nicht anwendbar ist. Letztere sind schuldrechtliche Inhaberpapiere mit deklaratorischem, kausalem Charakter, weil der Bestand des Dividendenanspruchs - anders als beim Zinsschein - vom Hauptrecht der Aktie und vom Hauptversammlungs-Beschluß über die Gewinnausschüttung abhängt.

Der **Zwischenschein** (Interimsschein) ist kein Nebenpapier, sondern Vorläufer der Aktie. Er ist ein **Wertpapier**, das ggf. vor der Aktienemission ausgegeben werden kann und das Mitgliedschaftsrecht verbrieft (§ 8 IV AktG). Er muß auf den Namen lauten (§ 10 II, IV AktG), ist also geborenes Orderpapier (§ 68 AktG).

(3) Investmentanteilschein

Der Investmentanteil ist eine neuere Form der Kapitalanlage und Vermögensbildung, wegen der Risikominderung insbesondere für den "kleineren" und im Effektenwesen unkundigen Sparer. Wirtschaftlich betrachtet ist er eine indirekte Kapitalanlage in Aktien und Obligationen, die den Fonds der Kapitalanlagegesellschaft bilden.

Investmentanteilscheine können - wie die Aktie - auf den Namen oder den Inhaber lauten (§ 18 I KAGG). Als Inhaberpapiere, wie sie in der Bundesrepublik üblich sind, unterliegen sie den Regeln über die Inhaberschuldverschreibung (§§ 793 ff. BGB)[15].

---

15 Zum Inhalt des verbrieften Rechts siehe Kap. E II 3.

cc) *Inhaberzeichen und andere Beweispapiere*

Im täglichen Leben findet eine große Zahl von Marken, Karten und ähnlichen Zeichen der verschiedensten Art als Beweismittel Verwendung; sie werden meist in größeren Mengen ausgegeben, sollen dem Aussteller eine Abwicklung von irgendwelchen Leistungen größeren Umfangs erleichtern sowie intensive Prüfungen ersparen. Aufgrund des abgekürzten Textaufdrucks - z.B. keine Benennung des Gläubigers, des Ausstellers oder des Leistungsgegenstandes oder keine Unterzeichnung - ist ihre Rechtsnatur im konkreten Einzelfall nur aus den Umständen ihrer Ausgabe, der Verkehrssitte und den AGB zu erschließen (vgl. § 807 BGB). Die folgende Übersicht zeigt die prinzipiellen Möglichkeiten.

Marken, Karten und ähnliche Zeichen

- *ohne* Liberationswirkung
  = Belege und sonst. **Beweismittel**, keine Wertpapiere; entsprechen in Rechtsnatur und Bedeutung den Schuldscheinen
- *mit* Liberationswirkung
  - *ohne* Wertpapiereigenschaft
    = **einfache Legitimationspapiere**, z.B. Garderobenmarke, Quittung
  - *mit* Wertpapiereigenschaft
    - *ohne* Inhaberlegitimation
      = **qualifizierte Legitimationspapiere**, sog. hinkende Inhaberpapiere, z.B. Schülerfahrkarte, Sparbuch
    - *mit* Inhaberlegitimation
      = **Inhaberzeichen** (Inhaberpapiere), z.B. i.d.R. Eintrittskarten, normale Fahrkarten, Bier- oder Speisemarken, Gutscheine

Von all diesen Papieren dürften die Inhaberzeichen überwiegen.

Inhaberzeichen sind in der Beschriftung abgekürzte ***Wertpapiere***, in denen der Gläubiger nicht bezeichnet ist und die den Aussteller zur Leistung an den Inhaber verpflichten (§ 807 BGB).

Sie sind eine Abart der Inhaberschuldverschreibungen (s. Verweisungen in § 807 BGB), erfordern jedoch keine staatliche Genehmigung und keine Unterzeichnung.

Beispiel:
Die **Mensa- bzw. Kantinenmarke** ist ein Inhaberzeichen, da das Essen nur gegen Vorlage der Marke ausgegeben wird; die Inhaberlegitimation ist zu bejahen, selbst wenn an sich nur ein bestimmter Personenkreis berechtigt sein soll. Eine **Bus- oder Bahnfahrkarte**, die nicht auf den Namen lautet, ist - selbst wenn sie gelocht wurde - noch als Inhaberzeichen einzustufen, da die Legitimationswirkungen zugunsten von Inhaber und Schuldner weiterbestehen.

c) Orderpapiere

aa) Begriff, Arten und Rechtsnatur

Orderpapiere sind Wertpapiere, die zwar eine bestimmte Person namentlich als Berechtigten nennen, aber durch ***Indossament*** und ***Übereignung*** des Papiers übertragen werden können (indossable Wertpapiere).

Aus dieser Begriffsbestimmung geht hervor, daß sie quasi eine Mittelstellung zwischen den Rektapapieren und den Inhaberpapieren innehaben. Wie die ersteren sind sie auf den Namen des Berechtigten ausgestellt; mit den Inhaberpapieren haben sie gemeinsam, daß sich ihre Übertragung am Sachenrecht ausrichtet und der Aussteller sich nicht nur zur Leistung an den Benannten verpflichtet. Hierfür ist jedoch ein besonderes "Instrument" notwendig: das Indossament.

Das **Indossament** ist eine unterschriebene, spezifisch wertpapierrechtliche Übertragungserklärung, die (meist) auf die Rückseite (ital.: indosso) des Wertpapiers gesetzt wird, und mit welcher der Berechtigte (Indossant) die verbriefte Leistung an einen anderen, den Indossatar, "beordert".

Beispiele:
"für mich an die Order von Herrn XY", "für mich an Herrn XY".

Anders als bei den Inhaberpapieren geschieht die ***Übertragung*** der Orderpapiere durch **Indossament *und* Übereignung** (§ 929 BGB). Mit der Einigung und Übergabe des indossierten Papiers geht das Recht aus dem Papier auf den Indossatar über. Die **Inhaberlegitimation** stützt sich hier auf eine lückenlose Indossamentenkette; denn das Indossament begründet die Vermutung, daß der Indossatar der neue forderungsberechtigte Inhaber ist (Art. 16 I WG, Art. 19 SchG; § 365 I HGB und § 68 I AktG mit Verweisung auf Art. 16 I WG). Die **Liberationswirkung** geht aus Art. 40 III WG, Art. 35 SchG und § 365 I HGB mit Verweisung auf § 40 WG hervor. Ein gutgläubiger Erwerb von indossierten Orderpapieren ist möglich; der **Gutglaubensschutz** reicht hier noch weiter als bei den Inhaberpapieren, da er sogar für „*irgendwie* abhanden gekommene" Papiere gilt, d.h. den guten Glauben an die Verfügungsmacht und die Geschäftsfähigkeit einschließt (Art.16 II WG, Art. 21 SchG; § 365 I HGB und § 68 I AktG mit Verweisung auf Art. 16 II WG). Hinzu kommt ein Ausschluß der Einwendungen, die sich nicht aus der Urkunde selbst ergeben (vgl. § 364 II HGB; Art. 17 WG; Art. 22 SchG). Die Orderpapiere gehören deshalb zu den ***Wertpapieren öffentlichen Glaubens*** und aufgrund ihrer Mobilität zu den ***Verkehrspapieren***.
Ein Orderpapier wird de facto zu einem Inhaberpapier, wenn der Indossant ein **Blankoindossament** (z.B. nur seine Unterschrift) darauf setzt; denn

dieses legitimiert jeden Inhaber. - Wird ein Orderpapier gar ohne Indossament übereignet, findet ein gutgläubiger Erwerb nicht statt.

Die besondere ***Bedeutung des Indossaments*** liegt in seinen drei Funktionen:

- ***Legitimationsfunktion*** zugunsten von Inhaber, Schuldner und Erwerber
- ***Transportfunktion***, d.h. Übergang des verbrieften Rechts mit der Übereignung des Papiers, einschl. Einwendungsausschlußfunktion
- ***Garantiefunktion***: Sie impliziert die Haftung des Indossanten gegenüber allen Nachfolgern und besteht nur bei Wechsel und Scheck.

Da der Gesetzgeber die Indossabilität auf bestimmte Wertpapiertypen beschränkt hat, besteht für die Orderpapiere ein *numerus clausus*, der in 2 Gruppen zu unterteilen ist:

- ***Geborene Orderpapiere***: Sie sind kraft Gesetzes, d.h. auch ohne eine positive Orderklausel ("an XY oder dessen Order") Orderpapiere, sofern sie nicht mit einer negativen Orderklausel ("nicht an Order", z.B. Art. 11 II WG) versehen sind. Es sind dies folgende 5 Papiere:
  Wechsel (Art. 11 I WG), Namensscheck (Art. 5 I 1, 14 I SchG), Namensaktie (§§ 10, 67, 68 AktG), Zwischenschein (§§ 10 III, IV, 67 IV, 68 V AktG), Namensinvestmentanteilschein (§ 18 I 2 KAGG).
- ***Gekorene Orderpapiere:*** Sie sind an sich Rektapapiere, können aber mit positiver Orderklausel als Orderpapier ausgestellt werden. Es sind dies die in § 363 HGB aufgezählten 6 handelsrechtlichen (kaufmännischen) Orderpapiere.

bb) Traditionspapiere

Grundsätzlich erfordern Verfügungen über bewegliche Sachen gem. § 929 BGB die Einigung der Vertragspartner und die Übergabe der Sache. Im Geschäftsverkehr ist aber die Übergabe von rollenden, schwimmenden oder lagernden Waren i.d.R. nicht möglich. **Ladeschein, Konnossement** (= Ladeschein der Schiffahrt) und **Lagerschein** schaffen hier Abhilfe. Denn sie repräsentieren (neben der schuldrechtlichen Beziehung des Auftraggebers zum Frachtführer bzw. Lagerhalter) das Gut selbst[16]. Die Übergabe eines solchen indossierten Orderpapiers ersetzt gem. §§ 424, 450, 650 HGB die Übergabe der Ware. Das Eigentum am Frachtgut geht somit gem. § 929 BGB an den Erwerber des Papiers über, sobald die dingliche Einigung bezüglich des Frachtgutes erfolgt. Man nennt diese Papiere deshalb **Traditions- oder Verfügungspapiere**. Sie erleichtern und beschleunigen den Güterumschlag weit mehr, als es durch ein Übergabesurrogat gem. §§ 930, 931 BGB möglich wäre.

[16] BGH 49, 163; präzisierend BGH - NJW 58, 1485

Beachte:
Der Ladeschein ist vom Frachtbrief zu unterscheiden. Ein vom Versender (!) ausgestellter Frachtbrief ist nur Begleitpapier, kein Wertpapier. - Das **Frachtbriefdoppel** (-duplikat) ist ein bloßes Sperrpapier, da der Versender sein Verfügungsrecht verliert, wenn er das Doppel nicht mehr in Händen hat (§ 72 VII EVO). In der Praxis wird es jedoch auch zur Eigentumsübertragung verwendet. In der Zusendung an den Warenempfänger ist ein Übereignungsantrag gem. §§ 931 zu sehen.

5. Kontrollfragen zu Kapitel E I und II

1. Was sind Kennzeichen bzw. Kriterien eines Wertpapiers?
2. Was bedeutet Verbriefung eines Rechts?
3. Welche Legitimationswirkungen sind bei Wertpapieren zu unterscheiden?
4. Worin unterscheiden sich Schuldschein, Schuldanerkenntnis und Schuldverschreibung?
5. Nennen Sie Einteilungskriterien für Wertpapiere und die daraus sich ergebenden Wertpapierarten.
6. Wann nennt man ein Wertpapier a) deklaratorisch, b) konstitutiv?
7. Welche Beziehungen bestehen zwischen den Wertpapiereigenschaften abstrakt, kausal, konstitutiv, deklaratorisch?
8. Welche Wertpapiere nennt man Effekten?
9. Welchem wirtschaftlichen Zweck dienen Waren-, Geld- und Kapitalpapiere?
10. Welche juristischen und wirtschaftlichen Unterschiede bestehen zwischen Aktie und Obligation?
11. Unterscheiden Sie
    a) einfache und qualifizierte Legitimationspapiere,
    b) geborene und gekorene Orderpapiere,
    c) Namens- und Inhaberpapiere.
12. Welche Rechtsnatur hat die Namensaktie?
13. Wie werden Wertpapiere grundsätzlich übertragen? Konkretisieren Sie die Übertragungsmodalitäten für die Namens-, Order- und Inhaberpapiere.
14. Welche Wertpapiere genießen Legitimationswirkung zugunsten des Erwerbers? Inwiefern geht diese Verkehrsschutzwirkung über den Gutglaubensschutz der §§ 932 ff. BGB beim Erwerb von beweglichen Sachen hinaus?
15. Welche Änderung bezüglich der Rechtsnatur des Papiers hat ein Blankoindossament auf einem Orderpapier zur Folge?
16. Was versteht man unter der Transportfunktion des Indossaments?
17. Was sind Traditionspapiere?

III. Die Anweisung und ihre handelsrechtlichen Sonderformen

Die Anweisung des BGB (§§ 783 ff.) und ihre kaufmännische Sonderform (§ 363 I S. 1 HGB) kommen in der Praxis nur noch selten vor. Da aber der Scheck und der Wechsel ebenfalls Sonderformen der Anweisung sind, erleichtert die Kenntnis dieses "Grundtypus" das Verständnis des Scheck- und Wechselrechts. Eine kurze Darstellung der Anweisung erscheint deshalb angebracht.

1. Die Anweisung

Die **Anweisung** ist gem. § 783 BGB eine Urkunde, in welcher der Aussteller einen anderen anweist, an einen Dritten eine bestimmte Leistung zu erbringen, und die an den Dritten (Anweisungsempfänger) zwecks Erhebung der Leistung ausgehändigt wird.

Sie ist ein **Wertpapier**, weil der Angewiesene ohne ihre Aushändigung nicht zu leisten braucht (§ 785 BGB).

Es können nicht nur Geld, Wertpapiere oder andere vertretbare Sachen, sondern nach dem Grundsatz der Vertragsfreiheit auch sonstige Gegenstände angewiesen werden.

Bei der Anweisung handelt es sich um eine **Doppelermächtigung** und zwar
- an den Angewiesenen, für den Anweisenden an den Anweisungsempfänger zu leisten;
- an den Anweisungsempfänger, die (in der Urkunde genannte) Leistung im eigenen Namen vom Angewiesenen entgegenzunehmen.

Dieses ***Dreiecksverhältnis*** verdeutlicht die Abbildung E 5 (die im Scheck- und Wechselrecht üblichen Benennungen in Klammern).

***Beispiel*:**

Der Verkäufer V weist seinen Kunden K an, die fällige Kaufpreisforderung über DM 800,- nicht an ihn selbst, sondern an den Lieferanten (L) des V zu zahlen, weil V dem L seinerseits einen bestimmten Betrag schuldet. L, dem V die Anweisungsurkunde ausgehändigt hat, kann die Zahlung bei K erheben.

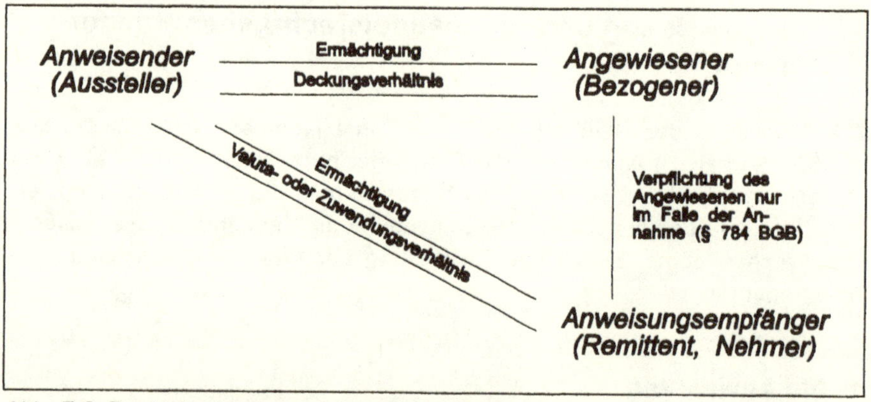

Abb. E 5: Rechtsbeziehungen bei der Anweisung

Ob der Angewiesene (K) tatsächlich zahlt, hängt von der Rechtsbeziehung zwischen ihm und dem Anweisenden (V), dem sog. **Deckungsverhältnis** ab. Er wird der Anweisung Folge leisten, wenn sie "gedeckt" ist, z.B. weil er dem Anweisenden diesen Betrag schuldet oder weil der Anweisende ein Guthaben bei ihm hat. Da der Angewiesene durch die Anweisung als solche zur Leistung *nur ermächtigt, nicht verpflichtet* ist, hat der Anweisungsempfänger (L) keinen (selbständigen) Anspruch gegen den Angewiesenen. Eine Leistungspflicht ergibt sich für den Angewiesenen erst, wenn er die Anweisung durch Unterschrift angenommen hat (§ 784 BGB). Danach kann der Aussteller die Anweisung nicht mehr widerrufen (§ 790 BGB). Die **Annahme** (Akzept) ist ein ***abstraktes Schuldversprechen***; sie ist zum einen unabhängig von dem Kausalverhältnis des Angewiesenen zum Anweisenden, ja sogar von der Gültigkeit der Anweisung (z.B. Fälschung), und stützt sich zum anderen nicht auf eine "causa" gegenüber dem Anweisungsempfänger.

Das Kausalverhältnis zwischen dem Anweisenden und dem Anweisungsempfänger wird **Valuta- oder Zuwendungsverhältnis** genannt. Es gibt den Rechtsgrund für die Leistung (Zuwendung) des Anweisenden an den Anweisungsempfänger an, z.B. Tilgung einer Schuld oder Begleichung einer Rechnung. Diese Leistung wird jedoch noch nicht mit der Aushändigung der Urkunde, auch nicht mit der Annahme bewirkt. Denn die *Anweisung ist keine Zahlung* (§ 788 BGB).

Die Doppelermächtigung tritt mit der Aushändigung und Eigentumsübertragung (§ 929 BGB) der Anweisung in Kraft. Beide Ermächtigungen sind abstrakt, d.h. vom Deckungs- und Valutaverhältnis völlig unabhängig.

2. Der Scheck

a) Wesen und Rechtsnatur

Der **Scheck** ist eine *Sonderform der Anweisung* und zwar eine schriftliche, in vorgeschriebener Form ausgestellte und auf eine bestimmte Geldsumme eines Bankguthabens lautende Anweisung.

Nach dem Charakter des verbrieften Rechts ist er ein **abstraktes Forderungspapier**, nach der Bestimmung des Berechtigten kann er Inhaber-, Order- oder Rektapapier sein (Art. 5 I SchG). Von Gesetzes wegen ist der Scheck zwar **geborenes Orderpapier**, nur durch ausdrückliche Hinzufügung einer negativen Order-Klausel wird er zum **Rektapapier**. In der Praxis wird er jedoch regelmäßig als **Inhaberpapier** ausgestellt; dies kann durch eine ausdrückliche Inhaberklausel geschehen. Der Scheck "gilt" aber bereits ohne Angabe des Nehmers (= Berechtigten) oder mit einem (auf Bankformularen stets vorgedruckten) Zusatz "oder Überbringer" bzw. einem ähnlichen Vermerk hinter dem benannten Nehmer als Inhaberpapier (Art. 5 III, II SchG).

Von seiner wirtschaftlichen Funktion her ist der Scheck (anders als der Wechsel) ein **Zahlungspapier** und als solches ein relevantes Instrument des bargeldlosen Zahlungsverkehrs. Jedoch ist kein Gläubiger, z.B. Verkäufer, verpflichtet, eine Scheck statt Geld hinzunehmen, da der Scheck kein gesetzliches Zahlungsmittel ist. Um die Verwendung des Schecks als Kreditinstrument zu unterbinden, hat der Gesetzgeber in Art. 4 SchG eine Annahme des Schecks untersagt (**Akzeptverbot**). Ein Annahmevermerk gilt als nicht geschrieben. Die ordnungsgemäße Ausstellung eines Schecks setzt ein Bankguthaben des Ausstellers bei seiner Bank voraus; deshalb darf der *Bezogene nur ein Bankinstitut* sein (sog. **passive Scheckfähigkeit**, Art. 3 SchG). Die Nichtbeachtung der letztgenannten Vorschrift berührt jedoch nicht die Gültigkeit des Schecks (Art. 3 S. 2 SchG). Die Ausstellung eines ungedeckten Schecks kann u.U. als Betrug strafrechtlich geahndet werden.

Form und Inhalt des Schecks unterliegen gesetzlichen Vorschriften. Diese verlangen *sechs wesentliche Bestandteile* (Art. 1 SchG):

1. die Bezeichnung als ***Scheck im Text*** der Urkunde,
2. die ***unbedingte***, d.h. abstrakte ***Anweisung auf Zahlung einer bestimmten Geldsumme***,
3. den Namen des ***Bezogenen*** (Zahlungspflichtigen),
4. die (handschriftliche) ***Unterschrift des Ausstellers***,
5. die Angabe des ***Zahlungsortes***,
6. die Angabe von ***Ausstellungsort und -tag***.

Das Fehlen eines dieser Bestandteile führt zur Nichtigkeit des Schecks (Art. 2 I SchG). Zwei Ausnahmen sind jedoch vom Gesetzgeber zugelassen (Art. 2 II - IV SchG): Fehlen die Ortsangaben, so gilt der beim Bezogenen angegebene Ort oder ersatzweise seine Hauptniederlassung als Zahlungsort, der beim Aussteller angegebene Ort als Ausstellungsort.

b) Kausalverhältnisse

(1) Aussteller (Kontoinhaber) - Bezogener (Bankinstitut)
Zunächst bedeutet die Ausstellung des Schecks nur eine Ermächtigung an die Bank zur Verfügung im Rahmen des Deckungsverhältnisses, d.h. eines Guthabens oder Kredits (und keine Abtretung des Guthabens!). Eine *Verpflichtung der Bank* zur Scheckeinlösung ergibt sich (nur) *gegenüber dem Aussteller* erst durch einen speziellen Vertrag, den sog. **Scheckvertrag**, der auch stillschweigend (z.B. durch Aushändigung vorgedruckter Formulare) geschlossen werden kann. Er ist rechtstypologisch als *Geschäftsbesorgungsvertrag* i.S. von § 675 BGB zu betrachten und betrifft das Deckungsverhältnis. Zugleich ist er maßgeblich für die Übernahme des *Scheckrisikos*. Ein abhanden gekommener und gefälschter Scheck ist zwar keine (gültige) Anweisung; seine Einlösung würde somit weder die Bank gem. § 787 BGB entlasten noch ihr einen Erstattungsanspruch aus §§ 675, 670 BGB gewähren. Jedoch überwälzen die Banken in ihren Allgemeinen Geschäftsbedingungen das Scheckrisiko auf den Kontoinhaber, was nach der Rechtsprechung aber nur zulässig ist, sofern die Bank kein Verschulden (z.B. Verletzung der Sorgfaltspflicht durch zu oberflächliche Prüfung des Schecks) trifft.

Der Aussteller hat zur eigenen Sicherung die Möglichkeit, einen abhanden gekommenen Scheck *sperren* zu lassen. - Ferner ist ein *Widerruf* eines ausgestellten Schecks möglich, den die Bank jedoch erst nach Ablauf der Vorlegungsfrist zu beachten braucht (Art. 32 SchG).

(2) Aussteller - (erster) Schecknehmer
Im Rahmen des Valutaverhältnisses wird der Scheck dem ersten Nehmer und von diesem an weitere Empfänger in der Regel *erfüllungs- bzw. zahlungshalber* gegebenen. Mit der Übergabe (§ 929 BGB) des unterschriebenen Schecks schließt der Aussteller (stillschweigend) einen **scheckmäßigen Verpflichtungsvertrag** ab, er kann seine Haftung für die Zahlung nicht ausschließen (Art. 12 SchG).

(3) Schecknehmer/Scheckinhaber - Bank
Der Scheckinhaber erhält lediglich eine Ermächtigung, die Zahlung entgegenzunehmen, (wegen des fehlenden Akzepts) aber *keinen Anspruch auf die Zahlung*. Umgekehrt ist auch die Bank dem Remittenten gegenüber zur

Auszahlung nur ermächtigt, nicht aber verpflichtet. - Die Inkassobank erteilt dem Einreicher des Schecks auf seinem Konto eine Gutschrift unter dem Vorbehalt der Einlösung, das ist i.d.R. die Belastung des Aussteller-Kontos durch die bezogene Bank.

Die 1968 eingeführte **Scheckkarte** (seit 1974 ec-Karte) hat die Stellung des Nehmers verbessert und das Vertrauen in den Scheck gestärkt. Sie verkörpert nach h.L. einen **Garantievertrag** (*Leistungsgarantie*)[17], durch den sich die Bank gegenüber dem jeweiligen Scheckinhaber zur Einlösung eines unter bestimmten Formalbedingungen ausgestellten Schecks bis zum Betrag von z.Z. 400,- DM verpflichtet. Dieser Vertrag ist nicht scheckrechtlicher, sondern zivilrechtlicher Natur und somit keine unzulässige Umgehung von Art. 4 SchG.

c) Übertragung, Einlösung, Rückgriff (Regreß)

Die ***Übertragung*** von Schecks erfolgt prinzipiell wie bei anderen Rekta-, Inhaber- und Orderpapieren[18]. Als Besonderheit sei jedoch hervorgehoben, daß sowohl beim Orderscheck als auch beim Inhaberscheck gem. Art. 21 SchG der gutgläubige Erwerb jedes "irgendwie abhanden gekommenen" Papiers möglich ist. Dieser *umfassende* ***Gutglaubensschutz*** schließt nach höchstrichterlicher Rechtsprechung den guten Glauben des Erwerbers an die Berechtigung, Verfügungsmacht, Vertretungsbefugnis, Identität und sogar an die Geschäftsfähigkeit des Veräußerers ein. - Ein auf einen Inhaberscheck gesetztes, für die Übertragung nicht erforderliches Indossament macht den Indossatar gem. Art. 20, 18 SchG im Regreß haftbar, es hat somit Garantiefunktion, aber keine Transportfunktion. - Die Übertragung eines Schecks auf die bezogene Bank gilt als ***Einlösung*** (nicht als Erwerb), ein entsprechendes Indossament nur als Quittung (Art. 15 V SchG).

Der Scheck ist ausnahmslos **Sichtscheck**, d.h. am Tage der Vorlegung zahlbar; dies gilt auch für vordatierte Schecks (Art. 28 SchG). Wegen seiner Funktion als Zahlungsmittel sind für den Scheck ***kurze Vorlegungs fristen*** festgelegt (Art. 29 SchG): für den Inlandsscheck 8 Tage, für einen Auslandsscheck mit Ausstellungs- und Zahlungsort innerhalb desselben Erdteils 20 Tage, darüber hinaus 70 Tage. Nach Ablauf der Vorlegungsfrist ist die Bank zwar noch zur Einlösung berechtigt, nicht aber mehr verpflichtet (Art. 32 II SchG). Verweigert sie aus diesem Grunde die Einlösung, kann der Inhaber keinen Regreß mehr nehmen (Art. 41 SchG). Leistet die Bank trotz rechtzeitiger Vorlegung keine Zahlung, dann kann der Inhaber unter den in Art. 40 ff. SchG genannten Voraussetzungen gegen

---

[17] Vgl. Kap. C IV 4 b) ee).

[18] Siehe hierzu S. 191 f., 200, 202, 206.

die Indossanten, den Aussteller und evtl. andere Verpflichtete **Regreß** (ggf. incl. Zinsen und Kosten) nehmen. Alle Regreßansprüche verjähren in 6 Monaten (Art. 52 SchG). Nach der *Art der Einlösung* sind zu unterscheiden:

- **Barscheck**:
  Der Scheckbetrag kann von der Bank an den einlösenden Inhaber bar ausgezahlt werden.
- **Verrechnungsscheck** (Art. 39 SchG):
  Er muß vom Aussteller oder Inhaber durch den quer über die Vorderseite gesetzten Vermerk "Nur zur Verrechnung" gekennzeichnet werden und darf dann nur noch durch Gutschrift auf dem Konto des Vorlegenden eingelöst werden. Dadurch wird das Risiko einer Auszahlung an einen Nichtberechtigten herabgesetzt. Zahlt die Bank den Verrechnungsscheck bar aus, haftet sie auf den Scheckbetrag.

3. Der Wechsel

a) Wesen und Rechtsnatur

Der **gezogene Wechsel**, auch **Tratte** (lat.: trahere = ziehen) genannt, ist eine schriftliche, auf eine *bestimmte Geldsumme* lautende, auf einen *festen Zahlungstermin* ausgestellte, strengen *Formvorschriften* unterworfene, unbedingte ***Zahlungsanweisung*** ("Gegen diesen Wechsel zahlen Sie...").

Er ist - wie der Scheck - eine Sonderform der BGB-Anweisung. Insoweit wird auf die zuvor gemachten Ausführungen zur Anweisung und zum Scheck verwiesen. Ergänzend sollen nur einige relevante Merkmale des Wechsels und seine Abweichungen zu den vorgenannten Wertpapieren herausgestellt werden.

Nach dem Charakter des verbrieften Rechts ist der Wechsel ein **abstraktes, konstitutives Forderungspapier**, nach der Bestimmung des Berechtigten kann er Order- oder Rektapapier sein. **Rektapapier** wird er jedoch nur durch ausdrückliches Hinzufügen einer negativen Orderklausel (Art. 11 II WG). Kraft Gesetzes ist er ein **geborenes Orderpapier** (Art. 11 I WG); als solches wird er in der Praxis üblicherweise ausgestellt und hier erörtert. Anders als der Scheck kann der Wechsel nie Inhaberpapier sein.

Von seiner wirtschaftlichen Funktion her ist der Wechsel ein **Kreditpapier** und zwar sowohl als Finanzierungs- wie auch als Sicherungsinstrument.

Prinzipiell entsteht beim Wechsel das gleiche ***Dreiecksverhältnis*** Aussteller - Bezogener - Remittent wie bei der Anweisung. Im Gegensatz zum

Scheck kann der Bezogene jedermann und nicht nur ein Bankinstitut sein. Lediglich beim seltenen eigenen Wechsel (Solawechsel) fehlt der Bezogene. Der **Solawechsel** ist folglich keine Anweisung, sondern ein Zahlungsversprechen des Ausstellers; er bleibt hier weiter unerwähnt. Jeder Wechselbeteiligte muß **Wechselfähigkeit** i.S. von Wechselrechts- und Wechselgeschäftsfähigkeit besitzen. In Ermangelung besonderer Bestimmungen im WG sind die allgemeinen Normen des BGB und HGB anzuwenden. Wechselfähig sind somit voll geschäftsfähige natürliche Personen, Personenhandelsgesellschaften und juristische Personen.

b) Ausstellung

Die gesetzlichen **Formvorschriften** verlangen für die Ausstellung des Wechsels *acht wesentliche Bestandteile* (Art. 1 WG; s. Abb. E 6):

1. die Bezeichnung als ***Wechsel im Text*** der Urkunde, und zwar in der Sprache, in der sie ausgestellt ist;
2. die ***unbedingte***, d.h. abstrakte ***Anweisung auf Zahlung einer bestimmten Geldsumme*** (in Worten); ist der Geldbetrag - wie bei den meistens verwendeten Einheitsformularen üblich - in Ziffern und in Buchstaben angegeben, dann gilt bei Abweichungen zwischen beiden Beträgen die in Buchstaben geschriebene Summe;
3. den Namen bzw. die Firma (mit Anschrift) des ***Bezogenen*** (Hauptschuldner), der mit dem des Ausstellers identisch sein kann (sog. trassiert-eigener Wechsel, Art. 3 II WG);
4. die Angabe der ***Verfallzeit/Fälligkeit*** mit den Möglichkeiten der Wechselziehung gem. Art. 33, 34 WG
   - auf einen bestimmten Tag (**Tagwechsel**; Regelfall),
   - auf Sicht (**Sichtwechsel**, d.h. Fälligkeit bei Vorlegung),
   - auf bestimmte Zeit nach Sicht (**Nachsichtwechsel**) oder
   - auf eine bestimmte Zeit nach Ausstellung (z.B. zahlbar in 3 Monaten; **Datowechsel**);

   Wechsel mit anderen oder mit mehreren aufeinanderfolgenden Verfallzeiten (Ratenwechsel) sind nichtig (Art. 33 II WG);
5. die Angabe des ***Zahlungsortes***, der real existieren muß und im Wechselprozeß zugleich Gerichtsstand ist (§ 603 ZPO); ist er mit dem Ausstellungsort identisch, liegt ein **Platzwechsel** vor, weicht er vom Wohnort des Bezogenen ab, spricht man von einem **Domizilwechsel**; gewöhnlich wird vom Aussteller oder Bezogenen für die Vorlage und Zahlung eine Zahlstelle, meist eine Bank ("Dritter" i.S. von Art. 4 WG), angegeben (**Zahlstellenwechsel**);
6. den Namen des ***Wechselnehmers** (Remittent)*, d.h. des Zahlungsempfängers; häufig setzt sich der Aussteller selbst als Nehmer ein (**Wechsel an eigene Order**, z.B. "an mich", "an meine Order", Art. 3 I WG);

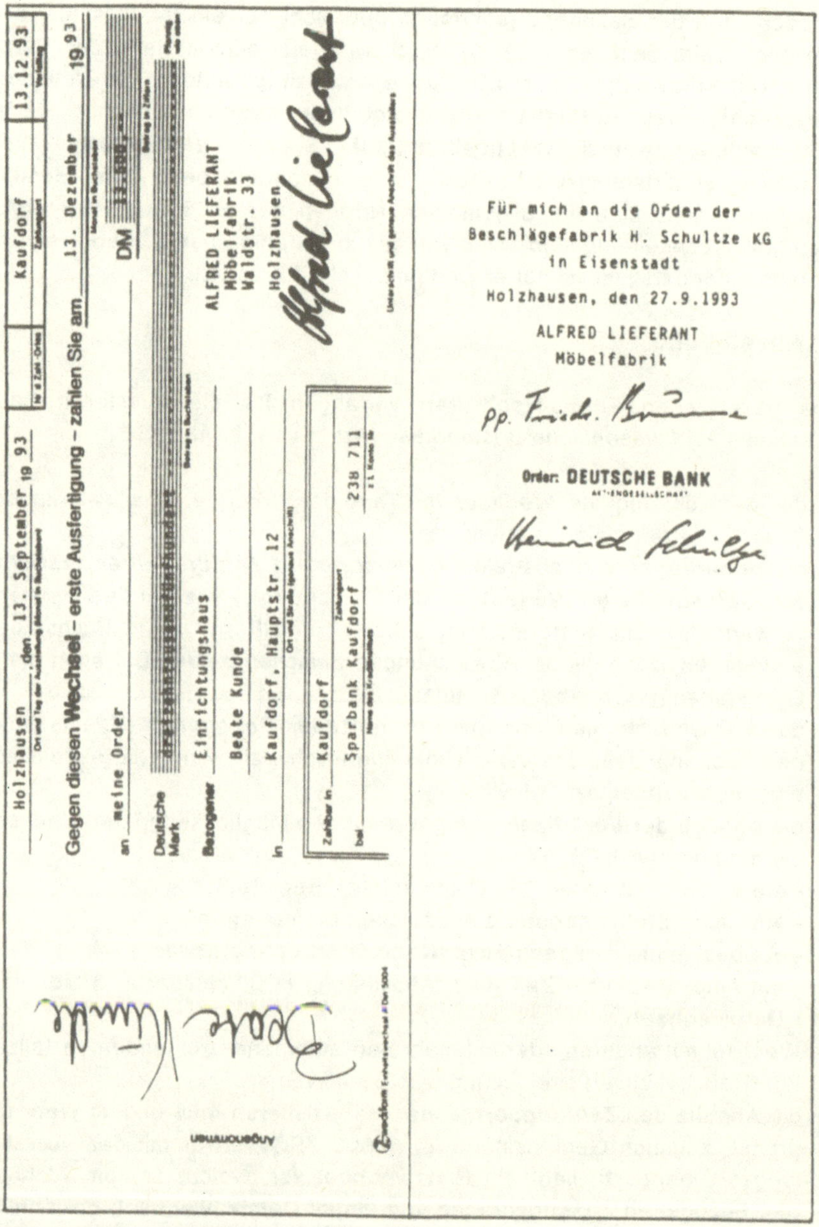

Holzhausen, den 13. September 1993 — Kaufdorf — 13.12.93

Gegen diesen **Wechsel** – erste Ausfertigung – zahlen Sie am 13. Dezember 1993

an meine Order — DM 13.500,--

Deutsche Mark dreizehntausendfünfhundert

Bezogener Einrichtungshaus Beate Kunde

in Kaufdorf, Hauptstr. 12

Zahlbar in Kaufdorf bei Sparbank Kaufdorf 238 711

ALFRED LIEFERANT
Möbelfabrik
Waldstr. 33
Holzhausen

Angenommen

Für mich an die Order der
Beschlägefabrik H. Schultze KG
in Eisenstadt
Holzhausen, den 27.9.1993

ALFRED LIEFERANT
Möbelfabrik

ppa.

Order: DEUTSCHE BANK
AKTIENGESELLSCHAFT

Abb. E 6: Der Wechsel (Vorder- und Rückseite)

7. die Angabe eines möglichen, aber nicht unbedingt richtigen ***Ausstellungsortes und -tages***;
8. die (*handschriftliche*) ***Unterschrift des Ausstellers*** mit Anschrift bzw. Firmenstempel; durch die Unterschrift wird kraft Art. 9 I WG die (subsidiäre, d.h. im Falle des Rückgriffs für den Bezogenen zum Zuge kommende) *Haftung* des Ausstellers begründet. Er kann durch die sog. Angstklausel (z.B. "ohne Gewähr") nur die Haftung für die Annahme, nicht aber für die Zahlung ausschließen (Art. 9 II WG).

Das Fehlen eines dieser Bestandteile hat prinzipiell die Nichtigkeit des Wechsels zur Folge (**formelle Wechselstrenge**, Art. 2 I WG), deshalb empfiehlt sich in der Praxis die Verwendung von vorgedruckten Wechselformularen. Drei Ausnahmen sind jedoch vom Gesetzgeber zugelassen (Art. 2 II - IV): Die Angabe der Verfallzeit ist entbehrlich, der Wechsel gilt dann als Sichtwechsel; die Ortsangaben sind ersetzbar, nämlich der Zahlungsort durch den beim Bezogenen angegebenen Ort und der Ausstellungsort durch den beim Aussteller genannten Ort. - Im Gegensatz zu den genannten Orten müssen die angegebenen Personen nicht wirklich existieren; erdichtete, aber mögliche Namen (z.B. beim Bezogenen: sog. **Kellerwechsel**) berühren die formelle Gültigkeit des Wechsels nicht. - Eine unbefugte nachträgliche Vervollständigung eines formrichtigen Wechsels stellt ebenso wie eine Veränderung durch Streichen, Radieren etc. eine Wechselverfälschung dar. Für die **Wechselverfälschung und Wechselfälschung** (Ausstellung falscher Unterschriften und Texte) gilt: Jeder Wechselbeteiligte haftet nur gemäß dem Text, den er unterschrieben hat (s. Art. 69 WG).

Bisweilen wird ein Wechsel auch bewußt unvollständig ausgestellt (**Blankowechsel**) und weitergegeben *mit der Ermächtigung zur Vervollständigung*, die dann rückwirkende Kraft hat. Am häufigsten ist in der Praxis der Fall, daß ein Bezogener auf dem bereits akzeptierten Wechsel dem Aussteller das Einsetzen der Wechselsumme überläßt (**Blankoakzept**). Auch hier gilt: Der Unterzeichner eines Blankowechsels kann sich gegenüber einem Inhaber nicht auf eine Überschreitung der Ausfüllungsermächtigung berufen (Ausnahme: Kenntnis oder grob fahrlässige Unkenntnis des Inhabers; Art. 10 WG).

c) Wechselannahme

Aus der Ermächtigung des Bezogenen zur Zahlung der Wechselsumme wird erst durch dessen, an den Nehmer gerichtete **Annahme (Akzept)** eine Verpflichtung (Art. 28 WG). Sie erfolgt schriftlich mit Unterschrift quer auf der Vorderseite des Wechsels (Skripturakt, Art. 25 WG). Der gezogene Wechsel kann vor dem Verfall (nicht mehr am Zahlungstag!) von jedem Inhaber dem Bezogenen zur Annahme vorgelegt werden (Art. 21 WG). Ein

Wechselrechtliche Verpflichtung	
Kriterium:	***zu überprüfende Voraussetzungen und Konsequenzen:***
Legitimation:	***Voraussetzungen:*** • *Formgültigkeit* des Wechsels (Vollständigkeit, Art. 1, 2, 7 WG) • *Innehabung* und *Indossamentenkette* (Art. 16 I WG) • (Fälligkeit)
Eigentum am Papier und **Einwendungen** *gegen die rechtmäßige Inhaberschaft* des Klägers (Wechselgläubigers):	**Übertragungsvertrag** (Begebungsvertrag) gem. § 929 BGB mit dem Remittenten und Indossament bei Weitergabe; Mängel können gem. Art. 16 II WG geheilt werden mit der Folge, daß ein Gutgläubiger wenigstens Eigentum am Wechsel erwirbt (auch Schutz des guten Glaubens an die Identität und Geschäftsfähigkeit!).
Bestand der wechselmäßigen Verpflichtung und **Einwendungen** *gegen die wertpapiermäßige Verpflichtung* des Beklagten:	**Verpflichtungsvertrag** (auch Begebungsvertrag genannt) Fehlender Vertrag kann durch Rechtsschein ersetzt werden, wenn eine Unterschrift vorliegt (Rechtsscheintheorie). Folge: Der Gutgläubige erwirbt gegen *diesen* Beklagten auch die Wechselforderung. - Einwendungen aus Inhalt, Fälschung und Verfälschung der Urkunde, Fehlen von Vollmacht (außer Scheinvollmacht), Geschäftsfähigkeit, Handlunsgwille und Erklärungsbewußtsein können gegen *jeden* Inhaber geltend gemacht werden.
Persönliche Einwendungen (sog. Einwendungen aus unmittelbarer Beziehung):	Solche Einwendungen berühren zwar den objektiven Bestand der Wechselverbindlichkeit nicht, geben aber dem Beklagten ausnahmsweise ein *Leistungsverweigerungsrecht gegenüber einer bestimmten Person* (z.B. aus dem Kausalverhältnis), sie gelten aber prinzipiell nicht gegenüber Dritten (Art. 17 WG).

Abb. E 7: Systematik der wechselrechtlichen Verpflichtung

wechselmäßiger Verpflichtungsvertrag kommt zwischen dem Akzeptanten und dem Nehmer (bzw. Inhaber) zustande, wenn zu dem Skripturakt noch die Begebung hinzukommt, d.h., wenn der Bezogene den akzeptierten Wechsel aushändigt und der Nehmer/Inhaber ihn erhält (Vertragstheorie). Vor der Begebung (Rückgabe) kann der Bezogene sein Akzept widerrufen (Art. 29 WG).

d) Übertragung

Mit der Übereignung des gezogenen Wechsels gem. § 929 BGB erwirbt der Remittent nur eine Ermächtigung, die Leistung beim Bezogenen im eigenen Namen zu erheben, beim akzeptierten Wechsel dagegen eine Wechselforderung gegen den Akzeptanten.

Nicht selten wird der Remittent den Wechsel erfüllungshalber an einen seiner Gläubiger oder zwecks Diskontierung an seine Bank weitergeben. Das Instrument der *Weiterübertragung* des Wechsels als Orderpapier ist - neben der Übereignung gem. § 929 BGB - das **Indossament** auf der Rückseite des Wechsels (Art. 11 WG)[19].

Das Indossament erfüllt drei Funktionen:
- ***Transportfunktion***, einschl. ***Einwendungsausschlußfunktion***,
- ***Garantiefunktion*** (Haftung),
- ***Legitimationsfunktion*** zugunsten von Erwerber, Inhaber und Schuldner.

Es ändert die Anweisung des Ausstellers ab, muß unbedingt sein und überträgt alle Rechte aus dem Wechsel auf den **Erwerber** (**Indossatar**; Art. 12, 14 I WG). Es kann ein **Blankoindossament** sein, d.h. ohne Benennung des Indossatars, des neuen Berechtigten (Art. 13 II, 14 II WG). Der Wechsel erlangt dadurch eine starke Affinität zu einem Inhaberpapier. Rechte aus dem Wechsel sind die Ansprüche gegen den Akzeptanten, die Vorinhaber und letztlich den Aussteller. Die Transportfunktion erfährt noch eine Steigerung durch den ausgedehnten **Einwendungsausschluß**. Aus der Abstraktheit des Wechselverpflichtungsvertrages ergibt sich, daß *persönliche Einwendungen* eines in Anspruch genommenen Wechselschuldners (Akzeptant, Aussteller, Indossant, Bürge), die sich auf seine unmittelbaren Beziehungen zu einem Wechselgläubiger gründen (z.B. auf die Nichtigkeit des Kausalgeschäftes oder auf schuldrechtliche Sonderabsprachen) ausgeschlossen sind; ein Leistungsverweigerungsrecht hat er nur, wenn "der Inhaber bei dem Erwerbe des Wechsels bewußt zum Nachteil des Schuldners gehandelt hat" (Art. 17 WG), und aufgrund ***urkundlicher Einwendungen***, die sich aus Form und Inhalt des Papiers ergeben, sowie aufgrund absoluter ***Gültigkeitseinwendungen*** (z.B. Geschäftsunfähigkeit des Schuldners). - Persön-

[19] S. auch Kap. E II 4 c) aa).

liche Einwendungen haben insofern nur relative Wirkung, als der Schuldner seinem unmittelbaren Nachmann als Vertragspartner die Einrede der ungerechtfertigten Bereicherung, der Wandlung oder des Rücktritts entgegenhalten kann, wenn er aus § 812 II oder § 346 BGB einen Rückforderungsanspruch hat; denn durch diese Einrede wird der vom Rechtsscheinprinzip bezweckte Schutz der Umlauffunktion des Wechsels nicht beeinträchtigt. - Jeder, der den Wechsel mit Indossament weiterüberträgt (**Indossant)** übernimmt für den Regreßfall gem. Art. 15 I WG die ***Haftung für die Annahme und die Zahlung***, die er allerdings durch die sog. Angstklausel ganz ausschließen kann. - Jeder Besitzer des Wechsels, zu dem eine *lückenlose Indossamentenkette* hinführt, gilt als rechtmäßiger Inhaber, wobei es auch hier unbedeutend ist, ob die Indossamente echt oder die Übereignungen rechtswirksam sind (**formelle Legitimation**, Rechtsscheintheorie, Art. 16 I WG). Die Legitimation durch die Indossamentenkette ist auch die Grundlage für den Gutglaubensschutz. Das Wechselrecht kennt den ***weitestreichenden*** **Gutglaubensschutz** (Art. 16 II WG als Sonderregelung gegenüber §§ 935 BGB, 366 HGB), der auch den gutgläubigen Erwerb bei "irgendwie abhanden gekommenen" Papieren, d.h. nicht nur den Erwerb vom Nichtberechtigten, sondern sogar von einem Geschäftsunfähigen ermöglicht (Wertpapier öffentlichen Glaubens). Die Legitimation hat auch Bedeutung für den Schuldner, da dieser mit befreiender Wirkung an jeden (auch einen geschäftsunfähigen) legitimierten Inhaber leisten kann, sofern ihm nicht (anders als in Art. 46 II WG!) Arglist und grobe Fahrlässigkeit zur Last fällt. Die **Liberationswirkung** tritt jedoch erst beim Verfall ein (Art. 40 III WG).

e) Zahlung, Rückgriff, Protest, Verjährung

Der Wechsel ist vom Inhaber am Fälligkeitstag oder spätestens bis zum übernächsten Werktag dem Bezogenen zur Zahlung vorzulegen (**Präsentation**; Art. 38 I, 74 WG; Wechselschuld = Holschuld). Ein Sichtwechsel ist innerhalb eines Jahres jederzeit fällig, d.h. präsentierbar (Art. 34 I WG), der Akzeptant muß folglich stets leistungsbereit sein. Wer einen Wechsel nicht rechtzeitig vorlegt, verliert seine Regreßansprüche gegen alle Wechselverpflichteten mit Ausnahme des Akzeptanten. Die ***Zahlung*** des Bezogenen bringt die Wechselverpflichtung (und die Wertpapiereigenschaft des Wechsels) zum Erlöschen, die Leistung eines anderen Wechselschuldners nur seine (subsidiäre) Verpflichtung und ggf. die der Nachmänner. Gegen Zahlung kann der Bezogene die Aushändigung des Wechsels verlangen. Er muß jedoch anhand der Reihenfolge und Vollständigkeit der Indossamentenkette prüfen, ob der Inhaber auch zur Vorlage berechtigt ist, um sicher zu gehen, daß er nicht von dem tatsächlich Berechtigten noch einmal in Anspruch genommen wird. Da die Einlösung oft mit praktischen Schwierigkeiten (z.B. Entfernung zwischen Inhaber und Bezogenem) verbunden ist, empfiehlt es sich, eine Bank per **Vollmachtsindossament** („Für mich an die Order der XY-Bank - Wert zum Einzug") mit dem Einzug des Wechsels zu beauftragen. - Zahlt der Bezogene nicht, so muß der Inhaber fristgerecht (s. dazu Art. 44 III WG) **Protest mangels Zahlung** erheben, um seine Rechte nicht zu verlieren. Vom Protest mangels Zahlung ist der **Protest mangels Annahme** zu unterscheiden, der eine (nochmalige) Vorlegung und Protesterhebung am Verfalltag erübrigt (Art. 44 IV WG). Der Protest ist eine von einem Notar, Gerichts- oder Postbeamten auszustellende ***öffentliche Urkunde***, in der die Zahlungs- bzw. Annahmeverweigerung (materielle Rückgriffsvoraussetzung gem. Art 43 WG) festgestellt wird, und ist i.d.R. (Ausnahme: Konkurs- oder Vergleichsverfahren) die formelle Voraussetzung für den Rückgriff (Regreß); Einzelheiten s. Art. 79 ff. WG. Der Wechselinhaber hat seinen direkten Vormann und den Aussteller innerhalb 4 Werktagen über die Protesterhebung zu benachrichtigen, jeder Indossant seinen Vormann innerhalb 2 Tagen ab Empfang der Nachricht (**Notifikation**, Art. 45 WG); ein Versäumnis der Notifikationsfrist hat Schadenersatzpflicht zur Folge.

Regreßansprüche umfassen neben der Wechselsumme Zinsen, Protestkosten und Provision (Art. 48 WG). **Regreßschuldner** des Inhabers (**Erstregreß**) sind alle Indossanten, der Aussteller sowie evtl. Bürgen als Gesamtschuldner, sofern sie nicht die Haftung ausgeschlossen haben (Art. 43 I WG). Aufgrund der gesamtschuldnerischen Haftung hat der Inhaber unter den Schuldnern freie Auswahl (Art. 47 WG; **Sprungregreß** im Gegensatz zum Reihenregreß bei der BGB-Zession). Ein in Anspruch genommener Wechselverpflichteter erwirbt Eigentum am Papier und zugleich durch Legalzession seine frühere Gläubigerstellung (**Einlösungs- oder Remboursregreß**, Art. 47 III WG), seine Regreßansprüche kann er jedoch nur gegen seine Vormänner geltend machen. Der schnelleren Durchsetzung von Regreßansprüchen dient der **Wechselprozeß**[20]

Die Ansprüche gegen den Akzeptanten ***verjähren*** in 3 Jahren ab Verfalltag, die des Wechselinhabers gegen die Indossanten und den Aussteller nach 1 Jahr ab Protest und die eines Indossanten gegen andere Indossanten und den Aussteller nach 6 Monaten ab Inanspruchnahme (Art. 70 WG).

f) Abgrenzung zum Scheck

Die wesentlichen Unterschiede zwischen Wechsel und Scheck sollen abschließend zusammengefaßt werden:
- das WG fordert acht, das SchG sechs wesentliche Bestandteile;
- der Wechsel kann niemals Inhaberpapier sein;
- der Scheck ist immer Sichtscheck;

20 Siehe Kap. C VI 1.

- der Wechsel kann angenommen werden, der Scheck nicht;
- der Bezogene eines Schecks muß ein Bankinstitut sein;
- der Wechselremittent muß aus der Urkunde ersichtlich sein;
- der Scheck ist Zahlungspapier, der Wechsel i.d.R. Kreditpapier.

4. Kontrollfragen zu Kapitel E III

1. Was ist eine Anweisung?
2. Worin bestehen die juristischen Unterschiede zwischen
   a) Anweisung und Scheck,
   b) Scheck und Wechsel?
3. Was versteht man unter einem abstrakten Forderungspapier?
4. Was beinhaltet die passive Scheckfähigkeit?
5. Wie umfassend ist der Gutglaubensschutz bei der Übertragung bzw. beim Erwerb eines Schecks?
6. Welchen Zweck verfolgt der Gesetzgeber mit dem Akzeptverbot beim Scheck?
7. Welche juristische Bedeutung hat die ec-Karte?
8. Worin unterscheiden sich Barscheck und Verrechnungsscheck?
9. Ist ein Gläubiger (z.B. Verkäufer) verpflichtet, einen Scheck statt Geld hinzunehmen?
10. Welche Rechtsnatur hat der Wechsel?
11. Welche gesetzlichen Formvorschriften (wesentlichen Bestandteile) sind für die Ausstellung von Scheck und Wechsel (Tratte) einzuhalten? Welche Ausnahmen läßt der Gesetzgeber zu?
12. Welche juristische Konsequenz hat a) das Akzept, b) das Blankoakzept?
13. Wie erfolgt die Übertragung des Wechsels?
14. Welche Funktionen erfüllt das Indossament?
15. Welche Bedeutung hat die Gesetzesformulierung „irgendwie abhanden gekommen" für den Gutglaubensschutz beim Erwerb eines Wechsel?
16. Wie wird ein Wechsel eingelöst?
17. Um welche Leistungsart handelt es sich bei der Wechselschuld?
18. Erläutern Sie Wesen und Arten von a) Protest, b) Regreß.
19. Was ist Voraussetzung für den Regreß?
20. Wie verjähren Wechselansprüche?
21. Welcher wirtschaftliche Unterschied besteht zwischen Scheck und Wechsel?
22. *Fallbeispiel:* Möbelfabrikant L hat an Einrichtungshaus Kunde einen Schrank geliefert. Über den auf drei Monate gestundeten Kaufpreis hat L auf K einen Wechsel gezogen und zwar an eigene Order. Der Wechsel wird von K akzeptiert und von L an die Beschlägefabrik S indossiert. Als S bei Fälligkeit den Wechsel bei K einlösen will, verweigert K die Zahlung mit dem Einwand, der Kaufvertrag mit L werde wegen eines Materialfehlers rückgängig gemacht. S entgegnet, die Wechselverpflichtung sei abstrakt. Wie ist die Rechtslage?

F. Die Lösung privatrechtlicher Fälle

I. Technik der Fallbearbeitung

Ein ***Fall*** ist ein juristisch strittiger und damit im Ergebnis ungewisser konkreter Sachverhalt aus dem täglichen Leben.

In einem solchen Fall geht es i.d.R. darum , daß eine Person von einer anderen ein Tun oder Lassen (eine Leistung) verlangt. Dieses Verlangen, auch **Anspruch** genannt, ist bezüglich seiner Rechtmäßigkeit nach objektiven Rechtssätzen zu beurteilen.

Rechtssätze bzw. Rechtsnormen, die einen Anspruch stützen, bezeichnet man als **Anspruchsgrundlagen**. Sie sind der Ausgangspunkt für die Lösung eines Falles.

Rechtssätze sind wie folgt zu unterscheiden:

- ***Vollständige Rechtssätze*** oder ***echte Rechtsnormen***
  Sie sind in zwei Bestandteile gegliedert:
  - den **Tatbestand**, der durch meist mehrere **Tatbestandsmerkmale** bzw. **Tatbestandsvoraussetzungen** gekennzeichnet wird (Beispiel § 823 BGB[1] ⇒ Wer / vorsätzlich oder fahrlässig / das Leben ... oder ein sonstiges Recht eines anderen / widerrechtlich / verletzt, ... daraus entstandener Schaden ...)
  - die **Rechtsfolgeanordnung** (Beispiel § 823 BGB ⇒ ... ist dem anderen zum Ersatze des ... Schadens verpflichtet.) Sie kommt nur dann zur Anwendung, wenn (im konkreten Rechtsfall) alle Tatbestandsvoraussetzungen erfüllt sind.
- ***Unvollständige Rechtssätze*** oder ***Hilfsnormen***
  Sie entfalten Rechtswirkung nur im Zusammenhang mit anderen Rechtssätzen.
  Zu den unvollständigen Rechtssätzen gehören rechtssystematisch auch die ***Gegennormen***, welche in Form von Einreden oder Einwendungen die Wirkung anderer Rechtssätze einschränken oder gar aufheben.

Nur echte Rechtsnormen kommen als Anspruchsgrundlagen in Betracht, sie werden durch die Hilfsnormen ergänzt. Die Suche bzw. das Finden einer adäquaten Anspruchsgrundlage bereitet nicht selten, insbes. für ungeübte Fallbearbeiter, große Probleme.

Das nachstehende Grundschema listet mögliche Ansprüche auf. Bestehen in einem Fall mehrere Ansprüche, so gibt es zugleich die Reihenfolge ihrer Überprüfung an.

---

[1] Vgl. Kap. C VII 3 a)

- ***Vertragliche Ansprüche***
  - Evtl. Vorprüfung: Ist ein Vertrag rechtswirksam zustande gekommen?
  - Primäransprüche auf Erfüllung (evtl. Gegennormen wegen Nichterfüllung)
  - Sekundäransprüche (auf Schadensersatz) wegen Leistungsstörungen
    - Unmöglichkeit und Unvermögen
    - Verzug
    - positive Forderungsverletzung
  - Ansprüche auf Rückabwicklung nach Auseinandersetzung, Kündigung oder vollzogenem Rücktritt
- ***vertragsähnliche Ansprüche*** aus
  - culpa in contrahendo (Vertragsanbahnung)
  - Geschäftsführung ohne Auftrag
- ***Ansprüche aus (berechtigtem) Besitz***
  - Anspruch auf Wiedereinräumung des Besitzes bei Besitzentziehung (§ 861 BGB)
  - Anspruch auf Beseitigung einer Besitzstörung (§ 862 BGB)
  - Verfolgungsanspruch (§ 867 BGB)
- ***Ansprüche aus Eigentum und beschränkten dinglichen Rechten***
  - Herausgabeanspruch (§ 985 BGB, s. auch z.B. §§ 1065, 1227 BGB)
  - Abwehranspruch auf Beseitigung oder Unterlassung von Störungen (§ 1004 BGB)
  - Verfolgungsanspruch (§ 1005 BGB)
  - Berichtigungsanspruch im Grundstücksrecht (§ 894 BGB)
- ***Ansprüche aus ungerechtfertigter Bereicherung***
  - Sondertatbestand des § 816 BGB (zuerst prüfen!)
  - Grundtatbestand des § 812 BGB
- ***Ansprüche aus unerlaubter Handlung und Gefährdungshaftung***
  - unerlaubte Handlung (§§ 823 ff. BGB)
  - Gefährdungshaftung
    - Kraftfahrzeughalterhaftung
    - Tierhalterhaftung
  - Produzentenhaftung

Für die Lösung bzw. Beurteilung eines Falles können grundsätzlich zwei verschiedene Methoden angewendet werden.

Ist der Fall (ausnahmsweise!) so einfach strukturiert, daß das Ergebnis offensichtlich ist und man sich deshalb kurz fassen kann, dann ist der **Urteilsstil** zulässig: Hier beginnt man mit dem Urteil und schließt die Begründung an.

Ist jedoch (wie meist) der Fall komplexer Natur und deshalb das Ergebnis nicht sogleich erkennbar, dann ist der **Gutachtenstil** anzuwenden, der mit dem als Frage formulierten Obersatz nach dem allgemeinen Muster

„Wer verlangt was von wem woraus?"

beginnt, mit dem Ergebnis als Schlußfolgerung endet und dessen methodisches Kernstück die Subsumtion (lat. Unterordnung) ist. (Bei mehreren beteiligten Personen empfiehlt sich zusätzlich die Anfertigung einer Skizze der Beziehungen.)

Diese Vorgehensweise umfaßt folgende Schritte:

- Formulierung des ***Obersatzes*** mit der (gefundenen) ***Anspruchsgrundlage***
  Ausgangspunkt für die Fallbearbeitung ist (sind) die am Ende des Sachverhalts gestellte(n) Frage(n), und nur diese ist (sind) zu behandeln.
  Der Obersatz benennt
  - die Beteiligten („wer", „von wem")
  - den Gegenstand des Begehrens („was") und
  - die Anspruchsgrundlage („woraus") mit evtl. Hilfsnormen.

  Da in dieser Phase das Ergebnis der Fallbeurteilung noch ungewiß ist, sollte er im Konjunktiv (oder ähnlich) formuliert werden.

  Beispiele:
  1. Der Anspruch des V gegen K auf Zahlung des Kaufpreises *könnte* aus § 433 BGB begründet sein.
  2. K *könnte* sein Wandlungsbegehren gegen V auf § 462 i.V. mit §§ 467, 346 BGB stützen.
  3. X *könnte* gegen Y Schadensersatz aus § 823 BGB verlangen.

  Beachte:
  Mancher Anspruch läßt sich auf mehrere konkurrierende Grundlagen stützen, die im Ergebnis, d.h. in den Rechtsfolgen, unterschiedlich sein können. (Zur Reihenfolge der Prüfung siehe oben.)
- Herausarbeiten *aller* ***Voraussetzungen der Anspruchsgrundlage***
- ***Subsumtion***, d.h. die „Unterordnung" des konkreten Sachverhalts unter die Tatbestandsmerkmale der Anspruchsnorm
  Anders ausgedrückt: Es ist sorgfältig zu prüfen, ob *sämtliche* Voraussetzungen der Anspruchsgrundlage durch den Sachverhalt des vorliegenden Falles erfüllt sind. Diese Prüfung ist für jede Voraussetzung separat durchzuführen.
  Evtl. ist bei positivem Ergebnis der Subsumtion noch zu prüfen, ob Gegennormen der Wirksamkeit des (zunächst begründeten) Anspruchs entgegenstehen (z.B. Einrede der Verjährung, Einwendung der bereits vollzogenen Wandlung oder Erfüllung).
- ***Schlußfolgerung*** (Ergebnis)
  Hat die Subsumtion zu dem Ergebnis geführt, daß alle Tatbestandsmerkmale in den gegebenen Umständen des Falles ihre Entsprechung finden und keine Gegennormen greifen, dann ist der Anspruch zu beja-

hen; ist dagegen auch nur eine einzige Voraussetzung nicht erfüllt, dann ist der Anspruch als unbegründet abzulehnen.
Der Schlußsatz ist im Indikativ zu formulieren.

Beispiele:

1. K hat Anspruch auf Zahlung des Kaufpreises.
2. Das Wandlungsbegehren des K ist begründet.
3. Der Schadensersatzanspruch des X ist zu verneinen.

Das Prozedere soll zunächst ein bewußt einfacher Musterfall veranschaulichen.

Fall (Sachverhalt)

Witwe W geht mit ihrem Dackel Waldi spazieren. Dabei folgt Waldi seinem Freiheitsdrang und reißt aus. W schreibt einen Zettel, auf dem sie demjenigen 50 DM Belohnung verspricht, der ihr den entlaufenen Hund zurückbringt. Diesen Zettel befestigt sie an einem Baum im Zentrum des Parks, in dem sie immer mit Waldi „gassi geht". Am nächsten Morgen bringt ihr der Briefträger B nicht nur die Post, sondern auch ihren Waldi zurück, verlangt jedoch keine Belohnung, da er den ausgehängten Zettel nicht gesehen hat. Auf seiner Dienststelle erfährt er durch einen Kollegen von der ausgesetzten Belohnung, die er daraufhin von W verlangt. Zu Recht?

Gutachten

(Die nachfolgenden, kursiv gesetzten Überschriften und Ziffern dienen nur der Verdeutlichung der Vorgehensweise und sind im „Ernstfall" wegzulassen.)

Obersatz

B könnte von W 50 DM Belohnung aus § 657 BGB (Auslobung) verlangen.

Voraussetzungen der Anspruchsgrundlage

Dafür ist Voraussetzung, daß W *(1)* durch öffentliche Bekanntmachung *(2)* für die Herbeiführung eines Erfolges - hier: die Wiederbeschaffung des Hundes - *(3)* eine Belohnung ausgesetzt hat.

Subsumtion

Durch Anbringen des Zettels mit dem entsprechenden Inhalt war die Belohnung ausgesetzt *(3)*. Es bestehen jedoch Zweifel, ob die Bekanntmachung öffentlich erfolgt ist. Der Maßstab für die Öffentlichkeit muß hier den Umständen entsprechend angesetzt werden. Da die Bekanntmachung an einem zentralen Platz erfolgte, so daß jeder für die Wiederbeschaffung des Hundes in Frage kommende sie lesen konnte, ist die Öffentlichkeit der Bekanntmachung zu bejahen *(1)*. Der für die ausgelobte Belohnung vorausgesetzte Erfolg ist durch B herbeigeführt worden *(2)*. Unerheblich ist dabei, daß B von der Bekanntmachung keine Kenntnis hatte. Aus § 657, letzter

Halbsatz, ergibt sich, daß es sich bei der Auslobung um ein streng einseitiges Rechtsgeschäft handelt, das W schon allein durch ihre (nicht empfangsbedürftige) Willenserklärung, d.h. die Auslobung, verpflichtet.

Schlußfolgerung
Die Tatbestandsvoraussetzungen des § 657 BGB sind erfüllt. Folglich hat B Anspruch auf die ausgesetzte Belohnung.

II. Fallbeispiele

(1) Bierfall

Sachverhalt
Der Gast G bestellt im Lokal ein Glas Bier und trinkt davon. Dabei vertieft er sich in die Lektüre der Tageszeitung. Als er das Glas geleert hat, stellt ihm der Wirt W wortlos und unbemerkt von G ein zweites Glas Bier hin, das ebenfalls von G geleert wird. Als G bezahlen will, verlangt W den Preis für 2 Glas Bier. G lehnt die Bezahlung des zweiten Glases ab mit der Begründung, daß er dieses nicht bestellt habe. - Kann W die Bezahlung des zweiten Glases verlangen?

Gutachten
W könnte gegen G einen Anspruch auf Bezahlung des zweiten Glases Bier aus § 433 BGB haben.

Dies setzt voraus, daß zwischen W und G ein Kaufvertrag durch Angebot und Annahme wirksam zustande gekommen ist.

Eine Willenserklärung muß nicht ausdrücklich abgegeben werden, es genügt auch, wenn der Wille durch ein konkludentes Verhalten kundgetan und erkennbar wird. In dem Servieren des zweiten Glases ist nach allgemeiner Verkehrsanschauung ein Verkaufsangebot des W an G zu sehen.
Fraglich ist jedoch, ob G dieses Angebot angenommen hat, d.h. in dem Trinken des Glases ebenso eine schlüssige Annahme zu sehen ist. Grundsätzlich ist dies zu bejahen. Jede Willenserklärung, also auch eine konkludente, setzt aber nach h.M. das Erklärungsbewußtsein voraus, d.h. das Wissen, etwas rechtlich Bedeutsames erklärt zu haben. Daran mangelt es dem G im vorliegenden Fall, da er glaubte, nur das von ihm bestellte erste Glas getrunken zu haben. Bezüglich des zweiten Glases liegt seitens G somit überhaupt keine Erklärung, also auch keine Annahme vor. Ein Vertrag ist folglich nicht zustande gekommen.

W hat deshalb keinen Anspruch auf Bezahlung des zweiten Glases.

(Ob W gegen G einen Anspruch auf Schadensersatz in Analogie zu § 122 BGB hat, wie manchmal i.S. einer Vertrauenshaftung vertreten wird, ist hier - weil nicht von der Fragestellung des Sachverhalts abgedeckt - nicht zu erörtern.)

(2) Autofall

Sachverhalt

V verkauft an K seinen PKW zu einem Preis von 8000 DM. Die Übergabe soll in der kommenden Woche erfolgen; deshalb leistet K sicherheitshalber eine Anzahlung von 3000 DM. V verkauft jedoch am nächsten Tag gegen Barzahlung das Auto für 9000 DM an D, der es nach Aushändigung der Kfz-Papiere sofort mitnimmt. - Als K davon erfährt, verlangt er von V

1) die Rückzahlung der von ihm bereits geleisteten 3000 DM,
2) einen entgangenen Gewinn von 2000 DM, da er den PKW seinerseits bereits für 10000 DM weiterverkauft hat,
3) Schmerzensgeld wegen des großen Ärgers.

Gutachten

Die Ansprüche des K gegen V könnten aus § 325 I 1 BGB begründet sein.

Dies setzt voraus, daß die aus einem Vertrag geschuldete Leistung unmöglich geworden ist infolge eines Umstandes, den der Schuldner zu vertreten hat.

Zwischen V und K ist ein Kaufvertrag gem. § 433 BGB abgeschlossen worden, aufgrund dessen V zur Übereignung des PKW an K verpflichtet war. Die geschuldete Leistung ist dem V jedoch wegen des Verkaufs und der Übereignung des PKW an D unmöglich geworden. Sein nachträgliches Unvermögen zur Leistung wird der nachträglichen Unmöglichkeit gleichgestellt (§ 275 II BGB); somit wird V gem. § 275 I BGB von der Primärleistungspflicht befreit. Da er die eingetretene Unmöglichkeit selbst zu vertreten hat, verliert er den Anspruch auf die Gegenleistung, d.h. auch auf die schon geleistete Anzahlung, außerdem treffen ihn sekundäre Leistungspflichten, z.B. Schadensersatz wegen Nichterfüllung. Dieses sog. positive Interesse schließt auch den entgangenen Gewinn ein.

Folglich kann K von V die Rückzahlung von 3000 DM und den Ersatz des entgangenen Gewinns von 2000 DM verlangen. Ein Schmerzensgeldanspruch steht ihm nicht zu, da ein Ersatz von Nichtvermögensschäden nur im Rahmen der Deliktshaftung in Frage kommt.

(3) Wurstmaschinen-Fall

Sachverhalt

Der Maschinenfabrikant F verkauft dem Maschinenhändler H eine Wurstmaschine, die F auf Wunsch des H unmittelbar an den Landwirt L liefert, der seinerseits diese Maschine bei H bestellt hatte. L verkauft im Nebengewerbe Erzeugnisse aus seiner Landwirtschaft, ist aber nicht im Handelsregister eingetragen. Als L zwei Monate später nach der nächsten Schlachtung die Wurstmaschine in Gebrauch nehmen will, stellen sich erhebliche Funktionsmängel heraus. L rügt diese Mängel bei H, stellt ihm die Maschine zur Verfügung und verlangt die Rückzahlung des Kaufpreises. H gibt seinerseits die Mängelrüge mit dem gleichen Anspruch an F weiter. - Wie ist die Rechtslage?

Gutachten

a) Anspruch des L gegen H

L könnte sein Wandlungsbegehren auf § 462 i.V. mit §§ 467, 346 BGB stützen.

Voraussetzung dafür ist, daß die Kaufsache zum Zeitpunkt des Gefahrübergangs (§ 447 BGB) einen Fehler hat, der die Tauglichkeit zum vertragsmäßigen Zweck erheblich mindert (§ 459 I BGB).

Zwischen H und L liegt ein wirksamer Kaufvertrag vor. Bereits bei Gefahrübergang war die Maschine funktionsuntauglich. Grundsätzlich ist dadurch sein Wandlungsrecht entstanden.
L könnte jedoch dieses Gewährleistungsrecht infolge nicht rechtzeitiger Mängelrüge verloren haben, wenn § 377 HGB anwendbar ist. Der Kauf muß dazu für beide Teile ein Handelsgeschäft sein. H ist Kaufmann. L ist als Landwirt kein Kaufmann (§ 3 I HGB); auch bezüglich seines Nebengewerbes ist er kein Kaufmann, da er nur eigene Erzeugnisse verkauft (kein Grundhandelsgewerbe i.S. von § 1 II HGB) und nicht im Handelsregister eingetragen ist (§ 3 II HGB). Für die Annahme eines Scheinkaufmanns analog § 5 HGB ergeben sich aus dem Sachverhalt keine Anhaltspunkte. Der Anspruch des L ist somit nach § 477 BGB noch nicht verjährt.

R hat Anspruch auf Rückzahlung des Kaufpreises.

b) Anspruch des H gegen F

Prinzipiell kommt für den Anspruch des H gegen F dieselbe Grundlage in Betracht.

Es bestehen jedoch im Hinblick auf § 377 HGB erhebliche Zweifel, ob H sein Wandlungsbegehren geltend machen kann. Da H und F Kaufleute sind, liegt ein beiderseitiges Handelsgeschäft vor (§§ 343 I, 1 II 1 HGB). Zwar ist die Maschine direkt an (den nicht rügepflichtigen) L geliefert worden und damit gar nicht in den unmittelbaren Einflußbereich von H gelangt. Dies konnte H aber nicht von seiner sofortigen Prüfungs- und Rügepflicht befreien. Er hätte selbst bzw. durch einen Beauftragten bei L die Prüfung vornehmen oder L zur sofortigen Prüfung der Maschine veranlassen müssen. Da er dies versäumt hat, trägt er dafür das Risiko, d.h., seine Rüge kommt zu spät, die Maschine gilt als genehmigt.

H kann den Kaufvertrag nicht wandeln, d.h. den Kaufpreis nicht zurückverlangen.
(Ein Anspruch auf Rückzahlung des Kaufpreises aus Unmöglichkeit scheidet aus, weil die Gewährleistungsansprüche nach §§ 459 ff. ausschließende Sonderregeln sind.)

(4) Bauunternehmer-Fall

Sachverhalt

Der Bauunternehmer U schließt mit dem Baustoffhändler H in dessen Betrieb einen Kaufvertrag über 10 Paletten Hohlblocksteine ab. Diese Paletten soll der bei H beschäftigte Lagerarbeiter Brause für U zusammen- und bereitstellen. Auf dem Weg zurück zu seinem Auto überquert U den Lagerplatz. Wegen grober Unaufmerksamkeit sieht Brause den U zu spät, so daß er seinen Gabelstapler abrupt abbremsen muß. Dabei fallen einige Steine von der Palette und treffen U. U erleidet blutige Hautabschürfungen und eine Gehirnerschütterung, die einen Krankenhausaufenthalt erforderlich macht. Sein Anzug ist beschädigt und blutverschmiert.
H bedauert den Vorfall sehr, ist jedoch der Meinung, für den Schaden nicht aufkommen zu müssen, da Brause schon seit einiger Zeit allgemein durch nachlässige und schludrige Arbeit aufgefallen sei und H deshalb seine Entlassung erwäge.

- U verlangt von Brause (B) einen neuen Anzug, Ersatz der Heilungskosten und Schmerzensgeld.
- Kann U auch entsprechende Ansprüche gegen H geltend machen?
- Würde es diesbezüglich einen Unterschied machen, wenn Brause immer zuverlässig und zur vollen Zufriedenheit von H gearbeitet hat?

Gutachten

a) Ansprüche des U gegen B

Die Ansprüche des U gegen B könnten aus § 823 BGB begründet sein.

§ 823 setzt voraus, daß ein Schaden entstanden ist und zwar durch rechtswidrige und schuldhafte Verletzung eines der darin aufgezählten Rechtsgüter oder eines sonstigen (absoluten) Rechtes.

Die Hautabschürfungen und die Gehirnerschütterung sind Körper- und Gesundheitsverletzungen i.S. der Tatbestandsvoraussetzungen, die Beschädigung und Verunreinigung des Anzugs eine Eigentumsverletzung. Ohne das Verhalten des Brause, nämlich das abrupte Abbremsen des Staplers, wären diese Verletzungen nicht eingetreten. Es entspricht der allgemeinen Lebenserfahrung, daß dadurch die Ladung von dem Fahrzeug herunterfällt und eine dabeistehende Person verletzt. Kausalität und Adäquanz zwischen dem schädigenden Verhalten des B und dem erlittenen Schaden des U sind zu bejahen. Rechtfertigungsgründe für dieses Verhalten (wie Notstand, Notwehr oder ähnliches) lassen sich aus dem Sachverhalt nicht herleiten. Die gebotene Sorgfalt beim Führen eines nicht ungefährlichen Fahrzeugs erfordert eine aufmerksame Beobachtung von Fahrweg und Umgebung sowie eine angemessen langsame Fahrweise, die ein Abbremsen ermöglicht, ohne daß die Ladung herunterfällt. Die Unaufmerksamkeit des B ist eine grobe Fahrlässigkeit, die B gem. § 276 I BGB zu vertreten hat.

Die Ansprüche des U sind daher berechtigt. Bezüglich des Umfangs des zu ersetzenden Schadens gilt folgendes: Die Heilungskosten sind nach § 249 S. 2 BGB zu ersetzen. - Aufgrund der Beschädigung des Anzugs kann U Reparatur und Reinigung (Naturalrestitution) des Anzugs (§ 249 S. 1 BGB) oder Schadensersatz in Geld (§ 249 S. 2 BGB) oder - falls eine Wiederherstellung des Anzugs nicht möglich oder unzumutbar ist - die Kosten für die Beschaffung eines gleichartigen Anzugs (§ 251 I BGB) beanspruchen. - Ein Anspruch auf Schmerzensgeld (Ersatz des Nichtvermögensschadens) steht U nach den §§ 823 I, 253, 847 I BGB zu.

b) Ansprüche des U gegen H

aa) Ansprüche des U gegen H ließen sich (zunächst) aus positiver Vertragsverletzung analog §§ 325, 326 i.V. mit § 278 BGB herleiten.

Dafür müssen folgende Voraussetzungen erfüllt sein:
- Bestehen eines Schuldverhältnisses, aus dem sich - ungeachtet der gesetzlich normierten Leistungspflichten - für den Schuldner nach Treu und Glauben (§ 242 BGB) Sorgfaltspflichten (Nebenpflichten) ergeben,
- objektive Verletzung dieser Pflichten,
- Vertretenmüssen (Verschulden) dieser Pflichtverletzung.

Zwischen U und H besteht durch den Kaufvertrag ein Schuldverhältnis, das H auch zur Sorgfalt und Rücksichtnahme auf den Vertragspartner U verpflichtet. Diese Nebenpflichten sind zwar durch die Schädigung des U tatsächlich verletzt, jedoch nicht unmittelbar durch H selbst, sondern durch seinen Mitarbeiter B. Gleiches gilt auch für das Verschulden dieser Pflichtverletzung. Wie bereits festgestellt, liegt das grob fahrlässige Verhalten bei B, das H nicht nach § 276 zu vertreten hat. Fraglich ist, ob H dafür nach § 278 einstehen muß. Dazu ist wiederum Voraussetzung, daß B Erfüllungsgehilfe ist und als solcher die Schädigung des U bei der Erfüllung verursacht hat. H bedient sich willentlich seines Lagerarbeiters B zur Erfüllung seiner Leistungspflichten aus dem mit U geschlossenen Kaufvertrag wie auch der Nebenpflichten, somit ist B sein Erfüllungsgehilfe. Die Schädigung des U durch B geschah in engem Zusammenhang mit der Erfüllung des Kaufvertrages. H hat deshalb das Verschulden des B wie eigenes Verschulden zu vertreten. Eine Exkulpationsmöglichkeit für H ist im Gesetz nicht vorgesehen.

U kann aus positiver Vertragsverletzung Schadensersatz von H verlangen in gleichem Umfang wie unter a) gem. §§ 249 ff. BGB. Ein Schmerzensgeldanspruch ist jedoch aufgrund § 253 BGB ausgeschlossen.

bb) U könnte seine Ansprüche gegen H (ferner) auf § 831 BGB stützen.
(Eine Haftung des H nach § 823 I BGB scheidet aus, weil H nicht selbst die unerlaubte Handlung begangen bzw. den Schaden verursacht hat.)

Die Haftung für Verrichtungsgehilfen ist reine Deliktshaftung und erfordert folgende Voraussetzungen für die Haftung des H als Geschäftsherrn:
- B muß Verrichtungsgehilfe des H sein und
- in Ausführung der ihm übertragenen Verrichtung
- eine widerrechtliche Schädigung eines Dritten verursacht haben.

B ist als Mitarbeiter des H weisungsabhängig und mit der Bedienung des Gabelstaplers beauftragt (= Verrichtungsgehilfe). In Ausführung dieser Tätigkeit hat er infolge seines scharfen Bremsmanövers widerrechtlich [siehe oben a)] Eigentum, Körper und Gesundheit des U verletzt und damit die objektiven Tatbestandsmerkmale der unerlaubten Handlung i.S. von § 823 I BGB erfüllt. Ein Verschulden des Gehilfen ist allerdings nicht erforderlich. Vielmehr haftet nach Gesetz der Geschäftsherr für sein eigenes (von vornherein vermutetes) Verschulden bei der Auswahl, Leitung und Überwachung des Gehilfen. Dafür gewährt der Gesetzgeber dem Geschäftsherrn in § 831 I 2 BGB eine Exkulpationsmöglichkeit. Es erscheint jedoch fraglich, ob diese hier greift, d.h. dem H ein Entlastungsbeweis gelingt. Dem H war lt. seiner eigenen Aussage seit längerer Zeit die unzuverlässige und schludrige Arbeitsweise des B bekannt. Wenn er dennoch dem B die verantwortungsvolle und gefährliche Tätigkeit als Führer eines Gabelstaplers nicht entzogen hat, so ist ihm diesbezüglich (grob) fahrlässige Verletzung der gebotenen Sorgfaltspflicht zur Last zu legen.

Folglich hat U gegen H Anspruch auf Schadensersatz; der Umfang bemißt sich nach den §§ 249 ff. BGB [siehe oben a)].
Zwischen diesen Ansprüchen aus § 831 BGB und denen aus positiver Vertragsverletzung besteht - mit Ausnahme des Schmerzensgeldanspruchs! - Anspruchskonkurrenz.

Wenn B aufgrund der sorgfältigen Leitung und Überwachung durch H nachweislich immer zuverlässig, der vorliegende Fall also ein ungewöhnliche Ausnahme war, dann wäre H gem. § 831 I 2 BGB entlastet und von der Haftung für B befreit.

Sachwortverzeichnis

Anhang (Faltblätter)

ursprüngliche Unmöglichkeit

objektive Unmöglichkeit

subjektive Unmöglichkeit (= Unvermögen)

Rechtsfolgen:

Vertrag **nichtig** (§ **306**; Ausnahmen §§ 308,437)

evtl. Ersatz des Vertrauensschadens (negatives Interesse; § 307)

Vertrag **wirksam** (aufgrund Umkehrschluß: in § 306 fehlt eine Entsprechung zu § 275 II): Schuldner haftet auf Erfüllung; kann er sein Unvermögen nicht beseitigen -> Haftung auf Schadensersatz wegen Nichterfüllung, auch *ohne* Verschulden analog § 275 bzw. § 280 (sog. Garantiehaftung; nicht unbestritten!),

beim *gegenseitigen* Vertrag analog § 325.

vom Schuldne
Anspruch des G
Nichterfüllung (p
lehnung des noc

Anspruch des
wegen Nichterf
auch §§ 327, 34

Faltblatt 1: Arten und Folgen der Unmöglichkeit

ichkeit der Leistung

nachträgliche Unmöglichkeit

Stückschuld ←

eichbehandlungvon objektiver Unmöglichkeit und Unvermögen, 275II)

ıuldner wird von Leistung frei (Grundregel **§ 275 I**)
ubiger trägt Leistungsgefahr! (siehe Abb. : Gefahrtragung)

Schadensersatz wegen
sse) (§ 280 I; evtl. Ab-
eils, § 280 II)

vom Schuldner nicht zu vertreten
(kein Schadensersatzanspruch des Gläubigers)

ggf. Surrogationsanspruch
(§ 280 II) (280 I)
30 setzt nicht das Verschulden der Unmöglichkeit voraus

ıriften für gegenseitige Verträge betr. Gegenleistung (§§ 320 ff.):

auf Schadensersatz
ücktritt (§ 325; siehe

Anspruch des Schuldners auf die Gegenleistung

entfällt bei *Zufall;* **Preisge-**
fahr bem Schuldner! (**323 I**;
Ausnahmen §§ 324 II, 446 f.;
auch §§ 616, 644 II)

bleibt bei *Gläubigerver-*
schulden weiter bestehen
(§ 324 I; auch: § 323,
§ 324 II, 446 f; 644 II)

Soweit die nicht geschuldete Leistungbe-
eits bewirkt wurde -> *Rückgewähran-*
spruch gem. § 812 (§ 323 III)

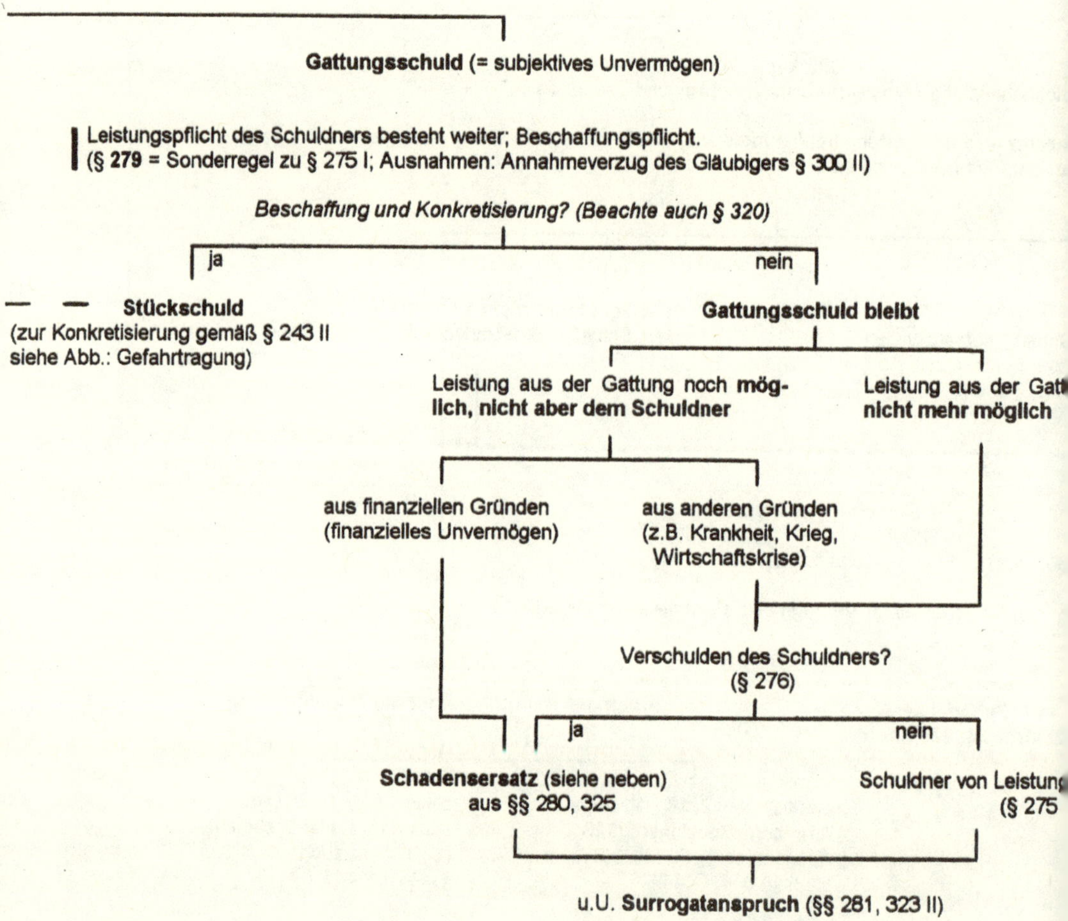
Gattungsschuld (= subjektives Unvermögen)
Leistungspflicht des Schuldners besteht weiter; Beschaffungspflicht.
(§ **279** = Sonderregel zu § 275 I; Ausnahmen: Annahmeverzug des Gläubigers § 300 II)
Beschaffung und Konkretisierung? (Beachte auch § 320)
ja
nein
Stückschuld
(zur Konkretisierung gemäß § 243 II
siehe Abb.: Gefahrtragung)
Gattungsschuld bleibt
Leistung aus der Gattung noch **mög-
lich, nicht aber dem Schuldner**
Leistung aus der Gatt
nicht mehr möglich
aus finanziellen Gründen
(finanzielles Unvermögen)
aus anderen Gründen
(z.B. Krankheit, Krieg,
Wirtschaftskrise)
Verschulden des Schuldners?
(§ 276)
ja
nein
Schadensersatz (siehe neben)
aus §§ 280, 325
Schuldner von Leistun
(§ 275
u.U. **Surrogatanspruch** (§§ 281, 323 II)

Merkmale \ Rechtsformen	Einzelunternehmung (EU) (+ stille Gesellschaft*)	BGB-Gesellschaft	Personengesellschaf[t] OHG
Rechtsgrundlage	§§ 1 ff. HGB (§§ 230–237 HGB)	§§ 705–740 BGB	§§ 105–160 HGB
Gründung **Entstehung**	Geschäftsbeginn	durch Gesellschaftsvertrag	durch Gesellschaftsvertrag, na[ch] oder evtl. vorherigen Geschäf[t]
Mindestanzahl der Gründer	1 *(2)	2	2
Mindestkapitalausstattung	–	–	–
Beteiligung	– (*Kapitaleinlage des Stillen)	Anteil der Gesellschafter am Gesamthandsvermögen	nach jeweiligem Stand der Kapitalkonten
Haftung	Inhaber unbeschränkt (Stiller beschränkt mit konkursberechtigter Einlage; Verlustaustausch vertraglich möglich)	Alle Gesellschafter unmittelbar; unbeschränkt u. gesamtschuldnerisch (solidarisch)	wie BGB-Gesellschaft
Organe (Fremdorganschaft)	–	–	–
Geschäftsführung und Vertretung (gesetzliche Regelung)[1]	Inhaber (= Einzelunternehmer)	Jeder Gesellschafter berechtigt u. verpflichtet	wie BGB-Gesellschaft
Gewinnverteilung (gesetzliche Regelung)[1]	Inhaber *(Stiller: angemessener Anteil	zu gleichen Teilen (§ 722 BGB)	4 % auf die Einlagen; Rest (so[wie] Verlust) nach Köpfen (§ 121 HGB)
Besteuerung	Gewinn ⟶ ESt beim Inhaber (bzw. Stillen)	Gesellschaft ist selbst nicht steuerpflichtig; Gewinn unterliegt – gleic[h] Gesellschafter der ESt *(Kompl.-GmbH: siehe GmbH)	
steuerliche Behandlung der Geschäftsführer-Vergütung	s. Personengesellschaft	Der „kalkulat. Unternehmenrlohn" ist keine steuerlich absetzbare Bet[…] steuerpflichtiger Gewinnanteil *(Besonderheit bei GmbH + Co)	
Prüfungs- und Publizitätspflicht	nein Jedoch Publizitätspflicht gem § 1 PublG, wenn an 3 aufeinanderfolgenden Bilanzstichtagen 2 der folg. Merkmale […] Umsatzerlöse > 250 Mio. DM, Beschäftigte > 5000.	nein	nein
Firma	Vor- und Familienname des Inhabers (Personenfirma)	kann keinen Firmennamen tragen	Personenfirma: Familienname mit Zusatz, der ein Gesellscha[…] Schmidt KG
Auflösungsgründe	freiwilliger Entschluß, Konkurs, Tod des Inhabers	Zeitablauf (Zweckerreichung); Tod, Kündigung oder Konkurs über das Vermögen eines Gesellschafters	1. Zeitablauf; 2. Beschluß der Gesellschafter; 3. Konkurs übe[r] Gesellschaftsvermögen; 4. ge[…]licher Beschluß (§ 131 HGB)
Vorteile	anpassungsfähig, elastisch in der Führung	vorwiegend als Gelegenheitsgesellschaft geeignet	flexible Geschäftsführung; breitere Kapitalbasis als EU; Risikoteilung
Nachteile	geringe Eigenkaptialbasis u. Kreditwürdigkeit; Kontinuitätsprobleme (Nachfolge)	unbeschränkte Haftung (s. o.)	wie BGB-Ges.; geringere Kapitalbasis als KG; (fehlende Rechtspersönlichkeit)

[1] anderslautende vertragliche Vereinbarungen sind (meist) möglich [2] je Stammeinlage; insgesamt mindestens 25 000 DM (§ 7 II GmbHG)

Faltblatt 2: Merkmale relevanter Rechtsformen

;mbH & Co KG*)	Kapitalgesellschaften AG	 GmbH	 KGaA
-177a *(ohne gesetzl. Regelung, ·äße Anwendung der Regeln u. GmbH	AktG u. §§ 264–335 HGB) (gültig ab 1.1.1987)	GmbHG	AktG §§ 278–290
:onstitutive Eintragung ins HR ·erbe i. S. von § 1 HGB) estens 1 Vollhalter) ·H: 50 000,–)	Gesellschaftsvertrag (bei AG: Satzung) wird erst mit (stets konstitutiv wirkender) Eintragung wirksam 1 100000,– (Grundkapital)	 1 50 000,– (Stammkapital)	 2 (mindestens 1 Vollhalter) wie AG
ıplementäre wie OHG, nditisten: nlagen in beliebiger Höhe	Mindesteinzahlung 25 % Beteiligung am Grundkapital über Aktien (Mindestnennbetrag seit 1.8.94: 5,–)	Mindesteinz. 25 %[2] + Sacheinlagen Beteil. am Stammkapital mittels Geschätsanteil bzw. Stammeinlage (mind. 500,–)	Vollhalter wie OHG; Kommanditaktionäre über Aktien am Grundkapital beteiligt (wie AG)
mentäre (Vollhalter) ;-Ges.; nditist nur mit seiner Einlage er)	Die AG (jur. Pers.) haftet mit ihrem Vermögen; der Aktionär mittelbar u. beschränkt auf Aktien(nenn)betrag	GmbH-Vermögen unbeschränkt; Gesellschafter beschränkt (mittelbar) mit Geschäftsanteil	Komplementäre wie BGB-Gesellschaft Kommanditist wie Aktionär
e Komplementär-GmbH: ;mbH)	1. Vorstand 2. Aufsichtsrat (mit 1/3 Arbeitnehmer) 3. Hauptversammlung (HV)	1. Geschäftsführer 2. nur bei mehr als 500 Beschäftigten Aufsichtsrat (§ 77 I BetrVerfG) 3. Gesellschafterversammlung	1. Komplementäre (= Vorstand) 2. Aufsichtsrat (wie AG) 3. Hauptversammlung
ıplementäre	Vorstand (natürliche Personen)	Geschäftsführer (natürliche Person[en])	Komplementäre (persönl. haftende Gesellschafter)
die Einlagen; Rest in angeem Verhältnis IGB)	Die HV beschließt über die Verteilung des Bilanzgewinnes (§§ 119, 170, 174, 58 AktG): Dividende	entspr. dem Verhältnis der Geschäftsanteile (§ 29 GmbHG)	für Komplementär: wie KG; Kommanditaktionäre: Dividende nach aktienrechtlichen Grundsätzen
·men oder einbehalten – beim	Die Gesellschaft (als jur. Pers.) ist bezügl. des Gewinns → KSt-pflichtig, bezügl. des Vermögens → VermSt-pflichtig (Doppelbesteuerung, da auch Gesellschafter anteilig VermSt-pflichtig). Ausgeschüttete Gewinne unterliegen bei Gesellschaftern der ESt unter (evtl.) Anrechnung der KSt.		
·ufwand), sondern	Die gezahlten Vergütungen an Vorstand bzw. Geschäftsführer mindern den steuerpflichtigen Gewinn (absetzbar), nicht dagegen die Vergütungen an Aufsichtsrat (u. Beirat)		
summe > 125 Mio. DM,	Pflicht zur Prüfung und Offenlegung des Jahresabschlusses (und Lageberichts) prinzipiell für alle Kapitalgesellschaften gem. §§ 316 ff. u. 325 ff. HGB; Ausnahmen oder Erleichterungen für kleine bzw. mittlere Kapitalgesellschaften (s. dazu § 267 HGB).		
vollhaftenden Gesellschafters ·gt (z. B. Müller + Co oder	Sachfirma (Unternehmensgegenstand) mit Zusatz AG (bei Umwandlung auch Personenfirma möglich)	wie AG, jeoch Zusatz GmbH	wie AG, jeoch Zusatz KGaA
;ı	Zeitablauf; Gesellschafterbeschluß; gerichtliches Urteil (§ 262 AktG), Liquidation (Abwicklung) ist i. S. des Gläubigerschutzes erforderlich	wie AG; weitere Auflösungsgründe können im Gesellschaftsvertrag festgelegt werden (§ 60 GmbHG)	wie KG sowie durch Gerichtsbeschluß aufgrund Auflösungsklage (§ 289 AktG)
;, zusätzl. Kapital über nditeinlagen mit beschränktem (Verbindung der Vorteile von u. Personengesellschaften, ınkte Haftung aller natürlichen ›n)	breite Streuung des Kapitals im Publikum, Mobilität des Aktienbesitzes (über Börse), Kreditwürdigkeit, Haftungsbeschränkung aller Gesellschafter	Gegenüber Personengesellschaften: – größere Kapitalbasis – Haftungsbeschränkung Gegenüber AG: – niedrigeres Mindestkapital – flexiblere Organisation u. Führung	Verbindung von Elementen der Personen- und Kapitalgesellschaften
·ung (nur) bei Komplementären; ·hnlich wie OHG	Starrer Organisationstyp, hohes Mindesteigenkapital; Publizitätspflicht; Doppelbelastung bei VermSt	Gegenüber Personengesellschaften: – erforderl. Mindestkapital – Publizitätspflicht – Doppelbelastung bei VermSt Gegenüber AG: – schlechtere Übertragbarkeit der Geschäftsanteile – geringere Kapital- u. Kreditbasis	Vollhaftung des Komplementärs, hohes Mindesteigenkapital; Publizitätspflicht; Doppelbelastung bei VermSt

www.ingramcontent.com/pod-product-compliance
Lightning Source LLC
LaVergne TN
LVHW042233300926
849161LV00003B/340
9783486248371